ユニオン・バスター

米国労務コンサルタントの告白

マーティン・ジェイ・レビット／テリー・コンロウ 著

渡辺勉／横山好夫 訳

CONFESSIONS OF A UNION BUSTER

緑風出版

CONFESSIONS OF A UNION BUSTER

by Martin Jay Levitt

with Terry Conrow

This translation published by arrangement with Martin Jay Levitt c/o International

Creative Management through The English Agency (Japan) Ltd.

ユニオン・バスター——米国労務コンサルタントの告白●目次

ユニオン・バスター――米国労務コンサルタントの告白●目次

凡例

一　本書はMartin Jay Levitt with Terry Conrow, Confessions of a Union Buster, Crown Publisher, Inc, 1993, 302pp の全訳である。

一　原著には索引がついているが、本著では省略した。

一　各章末の脚注は、原著にはなく訳者が付記したものである。

一　本文中のアメリカ人の名前の表記は、たびたび愛称（例えば、マーティンがマーティーに、ネイザンがネートに、フィリップがフィルに、ジョンがジャックに、エドワードがエドに、ウイリアムがビルに、マイケルがマイク等々）で表記が変わっているが、原著が愛称を使用しているところは原著どおりの表記を採用した。

謝辞

なによりも妻アリスと、息子たちジェイソンとジャスティンがいてくれることに感謝を捧げます。愛しています。

マーティン・レビット

この本を書くのを援けてくれた全ての人々を思い出し、お礼を申し上げることはとても出来ません。この作品をできる限り完全で真実に満ち優れたものにするために、自分の時間を割いて、率直に語り情熱を持って支えて下さった全ての方々に、このページを借りてお礼を申し上げるのは、遅過ぎて礼を失することになるかも知れません。お世話になった人々には、この本の中で触れられている会社の従業員や元従業員のみなさん、多くの全国労働組合の組合員や元組合員のみなさん、労使関係の学者や専門家、弁護士のみなさん、それにカリフォルニア大学バークレイ校労使関係研究所付属図書館のスタッフのみなさんがいます。さらにインターナショナル・クリエティブ・マネージメントの私の代理人とクラウン出版の編集者のみなさんの、作品の質、正確さと公正さのための豊富な知識と妥協を許さぬ粘り強いご指導に深く感謝します。私のこの本を発刊する企ては、経済的にも気持ちの上でも喜んで支えてくれた家族に大きな負担をかけました。とりわけこの本と私の仕事に熱心な関心を惜しむことがなかった夫・アート・トクジンスキーに心からありがとうを言います。最後にマーティン・レビットが、まず最初にこの本を書く勇気を持ち、直感的に私を協力者として選び、そしてそれを堅持して下さったことにお礼を申し上げます。

テリー・コンロウ

まえがき

リノからサン・ディエゴまでの陽光に満ちた一時間の空路、私は冷静だった。ところが巨大な洞のようなハイアット・アイランディア・ホテルの会議場の講演席に着いた途端、急に喉がからからになってしまった。冷汗が額と脇の下に流れた。私の前には後方が見えないほどの折畳み机の囲りに、一九八八年、全米大工組合[1]西部地方会議に集まった四〇〇人の腕っぷしの強そうな日焼けした労働者たちが詰めかけていた。

私はパニックをおしゃべりと笑いで隠そうとしたが、紹介されるのを待つ間に、動悸が早くなり掌は汗でねとついてきた。名前が呼ばれた時、それはどこか遠くの方からのように聞こえ、紹介者の声は私の激しい動悸と重い呼吸のせいで頭の中にくぐもって響いた。何時立ち上がり、マイクロフォンの前に行ったのか覚えていないのだが、私はいつの間にか演壇に摑まり立っていた。

会場は静まりかえった。全ての目が伺い知ることのできない沈黙を湛えて、私を見つめていた。ちょっと会釈をした時、唇がマイクロフォンに当たりそうになり、私の意に反して喉の奥から溜め息が漏れ、その音は音響装置を通して会場中の壁や天井に跳ね返った。

始めるしかなかった。「私は非常に汚い仕事をしてきました……」。

話しながら私は大工たちの顔を見、どんな反応か確かめようとした。その目は静かだったが、無関心ではなかった。彼らが何を考えているのか分からなかった。憎しみだろうか、怒りなのか、不信感だろうか。私がこれまでの仕事の悪行や裏切りを暴露した永遠とも思われた二〇分間、男たちは身じろぎもせずじっと私を見つめていた。私の声はどこか天井の上の方から聞こえてくるようで、巨大なホール全体に響いていた。

沈黙は突然破られた。

聴衆はしばらく私の声が最後の反響をすませるのを待つかのように沈黙していた。それから会場が弾け飛んだ。男たちは一斉に立ち上がり、ジャンプをし、手を叩いた。その勢いは演壇にいる私の靴底を通して震動が感じられる程だった。その嵐のような賞賛に私の目には涙が溢れ、聴衆の方を見やると何十人もの大工たちが太い指で涙を拭っているのが見えた。

その日、私の話を聞いた男たちが感じたのは喜びではなく、圧倒的な安堵感だった。彼らが常々巻き込まれているのではないかと疑っていた戦争が全て本当の事であり、多くの会社幹部がいうような組合の一方的思いこみの産物ではなかったことを知り、救われたという気持ちだった。

彼らの心の中に正義感を蘇らせた私のスピーチに感謝を表わすため、男たちは折畳み椅子を蹴飛ばし演壇までの道を空け、次から次へとやってきては熱烈な歓迎を伝える強い腕で私を抱きしめた。

〔注〕

〔1〕正式名称は「全米大工指物師友愛会」〔United Brotherhood of Carpenters and Joiners of America〕。一八八一年八月、全米大工指物師友愛会としてシカゴで発足。以来、木工、家具、研磨剤労組など数多くの建築産業関連労組を吸収して今日に至る。組合員数六〇万人。

ユニオン・バスター

——米国労務コンサルタントの告白

序章

ユニオン・バスター〔UNION BUSTER．組合潰し屋〕の仕事は、弱い者いじめが幅を利かす策略で塗り固められた戦場だ。組合結成を妨害するために個人攻撃をしたり、真実をゆがめたりする尊厳なき戦争だ。組合を潰すために嘘をつき、事実を歪め、人を操り、脅し、常に攻撃する。組合潰しの過程で法律は足枷とはならない。むしろ、法律は策略を授け、戦略を決める助けとなる。この戦争は「組合予防」工作と呼ばれているが、勝敗はデマと個人攻撃次第で決まる。

経営者が組合攻撃のために労務コンサルタントを雇うと、経営者は会社運営をコンサルタントに委ねてしまい、自分の目で見ようとしなくなる。コンサルタントは弁護士を後ろに従えて、会社の中に自分の居場所をつくり、恐怖が支配する風土を作りだし、それを組合のせいにして仕事を進めて行く。私がつきあってきた経営者の中には、雇った組合潰しコンサルタントを将軍のように思いたがっている経営者もいた。しかし、コンサルタントたちは実はテロリストなのだ。政治的なテロリストに似て、労務コンサルタントは徹底的に個人攻撃をする。テロリストは工場や滑走路をターゲットに仕立てはしない。代わりに身体の不自由な老人や児童を犠牲者に仕上げる。労務コンサルタントが組合潰しに精をだすと人々の命が侵され、友情が破壊され、意気込みが削がれ、家族が崩壊する。

私がユニオン・バスターの仕事に関わるようになったのは一九六九年、二五歳の時だった。十分な下調べをした職業選びではなく、野心にかられた行動だった。「全国労働関係法の知識を持つ経営コンサルタントを求む」というウォール・ストリート・ジャーナルの匿名広告〔広告主を明かさない広告〕に私は応募した。それまで一度も労働法など読んだことはなかったが、どう自分を売り込んだらいいかを私は知っていたので履歴書を投函した。匿名広告に応募したちょうどその頃、私はビジネス・エリート向けの人材派遣会社を経営し、年収一〇万ドルほど稼いでいて生意気盛りだった。労働組合には何の偏見もなかったし敵対したこともなかった。金儲けのためにだけその職業を選んだ。

私は元組合オルグをしていたジョン・シェリダンの面談をシカゴで受けた。彼の経営する労務コンサルタント会社ジョン・シェリダン・アソシエーツは、組合組織化の妨害工作を専門にしていた。私はその仕事がどんなものかほとんど知らなかったが、チャンスが与えられたことが嬉しかったので、自分でも最高の演技をしてみせた。シェリダンはすぐに私を気に入った。わたしの黄金の弁舌は日給二五〇ドルという初任給の格付けを私にもたらした。

いったん興奮と権力、カネと組合潰しの味を覚えると私はそのトリコになった。正しいか間違っているかは問題ではなくなった。この業界が何をしているところなのか、そのことが分かるまで二〇年が過ぎ去った。

組合潰しのやり方は様々だ。ある労務コンサルタントや弁護士は、すでに労働者を代表している組合があるところでは、団体交渉の場で組合側の交渉委員に圧力を加えて労働者をストライキに追い込み、組合役員に嫌がらせをする。私は別のやり方で経験を積んだ。シェリダンが専門としていた「対抗的組織化工作」と呼ぶやり方をもっと精緻なものにした。組合未加盟の従業員が組合代表認証選挙[1]で多数派になるように従業員同士を闘わせるやり方である。団結心は敵だ。団結心がまだ若芽の間に摘み取ることだ。企業専制君主の恐るべき敵である団結した労働者の力が開花しないよう、あらゆる方法で毒を盛り、息苦しくさせ脅迫した。

私がやった工作は、二つの鍵となる標的、一般労働者とその直属上司を対象にした。管理職が私の工作の第一線を担うことになる。初日に管理職を人質にとり、反組合新兵訓練所へと放り込む。脅迫されていると感じなければ人は闘おうとしないものだ。セミナーや集会、一対一の対決を重ねて、組合を見くびり組合を恐れろと特訓した。組織化に際して組合の目標は管理職を個人攻撃し、管理職の指導的な役割に疑問を抱かせ、管理職に恥をかかせることにあると私は煽って回った。私は管理職に親しげに、時には陽気にさえふるまったが、組合から攻撃を受けるのは自分にもその責任の一端があり、それを打ち破る責任もまた自分にあるのだと、常に一人ひとりの管理職がそう感じるよう仕向けた。大抵の人質たちと同様に、管理職も長期間耐えられなかった。彼らはすぐに囚われ者のまなざしで闘争をみるようになり、労働者たちの持つ組合への親近感をねじ曲げるよう行動し始めた。

管理職たちとの対応は直接私が指揮したが、組合活動家へ仕掛けた私の戦争は表面化しなかった。

業界に「プッシャー」という用語ある。プッシャーは組合支持者を押さえ込むために、どこへでも、必要なら食堂へでも寝室へも入って行く。ユニオン・バスターはテロリストであり、同時にスパイだ。私と私のチームは、活動家の信用失墜のために弱点を捜し求め、労働者の警察記録から個人情報まで、信用調査から医療カルテや家族生活に至るまで嗅ぎ回った。

時には、労働者に全く落ち度がない場合がある。そんなときは嘘をデッチ上げる。一九七〇年代のことだが、全くスキのない組合支持者を陥れるため、私が狙いをつけた男がゲイで妻を騙しているという噂を頻繁に流した。こんな噂は工場街ではことさら効果的だった。こういった薄汚い作り話が熱心な組合支持者の口を塞げなかったとしても、この手の作り話を使ってユニオン・バスターは労働者を解雇することはできるのだ。

ジャネット・アレンのケースがそうだった。彼女はアーカンソー州リトルロックの郊外にあるスタント社製造工場の組み立てラインで働く労働者だった。スタント社は強力な全米自動車労組[2]の組織化攻勢を受け、頑迷な経営者とコンサルタントの反撃で引き裂かれていた。ある晩、深夜シフトの労働者たちが、高温に熱せられた金属をラジエーターの蓋の形にプレスし切断しているとき、職長席の電話が鳴った。黒人女性の声で工場に爆弾が仕掛けられていると言った。職長はそれから一時間ほど操業を続けてから従業員に避難を命じた。

その夜、警察は同一人物からの警告電話を受けている。警察が工場内を捜索したが何も見つからなかった。だが、電話の声は録音されていた。二人の部長はその声の主がアレンだと断定した。私は彼女だとは思わなかった。私がテープを聴いたとき、ジャネット・アレン本人も一緒に座っていたが、私には同一人物の声とは思えなかった。知性と誠実さをもった黒人女性として、彼女は同僚の賞賛と忠誠を受けていたが、同時に彼女は全米自動車労組の組織化工作の隠れもしない支持者だった。会社のボスたちは、彼女が組合支持勢力の中心人物だと見なしていたし、従業員の三分の一を占める黒人はとりわけそうだと思っていた。ボスたちは彼女を恐れていた。アレンは爆弾脅迫事件の嫌疑で直ちに解雇された。一方、同僚たちはどうして組合はこんなしっかりした人を堕落させたのだろうかと訝しがっていた。

全米自動車労組は代表認証選挙を落してしまった。

一九七五年、私はそれまで勤めていたコンサルタント会社を辞めて自分で会社をおこした。それから八年間というもの、一人で「従業員統合プログラム」とか「人的資源研究所」とか、いかがわしい名前でユニオン・バスティング〔組合潰し〕会社を経営してきた。そして金回りも良くなった。しかし、一九八三年頃にはひどいアルコール依存症とその中毒で私の生活はごたごた続きに陥り、一人でする仕事が負担になってきていた。五〇〇人の労働者が雇用されているオハイオ州の石炭会社での対抗的組織化工作の時は、私一人の手に余ってジョン・シェリダン・アソシエーツから分かれてモダン・マネージメント・メソッド（略称スリーエム）を設立した元の同僚たちに声をかけ、一緒に全米鉱山労組[3]のえじきを漁ろうではないかと彼らを巻き込んだ。彼らは喜んでこの仕事を引き受け、私とスリーエムの提携はこの恥ずべき仕事から私が足を洗うまで続いた。

やがて変化が到来した。私は同僚たちの粗野で残酷なやり方を眺めてきたので、自分の仕事が卑劣なものだということを自覚させられた。私のやり方は彼らよりも精練されてはいたが、悪行を厚化粧して人目を欺いているに過ぎないと気づくようになった。ユニオン・バスターの残虐さで壊されるのは労働者だけではない、会社自体もあこぎに金を巻き上げるコンサルタントや弁護士たちに強奪された。組合が出来れば会社は潰れると経営者を脅えさせれば、経営者たちは請求されたどんな金額でも支払った。会社は組合破壊工作で財政的に荒廃させられた挙句に、ひどい分裂状態に陥った。経営者はつぎ込んだ費用を取り戻そうと組合支持者に報復し続ける結果、前よりも耐えがたい職場環境が作りだされてくるのは避けられないことが次第に明らかになってきた。私は自分がしてきたものにうんざりしていたし、この業界で名の通った人物であることに吐き気を催してきた。私はこの業界での仕事を止めようと決意した。

その目覚めは一九八七年にやってきた。私は年に二〇万ドルは稼いでおり、上流人士が住む地域に樹木に囲まれた五エーカーほどの敷地に家を構えていた。旅行も食事もホテルもファースト・クラスで、最高級車にしか乗らなかった。そうなるまでに私は二〇〇件もの反組合工作を指揮して、そのうち失敗したのは五つだけだった。また私は、意気地のない経営者たちが自分で組合潰しが出来るように何千人も訓練した。私は業界トップだったし、腕も金回りもよかった。私が業界を去ったのは強いられたからでなく、恐怖と自責の念に駆られてのことだった。

労働法の数が増えてくるにつれて、労使関係と協約交渉の分野は際限なく複雑なものとなった。労働者をどう管理するか、全米ならびに州ごとの労働法の迷路にどう立ち向かうか、経営者への助言を商売とする専門家も増えてきた。確かにそのような専門家は必要だし、少しは真面目に仕事をしていた人もないではない。しかし、この労使関係を扱う業界の中で一番儲かるのは組合潰しだった。私がこの道に足を踏み入れた頃、組合との闘いを専門にしている弁護士事務所もユニオン・バスターの会社もそう多くはなかった。今では組合潰しで生計を立てている弁護士やコンサルタントは、全米で七〇〇〇人を数える。しかも、この人たちが暇な時というのがないのだ。コンサルタント料は一日一〇〇〇ドルから一五〇〇ドル、弁護士の場合は時間あたり三〇〇ドルから七〇〇ドルで、組織労働者との戦争は一〇億ドル産業になっている。

多くのコンサルタントがユニオン・バスター稼業を辞めていった。そしてもっと誇れるような経歴をつくるためにそっと静かに去っていった。それは元ナチ党員がアメリカに逃亡してきて花屋を始めたように。私の場合は違ったが。転換をはかろうとしていた時の私は、アルコール依存症と格闘している最中だった。私はアル中から回復するための罪ほろぼしを求めていた。自分が過去にしてきたものと対決するために、また私が犠牲にした何万人という人々に償いをする道義的な責任が、私にはあると確信するようになってきた。そう思いついたとき、同業者たちが忌まわしい仕事ができないように、私はできることを何でもしようと誓った。私は逃げも隠れもしない。

私は首都ワシントンにあるアメリカ労働総同盟・産業別組合会議（ＡＦＬ－ＣＩＯ）[4]のバージニア・ダイヤモンド女史と電話で話した。以前に彼女はある産業別組織の顧問弁護士として、ＲＵＢシート（ユニオンバスター報告書）[5]と呼ばれる出版物で、全米で活動している五〇〇以上のユニオン・バスティング会社を取り上げて格闘してきた経歴を持っていた。私はダイヤモンド女史に、心配の種のユニオン・バスターが一人少なくなりますよと語った。その会話から間接的にだが、ユニオン・バスターをどう退治するか組合コンサルタントとしての私の新しい職業が始まった。

　私が改心した直後にこの話は労働界の話題となり、スタント社に対するジャネット・アレンの不当極まりない解雇裁判で、当事者として証人になって欲しい旨、全米自動車労組から電話があった。私は即座に爆弾脅迫騒ぎはユニオン・バスターの典型的な汚いトリックだったことを裁判で証言した。警察のテープの声はアレンのものではないと思っていたし、第一、会社は彼女を告訴しないで彼女を解雇しただけだった。スタント社に雇われたコンサルタントの幾人かが、その反組合工作が大負けしそうになって、従業員を怖がらせる目的で爆弾騒ぎを企んだものだと私は睨んでいる。

　この事件は卑劣な企みだった。だが労働をめぐる戦争で唯一の尺度は上手くいったかどうかであり、その点では完全な成功だった。

〔注〕

〔1〕組合代表認証選挙〔union representation election〕は団体交渉権を獲得するために組合が全国労働関係局〔ＮＬＲＢ〕の立会いのもとで行なう選挙。組合が従業員から集めた授権カード〔authorization card〕が従業員の過半数を獲得していることをもって使用者側の任意承認〔voluntary recognition〕を求める場合は、使用者側

はその授権カードが単位となる従業員の過半数を代表していることを承認することで、NLRB立会いによる選挙を省略して団体交渉関係を確立することができる。その場合はNLRBによる組合の認証〔certification〕は受けられないが、単位内の全被用者を排他的に代表して、団体交渉・協約締結する権限においては選挙を通じて認証された場合と何ら異ならない。現在ではNLRBの監督下での選挙によって認証を受けるケースが大半を占めている。近年、NLRBの下での選挙が労働側にとって大きな負担となっていることから、AFL―CIOは労使間の合意に基づき中立協定〔neutrality agreement〕の締結による、組合承認手続きで団体交渉権を獲得する方式を軸に運動を展開している。

〔2〕正式名称は全米自動車・航空宇宙産業・農業機械労組〔International Union of the United Automobile, Aerospace and Agricultural Implement Workers of America〕、通称は全米自動車労組〔UAW〕という。全米有数の大組合。一九三五年、デトロイトでAFL〔アメリカ労働総同盟〕の組織として結成されたが、その直後に、当事新しく結成されたCIO〔産業別労組会議〕の中心組合として全米鉄鋼労組〔USWA〕や全米鉱山労組〔UMWA〕と共に産業別労働運動を推進、一九三〇年代後半から四〇年代後半にかけてアメリカ労働運動の基本となる交渉様式〔pattern bargaining〕を確立し労働運動を牽引した。一九六八年、AFL―CIOの外交路線を巡って、AFL―CIOの主流と対立、AFL―CIOを脱退したが、一九七八年にAFL―CIOに復帰している。組合員数九五万人。

〔3〕全米鉱山労組〔United Mine Workers of America〕。一八九〇年、AFLから認証を受け発足。一九三〇年代にはAFLの運動に対抗して産業別組合運動を推進。鉄鋼や自動車など、新しく登場した産業の組織化を全面的にバックアップ、CIO結成に総力を注ぎこんだ。委員長のジョン・ルイスの強力な個性によって、自ら作ったCIO系の多くの労組とも対立した。三十数年の長きに渡って委員長に君臨したジョン・ルイスが一九六九年に死亡。後継委員長を巡って副委員長のヤブロンスキーとその家族が、対立候補のトニー・ボイルによって惨殺されるという血腥い事件も起こっている。四〇年間にわたってAFL―CIOから脱退し

ていたが、一九八九年に復帰した。ＡＦＬ－ＣＩＯの現書記長のリック・トラムカはＵＳＷＡの委員長でもある。組合員数一〇万人。

〔4〕アメリカ労働総同盟・産業別組合会議〔American Federation of Labor - Congress of Industrial Organizations〕。一八八一年に発足したＡＦＬと一九三八年に結成されたＣＩＯとが、一九五四年に統一してＡＦＬ－ＣＩＯとなる。アメリカで唯一のナショナルセンター。八八の単産〔全国労組〕と六万のローカル・ユニオン、州・地域協議会〔central labor council〕で構成される。現ＡＦＬ－ＣＩＯ会長はジョン・スイーニー〔ＳＥＩＵ〕。加盟組合員数一三〇〇万人。

〔5〕ユニオン・バスター報告書〔Report of Union Busters Sheet〕。ＡＦＬ－ＣＩＯが全国単産に呼びかけ、労働弁護士と協力してユニオン・バスターの実態を探るため、一九七九年二月に第一号を発刊、ユニオン・バスターの活動実態、対抗戦術などを傘下産別に配り、組織化の材料とした。

第1章　クラバット炭鉱

湿度の高いオハイオの夏の暑さが秋の冷気に道を譲った。ここで仮にハル・ラケットと呼ぶ坑夫は、埃まみれのダッジ・ピックアップ・トラックの荷台に銃を積み、磨り減った後輪のタイヤを蹴飛ばして自動車に乗り込んだ。彼の両眼は子供の頃からずっと、まだ夜も明ける前から掘り続けてきた石炭、彼の親父も、そのまた親父も掘り続けてきた石炭と同じような冷たさを蓄えていた。だがラケットの心は熱を帯びていた。道路際に立つクラバット石炭会社の事務所（元モーテルを改装したもの）に数人の身なりのいいよそ者が出入りし、口約束と害毒をもたらすようになってすでに二カ月が経過した。この二カ月間というもの、ラケットは物事を信じないことに決めていた。長年兄弟のように一緒に働いてきた男どもはほんとうの兄弟も含めて、お互いに殴り合ったり、女房について卑猥な話をするような仲だったが、今ではお互いに話もしなくなった。ラケットはよそ者たちが一体何者だか知らなかった。全米鉱山労組からやって来た男が、組合は坑夫の雇用を守るし、医者にもかかることができるようになるといって、小さな黄色い紙切れにサインするよう説いて回った。ラケットはそれが何かをすべて知っていた。組合の男が来てから数週間後に、身なりのいい別のよそ者たちがやってきた。ラケットはそれが何かをすべて知っていた。彼の親父が彼に話していたものだった。しかし、どこかすべてが狂ってしまった。彼の上にいる職長は普段はいい男だが、労働者をいじめ始め、脅かすようになり、疑い深くなり、もし組合に入ろうものなら全てを失うことになる、それをオメエたちは分かっちゃいねえと話すようになった。労働者は分断され、坑内では争いなしにはすまない状態になってきた。

カディスという名のこの町は、不釣合いにも俳優のクラーク・ゲイブル誕生の地ということだけで名を留めている所だが、ラケットは前方に目を向け、その町外れの改造された農家に向けて曲がりくねった道路を運転していた。ラケットはクラバットにある六つの現場事務所の一つ、いまにも倒れそうな建物の側に車を寄せ、ブレーキをぐっと踏みエンジンを切った。建物の中では数人の女性事務員がいつもの仕事をしていた。ラケットはゆっくりとトラックの荷台の方に歩み、銃架から銃をとりだし安全装置を外した。彼は農家を改造した事務所のドアを開け、どっしりした足取りで中に入った。そして独りだけの戦争が始まった。銃を握っていない方の手で机の上の文鎮やホチキス、書類ホルダーなどを鷲掴みにし部屋中に投げながら、ラケットは意味不明な呪いの言葉を口走った。彼は素早く撃鉄を起こし引き金を絞った。第一発が発射され、ついで第二発、そして次の一発が。ラケットの発射した弾丸が窓ガラスや天井を打ち破り建物を引き裂いた。事務員が金切り声を上げ机の下に潜り込んだ。ひとりの男の声が聞こえた。「これは一体何だ。取り押さえろ」。ラケットは、しばらく泣きじゃくり興奮しながら銃を乱射していた。

カディス警察が到着する頃には、ラケットの顔は涙と泥でくしゃくしゃになっていた。目は虚ろだった。怪我人はいなかったが、町の住人数人とクラバット炭鉱の事務職員がこの光景を見ようと集まっていた。銃の乱射男が、数あるクラバット炭鉱の中でも最も遠隔地にある採掘場のひとつで働いていた古手の坑夫であることを彼らは知っていた。また、誰もがラケットは組合と関係ある哀れな男だということも知っていた。ごたごた続きで結婚生活も破綻寸前で、ここ数週間地域の噂の種だった。ラケットは取り押さえられ、パトカーに押し込まれ、警察署に移送された。まずいことだった。

私がクラバット炭鉱のことを初めて書類を見て知ったのは、一九八三年八月のある暑い日のことだった。関係書類探しに助手として雇った法律補助学生[1]を、クリーブランド中心街にある全国労働関係局[2]地方支局に派遣したときのことであった。このやり方は、暇なときに仕事を見つけ出すために私が開発した方法だ。これは大当たりの戦術となった。なぜなら会社の重役連中が気づく前に、組合結成の動きをキャッチできることがよくあった。タイミングのいい私の電話を会社が無視することは不可能だった。私は前もって組合結成の動きを察知し、重役連中がパニックに陥っていることを利用して、組合が組織化に着手する前に手を打つことができると売り込んだ。事実、クラバットの場合がそうだった。法律補助学生は、隣のウエスト・バージニア州ウィーリングを組織基盤にしている全米鉱山労組ローカル六[3]が、ちょうど一日前に申し立てた代表認証選挙の申請書を見つけだした。当時、鉱山労組は全米最大の独立系石炭会社の坑夫四八五名を組織化しようと目論んでいた。

私はクラバット石炭会社へ電話を入れた。電話はユーゴスラビア系アメリカ人で四人兄弟の長兄、マイク・プスカリッチにつながった。同社には彼の息子たちも関わっており、多くの関連事業を営んでいた。

「プスカリッチさんですか。私はクリーブランドにある人的資源研究所の所長のマーティ・レビットです。お宅は今、鉱山労組の組合組織化工作のえじきにされようとしておりますが、そのことを御存知ですか」

彼は知らなかった。だが、プスカリッチ氏がどうしたらいいのか私に判断を求めるまで、そう時間はかからなかった。「組合なんてクソ食らえ、いまいましい組合と関わりをもつなんぞ、真っ平だ。奴らは前にも組合を作ろうとした」と彼は私に話した。「奴らの好きなようにはさせないぞ」。

これで私の出番は準備された。私は品のいい言葉を選んで使ったが、プスカリッチ氏を押さえ込むべきところでは、押しつけがましい言葉を使用した。「もし組合をやっつけたいのであれば、いますぐ私と一緒にコトに当たるべきです」と、私は彼に話した。

プスカリッチ氏は迷っていた。彼は自分の手でこの問題を取り扱いたいようで、外部のコンサルタントに頼む気はなかった。彼には組合のワルをやっつけるお抱え弁護士がいた。私はプスカリッチ氏に鉱山労組の組織化攻撃と立ち向かうのはどんなに危険なことか気づいてないのではないかと話した。もし組合の代表認証選挙に負けたら後戻りは出来ません、この会社のボスとして君臨してきた日々も取り戻せなくなるでしょうと話した。私は数年間仕事を共にしてきた著名なアール・レイケン労働弁護士に相談することをプスカリッチ氏に勧めた。彼はその翌日私との会談を了承した。

カディスへの道を車で南下すると、もう一〇年も昔への旅だ。人口四〇〇〇のこの町は、オハイオ州東部に横たわるアパラチア山系のあばた面の丘に取り囲まれている。カディスを通過するただ一本のハイウエーはこの町が何となく時間と空間を失っている野営地の象徴のようで、冴えないクラバットの建物はその道路脇に立っていた。横長の二階建てのレンガ造りの建物は、以前はモーテルとして使われていた時の平凡だがこざっぱりとした名残を残していた。この転用された事務所が中途半端にみえたのも、秘書や事務員たちがモーテルのメイドのように、渡り廊下を行ったり来たりして書類やコーヒーをこちらの役員からあちらの役員へと運んでいたからかもしれない。

総支配人のマイク・プスカリッチ氏と話してみて、この反組合工作は尋常ではすまないことが、私には理解できた。彼は優に二五〇ポンド（一二〇キロ）を越える大男だ。しかもゲジゲジまゆで、丸太ン棒のような腕と大きくてごつごつした手の持ち主だった。ソビエト・ロシアの強硬派で、ソ連共産党を支配していた書記長のレオニード・ブレジネフによく似ていた。糊のよくきいた白Yシャツにはキンキラキンのカフスボタンが光っており、彼の分厚い指は金とダイヤモンドの指輪で飾られていた。プスカリッチ氏の話す言葉は粗野で、激しやすい感情がほとばしっていた。彼と向かいながら戦略を説明するにつれて、彼が緻密な思考の持ち主ではないことが、すぐに分かった。プスカリッチ一族が、悪賢い歪曲や小細工を必要とする反組合攻撃の障害になることを、私は直感的に見抜いた。組合推進派の組織化工作が勢いづく口実をプスカリッチ一族が与えないように、このユーゴスラビア人の感情を制御しなければならない。

私が戦略を説明しだすと、彼がいらいらし始めた。彼は戦略などという話をしたことがなかった。私は彼に「すべての工作は職長を通じて行ないます。私は職長たちの指導教官でありコーチでもあります。職長たちに何を話すべきかを教えますし、また職長が何を話しているか点検します。私は前面には出ません。私が前面に出れば過度の情報を組合に与えることになります。私の仕事は、今回のことを通じて、職長たちが労使関係の博士過程を受講したかのように感じさせることです。職長たちは組合についての薄汚い事実をしこたま従業員に詰め込んで、組合など真っ平だと思い込ませます」と説明した。

プスカリッチ氏はそう考えなかった。職長が経営側につくなんてことは、今の今まで一度も考えてもみなかった。経営はプスカリッチ一族だけのものだった。彼にとって、職長はしょせん薄のろ坑夫か、ぶつくさ言う連中の成れの果てで、しかも信用できる手合いではなかった。職長たちが彼のために組合の相手になるなどどうして考えられようか。クソ、組合を呼んできたのは職長たちかも知れない。「あんたが自分で工作しろ」と彼は私に命令した。

違いますよと私はいった。考えてご覧なさい、部外者の私がやってきて、どうして労働者たちに別の部外者を信用するなと説得できますか。私の反組合工作は、組合を外部から侵入してきた権力亡者に仕立て上げることにあった。会社に雇われた鉄砲玉の話などに、誰も飛び付きやしない。そうじゃなくて、命令や忠告は毎日坑内で一緒に働いている労働者がするべきで、いい評価や週給を受け取る上で頼りになる人々からなされるべきものだ。

怒りを露わにしたプスカリッチ氏の目を凝視しながら、「よくお聞き下さい」と私は言った。「この組合結成の動きが、とりあえずはあなたを不幸にしたとしても、最後はあなたを幸せにすることになることが分かるはずです。いったん、私たちの反組合工作が始まるや、職長たちは元からそうだったようにリーダーになってゆくものです。配下の労働者たちを幸せにし、自分のしていることに惚れ込むようになります。職長たちはもはや給料のためにだけ働く人間ではないし、あなたは二度と組合問題に直面することもなくなるでしょう」。

このような硬い議論で、プスカリッチ氏を説き伏せられないことを私は分かっていたが、私はクラバット鉱山のお抱え弁護士を味方につけたかったので、彼を満足させるために議論を仕掛けた。この工作を通じていくつかの通常ではないこと、たとえば彼の目には不快に映るような行動と、残りはどうでもいいような瑣末なことをすることになるとプスカリッチ氏に警告した。彼は私の警告を無視してかかったが、職長を味方に取り込む点だけは、信じられないというおもむきだった。

「全国労働関係局が組合の代表認証選挙を執り行なうとき、労働者の投票は組合を支持するか、しないかの投票ではなくて、職長たちを含めた経営陣を支持するかしないかの投票になるのだと、職長に確信させせなければなりません」と私はユーゴスラビア人に話した。「代表選挙で負けることは恥辱ですし、経営能力への不信任にもなりかねません。いったん、職長が私のやり方を理解すれば、職長は勇んで全米鉱山労組との戦争に加わるでしょう」。

プスカリッチ氏は不満のうなり声をあげたが、弁護士が彼を遮った。「この男のいうことを、ともかく聞きましょう。私たちには彼が必要ですよ」。

ボスは肉づきのいい顔にダイヤモンドで飾り立てた手を振り上げ口をねじ曲げて、いくらかかるかと私に尋ねた。コンサルタントを数人使う予定だったので、一人当たり一日一〇〇〇ドルプラス専属依頼料として一万ドルを提示した。「日に一〇〇〇ドルなんて高いやつを俺は知らねえな」。そして秘書のドッティに向かって、一〇〇〇ドルの小切手を切るように吠えた。彼は手を差し出し命令した。「任したぜ」。

事前準備計画を最初の会議の段階で周到に立てなければならなかった。私たちが鉛筆をなめなめ会議を続けている間に、組合がハズミをつけないよう望んでいたので、私はきっかり二日後に、反組合工作の発会式を開催するよう主張した。カディスからクリーブランドまでのドライブは四時間半もかかり不便だったので、私は自然と週日は町に滞在することになった。プスカリッチ氏は、私に隣町で最高のシェラトン・ホテルをとってくれた。また、彼が提供してくれた週末の送迎サービスも素晴らしいものだった。この工作が続いた一七週間を通して、金曜日の夕方にはクリーブランド郊外のゲート・ミルズの自宅近くにあるカイヤホーガ・カウンティ空港まで、一時間の空の旅を提供してくれた。月曜の朝には、自家用飛行機が再び私をピックアップしてカディスまで運んでくれ、そこでは会社のリムジンが私の到着を待っていた。

私は全米鉱山労組のクラバット炭鉱の組織化申請書を読むや、われわれが厳しい闘争に直面していることを知った。私がいわゆる組織化防止工作と呼んでいるものの鍵は、いつも組合を貪欲な部外者に塗り上げ、組合を潰すことに職がかかっていると現場監督や職長たちに確信させることだった。一方、馬鹿にみえる管理者がときには寛大に見えたりもするが、いつも人間的な管理者になるよう私は指導した。そうすれば労働者たちは組合を必要ないと信じるだろう。全米鉱山労組は私にとって手強い敵だった。坑夫の組合は他のどの組合より誇り高く訓練されており、しかも単に攻撃的なだけではなく、坑夫たちにとって全米鉱山労組は組合以上の存在だった。それは家族のようなもので、クラバット炭鉱の坑夫たちの中には、三代前から全米鉱山労組の組合員で、組合員でないのは自分の代が初めてという人も多かった。組合に入っていなかったので、クラバットの労働者たちは不幸せだった。カディス地区にある鉱山の中で唯ひとつの大企業は、クラバット炭鉱の本社から道路を下がったところにある、巨大企業シェル石油の所有する非組合のR&F石炭会社だった。全米鉱山労組は実のところ、町から締め出されていたが、坑夫の間で全米鉱山労組の悪口を言うのは御法度だった。もし、三〇%以上の坑夫が、組合を受け入れるための「授権カード」[4]に署名すれば、連邦法では組織化申請書を受け付けることになっている。クラバット炭鉱では、坑夫の八〇%が署名を済ませていた。労働者たちが一生通い続けた教会のように、大事に育んできた組合と闘わせるにはどうすればいいのだろうか。

　私は一人でこの組織化攻撃と格闘すべきではないと思っていたので、シカゴを本拠にしていたモダン・マネージメント・メソッド、通称スリーエムと呼ばれていた労働コンサルタント会社の昔の同僚たち四人に助けを求めた。一九八三年には、組合潰しの商売の販路は拡大し、労働者いじめが好きで仕事を欲しがっている人を見つけだすのはそう難しいことではなかった。クラバット流血作戦を私と組んだのはスリーエム社の執行副社長で、ある時期私の信頼する助言者だったトム・クロスビーだった。そしてエド・ジョーディナス、彼は大柄で人を威圧するような人物で、この品性下劣な商売を一五年もやっているベテランだった。デニス・フィッシャーは小心でソフトな話し方をする作戦参謀型の人物だ。ケビン・スミスは、悪意のある目付きで人を見る気性の激しい肥満した人物だった。重量級のユニオン・バスターによって充塡された火力は、異常なほどの威力だった。しかし、クラバットでの戦争はクラバット炭鉱の組合活動家が戦闘的だったので、私のキャリアのうちで最も血腥い闘いのひとつとなった。組合の敗北が明らかとなった時点で、六人の職長が解雇され、一人の坑夫は気が狂い、ユニオン・バスター勢力が捏造した芳しくないうわさの結果、最低でもひとりの坑夫の結婚が破談をむかえ、南東部オハイオ州の全人口がどちら側かについた結果、クラバット炭鉱の数多くの家族と友情が壊されてしまった。

従業員たちの全米鉱山労組に対する忠誠心が強烈だったため、私たちはあらゆる手段を用いて坑夫たちの分断をはからなければならなかった。一人ひとりの職長と面接するのが、通常私たちの反組合工作の要だったが、弁護士のレイケンと同僚の専門家たちに、私は第一回目の会議前に妨害行為を開始することにした。

私たちが使った道具は、一九三五年にできた全国労働関係法[5]だけで足りた。同法は団体交渉のバイブルだが、同時にユニオン・バスターにとっても最高の知己となる。このアメリカ労働法の基本となる全国労働関係法は複雑なため組合に労力を浪費させ、また組合員となろうとする人々を苛立たせて、組合認証の遅延や遮断そして攪乱などの無限の可能性を提供してくれる。ユニオン・バスターが昔から使う反語的ないい方だが、クラバット労働者を団結させて分断した。クラバット炭鉱はオハイオ州にある二五の鉱山に加えて、各種の事業を営んでいた。三つの運送会社、燃料会社、複数の石材所と農場、それにブルー・グラス鉱山所と呼ばれていたケンタッキー州の石炭会社を経営していた。全米鉱山労組はオハイオ州の坑夫だけを組織化しようと接近していた。もし私たちが組合より先に情報を流せば、他の部門の労働者たちを反組合にさせることができる。その賭けに打って出た。

私たちが最初にとった法的な手段は、クリーブランドにある全国労働関係局の支局[6]に全米鉱山労組が行なおうとしている組合の代表認証投票の単位を、全クラバット事業体へ拡げる申し立てであった。弁護士のレイケンは頭の回転が鈍そうで、はっきりしない性格の持ち主だが、法的な論争を組み立てることにかけては天才だった。全米鉱山労組は老練な弁護士を使ってはいたが、レイケンが得意とする悪ずれした作戦に準備不足をつけ込まれた。双方の弁護士は、カディスから一五マイルほど南にある町で、その近所では少し大きな町、セント・クレアスビルの市参事官室に設えられた聴聞会で、全国労働関係局の審問官の前でまる一日座っていたのである。双方の証人の多くは、市役所の外のベンチに座りピザを食べながらお呼びのかかるのを待った。双方の弁護士は、全国労働関係局の地方支局長に準備書面を提出し決定を待った。そのような法廷戦術の利点は、その戦術がどちら側に有利か否かではなく、組合組織化の努力に害を与えるうえで効果的かどうかということだ。クラバットの組合の交渉単位[7]を拡張するという私たちの申し立ては、私たちの工作に二週間の余裕を与え、事件の結審には少なく見ても三週間かかった。このような引き延ばしで、組合指導者の情熱的なエネルギーは削がれ、早く組合を作りたいという労働者の切羽詰まった気持ちは確実に削がれるのである。遅々とした法的対応を組合に強いることで、労働組織はそう小回りが利かず、かつ非効率的で労働者が望むような素早い調子で解決にあたれない、ということを私たちは示してやった。

クラバット炭鉱の六〇人の職長を集めた発会式は八月中旬のうだるような暑い日のことだった。彼らはまだ血腥い状況を想像することができなかった。組合組織化を「会社の一大事」と呪っていたマイク・プスカリッチの業務命令で会議に集まってきたのだ。

クラバット社には全管理職を収容するのに十分な大きさの部屋がなかった。そもそもプスカリッチ一族は職制を一堂に集める必要などなかったので、カディス市の郊外にある古色蒼然としてはいるが優雅な白い尖塔をもつ長老派教会の地下室で、発会式は開かれた。最初の日、私は黒塗りのリンカーン・タウンカーを教会の駐車場に運転して行った。そして私の餌食となる連中の最初の匂いを嗅いでいた。駐車場には誰もが狩猟用に使っている古いアメリカ製ピックアップ・トラックが勢ぞろいしていた。武骨な男たちが教会の地下室にあふれていた。薄暗い地下室の中で折畳みテーブルの周りに集まっていたが、彼らはこれからどの位時間を費やすことになるのかを知らなかった。私はいまいまし い組合組織化の新しい「証拠書類」を職長たちに配りながら、毎週二回これから四カ月間、職長がその使命を率先して理解し遂行するよう呼びかけた。

職長たちが地下室へと入ってきたとき、彼らは部屋の後ろのテーブルからポリスチレンのコップを手に取ったが、クラバット社の秘書たちが準備した心づくしのコーヒーを全員が注いだわけではなかった。三時間の会議中ずっと一定の間隔で嚙みたばこの滓を入れる吐き壷としてそのコップは使用された。コップの隣には便箋とペンが置かれており、その隣りに「ここに署名を」と書かれた手書きの紙が置いてあった。これは私の手品で自慢してもいいやり方だった。これが失敗したのを一度も見たことがなかった。私は眺めていたが、ひとりそしてもうひとり、男たちは身をかがめてサインした。サインした後で、ホールの端までぶらぶらと歩いてきて、目の前のざわめきを観察するために灰色の壁に身を寄りかけている者もいた。他の男たちは、仲間の輪に加わり仲間の背中を叩いてみたり、ぎこちない笑いを交わしていた。僅かだが人のことは意に介さず、まっすぐに歩いてきて折畳み椅子を受け取り、そして馬に跨がるように椅子を揺らしている連中もいた。職長たちは、図体の大きなプスカリッチ一族と主賓席の脇でスーツ姿で職長たちを見下ろしている見なれない連中を眺めていた。ここに集まったのは山の男たちだった。若いのも年寄りも全員トレード・マークの色褪せたフランネルのシャツに鳥打帽、重そうな革のブーツを身につけていた。彼らの二の腕も背中もどっしりとして手は荒れていて、顔は赤ら顔で深いしわが刻まれていた。そして口数も少なかった。男たちの不信感は根深かった。

マイク・プスカリッチが最初に口火を切った。彼は要点を手短に述べた。「聞いての通り、いま組合ができようとしている。それを止めなきゃならん。ここにわしらを手助けしてくれる男がいる。マーティン・レビット、この男は我々が雇った大砲だ。みんな、この男の話を聞いてやってくれ。わしはこの男に任せた」。

私は立ち上がって反組合工作を開始した。昼時も近づいた頃、ひとりの拒否者を除いて発会式は予定通り進行した。どんなに嫌なことだろうがお構いなしに、職長たちは私の話を聞かなければならなかった。これまで組合を大事にするように教えられてきた山男たちに向かって、組合がどんな悪事を働いているか説得するのは無理だとしても、その不正行為については説得しなければならなかった。

「これは組合運動ではない、戦争だ」と、私は静まりかえった会場に向かって話した。私は教えながら楽しませることが好きだったので、伝えたいことをメロドラマや喜劇仕立てにして詰め込んだ。初めから終わりまで私は芝居じみた身振り手振りを交えて、坑夫たちを引き込もうと教会堂の側廊を行ったり来たりした。私は彼らの気持ちが萎えてしまわないようにした。「考えてみなさい、組合は誰と闘っているのかね。全員だ。組合は諸君たちに戦争をしかけている。君たちが勝つか、それとも負けるかのどちらかだ」。

職長たちの心を摑めていないことを私は分かっていた。全員の目が私に向いていた。噛みタバコの吐き滓がコップの固い底にぶつかってつくりだすリズミカルな音を除けば、しわぶきひとつ聞こえなかった。「君たちの配下の労働者たちが全米鉱山労組に投票するなら、君たちの負けだ。組合を承認する投票となれば、君たちが労働者を指導できなかった証となる。君たちがそのような事態を招くことになれば、労働者も会社も永久に苦しむことになる」。私の狙いは、職長たちが自分たちを聖戦に臨む戦士だと考えさせることにあった。職長たちが組合は悪魔だと信じ、組合のやることを妨害することは神の御業に近いと思うようなれば、十字軍のたとえは真実味をます。そのための再教育がちょっと必要となってきた。

私はとぼけて「組合って何だろう」と挑発してみた。日焼けした顔をざっと見渡した。もうすでに多くの目は、穏やかになっていた。幾人かが組合とは何かについて進んで意見を述べた。労働者が自分たちの権利を守るために闘うとか、労働者に代って協約交渉を行なう組織とか。

「それは全部間違いだ」と、私は言った。組合のやることも我々と同じビジネスだ。ビジネスが生き永らえるには、一体何が必要だと思うか。金だ。全米鉱山労組はこの一〇年間に大赤字を出してきた。米国の鉱山業は深刻な事業縮小傾向にある。南東オハイオの鉱山のように硫黄含有量の多い石炭は酸性雨の原因になるといって評判が悪い。鉱山会社が閉鎖され、統合され、移転され、そしてリストラされた。その過程で組合との協約は破棄され、組合員も排除されてきた。この一〇年間で全米鉱山労組は六〇%も組合員を減らした。一部は雇用の減少で、一部は明らかな財政運用の間違いで、全米鉱山労組はこの一二年間にたった一度だけ黒字になっただけだ。組織の純資産は、この間に半分になった。

私はマイク・プスカリッチの方へ向き直った。彼自身が新しいことを学んでいるといった趣きだった。

た。「マイク、もしクラバット鉱山がお得意先を六割も失ったら、あなたならどうしますか」。幸運なことに彼の受け答えはありふれたものだったので、私は即座に彼の話を打ち切ってしまった。

ビジネスとはお客からお金を頂戴するものだと私は話を続けた。その金を労働者たちの賃金に支払い、機材を購入し、事業を拡大する。連邦法によって、組合は組合員からの組合費以外の収入を得てはならないことになっている。誰でも組合が組合費を徴収することは知っている。その金でウェスト・バージニア州にいるオルグや弁護士たちを養っているのである。しかし組合費そのものは、組合にとっては小金にすぎないと私は言い切った。同情するような声音を強調しながら、「組合が組合員から罰金を取れることを知っているかね。もし組合員が職場委員と些細なことでも言い争いをすれば、反組合行為とみなされてその労働者は組合の査問にかけられ、罰金を科せられる」。全米鉱山労組のように組合員が減少してくると、組合財政は空っぽだと、私は聴衆に語りかけた。遅かれ早かれ、組合は新しい労働者グループを配下に収めようと、戦さを仕掛けざるをえないのだ。私たちが今ここで直面しているのは組合の組織化ではない、侵略なのだ。

「組合はやけっぱちだな。減った収入を取り戻すためには何でもやる。私が戦争だと言った理由はこれだ」と私は言いきった。

私は精力的に歩きまわりながら、話を進めていった。得意のたとえ話に取り掛かった。いつものようにメロドラマ仕立てで。「君たち職制は組合の管理下に入ったクラバット炭鉱でどうなるかね」。

私は顔を見渡し、金髪のおとなしそうな青年に狙いを定めた。「結婚しているかい」と尋ねた。「ええ、しています」と、青年はアパラチア山系で生活を送ってきたことを示す鼻にかかった言い方をした。私は近づいて「奥さんを愛しているかい」と聞いた。

「もちろんですよ」。

「一緒に寝るかい」。

「ええ、まあ」と、青年は真っ赤になった。

「さて、君と奥さんの間に奥さんのお母さんが毎晩割り込んで寝ることになったら、君はどうする」と続けて質問した。

聴衆がわっーと沸いた。部屋の後方から野次が飛んできた。「悪かねえな。お袋も悪かねえぜ」。君は幸せもんだ、しかし、誰も奥さんの母親が一緒にベッドに入るのを好みはしないと、私はこの青年に話した。もし、組合が出来たとき、君たちの周りで起きるのはこれと同じで、君たちが配下の労働者たちに何を言うにも、奥さんの母親みたいな職場委員にお伺いを立てなければならなくなる。

「それに職場委員ってどんな奴がなるか知っているかい」と、尋ねてみた。「そうさね、君たちの配下の労働者のうちで、大口叩きで一番の怠け者がそいつだね。職場委員ってタダでやるんじゃないのさ。ヤツらはありとあらゆる組合の役得、たとえば組合業務で職場を離脱するとか、協約以上の先任権[8]とか、特別の役得とか各種のボーナスなどを手にしているんだ」。私はわが新兵たちに、職場委員は職制にとって悪夢であり、一緒に真面目に労働をしている坑夫の誰にとっても悪夢だと話した。

そこで職長たちが組合に脅されたときどう対処すればいいのか、法律の勉強の時間がやってきた。地下室の後方に歩いてゆき、坑夫たちがサインしたレポート用紙を取り上げた。私にもっとも近い所に座っていた坑夫に、そのはぎ取り式のレポート用紙を手渡し、全員署名しているか各自確かめるよう告げた。そのレポート用紙が側廊をいったりきたりして回覧されているうちに、私は全国労働関係法に関する連邦政府のガイドブックを配った。この冊子が連邦政府の刊行物だというのは偶然ではない。ユニオン・バスターがしようとしていることは法律で認可されていることであり、ある程度は連邦政府からお墨付きを与えられているのだということを、はっきりさせることが決定的に重要なのである。労働法ガイドブックは経営者が組合組織化の試みを阻止するために、法的に何ができるか、何をしてはならないかを記述したものだった。この冊子は坑夫たちに、労働法の限界を教えるもので、私はこれらの法律の限界をどうねじ曲げ、破ってゆくのかを話した。

私は反組合工作の四つの禁じられている行為を概説することから始めた。なぜそのことから始めたか、その理由は私が法律を守ることに重きをおいたからではなく、トレーニングの受講者たちが違法行為をしてもバレないで行動できるようになってほしかったからだった。

「経営を代表するものは、従業員を威嚇してはならない」と、私は言った。「だが、あえて不法な手段に訴えなくとも、どうすれば従業員を威嚇できるか、そのやり方を伝授しよう。経営者は従業員に質問できない。しかし質問をしなくとも、従業員にどう問題をぶっつけるかその手口を教えよう。諸君は従業員をスパイすることはできないが、監視することは出来る。経営側は約束をしてはならない。ここが問題だ。経営側は約束することを禁止されている一方で、組合は守れもしない約束をたくさんして労働者に言い寄ってくる」。

二人の坑夫の側まで歩いてきて、「やあ、君」と、おどけた調子で一人の坑夫の腕を突つきながら語りかけた。「この会議の終わりまでに、この男が君に一〇〇ドルをくれるよ、僕が約束する」。二人は笑った。「君たちはどう思うかね」と、私はそこに座っていた残りの人たちに質問した。「このようないい加減な約束を法律は禁じていると思うかい」。

坑夫たちは手を上げて、その位のことは分かっているよと野次を飛ばした、「もちろん違法さ」。引っかかったぞ。これは組合がいつも約束しているやり方で全く合法だと説明してやると、私に対する疑いのまなざしは好奇心へと変わった。

「法律では権力を持っているほうが約束することを禁じている」。賃金や付加給付の引き上げや、休暇をもっと与えること、雇用保障や安全衛生条件を改善できる力を会社は持っているので、組織化期間中に会社が組合に対抗してそのような代償を約束することを禁じている。一方、組合は何でも組合員に約束することが出来る。なぜなら、組合は要求しているだけだから。

先に配った政府発行の冊子の中から、団体交渉についての説明を取り上げた。重要な個所を読んでみるようにある坑夫に指示した。指名されたその若い坑夫は行頭の単語の発音で悪戦苦闘し、字が読めないことが分かったのですぐに他の人へと回した。その男は「双方とも合意することも譲歩することも求められてはいない」という個所を読んだ。そこが問題点なのだと集まっていた人ちに説明した。組合が団体交渉の権利を勝ち取るということは、要求する権利を取得したにすぎない。労働者はもっと多くのものを獲得できるかも知れない。しかし実際には同じ程度か、あるいはすでに獲得しているものを下回って終わる可能性だってあるのだ。

「労働者が授権カードに署名したとき、労働者たちはその署名の中身を知っていたと思うかね。賭けてもいいけど、誰も署名するときそのカードをきちんと読んでいやしないよ」と、私は職長たちに話した。

全米鉱山労組の場合も他の組合も同じだが、授権カードは組合支持の意志表明だけではなく、組合加盟申込み書を兼ねている。労働者の多くは自分たちが組合加盟申込み書にサインしたとは思っておらず、組合に騙されたと分かれば怒りだすだろうと私は話した。労働者たちは白紙委任状にサインしたようなものなのだ。私は全職長が入室の際に署名した黄色のレポート用紙を取り上げてみんなに見えるようにかざした。「君たちは全員この用紙に自分から署名したね」。私は部屋の中をゆっくりと移動しながら、聴衆に問いかけた。「さあ、諸君たちがどんなものに署名したのか、教えてあげよう」。私は、次のような誓約内容が記載されている、長々しい架空の組合加入申込み書を読み上げた。

我々、以下の者は、自らの自由意志で、自らを拘束するこの授権カードに正式に署名いたします。この署名した日より、我々は全員自動的に「マーティ・マネージメント組合」に組合加盟費一〇〇〇ドルと、引き続き月例組合費二〇〇ドルの支払いに同意します。我々はまた、適宜に特別徴収ならびに罰金の支払いにも同意します。我々はここに忠誠を宣誓します。組合と組合規約、そして組合行事に優先的に最高の忠誠を尽くすことを併せて宣誓します。

このからくりは労働者が騙されて署名してしまったことを、気づかせるところにある。私たちの狙いは、何人かの労働者が署名したカードを返してくれるよう組合に要求することにあった。カードは組合の財産だから返してはくれないだろう。だが、何も知らない内に組合員にされてしまったことに対して、疑問をいだく労働者が多く出てくることに狙いがあった。懐疑的にさせることが、労働者を分裂させる最初の種を蒔く手助けとなる。

組合に拘束されない自由のために会社はどう闘えばいいのか、私は聴衆たちに質問した。そして答えを言った。法律的な限界は明らかだ。しかし脅しになっていないかぎり、事実を語ったり意見を述べるという形でメッセージを伝えることは可能だ。何を言うかについて職長が心配する必要はない。

私たち専門家が指揮し、職長が工作するうえで必要なもの全てを提供する。プスカリッチ氏の署名入り手紙の形で、職長を通じて労働者たちに週に二回、事実を提供する。手紙はグループ会議で討論し、そこでの議論の仕方も指導する。グループごとでまた個別に指導して配下の労働者との接し方も教える。職長たちに要求したのは組合に勝つという決意だけだった。その日から組合代表認証選挙まで、全てが反組合工作一色となった。

その時点まで、反組合工作の発会式はいつものやり方で進められ、いつもの雰囲気だった。だが、ひとつだけ違っていた。会議も終わりに近づいた頃に部屋の中を見渡したところ、誰もがうんざりしている様子だったので、これまでの私の説明に反対の考えもあると述べた。私は同僚のユニオン・バスターたちの反対を押し切って、全米鉱山労組は何ものにもかえがたいという諸君たちの考えを、私は理解できると告白した。数世代にわたって家族のためにメシの手助けしてきた組合と対決など出来るものではないという、その人たちの考えを私は理解できると言った。会議が終わったら私の部屋で、反組合工作についての進め方を議論しようとその人たちに誘いをかけた。私が今後の工作のやり方を点検しようとしていたその日の午後、六人の男が事務所のドアを叩いた。闘いになれば家族が苦境に陥ることになるので、全米鉱山労組と闘わせないで欲しいと男どもは私に頼んだ。私は彼らを工作から外さなかった。他の職長と同様に配下の労働者たちに社長の書いた手紙を届けることや、部下の会社への忠誠を探ることも期待した。しかし、私は現実的にならなければならなかった。この男どものもつ全米鉱山労組への忠誠が、反組合工作に対する障害となるかもしれないと考えた。そこで私は、この他の職長に期待するような責任を彼らには求めないと話した。私のプスカリッチ氏への忠告は、この男どもを縛らずに自由にしておくことだった。しかし、プスカリッチ氏は裏切りを許そうとはしなかった。組合が組合代表認証選挙を落としたあと、三カ月も経たない内に彼は六人を解雇した。

工作期間を通じて、改造モーテルにある小さくて殺風景な会議室が、私たちの指令センターとなった。部屋には、テーブル一個、椅子数脚、電話一台、それ以外は何もなかった。同僚のユニオン・バスターと私は、そこで職長たちと何週間にもわたって会い、クラバット炭鉱と集炭所での反組合工作について質問し、私たちが作成した作戦要務令をどう実践してゆくかを教育し、影響を持っている組合活動家で要注意人物とみなした従業員の動向について職制たちに問い質した。クロスビー、ジョーディナス、フィッシャーそして私は、カディスに留まってプスカリッチ氏の手紙を代筆し、戦略を練り会議を招集し、そしてオハイオの職長たちに圧力を加えていた。

工作が実行段階に入って数週間が過ぎた頃、ビジネス・スーツを脱いで、ジーンズと綿のトレーナーを着用したらコトはもっと上手く進むはずだと私は、カディスに滞在中の同僚たちを説得した。受けを狙うのが好きなコンサルタントとして、私はお客に合わせた服装を好んだ。私の見るところ、クラバットの坑夫、トラック運転手、機械工たちと上手くやっていく唯一のやり方は、私たちもみんなの一員だと見られるようになることだった。同僚たちは賛成ではなかった。労使関係コンサルタントの多くは、とりわけスリーエムの連中は高級品嗜好だった。コンサルタントが報酬にふさわしい服装を選ぶから、日に数千ドルの顧問料を顧客から吸い上げることが可能になるのだとその人たちは考えていた。だが、わがスリーエムの仲間は私の指示に沿って仕事をし、私の意志を尊重して三週目までには全員が埃っぽい山の生活に相応しい服装となった。私たちは、ケビン・スミスをケンタッキーの鉱山へ送り込んだが、そこでも彼は喜んでブルージーンズを着こなして、単独で組合をやっつけたのだった。

いったん、反組合工作が軌道にのりはじめると、プスカリッチ一族は脇に退き会社の運営を私たちに委ねた。一族は重役秘書を自由に使わせてくれたし、本社の全事務員を私たちの命令一下で動くよう指示した。反組合工作期間を通して、私たちは調べものをするために管理職を使うことができたし、プスカリッチ一族が「事務所の姫君」と好んで呼んでいた事務員たちは、タイプをしてくれて、手紙を配ってくれて、コーヒーを運んでくれて、そして私たちの注文する食べ物を運んで来てくれた。管理者との個別面談が実りあるものとなるためには、職長たちのことだけではなく、労働者たちのことについても、ユニオン・バスターは知っておくことが必要だった。そこで私たちがだした最初の要求は人事担当部長宛てのものだった。私たちの要求に対して、彼女は全従業員を部課ごとに各職長の名前の下に全ての従業員をリストアップして、その詳細なチャートを作成した。そのチャートには労働者が雇われた日、給料、結婚の有無、個人情報ファイルなどの詳細な情報が含まれていた。この情報で武装した結果、私たちは直ちに餌食たちよりも有利な立場に立った。ある職長は鉱区から一六〇キロも運転してやってきたが、会議室に入ってくると、クールな感じの下稽古を積んだ二人の殺し屋(ユニオン・バスター)が、彼を痛めつけようと待ちうけていた。彼は私たちのことをほとんど知らなかったが、私たちの方は前もって入手していた彼と部下たちの情報を使って彼を驚かすことができた。私たちは全ての従業員に関する五段階評価のチャートを作っていた。筋金入りの反組合主義者なら、マルの中にプラスの記号、もし彼が経営よりの人間なら単にプラスの記号、強力な組合支持者ならマルの中にマイナスの記号、組合の支持者なら単にマイナス記号、どちらか不明の場合は疑問符で現場の職長と面談するたびに評価し直した。私たちはまた、情報提供者の提供するたわいもない小話、それは会社や組合についての話からカネと女についての話まで、どんなものでも書き留めておいた。

個別面談は、三〇分から一時間ほどだった。その時間帯の一部は、ちょっとした話やゴシップなどに費やされたが、それは職長たちがうちとけた雰囲気の中で私たちが友人であり相談相手なのだと感じさせるよう計算されていた。事実、個別面談の最初に、私はその職長たちにこの部屋で話すことは一切外部には漏れないこと、すなわち、私がつけているノートや職長が漏らしてくれた秘密は誰にも知らせないと約束した。もちろん、それは冷酷で真っ赤なウソだった。職長が配下にいる厄介者の組合シンパについて将来役に立ちそうだと思われる情報を持ってきたときは何時も、その情報はプスカリッチ一族に届けられ、スキャンダルは噂話として流されるか、あるいは将来の戦略の中で使われるよう貯めおかれた。

非公開を約束したので多くの職長が私との話にやって来た。職長と個別面談を何回かやると、誰が誰と性的な関係を持っているかまで分かってきたし、従業員の間の詳細な個人的会話にも精通してきたし、労働者の悪行や抱いている恐れや情熱などについても知るようになった。ある職長の場合だが、彼は面談が醸し出す懺悔の雰囲気にさそわれて、酒場で男を殺めてしまったことを白状した。いくらひねくれている私でも、見知らぬ人間に殺人の告白を聞かされて、びっくり仰天してしまった。しかし、私はすぐに分かった。第一線の管理者である職長は、上役から監視され追い回わされ、労働者からは信頼されず最悪の仕事をしていた。間に挟まって孤立しており、誰にも頼れないのだ。職長は孤独で弱いために理想的な手先となる。ユニオン・バスターが登場すると、それまで取るに足らない存在だった職長の言動が、突如として重要になってくる。私はクラバットの職長たちに、今の君たちのボスは私だということを思い起こさせ、そして組合が勝利すれば君たちの職はなくなり、恐らく会社も終わりになるだろうと警告した。労働者の職の確保と会社の命運全体が、君たちの双肩にかかっていると言い続けてきた。

　個別面談について不慣れなことからくる弱さと将来への不安にもかかわらず、クラバットの職長たちは私がかつて出会ったどの管理職よりも手強い人たちであることが分かった。


　他方、組合側の組織化工作は、元坑夫だったジム・ホワイトの率いるローカル六の小人数のスタッフが振り付けをしていた。この工作チームはローカルの幹部役員で全米鉱山労組執行委員のトニー・バンビコの用心深い監視下で仕事をしていた。だが、ホワイトもバンビコもそして組合事務所の他の男どももクラバットへはあまり姿を見せなかった。オルグは立ち入り禁止だった。というのは、組織化工作が明らかになると即座に、私たち顧問団は「立ち入り禁止」の掲示を事務所、鉱区、集炭場に貼りだした。この掲示は組合の人間を追い払い、時間外にしかその組織化工作が出来ないようにさせることにあった。ホワイトとその一統はオルグができなかった。毎夕と週末、労働者の家を訪れるか酒場で坑夫たちと会議をするかして過ごした。そうこうしている間に、オルグたちは内部の四〇人ほどの男を組織化のために訓練した。

　組合員による組織化委員会が組合工作の中心だ。というのは委員会のメンバーはそこに住んでいる人々だからだ。クラバットの組織化委員会メンバーは、坑夫や機械工、それに機械の修理工や運転手たちだったが、全員がプスカリッチ氏の所有地に住んでいた。クラバットの従業員で友人か親戚で組織化委員会に入ってない者はいなかった。委員会は自分たちを「全米鉱山労組のクラバットの坑夫たち」と呼んだ。犯罪を仄めかすような言葉だが、私は彼らを「押し込み（プッシャー）」と呼んだ。彼らは喧嘩好きで、あけすけで恐れを知らなかった。男どもは逃げ隠れもせず、委員会の手紙のレターヘッドには自分たちの名前が刷り込んであった。クラバットの労働者たちがどう酷使されているかを列挙したパンフレットには、その男どもの顔写真や発言がそのまま引用されていた。内部オルグは、仕事場で昼夜を分かたず労働者たちと話し合い、仕事が終われば労働者の家を訪問して、週末には会議を持つなどして組合支持のエネルギーを高めるために全力を注いだ。私が発送したのと同じ位彼らも手紙を送り付けたが、そこには「もっとましな待遇を」というモットーが刷り込んであった。

職長の大半は、部下たちの組合組織化に同情的だったし、組合と部下の労働者たちの双方に頑固なほど忠義を尽くしていた。彼らに選択の余地は無かった。反組織化運動の方針に従ってはいたが、多くは消極的な抵抗のゲームを巧みに演じていた。だんまりを決め込んだり嘘をついたり、彼らが組合のことについて何を労働者に話し、各々の従業員がどう応酬したかについての作り話など、衝突を回避するテクニックに富んでいた。私たちの工作に協力しない問題職長を「役立たず」と非難して、より「忠誠心」のある職長にその配下の労働者の扱わせるようにした。

しかし、一方で私たちは職長を決定的に追い込まないようにしたが、職制たちが作戦を勝手に変えることは許さなかった。作戦の初動段階で、いじめ抜くのは私のやり方ではなかった。手に負えない職制を彼自身のごまかしを利用して罠にかけるのが私の好みであった。

「チャーリーはこの頃どうかね」。工作が一カ月目に入ったある朝、ある職長の定例訪問を受けた際、配下の組合シンパの労働者のことで質問した。「彼とは上手くいっているかい。組合についてどんなことを言っているの」。

「チャーリーは転向しましたよ」と、その職長はチャーリーに問題などなかったかのように手を振りながら嘘を言った、「彼はもう組合とは何も関係ありません。私が保証します」。

「どうして君に分かるの。彼は組合のどこが嫌いになったのかね」

「ええ、組合費を払いたくないと言っていますよ。社長のプスカリッチ氏の手紙が言ってるように、組合はカネがかかりすぎるって」

私はこの職長が信頼できないことを知っていた。今まで私に正直に答えたことがなかった。そこで彼に宿題を与えて平静さを失わせてみた。全米鉱山労組ローカル六の役員給料や経費の書いてある文書を彼に渡してやった。その手紙をチャーリーに渡して説得するように彼に申し渡した。組合員から集めた組合費がどう使われているのか、それをチャーリーがどう考えているのか、私はその点を聞きたいのだと言った。ここからが難しい指示だった。その職長に午後二時に私の事務所に戻ってくるよう指示した。締め切りをつけてこのような宿題をだすのは、私のよくやる訓練の仕方だった。職長にやる気が無い場合は、同じ組合支持の労働者と何度も何度も、来る日も来る日も対決させ、その労働者との話を私に報告させた。嘘をつくことはできても大半はその圧力に屈し、最後は決まって職長たちは頑固な労働者にその圧力を転化するようになった。

毎週末には、顧問団はプスカリッチ一族と進行具合いの検討会を持って、反組合の潜在的な投票数が増えているかどうかを点検して、厄介者の職長について話しあった。

最後は、職長たちのほとんどは私たちの軍門に降った。職を失うという恐怖、あるいは配下の労働者や家族がもっと酷い仕打ちにあうという恐怖に打ちのめされて、職長たちは組合へ投票しないよう労働者に訴え始めた。職長たちが労働者に近づき、「よお、おめえたちに組合が必要なのは分かっているけど、頼むから組合に投票しねえでくれ。組合が勝てば俺はおしめえだ。俺たちゃ兄弟みてえなもんだ。俺はもう馘になるかも知れねえしな」と、職長たちがいうのを私は分かっていた。

同僚と私が、職長たちに地獄の日々を過ごさせている間に、弁護士のレイケンは労働法の手品をもてあそんでいた。工作も五週間ほど過ぎたころ、全国労働関係局の支局長が、組合の投票単位をトラック運転手から農場労働者、石切り場の労働者やケンタッキーの坑夫たちにまで広げるという私たちの主張を採用した。良いニュースだった。これで私たちの勝利は確かなものとなった。投票単位が拡張されたことで、有資格投票者名簿に一五〇人ほどが新たに加わった。これで組合オルグはもっと走り回わることになる。私たちはすでにこの決定が下された場合を想定して、新たな投票者の工作に入っていた。一方、組合は時間外に新たにつけ加えられた労働者たちを探しだしてかき集めねばならなかったし、新しい各現場で工作を担う従業員を見つけ出し訓練しなければならなかった。しかも勝利はそれだけではなかった。申し立てと公聴会の進行過程が妨害され長びいたため、全国労働関係局の支局長は選挙期間を通常より延ばすという決定を申し渡した。原則的には、地方支局長が選挙の実施を公示してから三〇日以内に選挙を行なわなければならない。クラバットの場合、全国労働関係局は通常の三倍の時間をとるのが妥当と考え、選挙を一二月一六日にまで延ばした。この決定は組合の信用を失墜させ、また傷口をもっと化膿させるに十分な時間を私たちに与えた。

いったん組合の投票単位と投票日が決まると、連邦労働法は使用者に有資格従業員の名前と住所を組合に提供するよう定めている。その法律は一九六六年、連邦最高裁判所の決定から生まれたものだが、組合が組織化しようとしている従業員と容易に接触できるように、その便宜を提供することを定めたものであった。しかし頭の回転がいいユニオン・バスターなら、法律の意図をどう歪めるか考えるものだ。その従業員リストは、その画期的な判決からエクセルシオール下着会社の名前をとってエクセルシオール・リストと呼ばれていたが、私はそのリスト提供の準備に細心の工夫を凝らした。情報を出し渋ることで従業員を組合に獲得しようとする組合役員をいらつかせるために、私は法が定める最小限の情報の提供に留めた。たとえば、名前をイニシャルだけにして、フルネームで書かないようにした。住所に関しては要求されている宅地番号と道路名は書き出したが、アパートの部屋番号やストリート、アベニュー、ドライブ、プレースなど道路標示名はいつも書かないようにした。郵便番号も決して書き添えなかった。そのような櫛の歯の欠けたようなリストのせいで、組合は従業員の幾人かを見つけ出せなかったし、その人たちを見つけだすまでに法外な時間を使うことになった。妨害の仕上げとして、組合にリストを手渡す前に私は全従業員宛てに手紙を発送した。経営者の署名入り手紙は、会社が法律に基づいて従業員の個人情報を組合に手渡したが、それは法律で強制されたものであることを伝えていた。さらに組合からの嫌がらせ電話や組合役員による自宅訪問があり得ると警告しておいた。もちろん、善良な労働者たちが組合の組織化が原因でトラブルに巻き込まれることを、経営者は手紙で謝罪しておいた。私は定められた書式にそったクラバット炭鉱のエクセルシオール・リストと従業員へのお知らせ文を準備した。仕事は投票単位の拡張に歩調を合わせて進んだが、この策略はことのほか効果的だった。組合の組織化は第一歩からケチがついた。

私たちは長老派教会の地下室で、引き続き週二回、就業前に全員出席の早朝会議を継続した。職長たちは反組合組織化工作に関する進捗状況を聞くためホールに集合し、別の文書の束を受け取った。労働者にその最新情報がどう提供されるべきかを学習した。私が最初に職長たちに配らせた手紙は、組合はいかに権力亡者であり、また内部で対立しているかを知らせるものだった。「親愛なる従業員のみなさんへ」といった調子で真面目な書き出しで始まり、その後の手紙も皆そのような調子で書かれていた。そこでは組合を身勝手なよそ者と紹介しておいた。組合は自分たちの主張を実現するために、オルグは従業員を騙し利用することになると、私は手紙の中で警告した。手紙の言葉はすべて注意深く計算されていた。組合のことを述べる言葉には、常に侮辱的、脅迫的な意図が込められていた。たとえば、真の労働者の組織としての組合のイメージを傷つけるために組合のリーダーたちのことを「ボス」と呼んだ。一方、経営者は、謙虚で思いやりがあって真正直な人物に描き上げた。手紙の続報では、組合費、入会金、罰金、賦課金についての組合方針を詳細に伝え、そして組合規約や懲罰規定をすっぱ抜き、ストライキで会社はめちゃめちゃに壊れ、職は危うくなり、そうでなくとも組合は会社を危機に陥れるものだと警告した。

同僚のユニオン・バスターと私は、職長たちが手紙の反応を探る際に、労働者を身構えさせないように指導した。労働者に接触するとき、「最新の手紙、読んだかい」といった質問をしないよう注意した。読みましたとか、まだですとか、一言だけの答えでは会話が途切れてしまうからだ。実によくない。上司からのそんな質問は敵対的な反発を招きかねないし、組合の戦争への情熱を高めかねないのである。私たちが職長に指示したのは、手紙で面白かった点を取り上げ、「おい、組合って組合員に罰金を払わせたり査問したりするんだってなあ、俺知らなかったな。お前知っていたかい」とか「全米鉱山労組がカネをうじゃうじゃ使ってたなんて知らなかったね」といった、親しみあるコメントをするように指示した。

組合組織化の動機やその効果に疑問を投げかけるだけでは、当然ながら充分ではない。クラバットのような会社では、上級管理職が組合側の攻勢の原因となったり標的ともなったりもするので、弱体な組合組織でも支持を集められる。経営者が権力を乱用したり独断的な命令を下したりしているかぎり、組合の主張は労働者に受け入れられる。差し迫った工作の第二弾は経営者を人間らしく見せることだった。プスカリッチ一族にとって、そのことはとりわけ難しいことだった。労働者は一族に根深い恨みを抱いており、一族は従業員をどう扱おうが自分たちの勝手だと思っていた。脅して支配するというプスカリッチ一族のやり方が続けば、いまに組合ができますよと私は説得した。マイク・プスカリッチの二人の弟ピートとニックは、悔い改めたボスの役割を進んで演じていた。図体のでかいオーナーが炭坑や他の労働現場を訪れて冗談や野卑な笑いを振りまき、たわいのない話を交わしながら、労働者のことを心底から理解しているように振る舞ってみせた。プスカリッチ一族は芝居っ気たっぷりに振る舞って、数週間の間に新しいその役柄にすっぽり嵌るようになった。確かに人が変わったように見えた。ユニオン・バスターになりたての頃、反組合工作を通じて経営者が別人のように心変わりをする場面を私は目撃してきた。組合の脅しが傲慢な経営者にショックを与え、その欠点を自覚させ会社の進むべき道を変えさせたりすることもあった。しかしクラバットの時までに一四年が過ぎ、およそ二〇〇もの組合潰しをしてきたが、そのような心変わりがそう頻繁に無いことも分かっていた。プスカリッチ一族は無理して芝居をしているだけのことだった。組合選挙が終わってみると、彼らは前よりもっと横暴になっていた。

クラバットのオーナーが、慈父のように親切に振る舞っている間に、その息子や義理の息子どもは坑夫たちと親しく交わり、労働者の方も若い世代を信用するようになった。一族支配のオーナー会社で組合と闘う場合、私はしばしばこの戦略を用いた。古い保守派の一族メンバーが嫌われているときに、変化の到来をお披露目するのが私は好きだった。私たちが若い世代を人間らしい装いで登場させたことで、労働者たちには若い世代が親父や義理の親父よりも思いやりを持っていると写った。プスカリッチ一族の若い世代には、二つの任務が課せられていたが、その任務とは坑夫たちの気持ちを摑むことと、役立たずの職長に替わって組合潰し作戦の指揮をとることだった。工作も終わりに近づいた最後の数週間、私はマイク・プスカリッチの二三歳の息子、ちびのマイクを頭とした職長チームをＳＷＡＴ（特別機動隊）と名づけた。プスカリッチ家のメンバーを含めて一五人の職長によるチームは、非協力的な職長連中の部下を担当した。

クラバットでは、若いプスカリッチ一族の幾人かは実にいい坑夫で、鉱区では仲間からも好かれていたので、私は仕事がやりやすかった。チビのマイクはとりわけ、骨惜しみをしないし、明晰な若者で皆から好かれていた。彼はすぐにクラバット闘争のシンボルになったし、これからの時代を象徴する看板だった。ちびのマイクがＳＷＡＴの責任者になって、軍団を率いてクラバット地域を行き来しながら反組合の立場を強化したので、勝利のチャンスは倍加した。

私たちは職長との面談を通じて労働者が忠誠心を持つように引き続き監視した。工作が進行する中で、私たちは会社派従業員で「ノーに投票を」委員会を結成した。その目的は、経営に「忠誠」を誓っている労働者にご褒美を与えることにあった。その労働者たちには特別休暇、特別給付やその他ボーナスなどが与えられた。一方、組合支持の労働者たちは、職場で毎日ボスたちから厳しい審査を受け、品のない噂話と闘わなければならなかった。その頃になると何がプラスか何がマイナスかのニュースを、その日の内に会社中に配れる効率的な情報ネットワークが作り上げられていた。

工作が進むにつれて、南東部オハイオに点在する町は二つに引き裂かれた。家族も友人も組合を支持するかどうかで分裂した。給水塔や道路標識、そして広告板には「組合に反対票を！」とか「組合に賛成票を！」とスプレーがかけられ、クラバット社の家屋は壊された。自然発生的に拳骨が町や鉱区で炸裂した。私たちはこれら全てを歓迎した。すべてが反組合工作への弾みとなった。私たちは、何でも組合がやったのだと言いふらし暴力と蛮行を非難した。今では、団結していた労働者の中に憎しみの楔を打ち込んでいるのは組合だと、部下たちに知らせるよう職長たちを督励した。

ある坑夫が現場事務所にピックアップ・トラックで乗り付けて、建物中に銃を乱射した時は、すでに二カ月間に渡ってクラバット戦争が大荒れに荒れていた。銃の乱射を目撃したのはほんの僅かの労働者だったが、その直後に私は事件についての報告を改造モーテルの事務所で受け取った。私はただちにマイク・プスカリッチ氏に面会を求めた。

ボスの反応は予想通りで、その男を解雇して告訴するつもりでいた。私の同僚たちも同意見だった。同僚たちはこの乱射事件を起こしたのは組合だと非難できるし、この事件を利用すればこの暴力と凶暴な事件は全米鉱山労組が煽った結果起こったのだと広く訴えも出来ると計算していた。私は別の戦略を練っていた。

「ご覧なさい。この男はいろいろ問題を抱えています。誰もがそのことを知っています。もし会社が彼を馘にして法廷に引っ張りだしたら、気の狂った哀れな男に会社は何と無慈悲なことをするんだろうと思われます。それは最悪です。私たちは慈悲深い、同情心あふれた使用者であることを進んで示すべきです」と私は説明した。

私の提案もあって会社はその男を刑務所ではなく精神病院に送った。私たちはその男が回復したらすぐに職場に戻れるだろうと噂を広めた。さらに、会社がその労働者の治療費の全額、健康保険によってカバーされない部分さえも負担していることを、事件のことを知っている労働者たちが漏れなく分かるようにした。
　わが専門家連隊は次の職長会議でこの発砲事件を報告した。私たちの言い分は、組合の組織化が大悲劇をもたらしたが、善良な経営者はこの男をまともに扱おうとしているというものであった。「これは組合が対立を持ち込む典型例だ」と、集まった男たちに話した。「しかし、私たちはこの男の面倒を見ている」。ハル・ラケットのこの不幸な事件についてクラバットが慈悲深くふるまったことを職長たちが労働者たちに話すよう指示した。

　選挙が一〇日後にせまり、その盛り上がりもピークに達したので、組合潰しの「お楽しみ」の登場となった。私は土壇場になるまでこっそり手元に取っておく一連のトリックを準備していた。クラバットの現地でそのお気に入りを使ってみることにした。一つはスポーツ籤だったが、それは熱狂的な競争心を駆り立てるもので、経営者と職制から選挙週間に一ドルの掛け金を募ってスタートした。参加者は、自分の名前と反組合側が獲得すると考えられる「ノーに投票を！」の票数を書き入れることになっていた。「ノーに投票を！」の最終集計にもっとも近かった人が一〇〇ドルの賞金を貰えることになっていた。一〇〇ドルの賞金に釣られて掛け金の集まりもよく職長たちの予想は驚くほど正確だった。最も頑固な組合シンパの何人かも手のうちをばらして、賞金獲得のチャンスを大きくするため大っぴらに組合の敗北を進んで予想したりした。組織化運動中、経営者が票読みを従業員に行なわせることを労働法が禁じているのを出し抜くために、私は労働者の組合支持の度合いを最終段階で読み切る方法として、この賭けを導入した。労働者がどちらに投票するか職長に予想させることで、自分の予測が正しいかどうか試算できた。賭けを何度か繰り返すことで、職長たちは驚くほど正確に予想するようになった。最終票数は数票の誤差内に収まっていた。

終わってみれば、賭けの勝者はマイク・プスカリッチで、選挙に勝ったのと同じ位興奮していた。彼は自分のポケットにその一〇〇ドルの賞金を仕舞い込んでしまったので、私は彼を恥じ入らせて掃除のおばさんにその賞金を譲らせた。

坑夫たちは私のギャンブルに加わってこなかったが、彼らには打ってつけの別の企画があった。反組合ビジネスの同僚たちからはあまり陳腐なのでウケなかったが、それは私のトレードマークだった。毎日同じことを繰り返すことがその要点だが、投票の終盤では特にそのことが威力を発揮した。大半の労働者は最後の週に入ってから、どちら側に投票するかを決めるのを私は分かっていたので、男どもの目に止まるところへはどこでも、「ノーに投票を!」が目につくようにした。私がやった典型的なものは、Tシャツ、野球帽、バッチそして布製の記章など、選挙工作の小物を使うことだった。

私がこのアイディアを同僚たちとの戦略会議で述べたところ、彼らは反対だった。とりわけジョーディナスは激しく反対した。彼はそんな子供じみた工作をしなかったし、Tシャツのような手口を使えば組合に対抗しようとしているこちら側が滑稽に見えることを恐れたのだった。私の経験では違っていた。至る所に「ノーに投票を!」のスローガンがあれば、それがTシャツであれ何であれ、投票する者に力強い心理的な効果を与えた。にも拘わらず私はそれを投票前一〇日間だけ、試験的に導入することで手を打った。頃は一一月末で山空の風は凍てつく寒さだったので、Tシャツではなく厚手の綿のトーレーナーを五〇〇着注文した。濃紺の綿のトレーナーの胸と背中には白い文字で、「ノーに投票を!」のメッセージと投票箱に×印を、背中に反組合の大義を表わす「クラバットと共に勝利を!」というスローガンを印刷した。トレーナーと共に、クラバット炭鉱の名入りの野球帽と「ノーに投票を！」の布製の記章も発注した。

私は三人の職長にトレーナーと野球帽を渡して、最も大きな労働現場に送り込んだ。数時間の間に彼らは数十組の注文をとって戻ってきた。誰もがそれを欲しがっているようだった。次の会議で、私は職長全員にトレーナーと帽子を渡し、待ちわびている労働者たちに配らせた。二人の重役秘書のドッティとキティンは、終盤のお祭り騒ぎの雰囲気に酔いしれて、彼女たちのブラウスやスラックスの目の引くところに反組合の記章を縫い込んだ。

トレーナーや帽子と記章を身につけた労働者の多くが、即反組合でないことを私は知っていた。実のところ、最も攻撃的な組合支持の幾人かが、自分たちの感情を隠す覆いとしてトレーナーを注文した。その他の多くの人は、それがタダだったので欲しかったのだ。そんなことはどうでもいい。本当の効果は、反組合のメッセージが選挙の前の週に、大きく人目を引いたことだった。

舞台裏では、工作活動は真剣そのものだった。エド・ジョーディナスは私たちが獲得した労働者の増減を特大の紙に書きだし、大きな忠誠心報告カードと一緒に会議室の壁に貼りだした。その後、私たちは会議室を軍事室と呼ぶことになるが、そこには何か劇的な軍事的感触があった。態度をまだ決めていない労働者に対しては、一時間ごとに情報が渡された。私たちは速乾性マーカーを器用に使い分けて、次々とアップデートされた情報を我が戦闘図に記入していった。

投票を数日後に控えて、会社は全国労働関係局の選挙管理官から電話を受け取った。全国労働関係局はオハイオ州アパラチア山系全域とケンタッキー州に二六カ所の投票所を選定した。九名の選挙管理官の幾人かは、人里離れた山岳地帯の風の舞う凍てついた道路をずっと全国労働関係局の車を運転して投票所まで行くことになるので、それは恐ろしいことだと電話で伝えてきた。この心配事は、私が全国労働関係局に言い寄る手掛かりを与えてくれた。私たちは管理官に喜んで当方の四輪駆動車を投票所まで、大半は鉱区から外れていたが、出しましょうと申し出た。組合活動家がその話を聞きつけて、組合側の選挙立会人も投票管理人との同乗を許可すべきだと憤慨して申し入れてきた。組合立会人を同乗させるのであれば、当方の申し出は無しにしましょうと脅しをかけて、当然のことながらこれを拒否した。全国労働関係局は組合の申し入れを拒否した。選挙の当日、何人かの選挙管理人は会社のトラックに乗り込み投票所に向かった。もう一つの勝利だった。組合潰しの工作では、小さな勝利を積み上げることが、最終的に大きな勝利へと導くのだ。

投票はまだ進行していたが、選挙がこちらの勝ちになることを、私はいささかも疑わなかった。マイク・プスカリッチ氏も同様に確信していた。彼は選挙がこちら側の勝ちになる前に、ユニオン・バスターの顧客としてはあまり例のない処置だが、私に七万一〇〇〇ドルを手渡しで支払ってくれた。クラバット炭鉱が支払った闘争費用は、弁護士費用を除外して二五万ドルもの大金にのぼった。私の取り分は六万ドルを超えた。

ホワイトとバンビコそして全米鉱山労組は、いずれも組合の勝利を確信していた。事実、全米鉱山労組のトップたちは開票を監視するために集まってきていた。全米鉱山労組は選挙の時期に併せてピッツバーグで全国大会を開催する予定だった。全国労組の若いカリスマ、リチャード・トラムカ委員長が選挙を監視するために、日帰りでカディスまで足を伸ばしていた。全米鉱山労組が選挙で敗北してから分かったことだが、今回のクラバット炭鉱の選挙は、全米鉱山労組の転換点として期待されていた選挙だった。同僚と私はカディスの機械工場で行なわれた開票には立ち会わず、その日朝の四時から夜中まで外部から遮断された快適な役員室に座っていた。

夜一〇時に選挙は終わった。最終集計が入りクラバットの歴史の一章が閉じた。三九一名の労働者が投票し、組合に投票したのは僅かに九三票だった。残り二九八票はこちら側だった。経営者側立会人からひっきりなしに電話で速報が入って電話が鳴りつづけ緊張した状況が丸一日続いた。プスカリッチ一族、会社に忠誠を誓った者たち、それに私たち顧問団は、組合が悲嘆にくれている時に、スチューベンビルの近くにあるホリデー・インで夜を徹して底抜けの祝賀会を開いていた。

バンビコは負けたことで打ち拉がれていた。選挙が終わった後で地元のウィーリング・インテリジェンサー紙に語ったところによると、クラバットの労働者たちは、組合が必要だと全米鉱山労組に嘘をついたという。翌週、バンビコはクラバットの従業員宛に怒りと冷やかな手紙を送り付けた。その手紙の中で、彼は坑夫に堅固な意志がかけていたことを非難し、また組合に署名しながらも組合反対に投票した労働者たちを責めた。バンビコは労働者たちが組合をつくる気などないくせに労働条件を改善するために全米鉱山労組を利用したと難詰した。クラバット経営はこれからも何一つ変わらないだろうと、正しく予言した。締めくくりとしてバンビコはクラバット炭鉱を全米鉱山労組に加盟させることは絶対にないと言明した。「諸君と諸君の会社に再度のチャンスが訪れるとする。しかし、我々は次のことを確信をもって伝えておく。コトが上手くいかないからといって、我々が今から一年以内に諸君たちを助けにやって来ることはない」。

二年後、全米鉱山労組の地域本部長としての四年間の任期の途中で、バンビコは組合業務から身を引き、民間石炭会社のセントラル・オハイオ石炭会社に人事担当の役員の地位を得た。

〔注〕

〔1〕法律補助〔paralegal〕学生。弁護士資格はないが基礎的な法律知識を有し、弁護士の監督の下、あるいは法の定める仕方で事務を処理する「法律補助職〔員〕paralegal」をいう。

〔2〕全国労働関係局〔National Labor Relations Board〕。全国労働関係法〔National Labor Relations Act〕によって設立された準司法的行政機関。不当労働行為〔unfair labor practice〕の救済手続きと、団体交渉において交渉単位〔bargaining unit〕内の被用者を代表する労働組合の選出認証手続きを主宰することを主な任務としている。

〔3〕ローカル〔local union〕。労働組合で交渉権限を有する最小の単位をローカル・ユニオンという。ローカル・ユニオンには、全米自動車労組のローカル・ユニオンのように一つの工場〔事業所〕がそれ自体が交渉単位であるような事業所ローカルもあれば、旧AFL系のローカル・ユニオンのように複数の事業所にまたがる合同労組的なローカル・ユニオンもある。

〔4〕授権カード〔authorization card〕。組合を支持する被用者が、団体交渉のための代表として組合を支持するカードに署名したものを「授権カード」という。このカードそれ自体が組合加盟申請を意味するものではないが、最近では加盟申請を兼ねる授権カードが一般的となっている。組合が代表認証選挙の申請をNLRBに行なうためには、単位内の被用者の三〇％以上の「授権カード」を集めていることが用件とされているが、実際は資本の側の切り崩しが当然の事ながらなされることを考慮すれば、七〇％以上の授権カードを組合側が前もって集めておくことが望ましいとされている。

〔5〕全国労働関係法〔National Labor Relation Act〕。アメリカで集団的労使関係一般を規制する連邦法。団体権行使の保護や団体交渉の奨励を目的として、一九三五年に制定されたものをワグナー法と呼ぶ。その後、一九四七年のタフト・ハートレイ法、一九五九年のランドラム・グリフィン法などによって改正を受けている。

〔6〕支局〔regional office〕。NLRBの支局は、全米主要都市三二カ所に設けられており、実際に事件が持ちこまれて処理にあたるのはこの地方支局である。地方支局には支局長〔regional director〕ならびに訴訟関係を司る地方法務官〔regional attorney〕がおり、その下で現地調査官〔field examiners〕と現地法務官〔field attorneys〕が事実関係の調査や代表手続における聴聞会(hearing)を司どっている。

〔7〕交渉単位〔bargaining unit〕。アメリカの排他的交渉制のもとで、労働組合の代表権能が及ぶ人的範囲を交渉単位という。その交渉単位の範囲について争いがあるときには、NLRBが労働者の利益の共通性の及ぶ範囲を基準に線引きを行なう。

〔8〕先任権〔seniority〕。一時解雇〔lay-off〕、その後の復職、配転、昇進、休暇取得などの該当者の人選にあたり、勤続期間の長短を基準に労働者間に序列、優先順位をつけ、これによってことを処理する制度。この先任権について組合との協定がある場合は、いかなる場合でも組合の存続を保証するために、組合の委員長が先任権リストの最上位にランクされる。

第2章　ユニオン・バスターの起源

予防的労使関係と呼ばれる分野は、一九三五年の全国労働関係法の成立によって、労働団体が法認されたときに始まった。その法律はワーグナー法として広く知られているが、賃金、労働時間、付加給付や労働条件について、従業員が使用者と集団交渉するための権利を定め、またその集団的利益のための闘う権利を定めた。フランクリン・ルーズベルト大統領のニュー・ディール政策の重要な構成要素であるワーグナー法は、多くの使用者がそれまで採用していた組合潰しの戦術を違法とした。最も悪名高いものとしては、組合活動家に対するスパイ行為や脅迫それに暴力行為の誘発、労働者自身の要求する自立した労働組織を窒息させることを狙った経営者による「御用組合」への勧誘などである。新しい法律はこのような行為を不当労働行為と定め、法の執行を監視するために全国労働関係局を設置した。ワーグナー法の成立は明らかに労働者の勝利だったが、その勝利を祝う時間的な余裕はほとんどなかった。というのも、この法律そのものが、使用者とその弁護士の強力な反対運動を呼び起こしたからである。連邦法が労働組合と団体交渉に関する労働者の権利を認知するにつれて、多くの組合潰しの古い戦術は巧妙なテクニックに衣替えすることになった。組合回避（union avoidance）と呼ばれる手口を使う専門家の登場を求める一大運動が、経営者の間から巻き起こった。新しく芽吹いてきた市場を開拓しようとする抜け目のない資本家の登場で、まったく新しい産業が産み落とされた。

組合を回避しようとする企業を助ける専門的な経営コンサルティング会社で、全国的に名の知られるようになった最初の事務所は、シカゴの「労使関係アソシエーツ」だった。労使関係アソシエーツ社は、連邦最高裁判所がワグナー法を合憲として法の全面的履行を命じた、ちょうど二年後の一九三九年に設立された。労使関係アソシエーツ社は全国労働関係局の設立当初（一九三四年）からの職員で、ネイザン・シェファーマンという人事の専門家が設立した企業だった。シェファーマンは、一九三五年にシアーズ・ローバック社に入り、労務担当の役員になった人物だった。今日では恐らくシェファーマンの名前を誰も知らない。設立二〇周年を迎えた一九五九年に、彼は会社を店仕舞いすることになったが、彼と会社の名前は組織労働者の忌まわしい組織犯罪との結びつきで忘れ難いものとなっていた。その年、シェファーマンはチームスター労組[1]の委員長デイヴ・ベックの所得税の脱税に力を貸し、共謀の罪で起訴された。

シェファーマンは起訴を免れたが、ベックは起訴され有罪の宣告を受けた。シェファーマンはデイヴ・ベックと年来の友人で、組織労働者の暗黒面（マフィア）との関係で人のよく知るところとなった。ベックは組合に関係した三件の経済犯罪——所得税の脱税、重窃盗罪、組合が支払う所得税還付に関する虚偽の申告で、有罪宣告を受けた。しかし、有罪の確定は、唯ひとつ所得税還付に関する虚偽の申告のみであった。他の二つの件は起訴留保となり恩赦を受けた。ベックは五年の刑で三〇カ月服役した。

一九三〇年代を通じて、シアーズは小売り業から組合を排除するため、絶え間ない闘争を引き起こしていた。シカゴを本拠地とするチェーン・ストアのシアーズは、傘下の商品供給・配送業務数社で運転手やその他の労働者の組織化に取り組んでいたチームスター労組と激しい闘いを繰り広げていた。シアーズの経営者は妥協することを知らなかった。ワグナー法が施行される前は、シェファーマンの助けを借りて、両部門での組合を阻止することに成功裏に取り組んできた。しかし、ワグナー法が連邦議会で成立してからは、組合の組織化攻撃は勢いを増し、一九三〇年代を通して容赦ない紛争となり、組合に打ち勝つために必要な対抗策は、限りなく複雑なものとなった。そのような理由もあって、一九三九年までにはシアーズでのシェファーマンの仕事のうちに占める組合対策の比重が増大したので、組合回避事業を取り扱う別会社を設立することにした。一万ドルの依頼料の名目でシアーズから設立資金を得て、労使関係アソシエーツ社はスタートした。

ここでレーデラー一家について話しておこう。労使関係アソシエーツ社結成の法的な準備作業を担ったのは、レーデラー・リビングストン・カーン&アジット弁護士事務所と呼ばれる、主としてシアーズの法律顧問たちが作ったシカゴの法律事務所だった。中心となったチャールス・レーデラーは、一九〇六年にシアーズが事業を開始して以来、シアーズの筆頭弁護士の一人として、業務に関わってきた。彼の息子のフィリップが弁護士の資格を得たので、父親はこの若者を海外へ留学させた。フィル・レーデラーは父親の下で一九年間弁護士の修業を積んだ。フィルはシアーズの法律顧問であった父親の手伝いとして働きはじめ、後に自分で労使関係の勉強もし、シアーズ社の主任労働弁護士としての地位を得るに至った。さて、フィルはどこで勉強したのだろうか。ネイザン・シェファーマンの事務所と、もちろん労使関係アソシエーツ社である。フィルの説明するところでは、第二次世界大戦中は労使関係を集中して学ぶためにしばらく法律から遠ざかっていた。人事問題の専門家として海軍に任官するのが目的だったが、その任官は実現しなかった。戦時中フィルは軍に徴兵された労使関係アソシエーツ社のコンサルタントに代わって、労使関係アソシエーツ社で働き、その仕事に関わることで予防的労使関係ビジネスの裏世界の勉強をした。その当時のフィルは弁護士の仕事より、現場コンサルタントを業務としていたが、労働側のストライキ不行使誓約への見返りとして労働争議を仲裁するために、フランクリン・ルーズベルト大統領が設立した全国戦時労働委員会[2]で、経営側弁護士の代理として事件を担当することになった。ヨーロッパ戦勝記念日の頃までには、フィル・レーデラーは労働法と反組合人事理論の双方の分野を自分のものとしていた。

第二次世界大戦後、フィル・レーデラーは忙しい法律の世界に復帰した。その後、再び活況を呈しはじめた反組合主義の風土の中で、一五年間に渡り商売繁盛していた労使関係アソシエーツ社と親密な関係にあった。戦争が終わり、アメリカ資本主義は猛り狂った反組合主義の反転攻勢を開始した。当時、シェファーマンは虚構の世界を築き上げて、恐ろしく商売を広げていた。反組合コンサルタント、弁護士、それに企業経営者にとって、それは今でも暗黙の前提となっているもので、組合ができれば会社は組織的にも法的にも財政的にも不利な状態に置かれることによるという、途方もなく広く流布されている神話である。戦後期の激動の中で、経済界のリーダーたちは、組合を脂ぎって、強欲で、腐敗もし、しかも間違いなく反アメリカ的であると決めつけた。ワグナー法は使用者たちが乗り越えられない利点を組合に与えていると申し立て、同法の改正を連邦議会に求めた。使用者たちは、ワグナー法が組織化や選挙期間中に発生する不適当な行為から使用者ではなく組合を保護しているので、組合が自由勝手に労働者を威圧したり脅迫したり威嚇したりすることを容認することになるのだと攻撃した。使用者の要求は、競争条件を対等にして欲しいということだった。一九四七年、連邦議会は経営者の要求に屈した。長い荒れた論議の後で、組合の弱体化を意図したものだと新法を非難していたトルーマン大統領の拒否権を乗り越えて、保守系の下院議員たちは全面的な改正労働法を通過させた。通常タフトー・ハートトレー法[3]として知られている一九四七年法は、ことごとく真正面から組合を攻撃している。この日から、組合指導者たちはアメリカ労働者の大多数を組織化できない主たる原因は、タフト・ハートトレー法にあると認識している。同法の最も顕著な条項は、資本側が組合に対する不当労働行為の申し立てを定めたことである。組織化運動中に、経営側に役立つ広範な表現の自由を含む「使用者側の権利」がリストアップされ、組合員であることが雇い入れの前提条件であるクローズド・ショップが直ちに禁止され、各州でより制限的な労組法を導入することが容認された。後日削除されたが、ある条項では組合役員が共産党員ではないという宣誓口供書の提出を要求していた。タフト・ハートレー法は、労働側に壊滅的打撃を与えた。強制的な組合費の徴収を禁止した法律は、陰険にも「労働権法[4]」とよばれていたが、各州へと急速に広がっていった。昔から労働運動につきまとっていた共産主義者への弾圧が恒常化した。そして基本的な組合活動を複雑に制約することで、組合潰しの手段を経営側に与えることになった。経営者と労働コンサルタントは、タフト・ハートレー法が成立したおかげで、労働者組織を思うように攻撃できるようになった。当然のことながら経営は常に優勢を保てたし、その優勢を失うことはなかった。タフト・ハートレー法のおかげで、経営者は再び思うがままに組合に戦争を仕掛けることができた。

労働法は一九四〇年代から五〇年代にかけて一層複雑になった。腕のいい弁護士は引っ張りだこだった。フィル・レーデラーはまさにいい時代にいい居場所を手にしていたようだ。戦後レーデラーはシアーズの主任労働弁護士として働いていたが、シアーズ社の全ての労働事件を引き受けただけではなく、シアーズの子会社のオール・ステート保険会社の労使関係から市民的権利に関する事件まで同様に取扱っていた。それから一〇年ほど後に、レーデラーと保険会社との結びつきは、私がユニオン・バスター業に足を踏み入れたときの最初の雇い主であるジョン・シェリダン・アソシエーツという名の事務所の創立となった。しかし、その前に労働側はまたもや議会で壊滅的打撃を受けた。

アメリカ労働運動はほぼそのスタートから、大衆が組合に抱く疎ましいイメージと闘わなければならなかった。経営者と組合員の双方への暴力、労働運動内部に浸透する共産主義者の摘発、組織犯罪と組合との結びつきの動かぬ証拠などが、組合リーダーを蝕み、組合運動の大義を台なしにする戦略的な武器を経営側に提供することになった。一九三〇年代末期にはワグナー法の成立で、暴力は下火となったが、組合の指導者たちは一九四〇年代を通じて熱に浮かされたように、組合内の共産主義者を排除した。全米でもっとも巨大な力のあるチームスター労組では脅喝が相次ぎ、暴力団と組合の結びつきが一層深まった。一九五七年頃には労働組合の腐敗は一層ひどくなり、連邦上院は犯罪活動の申し立てを調査するための特別小委員会を設置することとなった。委員会はアーカンソー州選出の上院議員ジョン・マクレランを長とし、マサチューセッツ州選出の若い上院議員のジョン・F・ケネディ、首席検察官に若々しいロバート・ケネディなどエリートを擁していた。テレビで放映される公聴会では、不正に操作された組合選挙や組合リーダーと経営者との共謀、横領や窃盗などが白日の下にあばかれ、アメリカ国民はびっくり仰天してしまった。上院特別小委員会による調査の主要なターゲットのひとつはチームスター労組だった。委員会は同労組の各級機関から全国委員長デイヴ・ベックに至るまで腐敗の証拠を掌握した。ベックは一九五二年に、組合の腐敗一掃を掲げてチームスター労組の委員長に選出されたが、五年後、マクレラン反脅喝特別委員会で証言に立った証人たちは、ベックが多額の組合基金を労使関係アソシエーツ社への支払いを含めて着服したことを認めた。この公聴会での証言の結果、ベックは脱税、重窃盗で有罪の判決を受けた。彼の後継者で悪名高いジミー・ホッファも陪審員買収と郵便による投票を不正に操作した郵便詐取で有罪になり、監獄に移送された。そしてチームスター労組はAFL―CIOから除名された。

マクレラン委員会は組合の不正摘発に重点をおいたが、上院議員たちは経営者の悪事にもメスをいれた。組合に劣らず結果はひどいものだった。二週間半ほどの日程で、委員会は経営者の不正行為についての公聴会を開催した。また数日間に渡り、ひとりの男ネイザン・シェファーマンの取引関係にも焦点を当てた。一九五〇年代の中期にかけて、ネイザン・シェファーマンが作り上げた労使関係アソシエーツ社は、東海岸から西海岸にかけて三〇〇社ほどの顧客を持ち、恐らく全米で最大の労使関係コンサルタント会社だった。連邦議会の補佐官だったピエール・サリンジャーの主催する調査活動で集められた情報をもとに行なわれた審問での証言では、労使関係アソシエーツ社がぼろ儲けをして、ひどく非倫理的な企業であることが白日の下にあばかれた。シェファーマン軍団は顧客の会社の従業員が組合に加入しないように、あらゆる戦術を駆使し全米中を動き回っていた。公聴会の証言記録によれば、連邦法では明らかに違法なことがその中には含まれていた。ローカル・ユニオンの幹部との共謀や、買収や脅迫による組合選挙への介入、労働者が組合をつくれば付加給付を取り消すといった脅し、経営者に好意的な組合幹部へのすげ替えとか、組合に反対している労働者への報酬の提供、労働者に対するスパイ行為や嫌がらせ等々。シェファーマンの配下のコンサルタントでは、ハーバート・メルニックの名前が公聴会の証言の中に上げられていた。

一九五九年にマクレラン委員会の公聴会が終了したとき、アメリカ国民の前に明らかにされたのは企業と労働組合との荒廃した姿だった。シェファーマンに関する証言が幕を閉じるにあたって、マクレラン委員長自ら次のように述べている。「委員会で開示された諸活動は、この国のいくつかの企業への大きな不信を浮き彫りにしている」。委員会は多くの労働組合の膨大な不正を声高に非難するに留まらず、経営者側をも同様に非難した。マクレランは再度いわく「経営者の欲したサービスが、シェファーマンに対する需要を生み出したのだ。ネイザン・シェファーマンの活動費用を支払ったのは経営者だったし、最近この委員会で不正が暴かれるまで何の良心の呵責も感じることなく、ネイザン・シェファーマンのサービスをよく利用したのも他でもない経営者たちだった。経営者は自分たちが何をしていたのか、彼らの支払った金がどう使われていたのかをよく知っていた」。

公聴会が終わり、ベックは刑務所に移送された。そうこうしている間に、下院は組合の内部運営を統制し腐敗の流れをとりあえず堰止めるための立法作業へと入っていった。

労使関係アソシエーツ社が不名誉なうちに解散した二年後の一九六一年、シェファーマンは彼の四〇年間にわたる反組合従業員工作を正当化する二九二頁の『中央に立つ男（仲介者）』というタイトルの本を出版した。この本の中で、シェファーマンはマクレラン委員会の自分に対する扱いについて愚痴を並べて、自分の仕事をいやになるほど自己弁護した。自己弁護の主な論点は、彼がやってきた労使関係の仕事の中で、組合回避は「ほんの僅かの比率」を占めるに過ぎないという点であった。実例として、ひとりの顧客がマクレラン委員会に報告したものを引用して、彼は自分が提出した他の人事関係業務の詳細な長いリストを上げている。このリストには世論調査管理、職制訓練、奨励給導入の仕方、賃金調査、従業員の苦情処理、人事記録管理、職員募集事務、職務評価、法的サービスなどが含まれていた。これらのサービスは確かに提供されていたのだろう。だが組合潰しが業務の一部であれば、その業務は全部汚れていることになる。他の全てのサービスはトップ・マネージメントに完全な統制を与えるという全体の目的の手段にすぎなかった。会社の労使関係の仕事一つひとつは、その全体のドラマの一部であった。シェファーマンの本からある件を借用すれば、「表にあらわれない織糸でさえ、労使関係という織物の基礎を作っていることを私たちは知っている」。

シェファーマンが行なった労使関係の仕事は、彼の行為を覆い隠すテクニカル・タームを開発したが、その後に芽を出す組合潰しの技術を開発したことも同時にそこから見て取れる。彼は近代的なユニオン・バスティングのゴッドファーザーである。シェファーマンはこの業界の基礎を築いた。彼は何十という組合潰しの戦略を編みだし、その技術は、彼の仕事、後にはもっぱら私の仕事にもなったが、その後の労使関係を支配し続けている。シェファーマンの業界への貢献は、単にテクニックのレパートリーの広さなどといったものよりも、もっと大きなものだった。今日の労使関係理論が見事なほど二枚舌に貫かれているのは、他の誰でもないシェファーマンその人の功績だ。シェファーマンと彼に手ほどきを受けた人たちによって精緻に仕上げられた労使関係の言語は、見せかけの言葉や手段を用いて、労働者に対する根本的な不信で貫かれており、経営の王冠を守ろうとする彼の意図を覆い隠している。言葉で綴られれば美しくなる。そうすれば言葉の罠に引っかけるのは容易いことだ。シェファーマンは、一九六一年に出版した彼の本で、家父長的な経営者たちを批判して、経営者が労働者の人格を認め、相互対話を続けて、経営者が従業員の尊厳を尊重するように呼びかけている。

では何が問題か。問題は組合である。経営者のもつ組合恐怖心を労使関係の中に一服盛れば、たちまち毒がまわり、人の利益のためにする計画さえ汚染されてしまう。すべての計画、すべての職場戦略が、労働者の団結心を掘り崩す戦術へとねじまげられ、悪用されることになる。

ここにシェファーマン学校が用いたごまかしの手口の見本がある。組合が作られる恐れがある、あるいはありうるということを理由として、シェファーマンは従業員円卓会議〔ラウンドテーブル〕という仕組みを導入するよう経営者に助言した。元来、円卓会議は従業員の苦情を取り上げたり、会社の経営方針を反映させることを目的に設けられてきたが、実際は労働者の情報を盗んだり、労働者間のインフォーマルな力関係に介入するものとなっている。通常のグループ会議は、従業員間のリーダーが誰なのか、また誰が従業員を統制しているのか、それを探り出す仕組みとなっている。と同時に企業からの情報を労働者に植えつけるための仕組みでもある。シェファーマンは自著で円卓会議の青写真を説明して、その会議のことを「ローテーション従業員会議」と呼んだが、会議から職制を外すことで報復の恐れなしに、愚痴をいう機会を従業員に提供すれば、会議は開かれたものになると描いている。だが実のところ、そのような会議は労働者のためというより、経営者の利害を担うものになっていた。鍵となる言葉は「ローテーション」である。賢明なシェファーマンは労働者が仲間意識を育むような企画を抑えこむために経営者にアドバイスしたのである。彼は自著の中で自慢しているが、一九二〇年代を通じて多くの企業が真の労働者組織に対抗して、組合回避のために御用組合をつくったとき、彼はシアーズの経営者たちに御用組合の組織化に走らないよう警告した。御用組合戦略は従業員同士が協調するよう教えこむことになるので、かえって従業員が自立的な組合を受け入れやすくなり、逆効果だと主張した。

シェファーマンは、ローテーション参加の意義については何も書いていない。しかし、後に私の先生になる彼の教え子たちは彼のやり方をよく学び、そして後進に伝えた。たとえば、従業員委員会の構成をしょっちゅう変更することで、会議に参加する人たちの結びつきを弱めて、その中からリーダーが生まれるのを防ぎ、また経営者が多くの部署に出回っている苦情やうわさに遅れをとらないように手を打つことができた。ゴールは従業員と経営者の協力を育むことで、決して従業員同士の関係を強化することではなかった。従業員の愚痴の言い合いと結びつけて、シェファーマンは込み入った職制の訓練コースを詳述している。シェファーマンが中間管理職と呼んでいた第一線の職制の各々に対して、配下の従業員間の力関係をどう認識するか、またどう分析するかを教育していた。その目的は、労働者への強制力を最大限に高めることで、その部下全員の考えと行動を上手く管理することである。

私がユニオン・バスターの業界入りを果たしたとき、私はシェファーマンの名前さえも知らなかった。だが、一〇年、二〇年、さらに三〇年後になっても、私はシェファーマンと同様なやり方を長期にわたる組合潰しの戦略として私の顧客のために採用してきた。


デイヴ・ベックが収監されようとしていたその時、ドワイト・アイゼンハウアー大統領はランドラム・グリフィン法案[5]に署名し発効させた。全米の少数の労働コンサルタントは、その法律の公布を祝福した。ランドラム・グリフィン法の正式名称は「労使報告・公開法（一九五九年法）」で、組合を財政面でより民主的で開かれたものとするため、組合員「権利章典」を含めて五つの重要な項目を定めている。組合の規約と諸規定ならびに毎年の財政報告書を労働長官まで提出すること、組合役員と組合に雇用されている職員およびその家族を含めて、利益の相反するおそれのある金銭的取り引きの報告を義務づけたので、コンサルタントにとっては「たまらないね」ということになった。コンサルタントや弁護士は、組合の内部構成や財政、それに組合幹部に関する詳細でタイミングのいい情報を、コピー代さえ支払えば自由に入手できるようになった。

しかし、ランドラム・グリフィン法による規制は組合だけが対象ではなかった。マクレラン委員会は経営者やコンサルタントたちが組合相手の闘いで採用した戦術に批判的で、議会は再度この問題をランドラム・グリフィン法に盛り込んだ。会社の反組合活動を誰でもが知れる様に、同法は会社に対して労務コンサルタントの雇い入れを含めて反組合活動の支出明細を、労働省まで提出することを義務づけた。コンサルタントには会社との契約期間と条件、受け取った資金総額の報告が義務づけられた。法に抜け穴が巧妙に仕掛けられていなかったならば、この公開条項によって、よちよち歩きのユニオン・バスター業界は窒息させられただろう。人を欺くことに長けたユニオン・バスターは混乱の中で技を発揮できても、白日の照明の照りかえす舞台の中央ではその魔術は生き長らえないのだ。

しかしランドラム・グリフィン法の抜け穴は、実にひどいもので、この忌まわしい一〇億ドルの巨大産業が、肥え太った腹を抱えたままのし歩く余地を残して、巨大な口をぽっかりと明けていた。ランドラム・グリフィン法は、経営コンサルタントにその事業で得た所得の報告だけを義務づけている。組合に加入しないよう従業員を説得するとか、労使関係に関する事項などで、従業員や組合についての情報を経営者に提供する活動などで得た所得だけを公表する義務を課しているのである。もちろん、労務コンサルタントがやってきたのは、まさにこのような活動だが、私はランドラム・グリフィン法に基づいて所得の報告をしたことはなかったし、他のユニオン・バスターもほとんどしていない。なぜかって。ランドラム・グリフィン法では、「組合に加入しないよう説得する」活動と見なされるのは、コンサルタントが組合の投票単位となる労働者に直接働きかける場合に限られている。管理職や経営者とだけ関係している限りは、ランドラム・グリフィン法による申告書の提出先である連邦労働省の監査の目から容易に逃れることができるからだ。

ランドラム・グリフィン法の定める方法にしたがって活動している労務コンサルタントも少数ながらいる。その人たちは、組合反対の投票をするよう労働者の説得を公然と行なっているが、その活動は法律的に「説得活動」と分類されているので、ランドラム・グリフィン法に定める申告を無視すれば、連邦歳入庁からの警告を受けることになる。しかしこの労務コンサルタントたちも、労働省が申告書の正確度をチェックする確かな手段を持っていないことを知っている。スパイとしてのコンサルタントの役割は、同じようにランドラム・グリフィン法の抜け穴によって保護されているのである。あらゆる種類の情報収集活動は、もしもその情報が特定の法的手続きのためだけに用いられるのであれば、その結果を開示しなくてもよいことになっている。当然のことだが、私たちユニオン・バスターは、たったひとつの裁判に使うためだけに、スパイ活動をしているのではないが、そうだと思わせることは簡単なことである。私たちの信頼する弁護士の助けを受けて、私たちは反組合活動を、楽屋裏でひっそりと行なってきた。その間、組合財政の詳細をあたかも不正と出鱈目に満ちたものへとねじ曲げて、みんなの前に陳列して喜んでいた。こんなことを可能としたのは、弁護士の仕事の領域がランドラム・グリフィン法では、曖昧だったからである。労働弁護士が反組合コンサルタントと同様に申告が義務づけられているかどうか、実のところ、この法律では明確ではなかった。弁護士はその行為や関係費用を開示することも強制されずに、組合組織化過程に直接的に介入することができた。今日では当たり前のことになっているが、大きな法律事務所では、私がかつて多くの会社のためにやっていたような活動を若手の弁護士にやらせていたのである。弁護士—依頼者免責の大きな傘に隠れて、若い弁護士たちが、反組合戦争に走り回り、ランドラム・グリフィン法の上で踊っているのだ。

労使関係アソシエーツ社の二人のコンサルタント、ジョン・シェリダンとハーバート・メルニックは、ランドラム・グリフィン法に対する最大の防御法はその法律自体の内部にあることを見抜いていた。基本設計図としてのランドラム・グリフィン法の文言を用いて、二人はユニオン・バスティングを新しい大胆な手法にデザインし、この産業を完全に作り変えた。その種子はシェファーマン自身が植え付けたもので、彼の四〇年にわたる人事関係の仕事として、職制を経営のもっとも効果的な運動員として徴用したことだった。また彼は組合と闘うために労働弁護士との共同作業を行なった。この両者が法律的な専門性を駆使した反組合工作のシステムを作るのは容易なことだった。

労働組合の世界がランドラム・グリフィン法で浮き足立っている時、シェリダンとメルニックは沈没寸前だった労使関係アソシエーツ社から脱出して、自分たちでコンサルタント業をスタートさせた。シカゴの中心街に事務所を借りて、手作りの新しい手法を売りまくる仕事を開始した。シェリダンとメルニックは会社相手に直接商売をするというよりは、労働弁護士の業務を補完するものとして、自分たちの仕事を弁護士に売り付けた。弁護士とコンサルタントが手を取りあえば、組織化攻勢に対して二倍の破壊力となると主張した。つまり、ランドラム・グリフィン法に触れることなく、組合を物理的にも知恵の面でも圧倒できると。この協力関係で弁護士とコンサルタントの双方が、お互いに相手側に仕事を提供し合うことになる。何とも素晴らしいプランだった。当初、このプランに関心を示した法律事務所はそう多くはなかったが、シェリダンはフィル・レーデラー率いるレーデラー・フォックス・グローブ弁護士事務所と提携することで成功した。

当時、保険業界では組合による組織化攻勢がちょうど活発化しており、フィル・レーデラーは組合との争いで助けを求めていた保険会社の顧客を大勢抱えていた。労使関係アソシエーツ社時代からレーデラーはメルニックを知っていたので、オール・ステーツ保険会社での反組合の業務に彼を抜擢した。メルニックの方はジャック・シェリダンの快活さと気っ風が好きだった。この三者の組み合わせは勝ち馬だった。レーデラーはこの協力関係を簡単にこう述べている。「私は法律関係を担っていたので、彼ら二人はコンサルティング業務をするよう割り振った。私は反組合工作にはタッチしなかった。とにかく法律で手が一杯だったしね」。

レーデラーがリッチでいい顧客を持っていたのはいうまでもないが、彼の経験のおかげで、シェリダンの商売も大いに儲かった。すぐに二人で処理するには手一杯の状態となってしまった。そこでシェリダンは業務の拡大をはかった。一九六九年、ジョン・シェリダン・アソシエーツは一人のユニオンバスター、ルーキーのマーティン・レビットを採用した。

〔注〕
〔1〕チームスター労組〔International Brotherhood of Teamsters〕。一八九九年にデトロイトで設立された御者組合。その後一九〇〇年初頭にはトラック運転手が組合の主力となり、一九四〇年代以降、トラック運転手以外に、倉庫、航空、食品産業まで幅広く組織している。チームスター労組を一躍有名にしたのは、第二代委員長デイブ・ベックと第三代委員長のジミー・ホファがマフィアと結託して、組合を舞台に腐敗の限りを尽くしていたことであった。一九五七年、AFL―CIOは、チームスター労組があまりに腐敗しているとしてAFL―CIOから除名したが、その後も歴代委員長と本部執行委員の大半が恐喝や組合財産の不正使用などで訴追を受けてきた。一九九一年、組合の腐敗一掃を掲げてロン・ケリーが当選したことで、組合の民主化を成し遂げた。AFL―CIOには一九八七年に復帰している。組合員数一四五万人。
〔2〕全国戦時労働委員会〔National War Labor Board〕。一九四二年、第二次世界大戦中に発生した労働争議の解決のために、労組によるストライキと資本によるロックアウトを禁止し、委員会の仲裁によって労使双方が戦争を完遂することを目的に設立された調停機関。
〔3〕タフト・ハートレー法〔Taft-Hartley Act〕。労使関係法〔Labor-Management Relations Act of 1947〕の通称。ワグナー法が労働組合擁護に傾きすぎたとの反省に立ち、交渉力の平等化の観点から、クローズド・ショップの禁止、「組合による不当労働行為」の新設、使用者の言論の自由の拡大などの修正を加えるとともに、労働争議の調整手続き、労働協約に対する強行性の付与などを新たに導入した。

〔4〕労働権法〔Right to Work Law〕。ユニオン・ショップを許容しつつ、州法による禁止の余地を残したタフト・ハートレー法 Sec.14(b) に基づき、「組合員たることを雇用条件とする協定の締結・適用を禁止されている州において、そのような協定の締結・適用を求めるものではない」と規定する州法をいう。この州法を一般的に「労働権法」とよばれ、南部を中心とした二〇州で立法化されている。

〔5〕ランドラム・グリフィン法〔Landrum-Griffin Act〕。労働組合の腐敗、非民主性を矯正することを目的として成立した法律。正式名称は、「労使報告・公開法〔Labor-Management Reporting and Disclosure Act〕」。組合の内部自治に干渉する法律として、組合はこぞって反対をしたが、今日まで存続している。

第3章　誘惑

反組合コンサルタントの面談を初めて受けた時、私はまだこの分野の軽蔑すべき歴史について何にも知らなかった。実際のところ、労使関係が何であるかさえ知らなかった。ウォール・ストリート・ジャーナル紙に載った気をひく職業案内を見たのは、私は是が非でも生活を変えたいと思っていた矢先だった。高校時代からずっと滑らかな舌で、街の暴れん坊や将来成功しそうなインテリとも、上手く付きあっていたので、自分の売り込みなら成功するだろうと思っていた。しかし、一九六九年当時、私は元気を無くしていた。二五歳になるひと月ほど前に離婚していたので、情緒も不安定で生活も荒廃していた。私はリッジクリフ病院の精神科病棟に入院していた。私がますます憂鬱症になっていくのを見て、両親は怯えて病院に連れてきた。ある晴れた日の朝、病室でウォール・ストリート・ジャーナル紙の職業紹介欄に目を通して楽しんでいた。家にいるときは二年間ずっと毎週火曜と水曜の朝にいつもやっていたことだった。ウォール・ストリート・ジャーナル紙の職業案内欄の助けで、私の人材紹介業も沢山のお得意さんを得て、ようやく軌道に乗ってきていた。競争相手の会社から幹部職員を引き抜き、顧客の求める重要な人材を見つけて、グッド・イヤー宇宙産業とか、ダイヤモンド・シャムロック（後のダイヤモンド・アルカリ）といった顧客リストにそって、年間一〇万ドルほどの請求書を送りつけるまでになっていた。一年間に二万五〇〇〇ドルの収入は当時としては破格の金額だった。それにもかかわらず私は悩んでいて、クリーブランドから脱出したかったし、破綻した結婚のことを考えないですむような何かをやろうと必死になっていた。

私が広告を見たのは、ちょうどそんな時だった。

それは他の広告とは離れて、四角い枠取りの中に大きな肉太の活字で組まれていた。匿名の会社が、マネージメントの経験と労働法の知識を持った「労務コンサルタント」を捜し求めていた。私はそこで止めておくべきだった。というのは、私は労働法のことはからっきし知らないだけでなく、従業員管理といった方面のことを考えたことすらなかったのだから。私は珍しいほど政治とはおよそ関係のないユダヤ人家庭で育った。ちょうどその時代のクリーブランドは、強力なオハイオ州のチームスター労組とその指導者のユダヤ人たちが、ほとんど連日に渡って新聞を賑わしていた。労働争議は日常茶飯事のことで、クリーブランドのユダヤ人の多くは、あたかもユダヤ教の一部のように組合に共感をもっていた。だが、私の両親は多くのユダヤ人たちとは違っていた。母は美しく優雅だがおよそ働いたことがなく、父の稼ぎは中流でそう高給ではなかったが、家ではいつもメイドを雇っていた。私が母から教わったのはお金を稼いでいい生活をすること、あるいは私があたかもお金持ちでいい生活をしているように見せることが、とっても大事なことだということだった。父からはスリルに富んだ自活の仕方を教わった。彼は成功といっても、辛うじて実業家の端くれにすぎなかったが、機知でもって生き抜くことと、とりわけ欲しいものを手に入れるには、滑らかに弁舌を使うことだと強く薦めた。父親の達者な弁舌は彼を金持ちにはしなかったが、彼を頑固なたたき上げの人間として、クリーブランドのギャング連中の側で快適な暮しができた。父親は商売と詐欺の狭間を行き来して、とっかえひっかえ仕事を変えていた。私がまだ子供だったころ、父は後にハードコアのポルノ雑誌を販売することになる相棒のルーブ・スターマンと組んで漫画本とヌード雑誌を販売するために、ある小さなデパートのマネージャー職をやめた。一九六〇年代から七〇年代にかけて、父親はクリーブランドの中心街でまともな本屋を経営したりもしたが、競馬のノミ屋をこっそりと本屋の奥で開業し、収入の足しにしていた。

私の成長過程でも、労働問題や組合関係の人とはこれといった付き合いはなかったが、私の生き方は、波乱に富んだオハイオ州の労働運動を牽引していた多くの人たちの生き方と同時に進行していた。ユニオン・バスターとしての私の職業が始まるだいぶ前のことになるが、故郷のクリーブランドは、全米で最も悪名高い個性をもった労働運動の指導者たちを供給し続けていた。彼らは多くのアメリカ人たちの心に、消し去りがたく染みついている労働組織と組織犯罪をつなぐ名前となっていた。クリーブランドのイタリア人街にある古びた商店街の裏側に、マレーヒルと呼ぶ崩れかけた労働者街があったが、チームスター労組のボスたちは、マフィアのゴッドファーザーたちや高利貸たちと共謀して、組織労働者とマフィアのファミリーの双方の権力と富を確保しようとしていた。私が学校に通って遊びやゆすりの手口を学んでいたクリーブランドのユダヤ人居住区は、一九五〇年代から六〇年代にかけてチームスター労組の歴史でもっとも悪名高い人物の幾人かを生み出した。すでに亡くなったがチームスター労組の委員長で、ギャングのお気に入りでFBIの情報提供者になったジャッキー・プレッシャー、その父親で労働組合の脅喝屋、ビル・プレッシャー、ビルの片腕で一〇年以上にわたってオハイオ州チームスター労組の地域協議会を指導し、怖れられ尊敬されていたハロルド・フリードマンたちであった。イタリア人居住区ではリトル・イタリーあるいはヒルで通っていたが、チームスター労組のボスとイタリア人ギャングの双方の世代が幅を利かせていた。

私の青春時代の道筋は、それらの実力者の幾人かと交差していた。クリーブランドのギャングの大親分だけでなく、プロボクサーからチームスター労組のリーダーになった「ルイス」ことベイブ・トリスカーロ、アル・ミカトロット、トニー・ヒューズなどがそうした連中だった。

私はそのような事情を詳しくは知らなかった。私が一七歳のとき、チームスター労組がクリーブランドの新聞社に対してストライキを決行した。私の父親は小商人だったので、このストライキを金儲けのチャンスとしか見ていなかった、隣町から一部二五セントで新聞を仕入れてきて、それを一ドルで販売した。ある日曜日、私は父親の兄で仕事の相棒だった伯父のマニーと一緒に、近くのグレイハウンドのバス停に新聞を受け取りに行った。マニー伯父さんが新聞の積み下ろしをしていたとき、逞しい顔つきの怒った四人の男たちが、伯父を囲み小突き回した。私はどうしていいか分からず、震えながら伯父の後ろに隠れていた。私にはなぜそうなったのかが分からなかった。チームスター労組がどんな組合なのか、ストライキがどんなものかも知らなかった。私に分かっていたのは、伯父がトラブルに巻き込まれているということだけだった。私は父親が経営していた本屋まで取って返し、銃を握り締めてバス停まで急いで戻った。しばらくして警察がきて騒ぎが収まるまで、私はベイブ・トリスカーロの手下でチームスター労組の四人のギャングたちに銃を突き付けていた。

二年後に、私はそのときのギャングに出会った。私は一九歳になっており、その頃にはいっぱしのチンピラになっていた。ある日の午後、マレーヒルにあったMDM投資会社という消費者金融に出掛けていって、Tシャツにズボン吊りという格好で、筋肉ムキムキのイタリア人たちの幹部に、高校時代のガールフレンドで、しばらくの間私のワイフでもあった歌手志望の女の子へ金を貸してくれないかと頼んでみた。それが私の最初の事業となった。この女の子の名前はアイリス・ルーベンシュタイン。彼女が官能的な声で歌うイタリア民謡の「マンマ」を聞いて、リンゴを丸かじりしそうなごついギャングたちは大いに感動して、マレーヒル出のボブ・ホープのマネージャー、腕利きのマーク・アンソニーの世話で、彼女をロスアンゼルスに送り込むことに話は即座にまとまった。最終的にイタリア人たちは、アイリスをスターにするため少なくとも二万五〇〇〇ドルを投資することになった。しかし、彼らは二年後には、不器用なおてんば歌手を甘やかしてトレーニングした揚句に歌手にするのを断念した。芸能人としてアイリスは面白みがなく硬すぎ、それに全くさえなかったのだ。彼女はオリーブ・オイールのような押し出しとバーバラ・ストライサンドのような声をもっていたが、それを開花させることができなかった。イタリア人たちはこの投資からは利益が上がらないと見切った。早くカタをつけるつもりだった。奇妙なことに、しかも私にとって全く幸運なことだったが、評判の悪い我がサラ金屋たちは、アイリスに注ぎ込んだ金を、私マーティン・レビットに付け替えて回収することにした。彼らは、私に商売をさせて、その利益は折半ということにした。MDMの連中は、別口の二万五〇〇〇ドルの資金で会社を立ち上げた。仕事は私に可能な唯一のこと、つまりこれまで、時々、夏の間だけ職業紹介会社でやってきたヘッド・ハンティングの事務所である。

私は繰り返し繰り返し、ウォール・ストリート・ジャーナル紙を読んだ。記事はすばらしいことを約束していた。経営者のトップと親しく接する機会、旅行そして高収入。私は明らかに資格不足だったが、たった一点で私にも芽があると確信した。会社が求めているのは、「練達のコミュニケーション技術」を持っている人であった。コミュニケーション、これは私が自信のある点だった。私は退院するやいなや、私がやっていた人材紹介業の詳細な顧客リストを添付して履歴書を送った。二週間後、シカゴのジョン・シェリダン・アソシエーツから面接の呼び出しを受けた。

ジョン・シェリダン。従業員や仲間内からはジャックと呼ばれていたが、労務コンサルタントの世界では伝説の人で、神様あつかいだった。門人たちからは尊敬もされ悪口もいわれた彼だが、シェリダンは反組合コンサルタント業界の基礎となる虚言と妄説という二重の言語体系を作り上げた熟達者だった。彼はイグナティウス修道会のロヨラ大学で英語学の学位を取った明晰な頭脳と弁舌の持ち主で、一九五〇年代にはシカゴで電気工労組[1]のオルグとして腕を振るっていた。組合で数年間仕事をした後は、立場をかえて組合の組織化テクニックを内部からみた知識で武装して、シェファーマンの労使関係アソシエーツ社に入った。私が一九六九年末に応募したころには、会社には一二名を超えるコンサルタントが活動するまで大きくなっていた。

私はシェリダンの面談を受けることになって身震いした。これから何が始まるのか私には理解できなかったが、最上のスーツで身を固めシカゴの中心街の北ラサーレ通り二二一にある謎に包まれた事務所へ面会に出かけた。

シェリダンがどんな人か、私は知らなかった。しかし彼の物腰ですぐにどんな人間かが分かった。トレードマークのタートル・ネックのシャツとスポーツ・ジャケットを着て、彼はインタビューの合間にも大股で事務所内を歩き回り、てきぱきと指示を出し、いかにも重要人物である雰囲気を漂わせていた。私に質問をするというよりも、シェリダンは自分の仕事、会社と実績についての説明に面談の初めの一時間を費やした、油断のならない一連の競争相手に対して警戒を怠らないよう忠告した。時々、シェリダンは、彼の言ったことにいちいちうなずいていた同僚のジム・バノンに意見を求めた。派手やかな会話の間にも、シェリダンは豪華でゆったりした背もたれのついた椅子に腰掛け、足を机の上に投げ出し、マホガニーでできた机の背後でくつろいでいた。彼は話しながら、彼のもうひとつのトレードマーク、細巻きの葉巻「アントニオとクレオパトラ」を背広の内ポケットから取り出して吸い、上の方を凝視していた。シェリダンがいつも部下たちに要求しているように、バノンはきちんとした品のいい地味なスーツに身を固めて、シェリダンの机の角に位置を占めていた。シェリダンは確かに印象深い人物だった。彼は二メートル近い大男で頑丈な体格だった。黒い目、黒い髪のアイルランド系アメリカ人で、ちょうど四〇前後の素晴らしい男前だった。

さて、ジョン・シェリダンの答えは「われわれは神に仕える仕事をしている」だった。シェリダンとバノンの説明は私をしびれさせた。知らず知らずのうちに、私はこの仕事に魅せられていた。「われわれは経営者に彼らの行ないをきれいにするよう強制することにある」とバノン。「われわれの仕事は、組織化攻勢を挫折させることにある。つまり組合の組織化とは、あるひとつの事の結果だ。駄目な経営が原因で従業員が組合を作ろうとするとき、経営者はその責めを自分自身で負わなければならない」。シェリダンはこんなことを話し、付け加えて数十年もの間ユニオン・バスターに奉仕してきた皮肉に満ちた呪文のような言葉を繰り返した。「我々は反組合ではない。我々は親従業員であり、親会社なのだ」。

バノンは、従業員が組合に助けを求める、会社側の五つの失敗のリストをあげた。それは、評価の欠如、脆弱な経営、貧弱な従業員間の情報伝達、標準以下の労働条件それに刺激的要素のない賃金と付加給付。もし会社がこれらの問題に関心を払っていれば、会社は不満を抱かない労働者を手にすることができるし、組合からの侵略を恐れる必要もないのだ、とバノンは言った。ジョン・シェリダン・アソシエーツが最初に行なったことは、組織化攻勢を鎮圧して、緊迫した恐怖と危機を管理することだった。組合問題が一段落すれば、次にコンサルタントは、従業員が組合など無用だと感じるように会社の経営方針を経営者に教えることになる。「我々の仕事は組合からの脅威を利用して、経営者のやり方を変更させて、より効果的に労働者を管理し、意思の伝達を図らせることだ。経営者の高慢な鼻をへし折り、経営者が自分自身のせいで組合との対立を招いてきたことを分からせることである。われわれの仕事が一段落したときには、もはや組合が必要でなくなっているから、会社は組合に拘束されるものは何一つ無くなる。経営をまともにやってゆけば、労働者は幸せになり、会社は利益を得ることになる」。

シェリダンは会社創立時の事業案内の写しを私に手渡した。そこには、ラテン語で「私たちの仕事相手は人々だ」というモットーが書いてあった。シェリダンは次いで、この会社は「一流しか相手にしない」のだといった。すべてのものに最高級のものが使われた。それぞれ顧客ごとに独自の工作プランがつくられた。仕事をするコンサルタントはいつもプロフェッショナルに見えるように、旅行の際はファースト・クラスで、ホテルと食事はその地で最高級のところだった。つまるところ、シェリダンたち会社の重役は、最上級のものを抑えて経費を切り詰めるような企業を信用しなかった。シェリダンは工作期間中に発生したコンサルタントのどんな僅かの費用でも、顧客に請求書を送りつけて、それを「入り口から出口までの支払い」と呼んでいた。それはコンサルタント料一日五〇〇ドル以外の経費だった。

とにかく驚きだった。これ以上素晴らしい仕事内容は考え付くことができなかった。「何て素晴らしいんだろう。大金が手に入って、しかも人助けをしているように思わせることが同時にできるなんて」。シカゴでのその日の午後、シェリダンとバノンがもっともらしく描いてみせた世界が、実は組合に恐怖感をもった経営者たちを手玉に取り、会社の金庫から金を盗み取り、信頼を裏切り、法律を破り、揚句の果てに絶望的なほどにアルコール漬けになっていく過程に、自分が関わってゆくことになろうとは、およそ予想もつかないことだった。

面談が進むにつれて、シェリダンとバノンは、私が頭が切れて信頼できることが分かってきた。私は彼らの言いまわしを、素早く学ぶことができることを態度で示したし、彼らは仕事のやり方を私がすぐに身につけられるだろうと判断した。シェリダンは私が見込みがありそうだと喜んだ。シェリダンはほぼ一〇〇〇名ほどの熱心な応募者の中から、一〇名ばかりを選び出し面談していた。私が経験に欠けているのは見え見えだったにもかかわらず、私の書類に含まれていた宝石、それは私が持参した涎の出そうな顧客リストだったので、シェリダンは好奇心をそそられた。当時、シェリダン・アソシエーツは、お気に入りの数人の古手が会社を飛びだした結果、顧客とトラブルを抱えていた。シェリダンが私に期待したのは、新しい儲け口となる顧客を集め、彼の助太刀をすることだった。

私が入社する数週間前になるが、一〇年もの長きにわたりシェリダンの共同経営者だったハーブ・メルニックが、独立して別会社をつくる決心をした。メルニックが会社を飛びだすことを通告するや、シェリダンは即座にスタッフ会議を招集し、共同経営を解消する旨所員に通告した。シェリダンは所員を前にして、もし所員の誰かがメルニックと行動を共にしたいのなら、それは自由だと太っ腹に構えてみせた。というのも、誰もシェリダンを捨てて地味な仕事屋のメルニックのバカと行動を共にするはずがないと高を括っていた。実際は、多くの所員がメルニックと行動を共にした。シェリダンはそれから数日間にわたって事態に仰天していた。半数以上のスタッフが、喜々として船を逃げ出すのを彼は凝視していた。この上官反抗劇の中で、シェリダンは彼が最も当てにしていた会社の中核だったキラ星のスタッフたちを失った。トニー・マキューン。シェリダンはトニーこそ自分が生み出した作品と思っており、フランケンシュタインのような化け物のユニオン・バスターだった。レイ・ミッカスはずんぐりむっくりの体格で、組合潰しの天才的技術屋だった。トム・クロスビーは陰気で、悪魔的で、最高の人心の操縦者だった。数週間経っても、シェリダンが彼らの名前を口にするとき、彼の唇は小刻みに震えた。彼らは疫病神、呪うべき連中だと私は理解する羽目になった。反乱は一回限りの離脱では治まらなかった。離脱した後は、敵は母船を破壊するための陽動作戦を実行した。マキューンの思いつきで、悪賢い連中がシェリダンの顧客リストを強奪し、会社宛てに詐欺まがいの手紙を郵送した。脱走者たちは、その手紙の中でジョン・シェリダン・アソシエーツは解散したので、メルニック、マキューン、ミッカスが作った新会社に、仕事を依頼するよう招待状を送った。この新会社は、モダン・マネージメント・メソッド、その三つのMからスリーエム社とも呼ばれ、後に有名になった。

シェリダンが裏切り者のことを話しているとき、彼が震えているのは私にも分かった。私は彼を注視し、もっぱら聞き役にまわり、彼の怒りの強烈さに押されて私は黙っていた。彼の雄弁は狂気へと変わり、顔が赤くなり、息遣いが荒々しくなり、歩き回り、時には怒りを爆発させ、悪罵の限りを尽くした。この鋭い痛みを伴った謀反から一カ月後に、シェリダンは新兵を補充するための広告をウォール・ストリート・ジャーナル紙に出した。

それから三年間、シェリダンと仕事をするようになって、一九六九年の反乱のもつ皮肉な成り行きと、その後に起こることの前兆としての意味を理解するようになった。正直にいって、スリーエムとクロスビーがシェリダンを裏切ったやり方は、大胆で徹底的なものだったが、それは親分から直に教ったやり方だった。それにシェリダンが彼の手下に裏切られたのは、それが最後ではなかった。長年の間に一人ひとり仲間が離脱していった。というのも、シェリダンの強引なエゴと衝突して、誰もが不愉快にさせられ我慢ができなくなり、シェリダンが提示するよりもっと大金を稼げるチャンスに誘われて離脱していった。辞めていったシェリダンの教え子たちは、自分たちではそうは思っていなくとも、避けがたくシェリダンのイメージに合わせて自分たちを作り上げ、彼らが捨て去り強奪した指導者と同様の運命に結局は晒されることになった。一人ひとりがシェリダンの下を去っていったが、誰もが彼のようになっていった。

シェリダンは面談で私を気に入ったようだった。彼は私にそう言った。しかし、会社のナンバー2のニック・サンガリスと私が話し合いを持つまでは、シェリダンは私の採用を決定しなかった。新人コンサルタントの直接の上司は、サンガリスがなる予定だった。シェリダンはニックがまず私の潜在的能力を確かめるよう望んでいたので、私はニックから直接指示を受けることになった。実のところ雇われるかどうかも不確かなまま、私はクリーブランドの自宅に戻った。数日後にニックから電話をもらった。彼は私に首都ワシントンまで飛んでくるよう指示し、二人は空港の赤い絨毯の敷いてあった部屋で会った。そこで再度面談を受けた。ニックは、シェリダンと彼が私に関する基礎的な背景調査をしたと私に言った。それは後日、私が職制や組合支持者に関して同様の調査を行なったものと同じだが。調査の過程で、彼は外聞をはばかる私の犯罪記録、盗品受領の廉で有罪判決を受けたことを見つけだした。私がオハイオ州立大学の一年生だったころ、三人の若者たちと共同でアパートに住んでいたが、そのうちの一人が腕のいい泥棒だった。一年もしないうちに、その若いちんぴらの友人が泥棒稼業にせっせと精を出したので、他の者と私は盗品の机とか椅子、ステレオ、金目の応接セットなどを喜んで受け取る羽目になった。ついに、同居していた全員が盗品受領の廉で有罪となったが、これはビジネスで職を求めるときの最高の推薦状ではなかった。ニックが調べ上げたことで私は大いにまごついたが、彼の方は心配は要らないと言った。ニックもシェリダンもガキの頃の失敗など、汚点にはしないと言ってくれた。ただ、彼らがそれを握っていることを私に知らせたかったのだ。何年も後になって、実は私がいとも簡単に平気で法律を無視するのを、この二人の男たちが喜んでいることに気づいたのだった。

ニックは太っちょで、歯にすき間があり、ギリシャ人の伝統を後生大事にするかのように、数珠玉のお守りを身につけた四〇歳になったばかりのギリシャ系アメリカ人だった。彼はニタニタ笑いをする、取っつきやすい陽気な性格だった。しかし、そのニタニタ笑いとばか笑いの裏には、彼が仕事をするときの驚くべき集中力が隠されていた。つまるところ、職制の中にある反抗心のどんな火花をも嗅ぎ分けることを教えてくれたのは彼だった。彼はまた、私に時期と場所をわきまえた脅しの価値というやつを教えてくれた。ニックが反組合組織化工作をやっているときは、職制たちが翌朝も自分たちの仕事があるかどうか、不安に駆られながら家路につかせるようにさせた。ニックのやり方は確かに効果をあげた。シェリダンと共同して仕事をする前は、大手の冷凍ピザ会社ジェノ社のオーナーで代表取締役のジェノ・パルッチの代理として主任交渉員をやったことがあった。彼はそこで「鮫」と呼ばれていた。

数日後、私はニックから電話をもらい採用されたことを知った。シェリダンがなぜ私を欲しがったのか、ニックの弁によれば、この世界に全く無知なことも雇う理由の一部になるということだった。私がシェリダンに会いに行ったとき、組合に対して何の偏見もなかった。子供の頃、クリーブランドのチームスター労組との短時間の出会いは、私にちょっとした印象を与えたのみで、何の固定観念もなかった。シェリダンは、あけすけに私が組合について先入観がないのは利点だと言った。私のような無知と虚勢の一風変わったブレンドは、完ぺきな候補者だと彼は見ていた。彼のイメージに私を鋳直すことは、彼にとって容易なことだから。

ニックがニタニタ笑って打ち明けたが、「実のところ、シェリダンはお前さんが誰の悪い性根にも染まってないんで気に入ったんだよ」。私を雇うことにニックも賛成したとき、シェリダンに今度クリーブランドから来たガキは「今まで会ったことのない恐ろしい大法螺吹きの名人だね」とコメントした。

シェリダンは大掛かりな誤魔化しをやっていたので、それにぴったりのペテン師が必要だった。彼の商売は組合潰しというよりは、顧客に請求書を送り付けることだった。私が会社の一員に加わるや否や、まだ業務に取りかかる前から、シェリダンは私の仕事に一日二五〇ドルの料金を請求しだした。数カ月間にわたるトレーニングの間、同僚のコンサルタントが怒鳴ったり、客をヨイショしたり、尋問したりしているのを座って眺めていた。シェリダンの顧客は、駆け出しの私がそこに居るだけで法外な値段を支払わされた。最初の日、シェリダンはもし質問されたら、私の業界経験はもう二年になると嘘をつくよう指示した。私のペテン師人生のはじまりである。

シェリダンは、所員の仕事が請求に十分見合うかどうかにかかわりなく、丸々週五日間の請求書を顧客に送り付けた。通常、工作は大まかに従業員一〇〇人あたり、一人のコンサルタントという割合だった。しかし、別の仕事が入ってくる前に今の仕事が先に終わった場合、我々の投入が必要であろうがなかろうが、彼はその進行中の工作に増援部隊を送りこんだ。私はしばしば応援に出掛けたが、それもただ座っているだけ、あるいは同僚の使い走りのような仕事だった。シェリダンは私のような駆け出しのコンサルタントは、どこに送りだしても一日二五〇ドルなら勘定があうと計算していた。しかし日に三五〇ドルの一人前のコンサルタントでも、彼は応援に送りだしていた。我々の仕事相手の重役たちは、一般的にいって組合の組織化攻勢でパニックに陥っていたので、その恐怖心を利用しさえすれば最高の利益をあげられると、シェリダンは私たちに教えた。なぜなら、経営者たちの組合に対する憎しみと恐怖、そして我々だけが頼みの綱なので顧客は我々の言うがままになるから。彼らはこれが詐欺だなどと疑ってもみないこと請け合いだった。

私は他のみんなと同じように、すぐにこの仕事のやり方を覚え、「ほんの僅かの時間」の仕事をたっぷり一日がかりの仕事に引き伸ばし、あるいはもっと大胆に早めに仕事をきりあげて、午後からホテルでいい酒を呑みながら時間を過ごした。大抵の工作で後半の数週間の仕事はまったく楽だった。どの職制がこちら側でどこに圧力を加えればいいか分かっていた。そしてそのころには、弱い環に圧力をかける会社派の管理職軍団を編成できているからだ。このような内部装置が動きだしてしまえば、工作の残り期間の大半は笑い飛ばしていればよかった。シェリダンの方は、彼自身工作にはほとんど関わらなかった。しかし、しばしば山場には現われて工場見学をして、経営責任者と昼食を共にした。経営者たちは見せ場で最高の撃ち手に会えるのがお気に入りだった。シェリダンが顔を出すときはいつも彼の一日の仕事の代価として五〇〇ドルを請求した。

その他にも実入りがあった。

シェリダンの顧客のひとつ、ワイオミング州シャイヤンにあった羽毛製スポーツウエアー製造のアルパイン・デザイン社の例だが、アルパイン社は高価なジャケット、コート、ベストなどのスポーツ用品をチェーン店やデパートで販売しており、品質管理に注意を払っていた。ほんのちょっとした縫製の疵でもあれば、その製品を部外品としてはねのけ、もっと低価格の放出店へ回した。反組合工作の過程で、会社の重役は部外品の箱を開いて私と仲間にコートを一着ずつくれた。これは私たちコンサルタントが当然期待してもいい役得だったが、シェリダンの手にかかると役得の概念が途方もなく広がっていった。アルパイン社の工作中に、シェリダンはシャイヤンへの恒例の日帰り旅行を行なった。彼はいつもの彼らしく五〇〇ドルを請求し工場長の招待をうけ、友人や顧客そして彼の家族への贈り物として、部外品の箱から一ダースものコートを持ち帰った。会社から会社へシェリダンと一緒に仕事をした者たちは、彼のやり方をまねた。私たちはウィスコンシン州ジェーンズビルにあるパーカー万年筆社で、純銀製の万年筆セットを数組もらった。ハーブ・メルニックにいたっては、二〇〇セットも貰い、その上ただで彫刻までさせた。ミズーリ州にあるプリンス・ガードナー社では、私たちは革の財布とキーホルダーを沢山せしめた。長年の間、私は贈答品を買う必要がなかった。

シェリダンは初任給として私に年間二万四〇〇〇ドルを支払った。一九六九年頃の給料としてはいいほうだったが、もっとぞくぞくさせたのは、シェリダン・アソシエーツのコンサルタントとして私に与えられた沢山の付加給付だった。最初の日に、工作期間中に自由に使えるクレジット・カードを私はいっぱい受けとった。請求書は顧客会社宛に送ればいい、どんなに使おうが問題はなかった。会社のお偉方は、我々の費用が高価でとびっきり贅沢だから、この仕事に敬意を払うようになる。これは、シェリダンのいつもの口癖だ。組合との闘いに関する契約を結ぶときはいつも、シェリダンは会社のお偉方に、コンサルタントにとって重要なことは、工作期間中が「快適」であることと、仕事に専念できることだとアドバイスした。彼は契約した会社の好意で私たちが常に食べて、呑んで、いいところに住んで、いい服を着て、スマートに旅行することだということを強調した。

シェリダン・アソシエーツの鍵は、社の設立時の社訓にある。決して大勝ちをしてはいけないし、短期間で勝つのもよくない。素早くかたをつければ顧客は支払いが少なくて済むと、シェリダンは繰り返しこのことを忘れないように私たちに心させた。大勝ちはより悪い。私のように血気にはやった若いコンサルタントは、組合を負かし武勇伝で名を揚げ、会社に我々の価値を分からせることを好んだ。だが、シェリダンは大勝ちに眉をひそめた。彼にいわせれば、一方的な勝利は顧客を失うだけだ。もし組合が最低三〇％の投票を勝ち取れば、通常一年以内に再度組織化を試みる機会は半分ある、と全国労働関係局の統計は示していた。シェリダンにとっては、もういちど反組合組織化工作の仕事が転がり込んでくることを意味していた。シェリダンにとって選挙結果がより接近していれば、よりいいことなのである。会社が組合にぎゅうぎゅう苛められないかぎり、会社のお偉方はコンサルタントは必要だと思わないし、請求されたものを喜んで支払うこともないとシェリダンは講義した。接近した選挙になれば、お偉方はシェリダンが作った数カ月コースの選挙後の管理職トレーニングの一括セットを購入する可能性は高いし、再度組合攻撃でも始まれば、またシェリダンに電話をかけてくるはずだ。ところが、大勝ちすれば、会社の連中は自分たちだけでも勝てたのではないかと考える。組合はもともと勝つチャンスなどなかったのだと考えて、シェリダンの六万ドルもの請求書への支払いも難しくなる。「組合のケツをけっ飛ばすな」とシェリダンは繰り返し話した。仕事を正しくやるには、最初は組合を叩き、次に勝つのは容易ではないと思わせることだ。

個人的にいえば、どんな場合でも私は大勝ちが好きだった。何といっても大勝ちは爽快だ。単独で仕事をしていて劇的に勝てば、次々と仕事が持ち込まれてくるのが分かった。しかし、シェリダンにとっては、完封勝利は我々の仕事が簡単だと思わせることになってしまうことだ。

シェリダンと一緒だった期間は、私がクリーブランドに居を定めていた不幸な時期だった。最初この仕事に応募したのは、オハイオ州から抜け出したかったからだ。しかし、私にとってホームグランドがどこであるかは、結局のところ大した問題ではなかった。シェリダンはコンサルタントに自分の出身地での仕事を認めなかったのは、信仰にちかいものがあった。シェリダンが私を張り付けた反組合工作は全米各地に及び、日曜日から金曜日にかけて旅行した。駆け出し所員だった私は、いつも貧乏くじをひき、たえず最果ての地の仕事となった。ケンタッキー州ルイビルにあるセント・ジョーゼフ病院からミネソタ州ウォーロードにあるマービン・ウインドー工場、メイン州マダワクサにあるフレイザー製紙工場からミシガン州ハンコック・ヒュートンにあるボルウォース・ソーセージ工場まで、最初は事態を観察するために、その後は仕事の助っ人で、最後には反組合工作の指揮で飛び回った。工作から工作へと飛び歩きながらその手口を学んでいったが、シェリダンは私にこう忠告した。「仕事中に全員からあらゆる技術を吸収しろ。そして自分固有のスタイルを築き上げろ」。旅行に出かけることで私は興奮した。何週間も見知らぬ村の道路脇のモーテルで寝起きしながら、週末も工作中の現場に泊まり込むことになった。独身に戻ったばかりで落ち着かなかったし、また離婚の傷跡がうずいていたので、両親やアイリスと一緒にいるよりも、ミネソタ州北部の凍てついた町にいた方が、独り身を和ませることができた。

数カ月間の工作めぐりが一段落したころ、ニック・サンガリスはこの新米を反組合工作で独り立ちさせることにした。私をミシガン州北西部上部半島の町、マルケットに送り込んだ。そこではアンジェリ一族の経営するスーパー・バリュー雑貨店で小売店組合[2]との闘いが起こっていた。

スーパー・バリューは強欲なアンジェリ一族の同族経営で、一族はミシガン州の二カ所で、スーパー・

バリュー店舗を経営し、マルケットでも手広く幾つかの事業を行なっていた。組合支持者たちは、レジ係や肉屋、梱包係や倉庫係など一〇〇人ほどの労働者を、アンジェリ一族の影響下から切り離して組合へ組織しようとしていた。アンジェリ一族はこの小さな町の経済的影響力をも牛耳っており、従業員たちは失職の恐怖で怯えていた。これまでのどの工作よりも、私はここでユニオン・バスティングの基本的な手口を学んだ。工作は全国労働関係局による認証選挙前の古典的な引き延ばし戦術や、店舗マネージャーが反組合攻撃に非協力な場合に鼬をちらつかせたり、モーテルでの組合オルグの電話を盗聴したりした。

工作期間中、私はスーパー・バリューから二軒隣のこの町で唯一軒のモーテルに泊まっていた。この町では他に適当な場所もないので、そのモーテルの部屋で私は管理職への面談をした。職制の多くは若い女性たちだったので、モーテルの部屋での出会いでは大いに楽しませてもらった。一度など、仕事の打ち合わせがいつのまにか密会に変わってしまい、捕虜の一人とベッドを共にすることになってしまった。その当時、若い女性が進んで性的関係を求めた場合は、その女性を犠牲者だとは私は考えなかった。私たちが会社のボスたちの代理人として権力を行使するとき、その権力は労働者と私たちすべての関係に影響をあたえ、その出会いを少なくとも操作可能でしばしば乱用もできるのだと、後日になって私は理解するに至った。私は権力をうまく使うことを学んだのだ。

マルケットでは、大変いい思いもし、スノーモービルの運転まで学んだ。しかしスーパー・バリューでの仕事は浮わついていてはできなかった。工作の死ぬほどの厳しさを学んだのは、ゲイリー・ペレートといい穏やかな店舗マネージャーで、一緒に働いている労働者たちの組合作りを裏で支援していた。数週間の間、彼を監視し、他の職制にいろいろ聞いてみたところ、彼は組合に同情しているどころか、組合の組織化に拍手を送っていたのである。彼が組合を支持するに至った根本には、マイクとリチャード・アンジェリ兄弟と、彼らの兄さんのリベロ・アンジェリとの間で進行していた対立があった。ゲイリーは兄貴のリベロにくっついていた。リベロは黒いサングラスをかけて、一族のゴッドファーザーの役割を演じていた。もう一方の側には太っちょで何不自由のない地方銀行の取締役のマイクとリチャードがいた。ゲイリーはリベロの庇護のもとで、組合支持の従業員たちを庇っていた。

組合活動家と店舗マネージャーとの共謀に私がどう立ち向かえばいいのか、これはいまだ経験したことのない障害物だった。私はニック・サンガリスに助けを求めた。彼はこの工作期間中も私から目を離さなかった。ニックは躊躇しなかった。「ゲイリーをここに連れてこい」と命令した。「どうすれば連中をシャンとさせるか、お前さんが勉強するチャンスだぜ」。

ゲイリーがモーテルの部屋に入ったとき、私たちは数分間、雑談をしていた。そしてゲイリーと私がニックと向き合って席についた。ニックはベッドの縁に腰掛けて、突然今までの親しげな調子をやめ話しだした。

「おいゲイリー、オレたちをなめるなよ」と背筋が寒くなるような目付きでニックはいった。たちまち、ゲイリーの顔から笑いが消え、不安気な目付きになった。ニックは声の調子を変えて「お前はちゃんと自分の仕事をしてないじゃないか、ゲイリー。そんなことだと、どうなるかお前も知っているだろうな。スーパー・バリユーを馘になれば、そりゃ惨めもいいところだ。別の仕事を見つけるとなると、それは大ごとだぜ。お前さんはどこへゆくつもりかね」と言った。彼の演技は、明らかにユニオン・バスターが有利に立っていることを示していた。とりわけ、ひとつの産業へ依存している小さな町や地域では。ゲイリーへの脅しは簡明かつ単純なことで、会社の管理職に対して行なったものだったので、労働法に照らしても完璧に合法だった。

スーパー・バリューで私がやった明らかに法にふれる工作のひとつは、小売り店組合のオルグの電話を盗聴したことだ。もっとも近い小売り店労働組合のローカルも、隣のウイスコンシン州のグリーン・ベイにあったので、オルグたちは私たち同様にモーテルに宿泊することを強いられた。マルケットの町中と周辺にはたった六軒のモーテルがあるだけで、組合オルグの責任者がマルケットに滞在するときは、彼と私は同じモーテルで二〜三室離れて宿泊することになった。ニックはこのまたとない機会を知ってマイク・アンジェリに、組合オルグたちの活動を盗聴できれば、それは素晴らしいことだと話した。後は言わなくてもいいとマイクは言って、モーテルの電話交換手に手を回し、オルグが電話を受け取ったり、かけたりするときはいつでも、私の部屋に接続するようにさせた。私はテープレコーダーにリールをセットし、吸着盤のついたマイクロフォンを電話機にくっつけて、人目につかないように相手の個人的な会話を盗聴して部屋に座っていた。大抵は、彼が奥さんと話をするのを聞くはめになった。

工作が第二週になって、私はユニオン・バスティングで最も基礎的な細工を学ぶことになった。ニックは私にとって最初の手紙となる「親愛なる従業員のみなさんへ」を書くときがきたと言った。私はびっくりした。今まで多くのユニオン・バスターが書いた手紙類を読んではいたが、どう書いていいのか分からなかった。モーテルの机を前にしてカバンに詰めてきたサンプルを広げてはウンウン唸りながら座っていた。しかし、恐怖で凍えて一行も書けなかった。恐慌状態に陥った私は、この件の主任弁護士で労働弁護士として名声を博していたフィル・レーデラーに電話をした。彼は私に好意を寄せていたので喜んで助けてくれた。彼は宣伝に関する即席講義を私にして、これからこの職業を通じて書くことになる手紙やビラ類の骨格を提供してくれた。彼は書き方の簡単な規則を述べた。ひとつの主題だけを述べ、またその主題を一ページ以内に納めることで、手紙を単純明快にすること。言葉は簡明に読みやすくすること。戦略的な言葉や文は大文字で強調し、下線を引いておくこと。組合名を間違っても大文字で書かないこと。語りかける文体で書くこと。レーデラーはその場で作成した手紙の全文を電話で読み上げてくれた。送られてきたのは、やや誇張された文章だが組合に対して巧妙に頭韻を踏んだ調子のいいジャブで、その手紙は光り輝いていた。「この組合の狙いは、君《きみ》たちの給料《きゅうりょう》からお金を切《き》り取《と》ることだ」と手紙は警告していた。サンガリスがこの手紙を見たとき、今までみた手紙のうちで、もっとも素晴らしい手紙のひとつだと礼賛した。彼はこの手紙がレーデラーの作だと気がついたが、弁護士の助けを求めた私のやり方を褒めてくれた。経営者の中でも、レーデラーの文章と法律システムの巧みな使い方は伝説にもなっていた。

レーデラーはメロドラマ仕立てが好きだった。年老いて、痩せていて、両耳に目立つ補聴器をつけ、ビリヤードの玉のようにつるっ禿げで、滑稽な仕草をする人だった。私が出席していたある公聴会で、全国労働関係局の聴聞官の意見に対する不満を大袈裟に表現して、レーデラーはごつごつしたつるっ禿げ頭を突き出し、聴聞官に対し怒ったような表情をじっと据え、大袈裟に演技して両耳の補聴器のスイッチを切った。そのような演技の仕方はレーデラーが使うと効果的だった。法律の微妙な違いに留まらず組合や人間の弱点まで知っている弁護士は、彼をおいてこの業界にはいなかった。レーデラーの得意技は引き延ばし戦術だった。というのも、持久戦に持ち込みさえすれば大抵、経営側が勝てるのを彼は知っていたから。

レーデラーの主眼とした戦術は、今では経営側弁護士の間ではありふれた戦術となったが、あらゆることに異議を申し立てることだった。彼は全ての異議を正式な公聴会まで持ってゆき、そして可能なかぎり引き伸ばし、最終的にあらゆる不利な決定に対しては上告した。ある事件でレーデラーは、カメラマンを雇って組織化攻勢のさなかに工場の写真を何千枚も撮らせた。投票単位が正しく線引きされていないことを証明することにあった。彼はその写真の一枚一枚を証拠として提出し、やりきれないほど退屈な日々が続いた。彼は些細なことでも組合との法廷外での合意を決まって拒否した。これは法律用語で「当事者間合意」といわれ、事実認定に関する法廷外での合意は、法廷での時間節約のために裁判進行のスピードアップを意図するものであった。しかし、そのような法律面で協力することはレーデラーの戦略を妨げることになる。もし彼が組合との闘いをだらだらとたっぷり長引かせれば、労働者は信念を持続できず、興味を失い、希望も失うことになると彼には分かっていた。

全国労働関係局の出廷では法曹資格を要求されないので、レーデラーは全く幸せなことに、組合側弁護士よりも組合のビジネス・エージェント[3]を相手に裁判を進めることがしばしばあった。明らかに彼が有利だった。同意しなければならない理由は何もなかった。レーデラーはまた、全国労働関係局の聴聞官はどちらかと言えば広範囲な法律の訓練を受けていないので、大都市で会社側に雇われている悪ずれした労働弁護士を抑えきることはできないことを知っていた。彼は常にどこを叩けばいいかを知っており、ひらめきを持った彼のパンチが炸裂した。手紙であれ、公聴会であれ、団交の席上であれ、レーデラーの切り口は組合の努力を崩壊させた。

フィル・レーデラーに出会ったことで、スーパー・バリュー事件は私に将来の成功の基礎を提供した。他の誰よりもレーデラーは、ユニオン・バスティングについて私の教育責任者だった。ベテラン弁護士は、九カ月の工作を通じて私を好きになった。私の方は癇癪持ちだが愛すべき教授として彼を見なすようになっていた。マルケットでの長い寒い夜に、フィルと私は地元のステーキハウスでアンジェリ牧場でとれたビーフを食べ赤ワインを呑みながら、彼の豊かな過去の物語で私を楽しませてくれた。フィルは近代的組合回避方法の起源とその進化について教えてくれた。そして労働弁護士と反組合コンサルタントとの秘密の連携について個人的に教えてくれた。

シェリダン・アソシエーツでの仕事は私を爽快にさせた。お互いの関係が厳しかったことは確かだが、かえってそれが面白かったし、シェリダン流の計略を私は完璧に身に付けた。我々の工作戦術がどんなに身を切る痛さを伴っても、究極には会社に不備を認識させ、正させ、強力な経営によって会社自体をよくするように、我々が手助けすることになるという認識を私は持つようになった。私の兄貴分たちが言ったことを私は信じた。なぜかって。つまるところ、私たちはファミリーなのだ。この仕事だけでなく、それ以上に私を興奮させたものといえば、シェリダン集団の中に私が感じた温かさと友情だった。少年たちのクラブのように、一緒に飲んでふざけた話しを競いあい、そして隠語で話した。シェリダンは彼の組織に秘密結社的な雰囲気を醸し出すために、毎月二日間の日程でスタッフ会議を開いた。素晴らしい重役クラブの魅力的な雰囲気の中で、またウィスコンシン州ラック・デュ・フランブロウのインディアン保護居留地内に一〇〇エーカーの森林地をもっていて、そこのビア・ロッジでプライバシーに包まれた中で行なわれた。その会議で、私たちは美味な料理を食べて、仕事の話をして、釣りを楽しみ、射撃をして、呑みに飲んで、ただひたすら呑んだ。さらに毎年、シェリダンは古くからの顧客と新しく顧客となる人々のために凝った催し物を設えた。シェリダンはこの年次会議をＪＳＡ（ジョン・シェリダン・アソシエーツの頭文字をとって）小旅行と呼んでいたが、この毎年のＪＳＡ会議では、我々スタッフは全員、エスコート役、ドライバー、お偉方のお側仕えを仰せ付かった。

人身操作の親方であるシェリダンは、この親睦旅行では大事なお客様たちが必ず怒り、興奮させられるようなゲスト・スピーカーを用意するので、楽しい旅行となること請け合いだった。

私は、恐らくもっとも活気のあった一九七二年の親睦旅行に出席したが、そこに彼は全米婦人服労働者組合[4]の著名なオルグで、虐げられた者たちのチャンピオンだった故サウル・アリンスキーを招待して、一五〇人ほどの銀行と保険業界の重役たちの前で演説させた。演説の当日まで、シェリダンはゲストがどんな人か秘密にしておいた。アリンスキーが紹介されたとき、三つ揃いを着込んだ聴衆の中から抗議の騒々しい音が起きた。重役連中が苛々し、ざわざわしだしたとき、アリンスキーはホールの後ろの方から荒々しく入ってきた。櫛の入らないグレーの髪をした筋張った皺だらけの男は、中ほどの側廊から怒って入ってきたが、一人の重役からもう一人の重役へと底意地の悪いギラギラしたまなざしを送って、一フィート毎にいちいち止まりながら入室してきた。演壇に到着したときアリンスキーはある種の敬意を込めて、長年経営者であり事業家であった著名な聴衆たちの優れた仕事に感謝の意を述べた。

「あなた方お偉いさんが、我々にこれ程長い間仕事をさせてくれて、私がいかにあなた方に感謝しているかを知ってほしい」。アリンスキーはウインクした。「我々が大きな成功をおさめたのも、あなた方がまぬけで阿呆だったからだ」。そして、アリンスキーはアメリカの経営者たちが労働者をどう扱ってきたか、その恥知らずなやり方を攻撃した。「あなた方はこのいい仕事をやり続けなさい」と、アリンスキーは諭すようにいった。「結局のところ、組合を組織するのは従業員ではない、馬鹿で無能な経営者が組合を組織してくれるのだ」。

シェリダンと最初に出会ったときから、私は彼がすばらしい才気ある人だと思っていた。そしてアリンスキーを起用したことで決定的にその思いを強くした。身の毛のよだつような素晴らしいやり口だった。彼は、著名で急進的な組合指導者をユニオン・バスターの売り込み道具にしたのだ。

私がシェリダンの男たちだけの世界で、とはいっても一人だけ臨時の女事務員がいたが、組合予防計略の哲学と技術以上のことを学んだ。その中には社交的なしきたりもあったが、アルコールは常についてまわった。所員の間での飲酒は際限のない行ないであり、ユニオン・バスターの文化を通して必要不可欠な活動だったが、私にはこの飲酒という技術の習得は難しかった。入社したてころ、私はアルコールの味に馴染めずコップ一杯も辛抱できなかったが、バーでの武勇に欠けるというのは受け入れにくいことだった。シェリダン一家内では、軽量級に居場所などなかった。アラバマ州ハンツビルのステーキハウスでの晩に、そのことが露見してしまった。仲間のコンサルタントやゼネラル電話電子株式会社の子会社、オートマティック・エレクトリック社の重役たちとどんちゃん騒ぎに参加したとき、私たちはその子会社のハンツビル工場に組合を作らせないために雇われていた。そこで大量に酒を呑んで、私は人事不省で沈没してしまった。ニック・サンガリスが私の状態に気づき、事務所を煩わさないよう私をレストランから素早く引きずり出して、私たちが借りていた車の後部座席に運び入れた。彼はこのちょっとした問題を何とかしなくてはならないと、私に申し渡した。その後私は連日酒を飲む訓練に励んだ。最初は楽しいものではなかったが、時間と共に馴染んでいった。一年も経てば、事務所の同僚並にスコッチを一晩中でも杯を重ねられるようになった。その翌年にはもう酒なしではすまなくなった。

シェリダンの事務所の歳月を通して、私は同僚たちに敬服していた。それはちょうど、少年が年長の兄弟や伯父さんを敬うように心酔していた。みんな親切だったし、我慢強く私をシェリダン一家へ引き入れてくれ、また会社内の裏工作の部屋で成功の定石を私に手ほどきしてくれた。私は同僚が本当に好きだったので、ジム・バノンがビア・ロッジ会議で立ち上がって会社を辞めるとみんなに告げたとき、私は本当に泣いてしまった。バノンは涙を浮かべ声を震わせ、学位を取るために大学院に戻ることにしたと説明した。彼はシェリダンと同僚たちに愛着をもっていたので、それはつらい決定だと言った。辞めることが伝えられた後には、抱擁と涙と乾杯が続いた。だいぶ後になって、バノンは大学へは戻らずに彼自身でマネージメント・ボードというユニオン・バスティング会社を立ち上げ、シェリダンの顧客を奪ったことを私たちは知ることになる。バノンのエピソードでは傷ついたが、私は排他的なシェリダン集団の一員であることにまだ誇りを感じていた。

私がいつもそのように誇らしく思っていたわけではない。初年度のある晩のことだが、小さな疑いの種子が植え付けられた。私がボスその人と珍しくディナーの約束をして喜んでいた際に起こったことだった。シェリダンは従業員と個人的に交際することは滅多にないが、後のアメリトラスト社、当時のクリーブランド信託銀行のトップで人事担当のジョン・ロジャースと会談するために、クリーブランドのストーファーでのディナーに、私も出席するようにいわれた。その直前、シェリダンはこの銀行の金銭出納係や資金運用係などを組織化していた北米労働者全国組合[5]をやっつけていた。ディナーはちょっとしたお祝いと彼の出身地の上り坂の新人を彼に紹介するチャンスを兼ねていた。ぜいたくな食事とお決まりの数ラウンドのアルコールが続いた後、シェリダンはトイレのため席を外した。ロジャースはその機会を捉えてシェリダンを褒めたたえた。いわく、シェリダンは北米労働者全国組合を叩いただけではなく、クリーブランド信託銀行に今後組合が入り込まないように、銀行従業員のトレーニングを行なっていた。「シェリダンの仕事は素晴らしい」と、テーブルに寄り掛かりながらそう打ち明けた。「彼はこのビジネスで最も重要な言葉を教えてくれたが、それが何だか分かるかね」。

私は確信を持って「コミュニケーションでしょう」と答えた。

ロジャースはびっくりした顔つきで、くすくす笑った。「頭文字は合っているよ。だが正解じゃない、マーティ。コントロールだよ」と彼は小言を言うようにいった。「その言葉を覚えておきなさい」。

私はその夜以降、ユニオン・バスティング業は、すべてをコントロール（支配―管理）することだということが分かりはじめた。コントロールは目的であると同時にユニオン・バスティングの手法でもあるということを実感した。自分で計画を推し進めるのであれば、私が会社のドアを開けたその瞬間から、完璧に会社をコントロール下におくことが大事だということを学んだ。私の計画が成功を納めるということは、単純に経営者が労働者を完全にコントロール下に置き続けるということであった。またコントロールに対するこの欲求があるからこそ、企業経営者はユニオン・バスターにコントロールを委ねようと決意するのだ。経営者は数カ月間だけ、彼らのプライドを飲み込んでぐっと我慢しているが、私たちが用済みになると、可及的速やかに私たちを会社の建物から追いだすということも分かりだした。

私の目もロジャースとの会食での会話の頃から少しずつ開いてきたが、シェリダンが顧客だけではなく同僚にもそれを悪用していることに私は気づいてきた。部下たちは誰れもがそれを知っていたので彼を軽蔑していた。私はシェリダンの偽善的な振る舞いに驚きはしなかった。というのも、彼が大袈裟な態度をとる人だということを最初から知っていたから。シェリダンは商売でも時にはスタッフとの関係においても虚勢を張っていたので、スタッフは憤慨していた。スタッフが自分たちのものと考えてきた特権や電話、シェリダンが勝手に秘書を使って仕事に割り込み高額の日当を手にするやり方に、スタッフは憤慨していた。また、シェリダンの支払う給料にも憤慨していた。自分たちだけで仕事をしたら、今と同じくらいの金をすぐにでも作れることを知っていた。だから、同僚たちの一番の不満は、君主が割のいいところを一人占めしてしまうことだった。一九六〇年代から七〇年代にかけて、労務コンサルタントの顧客で一番旨みがあったのは銀行で、当時、組合が銀行経営者を恐慌状態に陥れていた。多くの組合が年金基金をナショナル・ワシントン銀行に預託しており、組合はその銀行の金銭出納職員や資金運用職員などの組織化に成功していた。東部全域の銀行の経営者たちは、次は自分の銀行がやられるのではと恐れていた。それで経営者はシェリダンのご出馬を願ったのである。ニューヨーク・ケミカル銀行とかチェース・マンハッタン銀行といった強力な銀行がシェリダンを招いて、組合結成予防のための講演会やセミナー、ワークショップを開催したり、銀行の支店でトレーニング・プログラムなどを行なったりした。シェリダンはこの仕事を一人でやっていた。銀行家連中が自分の周りだけにいて、請求書も一人占めしていることを気にする素振りさえ見せなかった。

一九七二年になって私は事務所を辞めようと思ったが、それは憤慨からではなかった。シェリダンはいつものように苛ついていたが、私はシェリダンを尊敬もしていたが、同時に怖れてもいた。私はクリーブランドという都市に飽きていた。古くさくて、ひどく気分が悪くなる町に思えた。今まで三年間、アメリカ各地を旅行していたので、オハイオ州を脱出したくてむずむずしていた。多くの中西部人がそうだが、カリフォルニアこそ私の行くところだと考えていた。ユニオン・バスターの仕事が入らないときは、私は両親の家に住んでいたが、そこからシェリダンに電話をした。そのころ、私は事務所でやり手の一人だと認められていたし、シェリダン自身も私がこの業界で一、二を競うユニオン・バスターになるよう運命づけられていると私に話したことがあった。シェリダンは私に少々甘いから、カリフォルニアへ移住したいという私の願いを許可してくれるに相違ないと踏んでいた。私はロスアンゼルスかサンフランシスコで、シェリダン・アソシエーツの支所を開設したいと提案した。シェリダンはこれまでの私の仕事ぶりに満足はしていたかも知れないが、長年忠誠を尽くしてきた古手の所員の自尊心を押さえつけるのを喜ばなかった。カリフォルニアに事務所をオープンするとなれば、勤続年数の長い誰かがそれを望むに違いない。そこでシェリダンは代案を出した。君はシカゴに移りたいのだろう、本部で働いたらどうかと。私はそれを受け入れた。シェリダンは私と同時期に雇われたアレックス・ホーンコールという名のコンサルタントを、私のシカゴでの住居を見つけるためにつけてくれた。

私は銀色の新車リンカーン・マークⅣに身を沈めて、シカゴに向けて高速道路を走らせた。私の心はそれでもカリフォルニアに捕らわれていた。一月のその日は寒い日で、厚い灰色の冷気は中西部人に遥かな地を夢みさせた。かつてアイリスとロスアンゼルスに行ったことがあり、ごく最近はサンフランシスコの大学時代の仲間を訪ねたこともあった。私は運転しながらまどろみ、温かな太陽を感じ、砂の上に飛び散る大洋のうねりを夢見ていた。穏やかな緑の湾にかかるゴールデン・ブリッジをよぎる霧を凝視していた。

私がシカゴに到着したとき、アレックス・ホーンコールが、いいニュースをもって私を迎え、私の住むアパートを探しておいてくれた。ユージン・タワーズと呼ばれている高台にあって、市の中心街にあるシェリダン・アソシエーツの事務所からもそう遠くはなかった。私たちはその午後にアパートを見た。素晴らしいところだ。アレックスが私を彼のアパートに残して、しばらくの間留守になどしなかったら、事態は別な方向へ向かっていたかも知れない。寂しくなった私は再びカリフォルニアについて考え、そして我が道をゆくことに決めた。シェリダンが私を西部に派遣しないのなら、誰かが派遣してくれることだってある。私は受話器を取り、シカゴの番号案内にメルニック、マキューン、ミッカスの番号を問い合わせた。

ハーブ・メルニックが受話器を取り上げるまでに、どうスムーズに話したらいいか準備をした。だが、その必要は全くなかった。ハーブは私の評判は聞いているよと率直に語った。彼は家での話しの方がもっとお喋りが快適に弾むはずだと、その土曜日に私を自宅に招待してくれた。自宅に招待してくれる人には私はいつも感動する性質なので、最初から私はハーブに好印象を抱いた。高所得層の人たちが居住する郊外の広々とした牧場風の家に着いたとき、私は興奮さえしていた。玄関の側には、ユダヤ人の家庭に見られるヘブライ語で書かれたユダヤ教の律法の碑文メズーサが架けられてあった。ハーブがユダヤ人なのは私に好都合だった。ユダヤ人たちとのお喋りの仕方を私は知っていた。ところどころにイディシュ語を撒き散らし、我がユダヤ人家庭での躾けを披歴したりすれば、二人はすぐに家族のように親しくなれるだろう。

ハーブの奥さんがドアから顔を出した。落ち着いた装いの親しみのもてる婦人だった。彼女は私を居間の方へと案内した。そこは私が求めていた理想的な家庭、愛情に満ちた居住空間と家庭的な温かみがあった。ハーブが部屋に入ってくると、それで完全な絵になった。ハーブは四〇代半ばだったが、ひとめ雑貨品の主人のように見えた。禿げで太鼓腹、そこそこの背丈で控えめな人だった。彼のもつ雰囲気は、およそシェリダンと正反対だった。私たちは気楽なお喋りで会談を始め、私はシェリダンが描いて見せたハーブがギャングだといった先入観をその場で捨て去ることにした。

「ご存知でしょうが、あなたのことをいろいろ聞かされましたよ」と、私は少し笑いながら話した。「あなたは実に素晴らしい人だと私には見えますけど。回りからいろいろ聞かされていたので、海賊の親玉のところに来るつもりで足を運んだんです」。

ハーブは微笑んだ。それを聞いて彼は話しを私の方に向け、私のことで知っている事を明らかにした。「フィル・レーデラーからいろいろ聞いてますよ、有望な新人だって彼は言ってましたよ」。彼はさらにもっと直截に聞いた。「私に何をお望みですか」。

カリフォルニアへゆきたいという希望を彼に告白した。スリーエムが最近ロスアンゼルスに事務所を開設したとフィルが私に話してくれていたので、私が何か役に立てれば嬉しいのだがと話した。

「どこで働きたいんですか」、ハーブは私の考えを知りたがった。

私はサンフランシスコに行きたいと答えた。「腕のいいセールスマンです」と自己宣伝をした。「どう仕事を見つけだしたらいいか知っています。市場拡大にご協力します」。

我々の会話が進むに連れて、私がスリーエムにもうすぐにでも入社が決まったように思われた。そこで、ハーブはパートナーのトニー・マキューンと私が会う手はずを整えた。ハーブは彼の自宅へマキューンを呼んだ。すこししてトニーが歩いて現われた。彼は硬そうな赤毛と強いアイルランド訛りをもつ背の高い、目立つ人だった。

私は彼を怖れて緊張していた。シェリダン・アソシエーツの中では、トニーはいろんな名前で呼ばれていた。一番よく使われていたのは、通称「下司の中の下司」であった。シェリダンはトニーの名前を聞いてはいつも、かっかと怒った。というのも自分がトニーを育て上げたと思っていたから。シェリダンは、トニーと親密だと思い込んでいたので、ある一時期二人は一緒に住んでいたこともあって、トニーの裏切りはシェリダンを深く傷つけた。私は今まで耳にしたトニーについての全てを彼に語って話し相手をした。彼の方もそれを楽しんでいた。彼はアイルランド人の持つ温かさと陽気さと、アイルランド風冗談と呼ぶようになる決まり文句をふりまいて私を楽しませてくれた。トニーは愛嬌のある、ちょっと品の悪い男だった。誰もが彼を怖れているのを知って、それを大いに楽しんでいる風だった。商売ではもっとも相手に致命傷を負わせるという評判を身に帯びていた。瞬間湯沸かし器のトニーは、ところかまわず人を「ゲス野郎」と呼んでいた。シェリダンがトニーを雇ったのは一九六〇年代初期のことで、フォード自動車で労務取締役だった彼を引き抜いてきた。シェリダンは自分が見たとおり、この弟子を高値の付くコンサルタントに鋳直そうとし、トニーは最終的にその期待に応えた。シェリダンは彼に全てを教えたが、トニーはシェリダンに感謝をもって報いるよりは、軽蔑の態度で応えた。スリーエムがシェリダン・アソシエーツから分離した際、シェリダン・アソシエーツが解散したという手紙を顧客に送りつけるアイディアは、トニーだとシェリダンは狙いを付けていた。

私にとってはトニーは機知に富み、魅力もあり、一緒にいてとても楽しい男だった。彼の一番もろい点は、彼が愛すべきアイルランド人だということにある。北部アイルランド生まれで、傲慢なほどのカソリック教徒の彼は、アイルランドと家族のことを話すときには、極端に情緒的になった。彼の飲み物は、文句なしに愛国的なアイリッシュ・ウイスキーかスコッチで、ディナーの席を祖国の物語で埋め尽くすほど語り聞かせた。トニーは幼なじみのアンと結婚して、彼女を今でも大事にしていた。たとえば、アンがお産をするとき、トニーは彼女のために病院の特別室を借りて、トニーの旅行中にでも彼女が破水して危険に陥らないよう、陣痛が起きる前から彼女を入院させた。トニーはアイルランドの民が、愛することと純粋さにおいて長年持続してきた典型的な家長のような人だった。しかしながら、最終的には彼は全てを放棄した。一九八五年、トニーの上辺だけの健全な家族生活も朽ち果て、アンは離婚を申し出た。

最初に会ったその日、私はメルニックに感動したのと同様に、トニー・マキューンにも目を眩まされた。私は彼らが好きだったし、彼らの方も私が好いたようだ。彼らはシェリダンの木からもうひとつ果実を摘み取ることに夢中だったが、私がスリーエムに勧誘されるには、もうひとつ別の承認スタンプを貰わなければならなかった。レイ・ミッカスと並んでスリーエムの執行副社長をしていたパートナーのトム・クロスビーは、ロスアンゼルスの海岸にある彼の自宅から、米国西海岸方面の仕事の監督をしていた。三年前に、シェリダンがニック・サンガリスとの面談に私を送り込んだのと同じように、メルニックとマキューンは、私にクロスビーと会うように強く薦めた。というのは、彼が私の上司になるからだ。パートナーたちは私に航空小切手を渡した。それはビジネスでは広く使われている航空券引き換え用小切手の一種だった。彼らは翌週末にクロスビーに会うようにと私に言った。

クロスビーと妻のエレンは、ロスアンゼルスの南西部の先端パロス・ベルデス半島を眺望できる、きらびやかで優雅なパロス・ベルデス・エステーツの中のだだ広い家屋に住んでいた。彼の家は大きく、温かく、素晴らしい家だった。そしてトムも。私よりも一〇歳ほど年上でハンサムで、六フィートは優にあり、強そうなふさふさした黒い髪を誇らしげにし、豊かなバリトンで話した。彼は気さくに笑い、何の戸惑いもなく私を家に招き入れてくれたので、私はすぐに彼が気にいった。その週末を私たちはビジネスのことを話して過ごし、とりわけ心地よい一月のロスアンゼルスを楽しんだ。帰りのシカゴ行きフライトに乗り込むころには、カリフォルニアよりも素晴らしい場所を住み処としてイメージすることができなくなっていたし、仕事をするうえでトム・クロスビーよりもいい男を思い浮かべることができなくなっていた。

私はいい印象を与えて、トムと彼のパートナーたちが私を雇うのは間違いないと確信してロスを後にした。ジャック・シェリダンが私のしたことに気づいたら、私を地獄に送るほど怒ることは間違いなかった。カリフォルニアの白日夢はシェリダンと顔を合わせたとき恐怖との闘いとなり、シカゴ・オヘア空港から自宅に車を走らせる間、私の愛車は心理的な拷問部屋へと変わっていた。両親の家に着いたとき、すぐに私はクロスビーに電話するため家に転がり込んだ。一刻も早く結果を知りたかった。いいニュースだ、とクロスビーは言った。「すぐハーブへ電話しろ」。ハーブは私にサンフランシスコの新しい事務所をまかせると提案した。給料はシェリダンの時に見あうようにすると。西海岸に出発する準備に二週間のゆとりをもらった。夢は実現した。そして悪夢も始まろうとしていた。

ハーブにもよく分かっていたことだが、二週間という時間はたっぷりすぎた。シェリダンは私が事務所を辞めることを知って、もう一日も仕事をさせようとしなかった。シェリダンにとって、去ることは裏切り者になるということだ。仕事の終わりの日もなければ、もはやお別れを長々と述べることもないだろう。私にはそのことが分かっていたし、シェリダンと直接顔を合わせたくもなかったので、代わりにニック・サンガリスに電話した。ニックにも敵側に加わろうとしていると伝える気分にはなれなかった。そこで私は嘘をついた。「カリフォルニアに行きます、もはや中西部に住むのは耐えられない」と言った。これからのことは、まだ何も決めていませんと言った。そして私はシェリダンが本当のことを発見するのを待った。彼が事実を知ったとき、私が恐れていた通り、彼は寸分たがわず怒っており、冷たかった。彼独特の立腹した言い方で「お前は辞めるのではない、馘だ」、出てゆけ、二度と戻ってくるなと言った。私は面汚しなのだ。

それから再びシェリダンと顔を合わせたことはない。一七年後でも彼は私を馘にしたのだと話していた。

〔註〕

〔1〕正式名称は国際電機工友愛会〔International Brotherhood of Electrical Workers〕。一八九一年ミズーリ州で発足。当初はアメリカ国内だけの組織として発足したが、一八九九年にその組織基盤をカナダにまで拡大し、今日の名称に変更した。組織人員は八〇万人。

〔2〕正式名称は「小売店職員全国労組」〔Retail Clerks International Union〕。一八九〇年に、デトロイトで発足。初期の名称はInternational Retail Clerks Associationだったが、数度の合併を繰り返す中で、現在の名称になった。

〔3〕ビジネス・エージェント〔business agent〕。ローカル・ユニオンの専従役員で、組合の財政・管理部門を管轄したり、ローカル・ユニオンの団体交渉や苦情処理を担っている。ローカル・ユニオンの一般組合員による投票で選出される場合もあるが、多くは委員長の任命による。ローカル内での地位は委員長、書記長に次いで高い。小さなローカルでは委員長または財政書記〔Secretary Treasurer〕が兼務している場合もある。また、ＡＦＬ―ＣＩＯの地域組織〔central labor council〕の事務局長もビジネス・エージェントと呼ばれている。

〔4〕全米婦人服労働組合〔International lady's Garment Workers Union, ILGWU〕。一九〇〇年にニューヨークで発足。ＡＦＬの中にあってもっとも戦闘的な組織として知られていた。労働者教育活動の熱心な組合としても有名な組織。一九九五年、もう一つの繊維関係の労組である全米合同繊維被服労組〔Amalgamated Clothing & Textile Workers Union〕と合同して全米縫製被服産業従業員組合〔Union of Needletrades, Industrial and Textile Employees UNITE〕に名称を変更した。組合員数二五万人。

〔5〕北米労働者全国労組〔Laborers' International Union of North America〕。一九〇三年に結成。結成から一九六五年までは北米煉瓦積み工建設一般労働組合〔International Hod Carriers' Building and Common Laborers Union of North America〕名で知られていたが、その後、石材労組や郵便配達人労組を吸収・合併して現在に至る。組合があまりにも腐敗しているとして、連邦司法省の捜査対象となっている組合の一つである。組織人員は五〇万人。

第4章　楽園

私がカリフォルニア州に居を構えたのは、州の中でもっとも富裕な地マリン・カウンティだった。そこは一九七〇年代の快楽主義の発祥地、アメリカ杉の浴槽の産地でもあった。サンフランシスコ側からゴールデン・ゲート・ブリッジをちょうど渡った所で、樹木に覆われた丘の中で私は夢のような生活を営んでいた。私が最初に西海岸にやってきたとき、高校と大学時代の旧友マイケル・クラスニーと奥さんのレスリーの家に厄介になった。滞在期間中、二人は私に親切にしてくれた。私はこの仮住まいの家庭生活を味わい楽しんでいた。しかし、二〜三カ月後には、もっと前に自分の住み処を定めていなければ行けないと思った。マリン・インデペンデント・ジャーナル紙の住宅広告案内を連日見つめていたら、富裕な人々の住む田園地帯のフェアファックスに建つ田舎風の賃貸住宅の広告が最終的に目に止まった。完璧な探し物のように思えた。広告には電話番号が書かれてなかったので、ハリー・ロードで隠れ家を見つけだすような仕儀と相なった。マリン・ヒルへ向かう狭い曲がりくねった道路にそって不釣り合いに大きいリンカーン・マークⅣをしばらく運転してようやく、ハリー・ロードに出くわした。そして丘の中腹に建つ魅力的な山荘へ到着した。童話の本から抜け出してきたように素敵で、同時にびっくりするような感じの家だった。一軒だけ離れて道路から引っ込んだ丘の中腹の花の茂みの中に建っていた。家はとても優雅で、アメリカ杉の屋根板で出来ていたが、ガラスで作られているようにみえた。というのは陽光を取り込めるように外部の世界に向かって、風雅な装飾の内装を陳列するかのように、大きな窓が四方の壁に沿って設えてあったからだった。

私はその家を借りることにした。

ハリー・ロードを包み込む静謐さは、私がいまだ経験をしたことがなかった。私はその家のある部分が好きだったし、その静けさが醸しだす心地よさに感じ入っていた。とはいっても私は内省タイプの人間ではなかったし、ことさら孤独を好むというわけでもなかった。だから、このような場所にいると、私は落ち着かなかった。

地政学的ないたずらから西部へと来ることになったわけで、結局のところ、ハリー・ロードの静謐さと豪華さに私は馴染めなかった。私はエデンの園に住んでいたのかもしれないが、活動場所としては中西部の煉獄―デトロイトで多くの時間を費やしていた。ハリー・ロードに居を定めた数日後に、トム・クロスビーからすぐに荷物をまとめてモータウン（デトロイト）へ出向くようにとの電話がかかってきた。デトロイトの中心街にあるハーパー・グレース私立病院で働く二〇〇〇人の用務・清掃人や病室内家政婦や食堂従業員などが組合作りで闘っていたが、私はそこで現場コンサルタントとして仕事をすることになった。それから六カ月間、私は深夜便で毎日曜日にデトロイトへでかけ、金曜日の夜にサンフランシスコに戻った。そのちょうど一日半の時間が時差ぼけからの快復とハリー・ロードとサンフランシスコを楽しむために私に残されていた時間帯だった。ハーパー・グレース病院では、ジョン・シェリダン・アソシエーツからの離脱者、ジム・バノンの指揮下で私は仕事をした。ちょうど数カ月前に、ジムは彼の経営するコンサルタント会社のマネージメント・ボード社をスリーエム社と合併させた直後だった。一方、クロスビーはスリーエムの一軍を率いて、ハーパー・グレース病院から数マイルと離れていない、フォード自動車が資金を提供しているクララ・フォード私立病院で働く二〇〇〇人内外のサービス労働者を巻き込んだ組織化攻撃と闘っていた。

この進行具合にはぞくぞくさせられた。しかもこの二つでひと繋がりの工作は、スリーエムにとっては、それから始まる八年間の病院組織化を破壊して肥え太ってゆくことになるホンのとば口に過ぎなかった。一九七〇年代を通じて、全米各地の残忍な反組合的病院経営者が、最初は地方の小さなユニオン・バスティング会社であったスリーエムを、三大陸で商売する一〇〇人以上の弁護士とコンサルタントを抱える数百万ドル企業へと転身させた。さまざまな産業の中でも、とりわけ医療産業はスリーエムをその後の巨大なユニオン・バスティング企業へと成長させた。

私がスリーエムに加わったのは、米国医療産業に痛打を与える組合組織化が高まりを迎えていたときである。一九六〇年代を通じて、病院で働く家政婦、食堂の調理人や看護補助人たちは、経営者たちによる貧困と軽蔑に対して激しい抗議をして、幾千人もが街頭に繰り出していた。全米の病院や老人療養施設の経営者たちは彼らを恐怖のまなざしで凝視していた。組合の組織化に向けたエネルギーは、とりわけ非営利病院で飽和点に達していた。それというのも、この分野は医療産業の労働者の四〇%も雇用していたにもかかわらず、労働者たちは組合組織化の合法的権利を未だ手にしていなかった。これらの医療機関で雇用されているサービス関係の労働者の大半は黒人たちか少数民族で、週六〇時間働いても手にできる所得は、二五ドルにも満たない小額だった。法的な保護がなかったにもかかわらず、絶望と怒りの中で非営利医療機関の労働者たちは、組合作りと団体交渉権の獲得に向けて立ち上がった。経営側からのお決まりの拒絶で、ストライキとなり仕事はストップし、しばしば長期化し、時には暴力沙汰におよび、いつも地域を恐怖に陥れた。一方、議会は全国労働関係法を修正して、非営利団体に働く従業員にまで団体交渉権を拡張するよう求める労組指導者や病院労働者たちで包囲されていた。

一九六〇年代から七〇年代にかけて、三つの労組が医療関係労働者の組織化に取り組んでいた。その中でもっとも精力的で、もっとも経営者たちから蛇蝎のように嫌われていたのは、ニューヨークを本拠に活動していた「小売り卸売業・デパートメント・ストア従業員組合[1]」ローカル一一九九で、誰からもイレブン・ナインティナインの愛称で呼ばれていた。後日、病院・医療労働者全国組合ローカル一一九九として知られることになるが、精力的で政治的にも進歩的な指導者であるレオン・デービスのカリスマ的なリーダーシップの下で組合は発展を遂げることになる。非営利団体の組織化は、ニューヨーク公立病院で幾千人ものサービス労働者が、職場放棄して組合承認を求めて街頭に繰り出した一九五九年の前後に始まっていた。ストライキは暴力をともなったものになり、一般市民は恐怖におののき、そして労働者たちは敗北した。しかし闘いが終わったわけではなかった。一九六二年には別の大衆的ストライキが、人々を一層震え上がらせた。病院の偽装閉鎖の脅しに驚愕し、かつ街頭での暴力を恐れた市民たちが、病院側を支持したこともあって、組織化は遅々として進まなかった。それでもイレブン・ナインティナインは諦めなかった。組合の闘いは、デービスの指導下で一層攻撃的になり効果もあげた。次々と勝利が続く時代の始まりとなった。ニューヨーク州は非営利団体で働く従業員たちに組合承認の権利を与える法案を通過させた。同様の事態は全米各地で発生した。ニュージャージー州では、相次いだストライキが法的裁定で終わりを告げた。カリフォルニアをはじめとする幾つかの州では、ニューヨーク州と同様な法案を通過させた。一九六八年、私の出身地クリーブランドでは、市会議員たちが病院労働者たちの組合組織化の権利に賛成投票した。一九七〇年代の初めまでには、イレブン・ナインティナインは全米でもっとも恐れられた労働組合のひとつとして知られるようになった。

一九七〇年代に入り、ローカル一一九九は相次ぐ勝利で大いに活気づき、そして非組合病院を一掃する方針を掲げた。病院労働者の家族が被っている給与面や人間関係面でのひどい苦境を描写した組合作成の映画の助けを借りて、病院側と闘う確信を労働者に抱かせる中で、組合は自分たちに友好的な世論を喚起した。私がハーパー・グレース病院の背後で策略を練り、職制たちに質問を浴びせかけていたころには、スリーエムは組合の宣伝物のあれこれを強力な反組合工作の手段へと転換させていた。最も知られていた組合作成の映画は、サウス・カロライナ州の五〇〇人の病院労働者たちが、その大半は黒人女性だったが、組合組織化を要求して決行した一〇〇日間のストライキを記録した「美しき子供のように」だ。フィルムの中では、疲れ果てた労働者たちが病院の恐るべき労働条件を嘆き悲しみ、ローカル一一九九賛美の歌を歌うのだった。組合はその後、実質的な労働条件の向上とともに、ついに組織化を勝ち取った。そのフィルムは組合への共感を呼び起こし、オルグの志気を高めるように設計されていたが、スリーエムの反組合工作発会式では、そのフィルムを独特の反組合への誘導手段へと歪曲した。極端に太った肌の黒い女性がスクリーン一杯に大写しになり、「神よ、イレブン・ナーンティナーンを与え給え」と、強い南部訛りで引き伸ばして喋るシーンがとりわけ私たちの好みだった。この場面になると、いつもくすくす笑い声が起こった。私たちは「美しき子供たちのように」を病院や工場でも同様にうまく使って、白人職制の内部に巣くう黒人への憎悪や暴力への恐怖を呼び覚まし、女性への蔑視や貧乏人への不信、そしてもちろんのことだが、これらすべての卑しむべき諸要素をもたらす組合への嫌悪を呼び覚まさせた。フィルムを上映するときは、私たちは余計なことをいわなかった。聴衆の心の中に潜む恐怖の蛇口をひねり、ほんのちょっぴり気の利いた評価を述べるに留め置いた。一九七〇年代を通じて一一九九で組織化担当の責任を担っていたロバート・ミューーレンカンプと二〇年後に話す機会があったが、スリーエムのこのフィルムの使い方はいまいましいものだったが、ユニオン・バスティング産業がどんなものかを如実に語っていると私に話してくれた。「勇気にあふれ組合承認を求めて闘いに立ち上がる労働者の話を使って、その黒人たちを嘲るように人々を仕向けることを想像してご覧なさい。そんなヤツは人間の屑だという証明ですよ」。一九七〇年代に組合組織化に弾みがつくにつれて、医療産業の経営者たちは恐慌状態に陥った。そして組合防止産業は拡大し、商売繁盛となった。少なくとも一九七〇年以降は、シェリダン・アソシエーツもスリーエムも医療産業が儲かると分かったので、産業団体の会議や総会、全米各地で開催される会合などへ反組合工作の出前サービスをやってのけた。時機をえた興業は、この二つの企業とその中核となる労働弁護士たちに、長年にわたって商売の旨味をもたらした。病院の経営者たちは先を争って組合回避のワークショップを買い入れた。組合防止策の手口一式を購入し、更にどうしようもなくなれば対抗的組合工作の契約をした。経営者たちはユニオン・バスターたちがでっち上げた反組合工作商品なら何でも買い入れた。今日、ある産業内でいったん同じような組合組織化が燃え上がったとすれば、その組合回避スペシャリストとしての旨味は、全米各地の一万人以上ものユニオン・バスターと労働弁護士へと拡大するだろう。だが一九七三年時点ではほんの一握りの私たちしかいなかった。組合つぶしの費用の大半は、シェリダン・アソシエーツとスリーエムで分配され、スリーエムは病院だけで数百万ドルを稼ぎだした。

医療産業内部の惨憺たる混乱状態に終止符を打ちたいと望んでいた米国病院協会の了承の下で、一九七四年、ニクソン大統領は非営利団体に働く従業員に団体交渉権を付与する全国労働関係法の修正条項に署名した。それがきっかけとなって、ユニオンバスター産業が堰を切って隆盛しはじめた。一九九やその他の組合は法案の議会通過以前にも多くの非営利団体病院を組織していたが、この修正条項は病院管理者たち、とりわけ中小病院の管理者たちに恐怖を抱かせる触媒の役割をはたした。大都市の大病院で働く労働者たちのように組合承認を強制するだけの数の力を持っていないと感じている、中小病院で働く労働者たちを管理している管理者たちにとっては、とりわけそうだった。新しい法律の下では、組合を結成するには選挙をするだけでよくなった。ローカル一一九九は、一九七四年修正条項に従って何千もの組織化認証申請をした。もちろん、それはユニオン・バスターにも膨大な仕事をもたらすことになった。「ユニオン・バスターは畑の実り具合を見て刈り入れに出かけていった」と一一九九のオルグのミューレンカンプはいったものだ。

事実、シェリダン・アソシエーツとスリーエムの体制は万全だった。二つの企業は修正条項が議会を通過する前から、病院、診療施設、老人療養施設の広範な顧客リストを作り上げていた。特にスリーエムは一見無際限とも思える需要に対応するため、要員の手当てを済ませていた。一九七八年、この年はスリーエムにとってピークとなった年だったが、五〇〇以上の病院の得意リストをもっていると公言していた。シェリダン・アソシエーツにとっては、病院は儲け筋ではなかった。他が鳴り物入りで病院の仕事をかき集めていたときでさえ、シェリダンは昔からの付き合いの深い上得意の銀行や保険業界を相手に、集中的に仕事をしていた。ハーブ・メルニックの会社はそんな確実な金蔓を握っていなかったので、征服者のような勢いで医療産業の世界に分け入ってきた。そして彼らは征服した。病院組合の元オルグだったミューレンカンプは、彼が組織化に携わっている期間中にスリーエム一社の働きだけで何万人もの組合員を失ったと信じている。その数にはスリーエムが組織化の企みを押しつぶした病院で働く労働者だけではなく、血みどろに打ちのめされた組合を目撃し、自分たちを危険に曝すような組合を結成しまいと決心した隣近所の病院で働く労働者たちを含んでいた。「もし町の他の病院で働いている労働者たちが組織化を試み、そこで何が起こり、結局は失敗したことを見てしまえば、別の労働者たちは誰も同じ轍を踏まないものだ」とミューレンカンプは私に話した。

私は光り輝くサンフランシスコから燻ったデトロイトへ通うのがいやだった。とはいっても気の進まない通いにはそれなりの見返りはあるものだ。他の企業の経営者と同じように、デトロイトの病院の役員たちも組合を打ちのめすことの妄想に取りつかれていたので、私たちが商売に精を出しているかぎり贅沢に過ごす費用をケチったりしなかった。デトロイト滞在中、私たちは王侯貴族のような扱いを受け、二四時間旨いものを食べ、ちやほやされた。病院の経営者たちはデトロイトでも飛び切りの住いを私たちに見つけてくれた。それはゴージャスで粋なデトロイト・アスレチック・クラブだった。デトロイトの中心街にある三代続きの名門貴顕《きけん》の王侯の隠れ家だった。そこには企業の富が染みついており、堂々としたクラブ・ルーム、優雅な食堂、素晴らしい設備のハンドボール・コート、絹の靴下をはいたアル中どもに馥郁《ふくいく》たる香りの高級アルコールを提供するマホガニー材でできたバーを設え、豊かさをこれ見よがしに示していた。そこは会員だけの伝統ある名門クラブなので、クラブ・ルームを美しく飾っている磁器製の壷の中には、人品卑しからぬ故人の遺骨を納めてあるなどとゲストたちはよく冗談を飛ばしていた。クラブに出入りするのは全員白人で、ウエイターは全員、上流階級に仕える伝統的なユニフォームである燕尾服に白手袋をした黒人男性の召使だった。私はいままで、これほど仰々しい場所を見たことがなかったので嬉しくなった。しかし、この宿泊場所には私たちを苛ら立たせるものがひとつあった。当時、労組の指導者とユニオン・バスターに共通して受け継がれてきたものがあった。双方ともアイルランド系かユダヤ系だった。アメリカの企業社会では、ユダヤ人は依然として好ましからざる人たちだった。ユダヤ人はデトロイト・アスレチック・クラブへの入室を断られていた。そこで、私たちが顧客に迷惑をかけないよう、ハーブ・メルニックは自分がユダヤ人であるにもかかわらず、デトロイトに滞在中は架空の身元を使うように、スリーエムの同僚コンサルタントのデービッド・シュワルツと私に指図した。私たちはＷＡＳＰ（アングロサクソン系白人でプロテスタント）の苗字を盗用した。その被いの下で、私たちはアメリカ貴族社会の冒険旅行を楽しんだ。私たちがデトロイトの企業エリートたちと付きあってみて分かったが、この人品卑しからぬ人たちが断定的にユダヤ民族などセム系だと見なしている我々のある肉体的特徴を、名前を変えただけで見過ごしてしまうことを知って、デービッドと私は満足したものだった。

ハーパー・グレース病院での六カ月の工作の間、ジム・バノンと彼の仲間は従業員への面談場所として、いくつかの病室をセットするよう指示し、グループ会議用として大きな会議室を確保した。プライバシーも保てないような病室の中で若い女性管理職と面談しながら、私はほとんどの時間を過ごした。そこでは、私たちの作成した手紙を回覧したり、バノンの機知に富んだメロドラマ仕立てのグループ発表の場にカバン持ちとして加わった。バノンは週に二〜三回、管理職を呼び集めて会議を持ち、組合の組織化工作は煩わしくて押しつけがましいものだと感じるようにさせた。部隊が確信を持てずにぐらついているような時には、彼はもっとも説得力ある話し方で会議を進めた。絶対に勝たなくてはならない。誰だって二度もこんな苦労を繰り返したくはないだろう。会議が聴衆の負担になれば、その分だけジム・バノンには元気の源となった。彼は大向こうを唸らせることが好きだった。一番大切な見せ場をいつも自分用に取っておいて、確かに上手にやってみせた。私は彼から多くのものを学んだ。バノンは見たところそうハンサムではなかったが魅力があり、とりわけ女性に訴えるものを持っていた。彼は自分をどうしたら最高に気に入られるように見せるかを知っており、ほっそりした体形を仕立てのいい三つ揃いのスーツで被い、茶色い髪を少年のようにウエーブさせて額を被うように櫛を入れていた。バノンは寛いださわやかな笑いを浮かべて、ウイットにとんだ小話を会話に挟み込んだ。ハーパー・グレース工作の頃の彼は三〇代半ばになっていたが、彼の若々しい魅力はいつでもとびっきり新鮮だった。誰もがバノンを好いた。たちまち、彼は人々の信頼を勝ちえた。次々に来るどの仕事でも、バノンに騙されている犠牲者たちはいつも彼を喜ばせようと一生懸命のように思えた。彼は人々が自分に忠実なのを効果的に利用した。

一一九九のオルグのミューレンカンプは、一九七〇年初めまでは組合の幹部が油断していてスリーエムにしてやられたと言っている。一九七七年頃になってようやく、組合のオルグたちはスリーエムや他のユニオン・バスティング会社にどんな人物がいるのか、どんな手口を使うかなどを知るようになった。しかしたとえオルグが情報で備えていても、気がついてみれば敵にすっかり翻弄されることがしばしばあった。ミューレンカンプはその理由をこう説明している。

「ユニオン・バスターは恐怖と人心操作のプログラムを使って大きな権力を振るった。何が起こっているのか、誰が真実を語っているのか、人々は知らないし知ることさえできない。職場にいる人々は当たり前の人々だということを、理解しなくてはいけない。人生の中で暴力を振るわれ、嘘をつかれ、誤魔化され、公然と荒々しく侮辱され、嫌がらせを受けるといった経験を、このような人たちは受けたことがないのだ。この反組合工作に晒されると当たり前の人たちは怯えてしまう。数カ月間もこれが続けば、何でもいいから早くこの事態が終わって欲しい、昔の状態に戻りたいと思うようになる。ユニオン・バスターはこのことを良く知っている。頭で理解させるのではない。身体に覚えさせるのだ」

私たちはハーパー・グレース病院の従業員たちの肝っ玉と丸六カ月間も闘った。従業員たちの根性は並外れていた。私たちは組合に負けた。労働者たちは組合に賛成投票をした。

クララ・フォード病院では逆の目がでた。スリーエムの妨害行為だけではなく組合の内部抗争のおかげで経営側が勝った。クララ・フォード病院では、今日ではほとんどお目にかかれない状況だが、三組合が従業員の忠誠さを競い合っていた。一九七〇年代初頭のＡＦＬ―ＣＩＯは、今日では当たり前になっている加盟組合間の管轄区域を尊重するという原則を各組合に守らせることに成功していなかったし、組合はしばしば互いに争っていた。クララ・フォード病院では四つの選択肢、すなわち三組合のうちのどの組合を選ぶか〔三択〕、それとも全部が駄目かだったので、このような状況下での仕事はスリーエムにとっては楽勝だった。組合はお互いに相手を攻撃していたので、コンサルタントの仕事は組合をお互いにけしかければよかった。組織化賛成のがっちりした多数派を抑えている場合でさえ、競合組合が植え付け、クロスビーや会社が培養した疑惑には、どの組合も単独では対抗できず交渉権獲得に至らなかった。勝つことが予め分かっている勝利でも、スリーエムは石橋を叩いて渡った。選挙の当日デトロイトを吹雪が襲ったので、病院の経営者は急きょ市内の全タクシー会社に電話して、反組合の従業員を迎えに行かせ投票所へピストン輸送した。同時に病院所有の四輪駆動車を遠距離居住者のところに派遣し、全ての投票が確実に「ノー」になるようにした。

ハリー・ロードでの束の間の週末は、マリン・カウンティの美しさをせいぜい胸一杯吸い込み、デトロイトに戻ることを想像してはぞっとして気を滅入らすほどの僅かな時間でしかなかった。カリフォルニアで過ごす一分一秒がたまらなく大事なものだったので、私が最初に夢中になってやったことは、サンフランシスコ―デトロイト間のフライト・スケジュールを完璧に調べ上げて、サンフランシスコ発日曜夜間最終便を利用することだった。アメリカン航空のファースト・クラス客室が、毎週二回私の通勤航空路となった。混乱にみちてはいたが長く続いた結婚生活の相手となった美人との出会いも機内だった。

いつものように引っ切りなしにタバコをふかし、ジェット旅客機の小さな窓から表を眺め、これから待ち受けている五時間の飛行を考えただけで、私は退屈した気分になって座っていた。私は飛行機の中ではなにも読まなかった。機内に本を持ち込むほど本は好きじゃなかったし、飛行機に備え付けの雑誌のページをめくりもしなかった。その代わり、機内ではアルコールを口にするか、タバコをふかすか、まどろむか、時にはファースト・クラスの乗客と冗談を交わしたりして時間を潰した。私はスチュアーデスとふざけているのが好きだった。彼女たちは美人だし、いつも魅力に満ちあふれていた。陽気にはしゃいでいれば時間の過ぎるのはより早かった。ある金曜の夕方だったが、ひとりのスチュアーデスが客室に姿を見せたことから、過去のすべてのふざけっこが馬鹿げて色褪せてしまった。彼女はきらびやかで、細身で、繊細な曲線美を備え、彼女の髪は背中から腰までかかる細くカールした密な金髪だった。彼女は客室の中を滑るように優雅な身のこなしで動いた。しっとりした声で、柔らかく瑞々しい顔で、人を楽しませる笑い声をしていた。私の目は彼女にくぎ付けされてしまった。私は必死に彼女の注意を引きたいと思い、いろいろアタックのシナリオを考えてはみたものの、自分が赤面するような内容しか思いつかなかった、これほどの絶世の美女なら、両手に余るほどの誘いの言葉を男から聞かされているだろうし、またそれらを全て拒絶してきているだろうとしか思えなかった。

彼女の小奇麗な濃紺のユニフォームの左胸ポケットの上につけられていたネーム・タッグには、アリスと書かれていた。アリスの優雅さに刺激されて、私は機内での数時間を今まで出会ったことのない美女に捧げる八ページのソネットを書き上げるのに費やすことになった。

　それからの数週間、私の頭はアリスのことで一杯だった。彼女の面影が私の日々を満たし、夢を育み、朝目が覚めれば目の前に彼女の姿が浮かんだ。恋に溺れてしまった。どうにかしなければならないが、どうすればいいだろうか。私は二通目の手紙を認めた。今回の手紙は、最初のものより情熱的なものとなっていた。サンフランシスコ国際空港のアメリカン航空チケット・カウンターに投函した。そして待った。数週間が過ぎ、アリスから返事がなかったので、「空の恋」は破れたと思うに至った。

　数カ月が経ったある晩遅く、それも真夜中に電話で深い眠りから起こされた。アリスからだった。今自動車事故の鞭打ち症で入院しており、そこから電話をかけているのだとふるえ声でいった。彼女は孤独に怯えて、困惑していた。彼女は私からの二通の手紙を受け取っていた。そこには私の電話番号が記されていた。私の説得力に満ちた熱烈さが、彼女を感動させていた。彼女には今私が必要だった。私は直ちに彼女のもとへと向かった。

　翌朝、私はサンレアンドロに向け車を走らせた。オークランドの真南の一部工業地帯で中流階級の住む郊外だが、そこにアリスは両親と一緒に住んでいた。病院への道すがら、花屋に寄り一〇〇ドルで蘭の花束を買った。アリスはすっかり感激してしまった。私たちの愛の始まりであった。

　私とアリスの恋愛は、ハリー・ロードのわが家のようにお伽噺そのものだった。私たちは贅沢な幻想的ロマンスに生きる楽天的なジェット族の恋人ペアだった。素晴らしいホテルで、それも通常は人の費用で、食事をし、呑み、ダンスをし、全米各地で愛を交わした。アリスは全米各地を旅して歩くスチュアーデスの利点があり、ボストンからフェニックスまで全米大都市のホテルの部屋が彼女に与えられていた。私の方は使った費用の全額を顧客に請求する仕方を知っていたので、沢山のクレジット・カードや何枚もの先払い航空券などを使って贅沢な情事を企むことができた。若い情熱のおもむくまま私とアリスは、毎週どこで逢引するかその場所を地図に記入した。スリーエムのスケジュール表をやり繰りして、私は彼女が途中下車するところならどこでも捕まえることができるよう、一風変わった接続便をアレンジしたりした。デトロイトで仕事をしサンフランシスコに住んでいたので、顧客は二つの都市を毎週往復する航空旅費を、いずれにせよ私に支払っていた。アリスが途中下車するフェニックスに私の帰路の便を変更したところで、誰も文句をいうはずがない。飛行距離が短縮されたことで顧客の支払い費用が節約できるかも知れないし、私は二〜三日情事にふけることができるというものだ。

瞬く間にアリス・カンプーリスは私の生きる理由となった。スリーエムでの業績に興奮していたのと同じように、私の創造的な情熱はかき立てられ、天にも上る思いのロマンスへ誘われ、彼女に相応しくなるよう努力した。私からみて彼女に対してこれで充分だということはひとつもなかった。私がどんなに一生懸命やっても、まだ足りないと感じるのだった。時が経ち、私たちの間に個人的な確執が持ち上がってきても、アリスは私の生きる原動力だった。これまでの長い年月の間中、金をめぐり浮気をめぐり、また双方を苦しめたアルコール依存症をめぐり、二人が激しく言い争った年月を通しても、アリスが私に必要だということに疑いを挟んだことはなかった。私がユニオン・バスターにうんざりしはじめてからも、ずっとそれを続けたのも彼女が理由だった。仕事がもたらす力と金があれば、引き続き彼女の関心を買うことができるという幻想が私にあったからだ。しかし、後日、彼女が理由となって、私はこの仕事をやめることになった。

旅する情事のスリルにもかかわらず、私はカリフォルニアと中西部の移動に疲れ果てていた。アリスと私はボストンやニューヨークのホテルの部屋ではなく、居心地のいい静謐さに満ちたハリー・ロードの家で、思い出深い時間を過ごした。私たちが一緒にベイ・エリア（サンフランシスコ湾をとりまく地域）で過ごした時間はそう長くはないが、そこでパーティーを開き、朝寝坊して、一緒に朝食をつくり、遠出をして、風呂に浸かりながらワインを呑んだりして過ごした。しかし、私はカリフォルニアで数日を纏めて過ごせるような機会がほとんどなかった。そこでもっと長く滞在できるように、仕事を可能なかぎりここで私は引き受けようと思っていた。スリーエムに強力なロビーイストとして自分を売り込んだにもかかわらず、一人の顧客さえも捕まえることができないという自責の念で、心の疼きはますます激しくなっていった。ある週日の朝、日当たりのいいハリー・ロードの書斎に座って、私はサンフランシスコ・クロニクル紙にざっと目を通していても、その不安に悩まされていた。坂の多いこの街に移ってきたすべての人々にとって目を通さなければならない読み物は、古き良き時代のサンフランシスコを代表する人物、サンフランシスコの政治的・社会的状況のコメンテーター、著名なジャーナリスト閣下・ハーブ・ケーンのコラムである。その日のコラムの出だしに次のような文章が載っていた。

> 粗野な個人主義者たちの典型。オークランドのルイス・A・セラーヤ。事務・専門職従業員労組[2]ローカル二九の首席代表は、いま組織化に踏み出せる手紙を持っている。数日前、彼はワールド航空の取締役会長エドワード・デーリーに、ローカル二九がワールド航空の労働者たちを組織化するので、会談する機会を得たいという提案を手紙に認めた。デーリーの返事には仰々しいサインで「勝手にしろ、ファック野郎！」と書いてあった。

エドワード・デーリーとは誰なのか、私は何にも知らなかった。ただ唯一、私の知っている確かなことは、彼のために仕事をしようと思ったということである。

〔註〕

〔1〕小売卸売業・デパートメントストアー従業員組合〔Retail, Wholesale and Department Store Union, RWDSU〕。この組合は一九三七年にRetail Clerks International Unionから除名されて発足した。一一九九は当初この組合に所属していたが、一九七〇年代に、RWDSUの枠を越えて東海岸諸州の医療関連産業の組織化に取り組み、独自性を強め、後にRWDSUごと全米サービス従業員組合〔Service Employees' International Union〕に加盟している。

〔2〕事務専門職労組は北米労働者全国労組〔LIUNA〕の加盟組織である。

第5章　ワールド航空

一九七三年十一月、私が初めてエドワード・デーリーに会った頃、彼はさほど著名な人物ではなかった。しかし、一八カ月後の一九七五年四月三日、オークランドに本拠地を置くエド・デーリー所有のチャーター便会社、ワールド航空がベトナムから五八人の孤児を無鉄砲なやり方で救出したとき、デーリーは新聞の国際面の見出しを飾った。それまでの数週間、新聞はシカゴ・サウスサイド出身の武骨なボクサー上がりの百万長者、国際ビジネス界の大立者、向こう見ずな冒険家、芝居がかった人情家の手柄話を追い続けていた。最も壮観な慈善行為をデーリーがお披露目するとき、新聞はデーリーがその場にいてくれることを望んでいたし、デーリーの方も記者がそこにいることを望んでいた。記者たちはベトナムのダナンにまでデーリーに随行した。そこでは、アメリカ軍のベトナム撤退にともなう血みどろの戦場から子供たちを救出するために、デーリーと乗組員たちが機関銃の掃射と手榴弾の炸裂の中で闘っていた。彼は血まみれになり腹部や頭部を挫傷し、死の危険にも直面した。飛行機に乗り込もうとする女性や子供たちを脇へ押しのけようとしている南ベトナム政府軍兵士たちをデーリーが殴りつけ、サイゴンへ向かう飛行中の七二七型機の破損した後部ドアを二時間にわたって彼が引っ張って押さえていたことなどを新聞記者は報道した。デーリーが滞在しているサイゴンのカラベール・ホテルのスイート・ルームで、政治的に幾度となく変更される子供救出作戦をめぐって、南ベトナム政府、在ベトナム米国大使館、ヘンリー・キッシンジャー国務長官、そしてフォード大統領とさえやり合っているデーリーを、記者たちは取材していた。デーリーはサイゴン空港の航空管制官の反対をものともせずに、一番機を飛ばして名声を博した。新聞は盛んにその話を追い続けた。喧嘩腰で厚顔無恥なデーリー、トレードマークの緑のベレー帽を被り、サファリ・スーツに身を固め、仰々しく右腕に包帯を巻き付けて、サイゴンでの記者会見場で当局に逆らって飛行を公表したデーリーの伝送写真を流した。一日後、オークランド国際空港にジェット機が到着したとき、報道陣は待ち受けていた。泣き叫ぶ子供たち、若い甘い女性たち、重苦しい表情のパイロットたち、東南アジアで最大の無防備な戦争の犠牲者たちを乗せた、ワールド航空のジェット機の周りに集まる人々の白黒写真は、長く感動的な慈悲に満ちた行動の解説だった。翌日、オークランド・トリビューン紙は、エド・デーリーが怒りを爆発させている記事を掲載した。それは南ベトナムとカンボジアで難民虐殺が差し迫っているというデーリーの警告を無視したフォード大統領とキッシンジャー国務長官に対する抗議だった。「私が発信した電報に対して、儀礼的な返答さえも頂かなかった」とエド・デーリーはトリビューン紙に語った。エド・デーリーは、こんな男だった。

デーリーがベトナムへ飛行機を飛ばしていた時期に、ベトナムと比べればずっと呑気なもうひとつの記事を新聞は追いかけていた。商業ジャーナリズムの控えめな文体だったが、ワールド航空が東海岸と西海岸を八九ドルで定期運行するという記事だった。今まで一九四ドルが相場だった両海岸間の料金の思いきった引き下げは、料金と空路とが厳しく規制されていた当時にあって大胆な行動だった。それがエド・デーリーだった。この一〇年ほどの間に、ワールド航空は世界中にチャーター便を飛ばす最大手の企業としてその名は鳴り響いていた。一九七〇年代初頭には、年間二万一〇〇〇人の旅行者が喜んでワールド航空を利用して、牛々詰めのDC8型機を使ってヨーロッパ、アジア、中東へディスカウント・チケットで旅に出た。そのジェット機は追加の座席を設えるため改造されたものだったが、正規の運賃の何分の一かの料金で世界へ飛び回るチャンスを得られるので、乗客は喜んでその不便さを耐え忍んだ。新規運行計画はいかにもデーリーらしい大胆な行動で、大手の航空会社に対するユニークな挑戦だった。結果的には、運行申請は六年間も認可されず、その間、大手の航空会社から申し立てられた膨大な異議を巡って、エド・デーリーは連邦航空規制官と激しく争い、彼の商売は次第に再起不能な程の赤字に落ち込んでいった。

トランス・ワールド航空、ユナイテッド航空とかアメリカン航空など大手との競争に、あえて飛び込もうとしていた時期のデーリーは、ひどく風変わりな航空会社の不遜な人物として名が通っていた。エド・デーリーは業界のアウトサイダーだったので、因習に染まった航空会社の重役の多くからは尊敬も恨みも買っていた。彼は我が強く、何をしでかすか予測できない、まったく傲慢で、時として満ちあふれるほど寛大になったり、時には恥ずかしいほど厳しかったりした。貧しい従業員の子供たちに彼のポケットマネーで医療費を支払ってやるほど家父長的なボスが、彼の自家用機に愛用の健康ソースを積み忘れたスチュアーデスを降格させるほどの激しい狂気の持ち主だった。デーリーは度を越したアル中だった。一九八四年に腎臓障害で六一歳で死亡したが、実際の年齢より少なくとも二〇歳は老けて見えたと友人たちは語っている。デーリーと一緒に仕事をしたり取引をすることは厄介なことだった。そして彼は、自分の周りの人たちに強烈で相反する感情をまき散らした。誰もが彼を敬ったが軽蔑もした。人からの指図を受けつけず、自分で引いたルールだけが彼の認めるルールで、その場合でも自分自身はルールの例外だと見なしていた。デーリーを拘束する規則やしきたりが沢山あるということを、どれ程理解させても彼は必ずそれを破ることにかけては度外れで、破壊的で、かつ最大級に屈辱的な方法を見つけだしてきた。彼が最も嫌ったのは、労働組合に強制される約束事だった。

ハーブ・ケーンの記事でエド・デーリーの名前を読んだころの私は、ベイ・エリアに来て間もないころで、ワールド航空のことは何も知らなかったが、オークランドでは大きな商売をしている会社だということだけはよく分かった。オークランド空港はワールド航空と空港使用の賃貸契約したことで、トップクラスの空港へ登り詰めるチャンスを手にした。一九七三年ワールド航空は四大事業を展開していた。年間六〇〇〇万ドルの売り上げを持つ世界最大の商業ベースのチャーター便会社、国防省との契約下での軍事用の空輸業、ヨルダンのフセイン国王とかイエーメン共和国のような顧客相手の航空機リース業、そして航空機の整備業だった。一九七三年、ワールド航空はオークランド空港を管轄する市港湾局と四〇年の空港使用に関するリース契約を結んだ。それはオークランド空港と連邦政府がワールド航空用に作った一四〇〇万ドルのジェット機用の巨大整備工場を管理するものであった。その整備工場はベイエリアで最大のビジネス・センターのひとつとなり、オークランド空港の民間航空域の入り口に六〇エーカーの敷地に二万二〇〇〇平方フィートの格納庫をもち、二〇〇〇人の労働者を雇用するまでになった。それに加えて、当時ワールド航空は、会社事務所用として空港施設内の巨大な格納庫を使用し、事業の最大の柱であった商業用チャーター便の出札ゲートも賃貸で借り受けていた。ワールド航空はニューヨークと太平洋岸の証券取引所の双方で株式を上場していたが、実質的には会社はエド・デーリーのものだった。一介のボクサー上がりで元GIの彼は、一九五〇年に五万ドルで買い入れた二年続きの赤字に苦しむ燃え滓の航空貨物会社を再建した。伝説では、第二次世界大戦中に軍輸送船に乗っていたときに行なったポーカーの掛け金でこの会社を手に入れたともいわれている。死ぬまでエド・デーリーは会社の八〇%の株を握っていた。

ワールド航空は、人一倍人目を引く会長の存在で極度に目立つ会社だった。この会社はいつも商売で大胆不敵な離れ業を企み、信じられないような敵を相手にし、圧倒的に優勢な勢力と闘っていた。そしていつも勝利を収めていたようにもみえたが、そのイメージは幾分歪曲されたものだった。デーリー会長の代行だったメンデルゾーンは「実のところ、ワールド航空は取るにたらない航空会社だった」と語っている。「エドは強固な信念で自分のイメージどおりの会社を作り、しかもそれを偉大にやってのけてみせた。会社に生命と重みを与えることは、デーリーには自分の一生より大事なことに思えた。会社が新聞に載るようにするのも彼のやり方だった。マスコミはワールド航空会長としてのエド・デーリー、名士としてのエド・デーリーに焦点を合わせ、彼が望むPRに協力した」とメンデルゾーンは語った。

ワールド航空の外見は大会社だが、私が紹介されたころは、すでに揉め事が発生していた。ワールド航空が小さなリース業を除いて全ての事業部門を閉鎖して、数千人の従業員をレイオフし、オークランドから撤収することになる一二年も前から財政的な災厄の根は広がっていた。一九七三年に、ワールド航空は僅か一〇〇万ドルばかりの収益を計上した。会社の収入がほぼ一〇倍にも上っていたことを考えれば、これはまったく小さな額にすぎなかった。四大事業部門で一一〇〇万ドル近い赤字を出しており、石油危機で原油価格が上昇したという理由は、その一部にすぎなかった。ワールド航空が一九七三年に黒字計上をしたのは、一九六八年にワールド航空が手に入れた、いやエド・デーリーがというべきだろうが、カリフォルニア銀行、ウェスタン信託銀行を売却した会計操作によるものだった。アメリカの他の企業でも同じだったが、一九六八年という年はワールド航空にとってもとりわけ重要な年だった。一九六八年と六九年はワールド航空が財政的に最高の業績を上げた年だが、それは偶然ではなかった。米国のベトナムへの介入が頂点を迎え、米国と海外基地間の貨物ならびに旅客空輸に関する軍事契約で、年収の三分の一以上の年間五〇〇〇万ドルもの金がワールド航空にもたらされた。一九七〇年には、ワールド航空の結んだ軍事契約は半分までに落ち込み、イラン人質監禁事件が起こる七〇年代の終わりまで回復しなかった。

一九七三年のワールド航空財務報告書の中に、企業家デーリーの強さの真髄が隠されている。事業の売り買いである。強大な成長を遂げ企業の背骨になったとはいえ、チャーター便商売は儲からなかったと、メンデルゾーンは語っている。事実、ワールド航空は長年にわたるチャーター便の運行ではほとんど儲けを出していない。だが、エド・デーリーが売り買いにかかわると、手に触れたものを全て金に換えてしまうミダス王のようだった。売り買いこそ彼の天賦の才能だった。一九五五年、彼は機内火災を起こしたDC４型旅客機を購入して、それを新しく改装して五年間も飛ばし、揚げ句に売り払い一〇万ドルの利益を手にした。根っからの商売人であることは明らかだった。「あれは彼がやった売り買いでも最高に上手くいった」とメンデルゾーンは語った。彼と面と向かって交渉テーブルに座ったものこそ災難だった。

エド・デーリーが大手キャリアの仲間入りをしたがっていたのは公然の秘密で、あからさまにそう振る舞っていた。強引な定期便への進出計画は、成功を収めた大人物のひとりになりたいというデーリーの夢が、真剣で長く続いていることの証だった。デーリーが強力な競争相手に一撃を加えるために行なった、定期便キャリアへの新聞広告キャンペーンは、ワールド航空が航空業界の巨人ゴリアテを投石機で打ち破る旧約聖書のダビデ王として描かれていた。この無鉄砲な経営者は、それにもかかわらず、究極の野望の代償に他の事業を犠牲にしたりはしなかった。というのは、リース業や空輸業、そしてチャーター便商売は、デーリーに国際的事件への介入を可能としたからだ。世界を股にかけた軍事と商業ベースの商売を通じて、エド・デーリーは大きな世界舞台で多彩な役割を演じたたし、世界的な大事件にも関わりをもつことができた。ベトナム戦争期間中の役割に加えて、ワールド航空を通じてエド・デーリーは、回教徒のメッカ詣でに巧妙に取り入り、聖地へのチャーター便の供給業務を進めた。ヨルダンのリゾート・ホテルへの投資、ヨルダンやイエーメン、マリ、韓国の航空会社設立を援助した。その上デーリーは絶えず国際的な取引を漁っていたし、いつも南太平洋や極東、アフリカ諸国の首脳との打ち合わせで飛び回っていた。デーリーについての伝説によれば、ワールド航空の親分は王侯や大統領たちと酒を酌み交わし、何時間も値切り交渉をして、最後は腕相撲で決着をつけた。その勝負にはいつもエド・デーリーが勝った。彼のもっとも近しい友人はその理由を知っていた。

「彼はいつもズルをしたんですよ」、メンデルゾーンはウインクしながら言った。

デーリーは貪欲に取り引きをしたが、彼にとっては取り引き自体が究極の目的ではなかったのかもしれない。彼の世界を駆け巡る訪問旅行は、商売を超えた意味を持っており、より複雑な役割をも演じていた。デーリーの国際主義は、彼を偉大で重要な力強い人物に仕立て上げた。彼はしばしば従順でかよわい者の代表として行動することで、自分を偉大なものに見せるようにした。たとえばデーリーの切望していたサモア航空は設立できなかったが、サモア政府との対話が連綿と行なわれていたので、デーリーとサモア島のカソリックの高位聖職者との関係は親密なものとなった。誇り高く熱烈なアイルランド・カソリック教徒のデーリーは、サモア教会の事業に毎年多額の金を寄付し続けた。六人のサモア学生をカリフォルニア大学デービス校へ入学させるため教育費を援助した。彼の慈善行為は彼の生活や仕事などと同じように押しつけがましいものだったので、デーリーの善意は時としてベトナム空輸のように、大袈裟な博愛主義的な自己宣伝行為の様相をとった。そうでないときのデーリーの寛大さは、ひっそりとした親切なものだった。デーリーは毎年クリスマスに、ベイ・エリアの貧しい居住区に住む孤児たちに一〇〇ドル小切手を送っていた人物として知られている。デーリーは修道女たちが大事にしていた慈善を援助するために、彼女たちに数えきれないほどの小切手を切っていたし、二〇年間にわたり評議員会と理事会に関わっていたサンノゼ近郊のイエズス会系のサンタ・クララ大学へ、彼は長年にわたり寄付をしていた。

デーリーの家父長的な振る舞いは、多くの人々の忠誠心と愛情をかき立てはしたものの、同時に人々の怒りをも呼んだ。子供のように扱われることを喜んで受け、また感謝の念と謙虚な振る舞いを喜んでとり続ける限り、家父長的な扱いはよく機能した。人々は必要なものを受け取っている限り、みんな進んでその家父長的振る舞いを受け入れていた。しかし、ワールド航空の事務所で働く労働者の間では、ことは正反対だった。賃金は低く付加給付はなかった。しかも、その問題の核心はデーリー自身にあった。度を過ごした飲酒による当たり散らしとせっかちな行動が、エド・デーリーを全く手に負えないボスにしてしまっていた。

ハーブ・ケーンのデーリーに関するコラムを読んで、すぐに私はデーリーの事務所に電話をかけた。きっちり一〇日間も電話を入れた。私は受付け係や役員秘書、デーリーの補佐役と話した。私はことの重大さを強調し、警告しておだて上げた。デーリーはその餌に食いつかなかった。経営者を取り巻く秘書の防壁がどんなに優れていようとも、トップの経営者に接近する能力に関しては、後に私のキャリアの中でも自慢できることだ。他の同業者たちがまだ部屋の入り口で秘書たちと折衝しているというのに、私がしゃべりまくり、おだて上げて重役室に達しているのみて、同僚たちはどんなにか羨んだことだろう。しかしデーリーはトップ経営者の中でも毛色が変わっていた。私は経営トップの傲慢さには馴れていたし、取り入り方を知っていたので、用向きをどう伝えればいいのか、欲しがっている物を獲得するにはどう脅せばいいのか、よく分かっていた。しかし、デーリーはそんな間抜けな経営者じゃなかった。王様だった。デーリーと会うことは「謁見」と呼ばれていた。彼が世界を股にかけて歩き回らない時は、古い象眼細工のテーブルに中国製の花瓶を配置し、ペルシャ絨毯を敷き詰め、石像を据え、その他もろもろの宝物を設えた豪勢なホールのような大きな客間に引きこもっていた。デーリーの部屋には、フランスのバカラ・クリスタル製のグラスに愛用のスコッチ・ウイスキー「ピンチ」とロシア・ウオッカが注がれていた。副社長室、補佐役室、秘書室と分かれた三重に連なる事務室のおかげで、デーリーの部屋は日常の瑣事から隔離されていた。デーリーの宮廷に使える淑女や紳士たちは、慈善事業へのあらゆる協力要請を遮蔽し、日々の商売上の問題を取り扱い、私のような疫病神を遠ざけるために、王を侵略から守る役割を仰せつかっていた。私は二〇年間に数百回も電話で売り込みをしてきたが、デーリーは一度も自分で電話に出ようとしなかった唯一人のトップ経営者だった。

私の電話がワールド航空の重役室に繋がるのに、丸二日間かかった。最終的に私の急ぎのメッセージは、最終着弾地点のデービッド・メンデルゾーンの部屋に到達した。メンデルゾーンが私に折り返し電話をしてきて、「交渉相手はこの私です」とぶっきらぼうに話した。とはいえ、ことはそう容易ではなかった。彼のスケジュールは一杯だった。彼は二週間後でなければ時間が取れないという。

もし、この魚を釣り逃がせば、ロマンティックなわが家も駄目になり、私のカリフォルニア・ドリームの実現を心待ちしている、新しい素敵なガール・フレンドとも別れる羽目になる。ちょうどその時、私はミシガンでもうひとつの工作を手掛けていたが、ワールド航空こそがミシガンでの息の詰まりそうな往復飛行から抜け出す道だった。私は時間を置かずにメンデルゾーンに電話を入れた。「御存知でしょうが、あなたはこの大事なときに時間の無駄使いをしています。今は時間が決め手です。ほったらかしている毎日毎日が、組合に弾みと力強さを与えています。いまあなたと話しているこの私よりも上手くこの問題を扱える人など誰もいませんよ。もし手遅れにでもなったら、おしまいです。明日の御都合はいかがですか」。

メンデルゾーンは、意見を変えようとしなかった。曖昧な返事をした。「明日は一日中事務所にはいますが、予定で一杯ですよ」。

私はアリスのことを考えていた。私がずっとこの街に居続けるとして、アリスと一緒に何ができるだろうか。私がスリーエムで有能なことを証明でき高額の賃金をもらえたら、私たちにできるかも知れない全てのことについて思いをめぐらした。シェリダンやハーブ・メルニックに自分を売り込めたのだから、エド・デーリーにだって売り込めるはずだ。何はともあれエド・デーリーに会うのが先決だ。翌日、鮮やかなオレンジ色のボルボ・ステーション・ワゴンを運転してオークランド空港まで出かけ、本社事務所のある六番格納庫に至る道へと入った。

私は事前に予約を取っていなかったので、丸一日事務所で待たなければならなかった。私は朝食をたっぷりとり、当時ただひとつ組合のない煙草会社だったウィンストン社の煙草一カートンと、愛用の爪切りを持ち込んだ。私はいつもポケットに爪切りを入れていた。私は爪切りをパチンパチンさせて時間を過ごしたが、それはニック・サンガリスが手持ちぶさた解消のために手にしている数珠玉のようなもので、緊張や退屈を緩らげるためにそれで暇つぶしをした。

二階の重役室の外側にある応接エリアで、私は机の向こう側に座っている若い女性に、メンデルゾーンに会うためにここに来たのだと告げた。私が事前に予約を取ってこなかったので、彼女はメンデルゾーンが会うかどうか確約はできないとあらかじめ釘を刺した。私はどんな長い時間でも待ちますからと彼女にいい、小さなソファに座り、静かに雑誌を読み、タバコをふかし爪切りをパチンパチン鳴らしていた。時々受付け嬢に笑いかけるほかは、待つことで苛々などしていないという素振りをしていた。一時間半ほど経ったころ、受付け嬢の電話が鳴り、受話器を取り上げ、私の方を見て、「ええ、彼は来ています」とささやいた。数分後にメンデルゾーンが現われた。

デーブ・メンデルゾーンは、元から航空会社の重役ではなく銀行家だった。外見からもそう見えた。六フィートもの背丈を伝統的な紺かグレイのスーツで身を覆い、真っすぐに身を支え、ゆっくりと動き、口数は少なく感情の起伏を表に現わさない話し方をした。彼は真面目で有能な経理畑の人で、その冷静な慎重さは、怒りっぽい気性のボスと好対照だった。バンク・オブ・アメリカの上級副社長として、メンデルゾーンは四年間デーリーの口座担当を勤めてきた。四〇歳のとき、メンデルゾーンに、デーリーの口座担当をはずすという昇進の提案があった。その時、ワールド航空の君主はメンデルゾーンの昇進に対案をだした。メンデルゾーンは、デーリーの申し出をこう語っている。『ワシのところに来てくれ。欲しいだけの給料を自分で書き入れろよ』とデーリーは言いました。当時の銀行の給与はそれはひどいものでしたから、私は彼の申し出を受け入れたのです」。メンデルゾーンはエドの事務室の近くに、小さな執務室をもらい受け、それから三年間エドを何とか押さえ込み、ワールド航空をとにかく黒字にするため骨を折った。メンデルゾーンは会社の奥の院を守っている五〜六人のメンバーと一緒に、デーリーが発生させる損害の管理責任を分かち合った。その人々の肩書と公的な任務は、さまざま異なっていたが、基本的にはデーリーをやりたいようにやらせ、すべて望みどおりに御膳立てをして、しかも会社とデーリー自身を破壊させないようにすることだった。

その職務の遂行は厄介な仕事だった。デーリーは、管理権を委任したり、手放したりすることを拒絶し、あらゆる決定は自分が下すといって譲らなかった。しかもデーリーが世界各地を飛び回っていないときは飲んだくれており、金をどう使うか、誰を首にするかといったことを決定できる状態ではなかった。ワールド航空のトップ経営者に与えられていた肩書は、デーリーの専制的性格をよく現わしている。まず副社長と取締役の肩書は、デーリーの奥方のビオレット・ジューンのものであった。彼女の下には大勢の補佐役がいた。メンデルゾーンは副社長で会長兼取締役会議長(デーリー)の代行だった。チャールス・パターソンは副社長で会長兼取締役会議長の補佐だった。ジェームズ・カミンズは副社長で会長兼取締役会議長付きの個人補佐だった。その下には、ミシェル・ルースリンと続いたが、彼は会長兼取締役会議長付きの主任管理部門補佐だった。上級副社長のブライアン・クックのように、そんなに込み入った肩書でない人々にも、デーリーの従者かメッセンジャー・ボーイとして仕えるようにいつも要求されていた。

一九七〇年から八〇年までデーリーに仕えたミシェル・ルースリンは、「デーリーは誰でも彼個人の従者にしてしまった」と語っている。デーリーが部屋に入るとき上級副社長のクックはバタンとドアが閉まらないように、五分も戸口に立っているように強制されたと話した。デーリーはそんな我侭を喜んでいたとルースリンは言う。彼はみんなから注目されていたかったし、人からどう見られるかが何よりも大事なことだった。「四六時中彼の周りに突っ立っている私のような従者が必要なわけがお分かりになったでしょう」。

私が会社に出向くちょうど数カ月前に、デーリーの勝手気ままな会社支配に嫌気を差して社長が辞めたことがあった。デーリーの古くからの友人、ハウエル・エステスはちょうど二年前に雇われたが、社長が全く飾り物に過ぎないということを、入社したての彼が理解するのにそう時間はかからなかった。エステスは取るにたらない軍人などではなかった。退役空軍大将で、粘り強く頭が切れ、何ごとにも責任を取るタイプだった。そこが問題だった。デーリーの世界には、たとえ副司令官ですら居場所などなかった。エステスには何の権限も無かった。デーリー宮廷では、単にもうひとりの従者にすぎなかった。エステスが辞めた後、社長はデーリーが兼務し、より官僚的なCEO（最高経営責任者）の任命を廃止してしまった。

デーリーの狂気じみた激高しやすい命令の下では、ワールド航空の出費は乱脈を極め、時には無分別なほどだった。メンデルゾーンのようなトップ経営陣も含めて、従業員たちはいつもこれといった明白な理由もなしに馘になり、デーリーが酔いからさめて正気に戻れば、直ちに再雇用されることに落ち着いた。それでも多くの人々はエド・デーリーのために働くのが好きだった。デーリーは人生を味わい深いものにしたからだ。彼が癇癪も起こしたり、事務所でパーティーをしてないときは、地球の果てのうわさ話などを吹聴していた。こんな破天荒な人のためなら、経理事務員として働くことだって興奮するし、彼が会社に嵐のように入ってくるのを目撃することだって興奮するし、ちょっとした個人的な用事を言い付けられることも、最近のデーリーの長広舌を聞くのも、また個人的な失敗談をきくことも心踊ることだった。彼は無礼な行ないを厳しく処罰したが、同時に忠勤を尽くした者には報いた。彼はほとんどの従業員の名前を覚えていた。個人的なトラブルに巻き込まれたりすれば、従業員はデーリーが助けてくれるのを期待できた。熱心に仕事をする従業員の家族が悲惨な状態に遭遇しているといった噂を聞けば、花に五〇〇〇ドルの小切手を添えて送ったりした。クリスマスの時期には、デーリーはいつも数千ドルの現金をポケットに入れておき、事務所をぶらぶら歩きながら、そこここでお金を施した。

しかし、デーリーの人を魅了する特質は、同時にまた人を裏切るものでもあった。突然襲うせっかちな首切りは、毎度のことだった。事務所の人間は、デーリーの気まぐれの下で働いていることを知っていた。一九七〇年代を通じて労務担当の副社長だったカート・ステファンは「デーリーは人を恐怖させることで会社を運営していた」と語っている。

一九七三年に三〇〇〇人いたワールド航空の従業員のうち、二五〇〇人はすでに組合に加入していたので、デーリーの気まぐれな人生から幾分保護されていた。ワールド航空の労働者の大半を占める整備工、運転手、パイロット、客室乗務員などは、近くのチームスター労組のローカル・ユニオンに組織されていた。ホワイト・カラー部門は未組織で、組合の手に落ちるのをデーリーは嫌っていた。彼はチームスター労組のローカルとの交渉に腹を立てており、長年にわたって多くの時間と金を費やして組合にその仕事がうんざりする厄介なものだと思わせるようにした。もしチームスター労組が消えて無くならないで、彼の周りでうろちょろするなら、チームスター労組が前進する一インチごとに組合が喘ぎ不平をもらすようにした。たとえば、組合員が会社に対し苦情申し立てをしたときはいつも、彼は必ずその申し立てに異議を唱え、頑強にその解決を拒否したとステファンは語っている。どんな苦情申し立てにも何カ月もかかる苦情処理の過程を踏ませ、最終段階の仲裁まで持ち込むよう、デーリーは執拗にステファンに言い渡した。会社はそのやり方で膨大な金額を費やし、組合も同様に多くの費用を使った。ワールド航空を代表してステファンは一人で一〇〇件以上もの苦情を争ったが、負けたのはたったの二件だけだったと語っている。一九七〇年代中ごろ、デーリーはホワイト・カラーの組織化を阻止するために数万ドルを使っていた。チームスター労組が、二度ほどホワイト・カラーを組合の傘下におさめようと努力したことがあったからだ。一九七五年から七七年にかけて、チームスター労組が一連の労働争議と業務妨害を組織したとき、デーリーはチームスター労組を全面的に放逐しようとした。放逐には失敗したが、組合の組合員掌握力を弱めることではデーリーは数年後には熟達の域に達していた。デーリーはワールド航空の労働者たちをレイオフし、その労働者たちをデーリーの所有する外国の航空会社で雇うことで、協約に拘束されずにパイロットや客室乗務員を組合との協約から外したと元従業員たちは語っている。デーリーがマリ航空やエアー・イエーメンの従業員を組合に加盟させなかったことがチームスター労組を怒らせ、いつも協約交渉での争点となった。デーリーは全く妥協を知らない人物だった。彼の言い分は、それらの会社は別会社だから、そこには組合員はいない、と簡単明瞭だった。

デーリーの反組合は悪意に満ちていた。ミシェル・ルースリンは多分に「彼の経営哲学からきているというより、個人的な闘争心からだ」、それに「誰もデーリーにどうすべきだと話しはしない。彼はワンマン・タイプで、彼に立ち向かうことなど誰もしなかった」とも語っている。戦線が曖昧にならないように、デーリーは隊列を鼓舞し牽引するための職場モットーを作り上げた。事務職員や整備工が働くとき、労働者たちは上の方を見て彼の箴言を受け取ることになる。壁の上の方に訓告がぶら下がっていた。「完璧を求めよ。やり直しは許されない」。事実、ワールド航空では、声はひとつだけで、それが誰からのかといった疑問は誰も持ちださなかった。

メンデルゾーンと私の最初の会談は上手くいった。彼は管理職を反組合工作に使うという私の売りこみに好奇心をそそられ興味を示した。しかし、メンデルゾーンはエド・デーリーにこのケースを持ち込むのは自分の責任だということを知っていたので、すんなりと私の説明を受け入れようとはしなかった。「あなたのいうことはもっともですが、わが社にはすでにこの件で適任者がいます」。ワールド航空には常勤で労働問題を取り扱っている労務担当のステファンがいるとメンデルゾーンはいった。法律問題に関しては、会社は大統領時代のロナルド・レーガンを含め、あまたの有名人をクライアントに抱え、ロスアンゼルスに本拠地をおくギブソン・ダン・クラッチャー法律事務所に依頼していた。私の出現は無駄なように見えたが、メンデルゾーンは私の若々しい熱意に引き寄せられて、私を使うかどうか弁護士たちと相談すると約束した。事務所を失礼する前に、私は弁護士の名前を訊くことを忘れなかった。私がこの仕事をものにするとなると、弁護士を自分の側につけておくことが必要だった。私の方から電話をするつもりだった。

　ギブソン・ダン・クラッチャー法律事務所と関係を持ったことで、ワールド航空は実に有能な人手を獲た。会社の主任労働弁護士のジェリー・バーンは鉄道労働法[1]の専門家だった。同法は一九二六年に成立し、一九三四年に改定されたが、今日でも鉄道と航空産業の労使関係を定義している法律である。彼の相棒のスティーブ・ターレントもまた、最高学府に学んだ知的な人だった。ぴか一のペアと組んでの仕事は、彼らから祝福されさえしたら素晴らしいものなるに間違いない。ロスアンゼルスにあるバーンの事務所に電話をかけた。バーンの卓越した知識と年齢に見あうだけの敬意を表しながら、習得を積んだ信頼感あふれる調子で私は売り込みを開始した。どうすれば彼の仕事が一番上手くゆくかなどとは、私は決して話すつもりはなかった。私は技術的なサービスを提供することだけを望んでいると話しはじめた。

「労働弁護士の先生ならご存じでしょうが、労働者をこちら側につける最もいい方法は、管理職を通して工作することです」と私は少しからかい気味で話した。「でも先生方が、いま会社に出掛けて管理職と一緒に仕事をしようなどとは、思っておられないでしょう。それは私たちにお任せ下さい。私たちが現場レベルの工作を引き受けますので、先生方は法律に集中なさって下さい」。

バーンはスリーエムのことを聞いて知ってはいたが、懐疑的だった。労働法は混み入ったものなので、コンサルタントが余計なことに手を出してワールド航空を法律的な紛争へと持ち込む危険をおかしたくはなかった。自分でコントロールしないで他人に委せるのは、利口なやり方には思えなかったからだ。そこで、私はバーンに約束した。「先生がOKを出さないかぎり、、私たちは行動を開始したりしませんよ。工作をどう進めるかは私たちがしますが、先生方はそれを行なうかどうかの決定を下します。緊急事態が起こってすぐに手紙をださなければならない事態になれば、私の方から先生方に電話をいたしますし、電話でその手紙を読み上げましょう。先生方が知らないようなことは何もないようにいたします」。私はいつも約束を守った。約束を守ることで私は法律上のトラブルを回避できたし、弁護士の懐を潤しもした。弁護士に儲けさせることほど、弁護士をこちら側に獲得する手っ取り早い方法はなかった。私が手紙への承認を求める電話を弁護士にかける毎に、先生方の請求書は五〇ドルずつ上乗せになった。彼らはこれが大いに気に入った。

バーンは二日後にオークランドに来るので、その時に私と会うことができると言った。彼はメンデルゾーンと話をしワールド航空の本社での会談をセットした。そこでは、私はもうひとりワールド航空の奥の院のメンバーで、デーリー帝王の死後に会長になった地味でものごとに動じない上級副社長のブライアン・クックにも、会うことになっていた。

バーンは私と話をした後で、私が鉄道労働法をどのくらい知っているか試験した。私はいつもの癖で会談に臨む前に鉄道労働法を勉強しようとは全く思わなかった。トム・クロスビーは質問されるかもしれないと私にアドバイスして、スリーエム流のはったりを私に伝授してくれた。「もし弁護士たちが質問したら、私は鉄道労働法の下で仕事をしたことは無いが、我が社にはその道の専門家がいますよ」と返答するよう教えてくれた。スリーエムは、よく開発されたマニュアルとよく訓練されたスタッフを抱えており、コンサルタントは「入れ換え可能な部品」と見なされている、そんな高度に発達した会社として売り込めばいい。私たちが事態に対処できないかもしれないなどと顧客が心配する必要はないということだ。

鉄道労働法は問題ではなかった。鉄道労働法が全国労働関係法よりも経営者にとってずっと寛大なものであることを、私は聞いて知っていた。なぜなら、鉄道労働法は経営者が組合組織化の試みに対して闘うとき、何をしていいか、何をしてはいけないかを特定していないからである。全国調停委員会[2]は、鉄道並びに航空産業の組合選挙を管轄する機関だが、全国労働関係局が行なっているような範囲まで組合組織化の手続きに関与しない。組合選挙工作についての基本規則はほとんどないし、不当労働行為のリストもない。経営者が法律を破っていると組合が感じた場合、唯一の対抗手段は連邦裁判所に訴えを起こすことである。当然のことだが、その裁判には長い時間がかかり費用もかさみ、高度な立証基準が求められる。最低でも、不当労働行為の救済請求状[3]に対抗してその不法行為と争わなければならない他の民間企業よりも、鉄道並びに航空会社には大きな利点が与えられている。

とはいっても、ユニオン・バスターが法律を駆使して事を有利に運ぶ話など弁護士は聞きたがらないものだと、クロスビーは私に事前に語った。弁護士が知りたいのは、ユニオン・バスターが弁護士の頭痛の種にならないということだけだ。そこで、私は教えられた通り自分の言い分を彼に伝えた。「私は鉄道労働法のエキスパートではありませんが、私たちはあたかも全国労働関係法下の活動のように工作を進めることができます」。つまり私たちは法律を守ってゆくというわけだ。バーンは私の答えに満足した。

ワールド航空の経営陣と弁護士たちは、私の工作戦略を了解した。もし事務労働者に組合を拒否させようと思うなら、デーリーは会社経営のやり方を、本気で変えようとしていることを、労働者に分からさせなければならなかった。まず最初に、労働者たちよりももっと直かにデーリーに抑圧されていると感じている管理職たちに分からせなければならなかった。懇切丁寧に管理職に接するといったやり方はデーリーの柄ではなかった。どうすればそのやり方をデーリーに売り込めるだろうか。メンデルゾーンとクックそして弁護士たちは、まず私たちだけの相談が必要です、それから謁見を申し出ましょうといい、私に外で待つようにといった。

私は応接エリアの自分の居場所に戻り、またタバコをふかしツメを切ったりした。時間が過ぎていった。私は柄にもなく神経質になり、あまりにも苛々していたので、雑誌を読んだり、受付けの女の子としゃべったり、笑顔をつくったり、いろんなことをして待たなければならなかった。時が刻まれるにつれて、何だか気分が悪くなって、胃がきりきりし眩暈がした。このデーリーなる人物と会うことになるかも知れないと思うだけで、極度に緊張した。ようやくメンデルゾーンが現われ「デーリー氏がお会いになるそうです」と告げた。

「さあ、大ごとだ」。

メンデルゾーンと私は、許されてデーリーの執務室に入る前に、人事担当補佐のミシェルが私の服装のチェックをした。彼は私たちに自分の部屋を横切らせ、デーリーと臣下の世界とを分ける最終仕切りの硬い木製のドアの所まで通した。ミシェルは軽くノックして、それからドアを開けて、執事のように私たちの入室の際にドアを手で開けていた。ドアの向こう側を見たとき、私はわが目をこすらんばかりに驚いた。私たちの前に広がった巨大な部屋は宝物で満ちており、神聖なる美術館に入ったような感じだった。豪華な部屋は、縦六〇フィート最低でも横三〇フィートの広さがあった。あちらこちらに手織りの絨毯、東洋風の壁掛け、大理石の彫像、磁器の花瓶が置かれていた。デーリーは部屋の奥にある重量感あふれる年代物の机の後ろに座っていた。高い天井に取りつけられた白色ライトが彼の机を直接照らしている他は、部屋全体は薄暗くなっていた。この光があたかも聖堂のようにデーリーを照らしだしていた。

メンデルゾーンと私は、大聖堂あるいはオズの魔法の国の王室に伺候する時のように、崇拝と敬虔の念をもっておずおずと、静かに参内した。私は歩みながら、朗々と響く雷のような声が聞こえてくるのを半ば期待していた。「われが偉大にして苛烈なる王、デーリーである。お前は何者だ」。私は直感的に「矮小にして従順なマーティ」であってならないと思った。強大な力の持ち主は、従順さを他人に要求するにもかかわらず、その従順さを尊重などしないからである。別の会社の領袖にしたような扱いをデーリーにもしてやるつもりでいた。

「偉大にして苛烈なる」エド・デーリー王はきらびやかな装飾品に囲まれていたが、何とも不思議で場違いに見えた。団子鼻の持ち主で武骨なこの大きな男は、バーの隅に座っているほうが、よりお似合いに見えた。もちろんデーリーは隅に座ったりはしなかった。机の上にはスポットライトが光っていて、琥珀色の液体のはいった背の高いクリスタル・グラスが立っていた。彼を取り巻く空気は、スコッチ・ウイスキー「ピンチ」の刺すような香りで重くたちこめていた。デーリーは半分酔っ払って、怒りを露わにしていた。

「組合をやっつけてくれるとメンデルゾーンがいっていたのはお前さんかね」と大声を上げた。「どうしてオレがお前さんを雇わにゃならんのかね」。

「エド。他の選択があなたにありますか」と、私はクールに言った。「私が入手した情報では、組合は勝ちますよ」。

彼は十分に分かっていた。彼の口から吐き出されたのは、以前にもその後も、私が一度として聞いたことがない組合に対する下品な悪罵の長広舌だった。その悪罵から彼が自分を取り戻した時、私たちは商売に取りかかった。私はどう作戦を進めるかを説明し、戦略を上手く運ぶためには、デーリーがしばらくの間、質素にみえるように振る舞わなければならないと前もって忠告した。自分が間違いを冒したことを自分の部隊に率直に話さなければならなかったし、これから状況を変えたいのだと部隊に確信を与えなければならなかった。彼は軟弱な振る舞いを嫌った。彼は戦士だった。エド・デーリーは口当たりのいい話など、決してしようとしなかった。私が一緒に仕事をしたボスの誰もが同じ思考の持ち主だった。ボスたちはいつもすぐに蛮行を始めようと虎視眈々としていた。その時私が入っていって、じっくりと誘惑の手口を語り始める、という次第だ。私たちの代りに部門長や職制に仕事をさせるのだと説明した。するとボスたちの顔には残忍な笑いが浮かんだ。それは自分でやるよりましだ。お互いに殴りあいをさせようではないか。

デーリーも他の重役と同じように、悪意に満ちた計画を聞いて喜んだ。デーリーは自分自身が善人面するそのやり方には気乗り薄だったが、戦略には引きつけられた。彼はそれを推し進める気になった。「お前さんは高いって聞いてるぜ」と、デーリーは鼻息荒く言った。

「エド、いくらなら払えるんですか」、私は撃ち返した。事務所のかけだしのメンバーとして、私の報酬は最低一日三五〇ドルだった。一日五〇〇ドルの料金を取るもう二人の先輩のコンサルタントと一緒に仕事をする予定だった。総費用がどの位かかるかは分からなかった。それはどの位の日数がかかるかによるからだった。

デーリーははっきりしないことが嫌いだった。組合を撲殺するために大金を注ぎ込むことには気をとめなかったが、いくらかかるのかはっきりさせたかった。「全部で二万ドル支払おう。それで雇ったぜ」と彼は言った。

私はその申し出を直ちに受け入れた。スリーエムと一緒に仕事をしてまだ数カ月に過ぎず、ディスカウントする権限など私にはなかった。結果的には、組合代表認証選挙が行なわれたのが、ずっと後の一九七四年七月のことだったので、最終的な請求額はデーリーの申し出の二倍以上になるはずだった。私はデーリーからそっぽを向かれるのを恐れていたので、その額で決めてしまった。後日、そのことでメルニックから叱られることになった。

一緒に仕事をしたのは、私がワールド航空に熱心にアタックしているあいだ、私がたえず声をかけていたトム・クロスビーとジム・バノンだった。ハウエル・エステス将軍が退社した後は空き部屋となっていた彼の執務室に私たちは仕事場を設えた。また飾り立てた重役会議室も使用した。クロスビーとバノンは町の外に事務所を構えて、おなじ時期によそで手掛けていた工作を、ワールド航空での工作と偽っていた。西海岸のパートナーとして、クロスビーは一〇以上もの顧客からの相談を受けて業績を上げていた。彼は工作現場を訪れることで、高額な料金を徴収するといったシェリダン流のやり方で、全米を飛び回っていた。クロスビーにとって、ワールド航空はスリーエムが全国を飛び回る商売をするうえで、もう一つの工作基地として何かと便利だった。彼がベイエリアに居るときは、その時間の多くを会長室に篭って、顧客や同僚に電話をしたり、新しい仕事を捜しだしたり、よそで進行中の工作を手助けしたりして過ごしていた。私は他の人よりもワールド航空の仕事に集中していたので、一対一の工作を沢山手掛け、そのための手紙を書き、デーリーの特命を帯びた密使という役割をしていた。しかし、私たち三者間の効果的な連携こそが、このドラマには必須だった。各人の性格に見あうように書かれた台本に沿って、私たちは巧みにお互いの役柄を演じた。

バノンは数字に強かった。彼の考案した反組合の統計は誰も真似ができなかった。組合指導者の給料からストライキの潜在的コストまで、バノンは労働者たちに聞かせたいと考えている話に、都合のいいように数字を結びつけた。クロスビーは悪役を演じた。その役回りでは彼はエキスパートだった。どうすれば冷酷になれるか、どうすれば効果的か、彼はそれを知っていた。激怒してみせ、突如として氷のように冷酷になり、問題のある管理職が従順になるよう震え上がらせた。私は、自分好みの善玉役を演じた。クロスビーが管理職をやっつけている時に、私の方は彼らに甘く言い寄った。私はクロスビーの残虐さから管理職が避難する逃げ場所となった。彼らは保護を求めて私に頼ったので、私は司祭やぽん引きのように懺悔を聞き、相談にも乗り、管理職をなぐさめた。

私たちは、いつものやり方で一陣の疾風を巻き上げてワールド航空の活動に取り組み、一週に二〜三通の手紙を次々に書き上げて、その都度、反組合宣伝の集まりに管理職を呼びだした。デーリーは手紙に署名することと進展具合の報告を毎週聞くことを除けば、彼自身は工作に関係しなかった。組合をおちょくった手紙にデーリーは嬉々として署名した。手紙の調子が曖昧で妥協的だったりすると彼は署名をしようとしなかったので、甘言を弄して丸めこまねばならなかった。時にはデーリーはひどく酔っ払っていて手紙を読むことすらできない有り様だった。そんな時には、デーリーの署名の偽造では完ぺきなエキスパートになっていたミシェルに、署名用のビラを持っていったりもした。デーリーが工作から一歩引きさがってくれていて、ちょうど良かったともいえる。デーリーが従業員の目の届かないところにいてくれた方が、彼のイメージ・チェーンジはより容易だった。グループ・ミーティングでは、バノンは事実を聴衆に詰め込み、クロスビーは威嚇し、私は優しく振る舞った。「ワールド航空の黄金律を忘れるな」と、私は繰り返し我が捕虜たちに語りかけた。「私たちは家族だ」。私たちの間で管理職を個人面談するためにグループ分けをした。それから、頻繁にメンバーを入れ替えて、相互にチェックしあった。管理職が私たちの一人を騙すことはできたとしても、三人全部を完全に誤魔化しきれる練達の士はどこにもいないことを私たちは知っていた。

管理職の大半は女性だった。一般的にいって女性は男性よりも脅迫されやすいし、また変化の可能性を信じやすい。だが、ワールド航空の女性たちは手ごわい連中だった。エド・デーリーの下で数年間を過ごした女性たちの誰もが、鋭い刃のようなとげとげしい気分と何層にも重ねられた猜疑心を確実に持つようになっていた。彼女たちは部下たちよりも虐待されてきた。面談の際に彼女たちは私に不満を吐き出した。「エド・デーリーから自分たちを守ることができる何ものかが欲しいんです」。「ワンダに何が起こったかご存じですか。私たちにも起こらないとは限りませんよ」。「エドは責任だけをおっかぶせ、権限は全く渡さないんですからね」。「エドが酔っていると、彼がどんなことをするか、だれも分からないんです」。

数カ月ごとにデーリーは間仕切りのない大部屋に現われては、大荒れになることがあった。狙い撃ちしたくてたまらない狙撃手のように、彼は標的を求めて事務所を探し回った。あらゆるものに彼は腹を立てた。散らかった机、さり気ないおしゃべり、見苦しい服装や髪型などに、彼は餌食になりそうなものに照準を定めてぶっぱなした。犠牲者の机の前に立ちはだかって、「ここから出てゆけ、このうすのろ。給料泥棒め!」とか「誰のおかげで仕事ができると思っているんだ、顔を洗って出直してこい」といった侮蔑の言葉をわめき散らし、罵り、拳で机をどんどん叩いた。か弱い女性をしばしば泣かせた。

デーリーはいつも荒れていたわけではなかったが、いつも周りに圧迫感を与えていた。管理職たちは自分たちの部署で発生する事柄に口を挟むデーリーを軽蔑していた。デーリーは自分で口を挟むくせに、管理職にはどんな些細なことでも責任ある説明を要求した。彼のコントロールは厳しかったので、部門長は従業員が医者にゆく許可も、葬儀に出かける裁可もだすことができなかった。四六時中、特に問題が起きていないときでさえ、彼の見えざる手が管理職に圧力を加えていた。多くの管理職は組合結成が可能かどうかが分かれば、自分たちだって組合をつくりたいと私に内密に語ってくれた。管理職は協約が欲しかったのだ。管理職はデーリーへの悪口がどんな結果をもたらすことになるか計算できなかった。一般従業員と同様に経営サイドの者も、エド・デーリーがどう反応するかに一喜一憂して時間を無駄にしないことを教わった。デーリーは自分の気の済むようにやる人間だ、それに最後の瞬間になるまで、彼自身も一体どうしたらいいのか分からない以上、周りがどうこうすることなどできはしないのだ。

そういうことをミシェルよりもよく知っている人物は、恐らくいなかった。ミシェルの公けの肩書は管理本部長補佐だったが、その曖昧な肩書はエド・デーリーとの非常に親しい関係をあらわしてはいない。ミシェルは家柄も品もよく、非の打ち所のないヨーロッパ風のスーツを着こなして、精練されたフランス風のアクセントで話した。彼は社長室のすぐ側にオフィスを構えていたので、デーリーと外部世界との間のいざこざの最終的な緩衝役を果たしていた。デーリーは重役やその補佐たちに、付け人かあるいは生け贄として仕えることを強いた。たとえば、夜中の二時にメンデルゾーンかブライアン、またはクックのうちの誰かに電話をかけて、何かの間違いについて怒鳴り散らし、緊急業務を直ちに行なえと命じたりすることはよくあったが、ミシェルほど個人的な負担を負った人はいなかった。ミシェルは他の誰よりもデーリーのアルコール漬けの身体を気づかい、彼の怒り狂う精神と闘い、侮辱に耐えた。彼に飲み物を注ぎ、社長専用車を運転し、コーヒーを取ってきてやり、荷物を運び、またデーリーが話している間中、最後までその話を聞いた。一九七〇年代から八〇年代にかけて、ミシェルはデーリーのお気に入りの話し相手になり、罵られたり、また再度お気に入りになることを繰り返した。その間、ミシェルは最低六回解雇されて、六回再雇用された。

ミシェルは組合のことを全然気にかけていなかった。一例を挙げると、彼はチームスター労組が恐ろしい組合だとは思っていたが、チームスター労組がなぜそうなのかを知らなかった。しかしミシェルはデーリーのことは何でも知っていた。「デーリーは獣《けもの》ですよ、それも非常に原始的な野獣です」とミシェルは語っている。「エド・デーリーは天才でした。彼は幾人もの弁護士と会談して、彼らを出し抜いたものでした。それは本能的なものでした。しかし、人間関係はめちゃめちゃで、人を何度も手酷く痛めつけました」。デーリーはまたひどくケチだった。ミシェルはワールド航空の賃金を「まあまあ」だといっていたが、従業員が受け取っていたのは最低限の医療補塡であり、年金の恩恵は受けていなかった。

組合はいらないと従業員に確信させることは、骨の折れる仕事だった。デーリーを大人しくさせることは不可能なことだと、私たちは分かっていた。組合認証選挙の投票が終わるまで、彼をつなぎ止めておかねばならなかった。なぜなら、彼自身が大きな問題となるからだ。それに私たちはもう一つ別の問題を抱え込んでいた。それは、カート・ステファンという名の人物だった。

カートは以前は練達の組合オルグで、航空会社の重役をしていたが、スリーエムがワールド航空の仕事に取り掛かる前の年から、ワールド航空で組合潰しのヒットマンを演じていた。一九七二年、カートが雇われるちょうど数週間後に、デーリーは前任の人事担当取締役を追いだし、カートを副社長の肩書でその後釜に据えた。その時から一九七七年の直前まで、カートはデーリーのいつ終わるあてもない組合との闘いを一人で前線に立ってこなし、チームスターと真っ向から闘ってきた。彼は苦情処理の退屈きわまりない戦争をデーリーの仰せの通り遂行し、また個々の違反事件に見合うように従業員を解雇し、降格し、デーリー閣下の命令を執行した。カートはタフでデーリーに忠実だった。いつも鬱屈した性格でしかめっ面をしていた。短躯で逞しい体つきの彼は、組合と敵対するにはもってこいのはまり役だった。カートはシェリダンと同様に組合の出身で、国際電機工友愛会のシカゴにあるローカルユニオンのスタッフから、後にはローカルの委員長になった。彼は航空パイロット組合のオルグ兼交渉員になったが、後にはシカゴのユニバーサル航空で労務担当副社長の職に落ち着いた。どういう伝手かカート・ステファンが職を探しているという話が風の便りにデーリーに伝わってきた。デーリーはカートを知っていたし、しかも組合の鼻をへし折るタフガイを探していたところだった。デーリーはカートに条件を提示した。考える時間などありゃしなかった。「月曜日にウチに来いよ」

と、デーリーはカートにいった。カートはこの職を引き受けた。

エド・デーリーのおかげで、カートには出世の芽が出た。向こう見ずな航空会社にあって労働問題を取り扱う社内専門家として、カートはたえずデーリーの耳に問題をどう取り扱ったらいいか進言し、承認を得るために駆けずり回っていた。数年もたったその頃には、カートはワールド航空の従業員管理は他人の介入を許さない彼の個人領域であると考えるようになっていた。そして自分の領分を嫉妬深く防衛しようとした。ところがスリーエムがやってくると、カート・ステファンは突如、時代遅れになってしまった。彼は反組合工作の場に呼ばれなくなり、のけ者にされてしまった。今やカートは他のみんなと同じように、私たちの会議に出席して、いわれたままに振る舞うよう期待されることになった。

初日から、カートは面倒を起こしそうだということが、私たちには明らかとなった。私たちが会社にやってきて、彼の仕事を取り上げ、周りの人間を支配し始めたそのやり方に彼は激怒した。デーリーの汚い仕事に長年没頭してきた彼が、突然何のお呼びもかからなくなった。一体全体、こいつらは何者なのだ。上等なスーツを着こなした三人のソフトタッチの男どもが会社の中を闊歩し、突如として誰もが姿勢を正さなければならなくなった。カートは決してそんな態度は取らないと心に決めていた。今まで彼は私たちなしでも十分立派に仕事をしてきた。組合オルグのルイス・セラーヤ宛にデーリーが出した四文字言葉の手紙は、このカートの作製だった。それを私がサンフランシスコ・クロニクル紙で読んだわけだ。

皮肉なことに、デーリーは頑なに事務労働者の組合承認を拒否していたが、カートはその考えに反対だった。彼はそんなに間抜けではなかったが、独善的なところがあった。彼は長年組合と一緒に仕事をしてきたので、労働者をどう御せばいいのか知っていた。彼はデーリーに組合が出来れば、従業員のコントロールはかえって楽になると話していた。組合ができれば、すべてのことが制度化される。何か要求する場合にも決められたやり方があるだろうし、不満がある場合にもそれなりの決まったやり方がある。つまり、全てが文書化されることになる。

「私はデーリーに『組合があれば、ビジネス・エージェントと交渉するだけでいいのです。多くの不満をかかえた全ての従業員と話しあうより、五人のビジネス・エージェントと毎日会ったほうがいいのです』とよく話したもんですよ」。ステファンは昔を思い出している。しかしデーリーはそうしようとしなかった。

セラーヤの手紙が来てからちょうど一カ月後、カートには今起こっていることが信じられなかった。突然、反組合工作の発会式に彼はすべてのワールド航空の重役たちと、六〇人の管理職と一緒に着席することになった。彼の発言する機会さえなかった。彼は大きな教室に満ちあふれている部門長や管理職たちの顔を凝視した。彼の前には、トム・クロスビーとマーティ・レビット、そしてジム・バノンが、ペラペラとお喋りして、出陣の鬨の声をあげたりして、部屋の中を肩で風を切って踊るように歩いていた。そこで彼に期待されていたことは、黙って聞くことと頷くことだった。こんな扱いに彼の胃はキリキリと痛んだ。

カートは我慢して聞いた。そして私たちの口から出たすべての言葉を完全に嫌悪し、またどうすれば私たちに対抗できるか考えていた。手の込んだ最初のショーが終わった時、クロスビーとバノンと私は、彼に何をしてもらいたいか分かってもらうため彼を呼んだ。個人に関するあらゆる情報だけではなく、全ての管理職とその下で働いている全従業員の名簿がほしかった。私たちは、あたかもファースト・フードのレストランで働くウエイトレスに注文するように、感情を抑えて彼と話した。カートは大きく息を吸い込み、私たちに対抗するように顎を突きだした。「分かったよ。今や君たちがここを仕切るわけだ。わしはそれについて何にもできんわけだ」と彼は唸った。「でもこれ位の面倒はわしのやり方で処理できるぜ」。全身を震わせながら、彼は自分の破廉恥行為は除いてあったが、過去の実績をまくし立てた。

クロスビーは冷たく返答した。「オーケー、人事担当は君だ。おめでとう。だがひとつだけ分かってほしいね。このショーを演出しているのは私たちだってことをね」。

カートが去った後でクロスビーは私とジムを会議室に呼んだ。「ヤツは私たちに協力はしないね。ヤツを見張らないと」。クロスビーは警告した。「何にも関わらせるな。これから時々おしゃぶりは与えるが、それだけだ。ヤツは私たちが不利になるようなことがあれば、それをやるだろう。ヤツには何も渡すな」。私たちは傷ついた人事部長たちと張りあうことには慣れていたし、一般的にいってそのことで悩まされることもなかった。私たちが経験上知っていることは、多くの経営者たちは、人事関係の仕事を賃金管理や福利厚生プランといった単純に事務的な仕事と見なしており、一般的にいって人事関係の仕事に金を使うことを不愉快に思っていた。私たちを雇った会社の多くは、比較的大企業であっても、人事部門さえなかった。それらの経営者は、秘書たちに業務を配分することで金をケチっていた。人事部門あるいはより今風にいえばヒューマン・リソースと呼ばれている部門であっても、その仕事は応募・採用の選考や、休暇の許可にかんする認定基準を書きだして人事政策ハンドブックを作ったり、従業員関連のペーパー・ワークをこれでもかこれでもかと生産し続けるのであった。人事部長というポストはちょうど中間レベルの管理業務者で、指導者ではなかった。人事部門の長は何の構想も持たず、権威もなく工場内で一番話の分からない感情の起伏の少ない官僚的な人がなるだろうと私は思うようになっていた。ヒューマン・リソースを活きた従業員サポート業務とみるより、むしろその名前が示しているように、私たちの顧客は人事部門を金銭のかさむ部門だと見る向きがあった。その結果、私たちは完全に人事部門を攻略することができ、従業員に対する指揮権を取り、厳重に秘匿された情報を手に入れることができた。人事部長は不満たらたらとうめき声を上げげたかもしれないが、ボスの見方は駄目な部門も少しは役に立つ時がきたというものだった。

カート・ステファンは、これまでの多くの人事責任者よりも問題があった。彼は私たちが彼の領分を侵したといって泣き言を沢山並べたが、私たちと彼の抗争は、通常の権限をめぐる争いよりももっと重苦しいものへと転化した。カートは私たちの工作に反対して、私たちの戦略を激しく妨害した。ここで働いている人々は組合を必要としていたし、彼はそれを知っていた。彼はデーリーと執拗に話をし、私たちがまき散らす大法螺を労働者が呑むことは絶対にありえないと言い続けた。また、彼は私たちの悪口をいい、支払いが高額なものになると言い続けた。私たちの愛の手紙と変革の約束もからかい続けた。もしカートが自分の激情を制御しプライドを抑えることができていたら、恐らく彼が望んだように私たちのやり方を掘り崩せただろう。だがカートは激情に駆られ、氷のような冷酷な敵との長期にわたる戦さを遂行するのには、自己抑制が十分にきかない人間だった。彼を挑発するのはたやすく、また適切な武器を使えば、彼を無力化することは難しくなかった。カートに対する私たちの武器は、冷淡に扱うことだった。私たちは彼に戦争を開始させなかった。彼を解雇し追い払った。

エド・デーリーとの仕事は、確かに刺激的なものだったが、私の生活の照準はアリスにあった。私は昼も夜も彼女のことを思い続け、ワールド航空にある自分のオフィスに引きこもって彼女へのラブレターを書き、電話をかけて過ごした。アリスが仕事で留守のときは、ボストンやニューヨーク、ワシントンやセントルイスのホテルに伝言を残した。彼女が家にいるときは、私は仕事に手が付かなかった。私は彼女と一時でも一緒にいたかったので、まともに考えることができなかった。彼女が私を待っていることは分かっていたので、できるかぎり早く仕事を切り上げ、彼女の両親のところへ迎えに急いだ。私の知っている唯一の求愛の仕方は、大枚をはたくことだった。高級レストランで食事をして、高額の宝石を買ったり、豪華な花束を贈ったりした。私たちはハリー・ロードの我家で二人だけの夜を過ごし、珍しいアルコールを口に含みお風呂に浸かりながら、平和で快適なマーティーの隠れ場所で安楽をむさぼっていた。一九七四年四月に、アリスと私は結婚しようと決めていた。結婚式まであとちょうど一カ月という時、私たちはハリー・ロードの家から丘を下った魅力的な湾側の街ティブロンに小さな家を借り、タヒチへのハネムーン計画を立てた。ワールド航空の組合認証投票は七月と決まったので、日程として旅行計画は完璧なように思えた。

ある晩、深夜を回ったころ電話が鳴った。デーブ・メンデルゾーンからだった。私は数週間後に差し迫った婚礼のことを周りの人にしゃべっていた。だから、結婚式は秘密でも何でもなかったし、ハネムーンにタヒチへ出掛けることも秘密ではなかった。しかし、この遠くへの旅行が問題だった。デーリーは組合の組織化攻勢で神経質になっていた。工作が最終局面を迎えている時期に、私を遠くへ出掛けさせることはできないとメンデルゾーンは話した。もし組合がなにか悪賢いことをしでかしたらどうするか。もしまずいことが起きたらどうするか。工作期間を通して私の役割は、デーリーと従業員との橋渡しをする使者だったので、彼の窓口として私は当てにされていた。私たちが遠くへ出掛けるというので、デーリーは非常に驚き困っていた。常夏の島へハネムーンに出掛けるよりも、カリフォルニア州境のタホウ湖にある彼の山小屋でも使って済ませことを考えられないだろうか。

私はそんなことを考えてもいなかったので、タヒチを諦めてタホウ湖で同意することにした。タホウ湖の山小屋には、かつてフセイン国王が滞在したことがあったと聞かされていたので、そう悪くはないだろうと思った。アリスと私はサンフランシスコのノッブ・ヒルにある伝説的なグレース大聖堂のロココ風の優雅さに包まれて結婚式を挙げた。その夜、夫と妻はタホウ湖のほとり、ダラー・ポイントの林の中にあるデーリー氏の小さな山小屋をめざして車を走らせた。私たちが目撃したものは、湖の前の丘に城のようにそびえ立つ六〇〇〇平方フィートの巨大な大邸宅だった。あらゆる酒が詰まっている食器棚、素晴らしい食べ物に満ちた冷蔵庫、繻子のシーツで被われているベッドが、私たちの到着を待ち受けていた。

ローカル二九のエディ・ウィジントンと彼女のスタッフたちの生活は、全く違っていた。月曜から金曜日まで毎日朝の七時に、ローカル・ユニオンの五〜六人の熱心な男女が、ワールド航空ビルディングのあちこちの入り口に集合していた。朝方の濃い霧の中で、厚手のセーターに身をつつんだ彼らは、職場へ急ぐ秘書や事務員たちへビラを手渡していた。それが終わると彼らは自分の職場に向かい、終業時には一時間か二時間のあいだ労働者と話をしにワールド航空の事務所へ戻ってきた。エディは毎晩、オークランド空港へ向かうニミッツ・フリーウエイに接続しているヒーゲンバーガー道路沿いに、一マイルほどにわたってむさ苦しく建て込んでいるドライブインのひとつ、トラベロッジに腰を据えていた。殺風景な会議室の中では、彼女はワールド航空の事務労働者の苦情に耳を傾け、ローカル二九が状況を変えることができると確信させようとしていた。それらの会議には、しばしば五〜六人の反組合の従業員が加わっていた。その労働者たちは会議を混乱させ、そして組合が受け身になるように私が送り込んだ連中だった。時には、数人の管理職がそこに参加することさえあった。それは全国労働関係法で監視行為として厳しく禁じられている行動だったが、私たちは全国労働関係法ではなく鉄道労働法を使ってワールド航空で仕事をしていたので、組合会議の場に経営側の者が何人か参加したとしても、そのことで騒ぎになるおそれは非常に薄かった。反組合の労働者たちの行動で、エディやその仲間にとって状況は大変厳しいものとなった。時には、その労働者たちは叫び声を上げたり、あざけり笑った。敵対的で誤解を生むような質問をしたりもした。また時には、黙って座って参加者を眺め回し、小さな紙切れに秘密めいたことを書きだしたりしていた。その手口が組合役員を狼狽させなかったとしても、いつも従業員をうろたえさせた。質問をするときはいつでも、情報を少し歪めて発言した。

「組合に加わればストライキは避けられないと、その労働者たちは言っていました」と、エディは語る。「組合費のことをくどくどと話をしていました。その人たちは『数字は嘘をつかないが、嘘つきはすぐにばれる』といったことをしゃべっていた。そのことで議論に水が差されました、確実に」。

組合の組織化会議へ会社側の回し者が出席するのは工作の常套手段であった。組合がその戦略を伝えることができないように組合集会を妨害すること、疑問をぶっつけて職場問題から焦点をそらすこと、組合シンパを威嚇すること、経営側に報告することなどであった。もちろん、反組合の労働者たちがスパイとして動くならば、鉄道労働法はその行為を明白に非合法だとしているが、それでどうなるものでもない。そんなことは証明不可能だからだ。

エディ・ウィジントンは、自分の組合を信じていた。北米労働者全国組合のローカルの組合員として、また書記として三〇年の組合歴を有する彼女は、組合がどのようなことをしてきたか、組合は人々のために何をすることができるかを知っていた。彼女は数々の組織化に携わってきたし、何千という労働者が不正義と虐待を受けてきた話をするのを聞いてきた。だから彼女がワールド航空の従業員に会った時、従業員たちが管理職の依怙贔屓や無節操さ、それに公正さの欠如を非難するのを聞いても驚きはしなかった。それらの事柄が経営にとって七つの大罪、すなわち企業の不公正さであることと彼女は知っていたし、大抵の場合、そのために労働者が組合結成を目論むことになった。しかし、エディは、ワールド航空経営陣への不信、とりわけ取締役会議長その人へ向けられた非難の深さには驚かされた。「デーリーは人々を震え上がらせていました」と、彼女は当時を振り返っている。「とりわけ彼が酔っている時は、暴力に訴えるのではと幾人かの人は思いました。その人たちには何の雇用保障もありませんでしたから。経営者は恣意的で気まぐれでした。労働者たちは何かあると解雇され、何も無くても解雇されたものです」。このような条件の下で、労働者たちが組合側と見られるのを恐れなかったのはどうしてだろうか。エディが観察したように「従業員たちは失うものは何もなかった」のだ。

雇用保障に次いで問題だったのは、賃金だった。一九七〇年の『フォーチュン』誌によれば、エド・デーリーは世界の金持ち二五人の一人だった。しかし事務労働者たちは、カート・ステファンによれば他のどの会社より二〇%ほど低かったし、年金などを含めた給付は貧弱だった。元秘書の一人は一九七四年には月四五一ドルであり、それは時給でおよそ二ドル六二セントと記憶している。その秘書は、同僚たちが家族同様だったので、賃金が安くても自分の仕事が好きだった。しかし、多くの労働者がワールド航空の薄給にも耐え忍んだのは、家族的な温かさのためだけではなかった。多くの人々にとっては、賃金はひどくても会社が提供する、かなりの旅行給付で埋め合わせができていた。ワールド航空はメジャーな航空会社ではなかったが、全従業員へ航空業界の一番の特権である羨ましい各社通用の搭乗パスを支給した。パスを使い消費税だけを支払えば、ワールド航空の従業員は家族と世界の何処へでも、どの航空会社の路線を使っても旅行できた。ワールド航空はまた、従業員にチャーター便に無料で乗ることを認めた。もし会社がヨーロッパ・チャーター便ツアーにむけて、翌月パリにDC10を送る必要があれば、従業員は無料の旅行に招待された。従業員はこのワールド航空旅行給付を大層大事なものと見なしていたので、この特権が組合組織化の大きな障害物となったし、私たちにとっては主要な武器となった。ワールド航空の従業員は、この旅行パックを除けば、組合との闘いで失うものは何も持ってなかった。そこで私たちは管理職たちに警告した。「もし組合ができれば旅行給付を今までどおり受け取れなくなくなるのを諸君たちは分かっているだろうね」。一般従業員向けの手紙では、もっと婉曲な脅しになった。協約交渉で組合が一文でも多く、また、あらゆる付加給付を獲得するためには、何かを売り飛ばすことになるだろう。労働者がこれまで受けとってきた給付もそれに該当することになる。このメッセージの意味するところは明らかだった。

ワールド航空の管理部門の部長たちはひどく怒れる集団だった。組合に対する工作へ管理職たちを立ち上がらせるのは、大変骨の折れる闘いだった。戦闘を上手くコントロールするために、私たちは鍵となる八人の管理職の監視に集中した。この八人で投票単位のおよそ半分、二〇〇人の事務労働者を管理していた。この八人のためにあらゆるものを二倍に詰め込んだ工作の強化版を準備した。ソフトな会話から始め、緊張させ、解雇が然るべき唯一の帰結だと思うようになるまで、甘い話に警告を混ぜ合わせ、毎日どっぷり上級管理職たちに染み込ませた。「組合がこの会社で何をしようとしているのか分かっていないのかい」と、私たちはいたぶった。「私たちは家族のようなものだ。見てご覧。どこが間違っているんだね。君たちが部下を統制できないようなら、デーリーは君たちに責任をとらせるだろう。この会議の場で君たちが話したことはオフレコだが、君たちの努力をデーリーに報告する義務が私にはあるのでね」。

鍵となる部局の長として、最後の一人まで組合に反対投票させるよう八人の職制に要求した。例外は認められない。私たちは迷える小羊が出ることを望んではいなかったし、態度を決めていない人間を欲してはいなかった。管理職たちが経営者を信頼するよう配下の労働者たちを説得できないとしたら、本人の口からデーリーにそのことを返答しなければならない。直接彼に。どちらにしたところで、デーリーがそのようなことを理解することなどありえないことだ。他方、デーリーはいつも忠誠心には報いた、そうじゃないかな。確かに、彼のために熱心に仕事をした人間をデーリーは覚えていた。その人間を昇進させたり、昇給させたこともあった。工作も終盤に入り、他のそう重要でない管理職たちの幾人かが横にそれたときでも、狙いの八人の手綱を私たちは決して緩めなかった。日に数回、各人を呼び出し、配下の労働者の評価を問いただした。彼らは毎日、もっとも手強い労組支持の労働者たちと、事務所で二度も三度も顔を突きあわせて、日課となった宿題を履行しなければならなかった。数カ月後に管理職たちは、エド・デーリーや私たちにではなく、組合支持の労働者たちに、自分たちの首を何とかしてくれと懇願するようになった。

数週間後に、管理職を脅しで動かすだけでは十分ではないことが明らかとなった。とりわけ標的とされた八人以外の管理職には脅しは効果的ではなかった。大勢の人が集まる場を通じて、デーリーが変わろうとしている、それもわずかずつだが管理を緩やかにしてきたし、ほんのちょっとずつだが権限を委譲するようになってきた、という希望を管理職に持たせることが私の主な仕事となった。数人の管理職は、私たちが確かな約束をデーリーから引き出せるなら、組合反対の仕事を誠意をもってやってもいいと言い始めた。だが、私たちはもっと多くの管理職の参加を必要としていたので、私たちはデーリーを慈悲深い父親の役どころとして売り込んだが、従業員たちは誰もその売りを買わなかった。そこで私たちはもう一つの刃を研ぎ澄ますことになる。まず職制たちを告解室へと誘い、次いでそこで暴露された内容を管理職や部下たちをやっつけるために使いはじめた。デーリーをかっかと怒らせるには、疑わしい裏切り者を作り出すのが一番手っ取り早かった。彼は王で、臣下には全的な献身を望んでいた。私たちが従業員の罪悪を報告し始めるやそこに出現したのは異端を排除しようとする報復の高波であった。魔女狩りの中で、魔女はいつも無数に提供されるものだ。一九七四年時点のワールド航空には、裏切り者はわんさといた。泣き言、陰険な一言、タイムコーダーのちょっとした誤魔化しなど、忠誠心の欠如となるものはどんなものでも、デーリーを怒らせるために使えるものは何でも取り上げられたし、それを使って問題を抱える従業員に圧力を加えた。情報がどこから漏洩したかを私たちは秘匿したので、我が捕虜たちは情報を提供し続けてくれた。それにもかかわらず、みんなが慎重になった。

「『マーティに注意しろ。彼に喋るときは用心しろ』と従業員たちが言い始めた」と、デーリーに仕える副社長の一人、チャールス・パターソンは言っている。

カート・ステファンが、かつて私にしゃべったことが災いして解雇された。彼はそのやり方を決して忘れなかった。「デーリーの悪口をマーティに喋ったら最後、彼はそのすべてを利用するよ。彼が行なう面接は罠だね。面接は行なわれる前から仕組まれていたのさ。『エド・デーリーだっていつもフェアじゃないよ』などといって、マーティは君を誘導するんだ。君が何か喋るとマーティは決まってご注進さ」。

カートが実際に言ったことは、デーリーのことを「チンポコ」と呼んだことだった。私はそのことをデーリーに告げ口した。そのことで私は多いに楽しんだ。カートは、その一言が悩みの種となり、私がそれをすっぱ抜いたとき、カートはその日のうちにお払い箱になった。しかし、デーリーの場合、頻繁に起こったことだが、翌朝にはその罪をすっかり忘れていた。カートが自分の部屋の手回り品を箱に詰め込んでいたとき、会長室から電話がかかってきた。「そこで何をしてるんだね」と、今やしらふのエド・デーリーが尋ねた。「今すぐこっちに来てくれ」という言葉で、カートは復帰した。

いったん工作が一段落して日常業務に戻ってしまうと、クロスビーとバノンそして私は、自分で使える時間がたっぷりあるのに気づいた。あるときは、私たちは事務所で何時間もくつろぎ、全米中に電話を掛け回った。アリスへ、両親へ、友達のマイケル・クラスニーへ、そして暇つぶしの相手になる人なら誰にでも電話をしまくった。ときには、贅をつくした大きな事務所の中ですることもなく座っていることに苛々していた。クロスビーが電話でインディアンの雨乞いダンスをしているとき、私は煙草を吹かし、話に聞き入り、爪を切っていた。私たちは退屈していた。二〜三カ月後になると、私たちは誰がこちら側か、誰が向こう側か最後の一人に至るまで分かっていたので、毎日管理職と面接する必要もなかった。しばらくは電話のお喋りで私たちは楽しんでいたが、それにも飽きるとクロスビーと私はオークランド・レイダース（オークランドを本拠地に活躍するアメリカン・フットボール・チーム）のことや女の品定めをして時間を潰した。こんな会話もすぐに飽きがきて、結局は仕事へと戻ることになった。クロスビーは立ち上がり、騒がしく身体を屈伸させたり、扉の方へぶらぶらと歩いていった。

「オイ、外の廊下が全く静かだぜ。誰を呼ぼうか」

「ジュディはどう」と私は提案した。「しばらく彼女に会ってないね。それに彼女の脚線美はイカスぜ」。

カート・ステファンの執務室から持ち出した社内電話帳の助けを借りて、今からのお楽しみアワーに私たちが選別した人物を呼びだした。多くの場合、管理職たちは呼び出しがかかるのを喜んでいた。自分たちの仕事場と比べて私たちの事務所を天国のように見ていたし、いつもの仕事から息抜きできる場所と見ていた。私たちは連中を会話に巻き込み、煙草を勧め、ジョークを飛ばし、多くの時間をつぶした。ワールド航空での私たちのお気に入りの一人は、補修部門の部長で若くていい身体をした、トム・リパという名前の男だった。トム・リパは俳優のトム・セレックの若いころに似ていた。頭のてっぺんから爪先まで、筋肉質でカールしたふさふさした黒い髪をもち、豊かな口ひげと四六時中笑いを振りまいていた。彼は私たちのダチ公で兄弟分で、腹の底から笑いあえる呑み友達だった。補修部長としてリパは二〇〇人の労働者を監督していたが、事務労働者はそのうちの六人にすぎなかった。工作上の見地から見れば、彼に中心的な役割を期待してはいなかった。私たちはトム・リパが好きだったので、仕舞いにはとっぴで重要な役割を演じてもらうことになるのである。

ワールド航空では、絶対勝つと確信して賭けを、楽しむことはできなかった。というのもこの勝負はエド・デーリーにかかっており、彼の態度次第で賭け率はたちどころに変化した。とはいえ、工作も中盤に差し掛かったころ、もう会社側の勝利が間違いないと思えるところまできていた。私たちは八人の鍵となる管理職にしてきたのと同じ基本的なプログラムをすべての管理職にまで拡大した。かなりの程度、緊張度は薄めてはいたが、もし組合が勝利すれば管理職の職も危険にさらされるということを全員に何とか確信させることができた。心配になった管理職たちは労働者に圧力を加え、数カ月後には、私たちの側に立って工作を展開しはじめた。会社はみな家族という主張は、ワールド航空の従業員の多くに受けいられたので、私たちはこの主張を繰り返し使い続けた。その間、組合が防衛戦を強いられるように私たちが仕向けたので、オルグは私たちの行動や私たちがみんなに植えつけた疑問に応えるために、絶えず闘いの筋書きを書き換えざるをえなかった。組合オルグの返答は、しばしば不十分だった。最悪だったのは、デーリーをターゲットにして攻撃したことだった。それが組合の致命的な失敗だった。デーリーの磁力は強力だったので、彼を軽蔑していると公言している人でさえ、裏では彼に認められたいと願っていた。デーリーを批判することは罰当たりなことだった。

一連の誤算の結果、ローカル二九の対応はぎこちなく効果もあがらず投げやりだった。最終的には、労働者たちは組合への関心と信頼を喪失してはいたが、その得票差は僅か五～六票に過ぎなかった。

これが全国労働関係局の監視下での選挙だったら、私たちはいくぶん安心していることができただろう。投票の最終集計がなされるまで、温情と愛情を暖めるようにプランをたてておけばよかった。私たちは代金を頂戴して、それでお役ご免となるはずだった。だが鉄道労働法下の選挙はやり方が異なっていたので、ことはそう簡単ではなかった。

鉄道労働法の下では、組合選挙は郵送で行なわれた。投票者は二週間の間に投票用紙にマークを記入して全国調停委員会まで送り返すことになっていた。その二週間の時間差は、どこであっても問題となったであろうが、ワールド航空では組合の勝利を保障するも同然の期間であった。というのはその二週間のあいだデーリーがどう動くかは誰も予測できなかったからだ。彼は動く弾薬庫だった。私たちが多数派を固めて選挙に臨んだとしても、デーリーの思慮を欠いたやり方が一度行なわれたらひっくり返される可能性があった。

しかも鉄道労働法では組合反対を記入する欄が無いことだ。もし従業員が組合へ代表権を付与することに賛成ならば、組合名の隣にある枠に印をつけることになる。もし反対ならば、投票用紙を送り返さないだけでいい。私たちが恐れたのは、ワールド航空の従業員が争いに加わらずに自分の家で静かにしていて、時間をかけてじっくり考え込み、送られてきた投票用紙は送り返すものだと考え、その結果、組合の票にされてしまうことだった。全国調停委員会は選挙が有効であるためには、投票総数が過半数に達しているかどうかを問題にするだけだったので、うんざりして投票用紙を投げ捨てたとしても、ローカル二九は勝利できる。

投票に入るちょうど四週間前のことだが、最終局面を迎えて二度も、デーリーは悪名高い事務所急襲をやってのけ、その一回ずつの野蛮な攻撃で、数名を相手側に追いやってしまった。彼が最大級の馬鹿げた力の誇示を行なったのは。選挙のちょうど一四日前、最終段階であった。その重要な瞬間に、デーリーは誰かを馘にしたいという衝動に駆られた。そして彼は解雇した。以前にも数えきれないほどやってきたように、うるさい管理職を解雇したとか、重役の一人を血祭りに上げたとかいうのなら、たいした問題ではなかった。しかし、今回は意図的に私たちの作戦を出し抜くかのように、最近雇われたばかりの愛くるしい控えめな会計事務員をデーリーは選んだ。従業員が組合に賛成かどうか決定しようとしているさなかに、ちょうど労働者たちの間に同情を吹き込むことを彼女に請け合わせたも同然だった。その事務員の解雇の理由は、このデーリーの行為をますます理不尽なものとした。その事務員が請求金額の支払いを期日通りに支払った。本当にそれだけだった。ワールド航空には、私の知るかぎり明文化されてなかったが、請求書は支払い期日の最終日まで支払わないという決まりがあった。三〇日以内の支払いを求めているのであれば、支払い小切手は二九日目に振り出されなければならなかった。確かに新しい事務員はその支払い方法を教えられてはいた。しかしはっきりした理由は不明だが、彼女は三〇日約定の支払い小切手を二三日目に支払った。デーリーには慈悲というものがなかった。暴君は経理スタッフを罵り、同じような間違いをしでかさないように他の者たちを戒める長々とした痛烈なメモを経理スタッフに投げつけたのだった。

この最後の失態からどうすればデーリーのイメージを救出できるのか私たちは分からなかった。私たちに残された希望はただひとつだけだった。わが閣下が臣下に許しを請わなければならないということであった。クロスビーと私は、デーリーの執務室を次回に訪れるのが楽しいものにはならないことを知っていたし、覚悟してかからなければならなかった。私たちは自分たちの部屋に閉じこもって作戦を練った。私たちは共同して従業員宛てに、選挙を救い出す唯一のものと私たちが考えていた、デーリーの名前による悔い改めの手紙を起草した。手紙は事務所内で手渡されるよりは、親密さを醸し出すために親展として各家庭に直接送付されるほうがよかった。デーリーがへりくだった態度を示すことで、そうなれば過去数カ月間にデーリーのあらゆる約束で点火されてきた希望を、再び活気づかせることは可能だと私たちは期待していた。脅したことが忘却されないことを私たちは分かっていた。ほんの僅かでも膝を屈するようデーリーを説得するのは気が進まなかったが、といって他に取るべき方法がなかった。悪魔との会談に臨む祈祷師見習いのように震えながら、これからデーリーの執務室に伺いたいと私たちは電話を入れた。

デーリーは差し迫った会談の重みを推し量ることができなかった。私たちはデーリーのサインをもらうために、七カ月間に週三〜四回も彼の事務所に出向いた。今まではお願いに伺うのは、ごく普通の仕事だった。だが今回は違っていた。今回私たちは戦わなければならなかった。デーリーは今回も吠えまくるだろう。クロスビーは手紙を取りだして、いつものようにスコッチのグラスを持って机の後ろに座っているデーリーに手渡した。私たち二人は叱責を受ける兵士のように、立ったまま待たされた。デーリーは手紙を読んだ。

親愛なる従業員の皆さん。

ことの重大さゆえ、失礼を省みずご自宅へこの手紙をお届けいたします。この数カ月間というもの、私たちは外部の第三者による介入といやがらせに耐えて参りました。それは誰にとっても容易なことではありませんでした。しかし、いままでは組合があなた方からお金を巻き上げること、そして恐らくあなた方にストライキをさせることを除けば、あなた方に約束することなど何一つないのことをお分かりになったことと存知ます。あなた方の会社は完全ではありません。完全な会社などありえないのです。私たちは共に過去に数多くの失敗をしてきましたし、将来再びお互いに間違いをするかもしれません。しかし、もしも外部の人間によって私たちが病毒に冒されるのであれば、そのことで引き起こされる損害を正当化するものは何一つないのです。私たちはテーブルを挟んでの交渉よりは、直接的な人間関係を通してより多くのことが達成できます。ですから、私はあなた方に心からお願いしたことがあります。どうか、チャンスを私に与えてください。この大変重要な手紙をお宅へ届けることをお認めいただきましたことに感謝いたします。

敬具

エド・デーリー

デーリーの目が手紙を読み進んでゆくに連れて、いつもよりはっきり渋面になった。手紙の中ほどまできたとき、真っ赤になり頬がわなわな震えた。そして唸り始めた。最後に爆発した。拳で机をがんがん叩き、怒りを私たちの方に向けて立ち上がった。「お前たちはどの面さげてこんなものをもって来たんだ、一体何を考えているんだ」。床に手紙を投げつけながら吠えた。「こんなくそたれにサインなどできるか。とっとと出てゆけ」。

クロスビーと私には準備が整っていた。「エド、あなたに多くの選択肢は残されていないのですよ」。私はクールに話した。「この手紙が私たちの唯一の希望です。従業員は怒っています。もし従業員が組合に賛成投票をするのを望まないなら、自分の間違いを認めていることを従業員に信じさせなくてはなりません」。そして重役たちが謙虚さを演じることに尻ごみしたとき、私がいつも使ったやり方の脅しで決定的な議論を仕掛けた。「この手紙がなければ、選挙での勝利を保証しかねます」。

いつもの私たちの役割の逆をいって、クロスビーが文言のあちこちを変える提案をして妥協的な役割を演じた。しかしデーリーは大人しくならなかった。一時間近く彼は怒鳴り散らし、息巻いていた。そしてついに、クロスビーが玉を射止めた。彼はデーリーの怒りを凍結させ、その怒りを喜びへと変えるためのただ一行を付けたした。もしこの黄金の文言をつけ加えるならサインしてもいいとデーリーはいった。彼は自分の名前をサインするとき、笑い始めさえした。最終稿で彼は自分の欠点を認めた文章のあとに次のような文章を付け加えた。「知ってのとおり、私は頭に拳銃を突きつけられて降伏することはしないし、今後ともしないだろう」。まさにジョン・ウエインだ。まさにエド・デーリーであった。手紙はデーリー個人の便箋に印刷され、その夜のうちに投函された。

数日間以内に、「我々にチャンスを」と題した手紙が温かく受け止められているという報告を管理職たちが入れ始めた。事実、従業員たちはワールド航空を幸せな大家族だと信じたがっていたし、エド・デーリーを信じたいと思っていた。また当分の間、デーリーが怒るのを従業員は見たくなかった。認めようではないか、デーリーは最近、大きなストレスの下にあったんだ。みんなは口々にいいあった。仕舞いには事態はうまく運びだしたと、全員が安堵の溜息をついた。でもほら、ハリケーンに痛めつけられたカリフォルニア・バハ半島にすむ人々に彼が何をしてやったかを見てみたらいいよ。ヘレンの夫が入院したとき、デーリーがどう援助したかを見たらいいよ。こういう風に誰もが認めあったのだ。

クロスビーとバノン、そして私の三人は、この修復されたデーリーとの夢物語は短命に終わることを知っていた。鉄道労働法下での選挙システムを上手く回避するためには、いくつかのからくりを仕組まなければならないことを私たちは知っていた。二週間もの間、従業員がワールド航空の問題を考えながらコーヒー・テーブルに腰を落ち着けて投票用紙を手元においておくのを、私たちは絶対に望んでなかった。私たちは従業員たちをそそのかして投票用紙を破り捨てさせることを考えていた。選挙はのるか反るかの大ばくちだったが、勝利を得るのが不可能というわけではなかった。我が八人の標的となった管理職の下で働いていた二〇〇人の事務員たちは、ボスが熱弁を振るい、なだめすかし、組合反対の立場を宣言するよう頼んだりして圧力を加えたので、粉々になっていた。他の何十人かの従業員たちは、ローカル二九のデーリー攻撃に腹を立てて、わが慈父の振る舞いの方を信じていた。選挙での勝利が手の届くところまできていた。いま、私たちは彼らの投票用紙を破り捨てさせるために従業員を引き付けるに十分な、挑発的な餌を提案する段階に立ち至っていった。どうすればいいのだろうか。

管理職会議の終わったある朝、私たちはいくつかのアイディアを出し合って検討していたら、トム・リパが私たちのところにきて話に加わった。リパは私たちが話をしているその問題をみて面白がり、人を引きつけるマチョな冗談で問題を茶化していた。下品なにたにた笑いをしながら、リパはからかい調子でいった。「もし女たちが俺のところに投票用紙を持ってきたら、おれは滑走路でストリーキングするって、ウチの女たちに知らせたらどうなるかね」。私たちはみんな大笑いだった。想像してご覧なさい。滑走路を真っ裸で走ってゆくセクシーなリパを見たくて、一〇〇人もの若い女性が投票用紙を無効にする場面を。これこそ抱腹絶倒ものだ。

私がリパを事務所に呼んで、暫くしてから真面目に彼の提案を取り上げようと言ったとき、一番驚いたのはリパ本人だった。「からかわないで下さいよ」とあえぎながら言った。「ほんの冗談ですよ」。

分かった。でもやってみてもいいんじゃない、と私は言った。雰囲気はこちら側に傾いていた。従業員は投票の数日前に「我々にチャンスを」手紙受け取っており、まだデーリーを許してもいいと思っていた。半数ほどの労働者はどちらにしろ組合に反対するつもりでいた。残りは状況が変化すれば気が楽になるはずだった。ローカル二九は足場を失っていた。多分リパの尻が組合を崖っぷちに追い詰めるのに充分だろう。私たちは緊急の管理職会議を招集し、通達を出した。静粛に。謹聴。投票締め切り日の前日までに、投票用紙を破り、その用紙をリパの所までもってきたら、決してみなさんが忘れることができないショーを、リパがご披露することになるだろう。すなわち、すっ裸で突っ走ってご覧にいれるということ。管理職たちは夢中で釣り針に食いついた。それが管理職たちの唯ひとつの脱出路だった。わが捕虜たちはくたびれて打ちひしがれていたので、この工作の重荷を肩から下ろすためにはどんなことでもしようとした。終わり頃になって売れ筋の商品が出てきたのはありがたいことだ。管理職たちは、リパの身体という商品、幸わせなことに仲直りした会社という商品を、カーニバルの出来高払いの呼び込み屋のように売り歩いた。管理職たちは疲れ切っている部下たちを激しく追い込んだ。スピードをあげろ、諸君。私たちが再び友だちになるチャンスだ。どちらにしろ私たちには、いま面白いことが必要なんだ。そうだろう。とにかく無茶苦茶に面白いことだよ。

労働者たちは喜んで餌に飛びついてきた。事務員と秘書たちはお互いに競争し刺激し合ってくすくす笑っていた。最終的にはプレッシャーは吹き飛んだ。ワールド航空の事務所中にほっとした気分が感じられた。魔法のように、いがみ合いは消滅していた。また、以前のような気分だね、組合問題が起きる前のようなと、労働者はお互いに囁きあった。ワールド航空はちょとした楽しみを見にいこうという、大家族のような気分になったのだ。

早くこの問題を片付けたくて、女の子やご夫人たちは自宅の郵便箱へと急行した。ほぼ四〇〇人ばかりが自分宛に送られてきた投票用紙を破り捨て、リパの事務室へ持参した。そんなこんなで、最終日にはワールド航空の反組合工作はサーカスショーへと変わってしまった。また、そんなこんなで、私たちはローカル二九の男や女たちを完全に惑わしてしまった。彼らはただなす術もなく突っ立っており、一般大衆といえば選挙戦の中央リングから立ち去って、馬鹿げた付け足しのショーの方に行ってしまったわけだ。

私たちは約束通りリパをみんなのところに連れだした。黒の毛皮のコート以外は何一つ身にまとわずに、リパは第六格納庫から見晴らしよく横たわっている民間用の滑走路へと車で運ばれた。滑走路の端でリパは車から降り、コートを脱ぎ捨て、走った。

〔註〕

〔1〕鉄道労働法の正式名称は「Railway Labor Act of 1926」。同法は、鉄道並びに航空産業における労使紛争を調整するために制定された連邦法。全国労働関係法が産業全般の労使関係を取り扱っているのに対し、鉄道労働法は鉄道ならびに航空産業のみを対象としている。

〔2〕全国調停委員会〔National Mediation Board〕。鉄道労働法の定める調停作業を行なう連邦独立行政機関。

〔3〕救済請求状〔Complaint〕。不当労働行為の申し立てに理由があると認められ、かつ被申し立て人が任意解決に応じない場合、全国労働関係局ならびに全国調整局の地方支局長は救済請求状を発行する。刑事手続きにおける検察官の起訴に相当するもので、救済請求状の発布によって正式な審判手続きが開始されることになる。

第6章　あらし

エド・デーリーに会うのに数週間辛抱し、了解と承認を得るのに私はさらに数カ月間を費やしたが、駄目になるのはあっという間の出来事だった。デーリーが多くの人を馘にしたように、私も最終的に馘になったが、私の場合は解雇されても当然だった。

華々しい勝利の後で、デイブ・メンデルゾーンは、新しい時代の到来のシンボルとして、私に会社に留まって欲しいと要請した。私が会社に留まるという取り決めをデーリーは気に入った。というのも私が会社に残っていれば、あたかもデーリーが状況を実際に変革しているように、見せかけることができようというものだ。それに反組合工作期間中にした約束をデーリーは守るつもりだと、疑問を抱いている従業員に示すことができる。

私も別の理由からその取り決めが気に入った。第一にそれは思いもかけない収入をもたらした。デーリーは私に一日一〇〇ドル、月に二一〇〇ドル支払った。私がスリーエムで受けとっていた金額と同額だった。それにデーリーは私が工作期間中使用していた事務所を提供してくれた。見返りに彼が要求したのは、私が毎朝出社し月に一度管理職トレーニング会議を指揮すること、それがすべてだった。会社経営のやり方を変える責任を持たされる私とって、その仕事は簡単なものだった。私が仕事に目を光らせているのを管理職たちに分からせさえすれば、何時間事務所にいようが、何をしていようが、事務所に顔をだしてさえいればデーリーは問題にしなかった。私は義務となっていた月決めのワークショップをこなし、選挙後の労働者たちの態度をチェックするために、鍵となった管理職たちへの面談を続けていた。日に一時間か二時間もあればよかった。それ以外の時間は、タダでワールド航空の事務所を足場にしながら、他の仕事に精を出そうがお咎めなしだった。、会社の長距離電話を私はタダで使っていたが、それはクリスマス・ツリーの下に置いてある贈り物の様な物だった。

楽な仕事だった。知っている人に電話しまくった。自分自身で仕切れるまたとない機会、特別のチャンスだった。こんなチャンスを見逃すようなら馬鹿だ。実のところ、私にワールド航空に残るようにさせたのはアリスだった。私は彼女との恋に夢中だったし、とりこになっていた。というのも結婚したてで、結婚こそわが人生だと感じていたから。アリスの求めに応じることだけを考えていた私は、スリーエムへ復帰すると考えるだけでうんざりした。そのころ、アリスは妊娠三カ月で、しかもアメリカン航空をレイオフされていた。どうして妊娠中の二五歳の娘を、何日も何週間も放っておけるだろうか。その思いは、彼女を守ってやらなければならないという感情、罪悪感、不安感や嫉妬がないまぜとなって私を強烈につき動かした。ワールド航空の提案を受けて私はほっとした。

そこで私はスリーエムを辞めた。もちろん、ことはそう単純ではなかったし、きれい事では済まなかった。私が無理して挙行した贅沢な結婚式の代金を支払うために、同僚から借りた前払いの五〇〇〇ドルは、そもまま借金として残った。カネを借りても借金が完済できない、それが私の嘆かわしい癖だった。その繰り返しで私は友人をなくし、商売の契約も焦げ付き、家族関係を台なしにしてしまった。女性との愛情と同じように、私はいつもカネを巡って複雑で厄介な関係を引き起こしていた。どんなに金が入っても支出に追い付かなかった。際限なくカネを追い求め、果てしなくカネに苦しめられていた。私の人生でカネは無慈悲な悪魔の役を演じ、さらに飲酒のせいで災いは一層進行した。ワールド航空の後は、カネとアルコールが私を破局へと投げ込み、パパとママのいる家へと引き戻し、結婚をだめにし、監獄にまで私を連れてゆくことになる。労務コンサルタント業界で私が異常だったため、これらの悲劇が起こったわけではなかった。アル中、破産、離婚、詐欺、これらは全てユニオン・バスターの仕事につきもので、ユニオン・バスターの誰もが持っている隠れた履歴だった。

スリーエムの男たちは私を大目に見るほど寛容ではなかった。私がスリーエムを辞めるときに五〇〇ドルをくすね、しかもワールド航空まで自分のものにしてしまったと彼らは見ていた。認証選挙後も会社の顧客リストにワールド航空が留まるものと考えていた。私の突然の離脱は彼らを激怒させた。トニー・マキューンとクロスビーに私の退社を伝えたとき、「誰一人こんな辞め方をしちゃいねえ」と、トニーは吠えまくった。「お前は何様だと思っているんだ。恩知らずで強欲で、馬鹿だ。お前は後悔することになるぞ」。大スリーエムの連中が手荒な感情をむき出しにするに違いないと私は思った。でもそんなことは百も承知ではなかったのか。後で教わることになったが、それがユニオン・バスターのもって生まれたものだった。ユニオン・バスターは誰だって略奪者だ。しかも誰でも餌食にしてしまう。お互いの仲間内だって。

一九七五年一月、アリスと私の間に長男が誕生した。エド・デーリーに敬意を表して、その子はジェイスン・エドワードと名付けられた。ジェイスンが誕生するころには、私はワールド航空の事務所を足場に快調に独りで商売を始めていたし、稼ぎのいい月は六〇〇〇ドルくらい持ち帰ることもあった。ワールド航空のコネを使って、私はいくつかの比較的小さな対抗的組織化の仕事を手掛けていた。ワールド航空の一〇〇ドルに加えて日に五〇〇ドルほど稼いだ。独りでは手に余る大きな仕事は、罪悪感も手伝って善意を示すためにスリーエムに回した。アリスと私は実のところ、そう沢山カネが必要ではなかった。というのも、私の商売はほとんど経費がかからないし、住宅費の支払いもなかった。数カ月前、ワールド航空の工作が終わりに近づいたとき、アリスはサンレアンドロにある両親の住宅の後ろにある小さな住い、義理の両親が増築した小屋だったが、そこに移るべきだと私を説き伏せた。小さなあばら屋での切り詰めた生活に、アリスの家族は慣れ親しんでいた。アリスの姉たち三人のいずれもが、結婚一年目は家賃タダでそこに住んでいて、今度は私の番のように思えた。サイビル・アベニュー四二三番地の小屋は、カンプーリス一族の間では「四二三クラブ」の名で通っていたが、私はそうゆう呼び方が好きじゃなかった。一例を挙げると四二三クラブは荒れ果てて、恐ろしくごてごて飾り立てた建物だった。ボロ小屋を上流階級人士の住む建造物へ改造するのがどんなに大仕事かを私は知っていた。しかし、アリスは両親の側にいたかったし私も彼女の両親が好きだった。その当時、私はもっとましな計画を思いつかなかったので、私たちは彼女の両親の側に引っ越した。

息子が生まれて一カ月も経ったころ、デーリーのオフィスから特別任務で呼び出しを受けた。デーリーがワールド航空を働きやすい場所にするため努力をしているという噂が会社の隅々にまで行き渡り、ワールド航空のヨーロッパのハブ空港であるロンドン郊外のガットウィック空港でも、それがホットな話題になっていた。ロンドン現地の労働者は、自分たちが軽視されていると感じていた。ロンドンの労働者たちもアメリカの労働者たちと同様な扱いを受けるべきだとして不平を言い始めた。もしオークランドの管理職が情報伝達のためのワークショップや特別面談を受けることができるなら、大西洋のこちら側のオレたちだって当然その資格があるはずだと言い始めた。デーリーはその好機に飛び付いた。「この会社に組合はいらない」という福音がいまだホットな話題になっている間に、それをできるだけ広げることが賢いやり方だとデーリーは考えた。私は二週間の管理職訓練を英国事務所で行なうために、翌週にも英国に向け出発することになった。

ロンドンに出かけるなんて何と素敵なことだろう。今までとはまったく違った旅行なので身震いした。大手キャリアの役員向けの相互取り決めを使って、私はトランスワールド航空のロンドン行き便を予約した。ホスト・キャリアに敬意を表して、どの航空会社もファースト・クラスの飛行、VIP待遇を認め合っていた。今回、大物VIPは私の番だった。私は踏ん反り返って搭乗するつもりだった。

大枚を支払う乗客が嫌な思いをしなくてもすむように設けられた、専用待合室のアンバサダー・クラブで寛げることを私は知っていたので、幾分早めにサンフランシスコ国際空港に着いた。私は以前からスリーエムを通じてそのクラブの会員だったし、会員資格がなくなる前に最後だけでもその雰囲気に浸りたかった。アンバサダー・クラブの利用客は、数々の快適さの助けを借りて空港のさまざまな面倒臭さから隔離されていた。オフィスの応接エリアのようにデザインされた特定客用のチケット・カウンターを利用し、座り心地のいい肘掛け椅子にカラー・テレビに当然のことながらあらゆる種類の酒が揃っているカクテル・ラウンジなどの快適さがそこにはあった。

私はカクテル・ラウンジに直行した。そこは上流階級人士ご愛用の装飾品で飾られていたが、私はスコッチを三〜四杯、いや恐らくストレートで五杯ほどあおった。搭乗手続きのためチェッキング・カウンターへ気取って歩いていったときの私は、若い生意気盛りのマチョ気分だった。カウンターではブルゴーニュ産のワインカラーのユニフォームに身を包んだ、きびきびとした愛くるしい顔のトランスワールド航空の受付けカウンター嬢が書類をめくっていた。彼女はチッと舌を鳴らし、深紅色のマニキュアをした爪で机を叩きながら、黒電話で誰かにダイアルをした。彼女は受話器を置き、私を見つめ、決して口にしてはならないことを口走った。

「申し訳ありません。ファースト・クラスは満席です。一般席ならご用意できますが」。

申し訳ありませんだって。一般席ならご用意できるって。ファースト・クラスを利用するのがどんなに大切か、この小娘は何にも分かっちゃいなかった。私が何様かも分かっちゃいない。私は口角泡を飛ばし、わめき散らした。「私はワールド航空の者だ」。カウンターを拳骨でどんどん叩きながら怒鳴りまくった。「この席はエド・デーリーが取ってくれたものだ。くそったれめが。このことをエドが知ったらタダじゃすまないぞ。上司を呼びたまえ」。トランスワールドはファーストクラスの席を急遽準備した。

ロンドンでの一週間は快適だった。ワールド航空は私に送迎用の車とお抱え運転手を手配してくれたが、その運転手は最近までエリザベス女王の警護官をしていた経歴の持ち主だった。彼の私への接し方は、これまで慣れ親しんできた王族に対する接し方であった。彼はロンドン中を案内してくれ、またハロッズ百貨店へと案内してくれた。私はそこでカシミアのコートを買った。仕事はいつものように、ほんの短時間だけにした。私の人生は祝福されているように思えた。そこへテレックスが舞い込んだ。

　マーティ・レビットへ。ワールド航空・オークランド本社へ戻れ。帰り次第、至急デービッド・メンデルゾーンの所まで出社のこと。帰路は指示に従うこと。

翌日、第二信が到着。その夜大西洋を回航されるワールド航空のDC8特別改装機に乗り込むよう指示された。特別仕様のDC8型機はロング・ボディ機で、チャーター便のための機材や乗務員の搬出に時々使われていた巨大なジャンボ機だったが、その夜は私のやましい良心を除けば完全にがら空きだった。私は一〇時間もの飛行中、なぜ帰国命令を受けるようになったのか考えを巡らしていた。

私はもっとひどい場面を想像していた。デーリーは酔っ払っているだろう。彼は怒鳴り散らし、悪態をつくに違いない。拳でどんどん叩き、部屋から私を放り出すだろう。そして翌朝電話をよこして仕事に戻るよう命令することになる。それならば我慢できることだと考えていた。オークランドへ戻って私が直面したものは、呆然自失となりひどく傷ついた自分だった。ワールド航空から放り出される私についてきたのは、大きな話でもなければ浮かれるような話でもない、ましてやロマンチックなメロドラマでもなかった。馘を切られた、それだけの話だった。それは間抜けで、無意味で、ありふれていて、大いに面目を失う話だった。私は解雇にも値しなかったのだ。私はただメンデルゾーンのところに出頭するよう命令され、彼は自分の仕事をてきぱきと処理しただけのことであった。

「トランスワールドの社長からエド・デーリーが話を聞いたよ」と、メンデルゾーンは曖昧な言い方をした。彼がまだ話し終わっていないと分かったので、私は彼の話を遮らなかった。「君がアンバサダー・クラブで悶着を起こしたとトランスワールドの社長は言っている。マーティ君、君も知ってのとおり、私たちは大手キャリアじゃないので、その関係は非常にデリケートなものだ。私たちのチャーター便商売は大手航空会社の好意にすがっている。君のしたことは大切な関係を危機に陥れたのだよ。こんなことがあっては、ワールド航空は君とこれまで通りの関係を続けることはできないね」。

これで終わりだった。私は二度とエド・デーリーと顔を合わせることはなかった。

四二三クラブでは、台所を含めてあらゆるものが小じんまりとしていた。しかし、家の小さなこの一角が私の生活の場となった。ワールド航空を辞めてから、サイビル・アベニュー四二三番地の台所が事務所兼バーとなり、同時に停泊地であり心休まる場所として私を支えてくれた。この台所で仕事を仕込むやり方が、その後二〇年以上続く仕事のパターンとなった。仕事に出かけない日は、毎朝背広に着がえて、台所の壁にかかったダイアル式の黒電話の所へ足を向けた。アリスはコーヒーを入れ肩を揉み、仕事は見つかるかしらという顔つきで私を見つめた。四二三クラブではたった一つあった電話が壁掛け式だったが、私は頓着しなかった。というのも私は座ったままで売りこみの電話を掛けることができなかった。勧誘したいと思っている会社の重役にダイアルする前に、そんな電話をする私になりきるのだった。強くて自信があり、エネルギッシュな私が、主導権を握るのに座って電話をかけてはいけない。役柄の男は時間など浪費せず、白黒をはっきりさせないことには我慢できない人物である。思い悩んでいる夫や、つまらない理由でいい仕事を失ったり、義理の親の所有物である改装した鶏小屋に住むことを強いられた新米の父親の痕跡はなく、アルコール依存を深めているような素振りは見せなかった。全人生で遭遇したトラブルも弁舌巧みに役柄で演じ分け、それも意図的に行なってきたのだ。頑固なやり方を押し通し、自分のペースを変えず、身振り手振りを加え、声色を変え、決してカモを逃がすようなことはなかった。男はカモとなる連中が、貪欲さやエゴ、恐怖と憎しみで駆り立てられていることを熟知していた。売りこみの口上に、甘味な話に少量の風刺をきかし、場所をわきまえた助言と一服の虚勢を張り、囁かれる中傷に容赦ない警告を折り込んで、か弱きものを相手に巧みな演技をした。そのうちに、カモ自身が進んで陰謀に首をつっこみ、詐欺のお遊びに加担するようになった。

　売りこみの電話をかけることは私にとって常に冒険だった。どの電話をかけるときも、私は自分が未知のジャングルに分け入ってゆくのだと見なしていたし、突き進むに連れて自分がどう行動すべきかを企まなくてはならなかった。多くの会社にとって、組合問題は神経過敏なものだ。とりわけ代表認証の申請が行なわれているような会社では、タブーも同然だった。もし私が急ぎ過ぎて直截に話そうものなら、また、話してはならない人物に喋ったりしたときには、重役を怯えさせ逃してしまうことになる。私は草むらに身を潜め、各々の動きを計算し、罠に引っ掛からないように、また獲物を怯えさせないでどう上手くやるかを計算しなければならなかった。私は手綱を押さえるタイミングや攻撃を仕掛ける時期を知っていた。それは直感の領域に属することだった。私は人を操るのが生まれながら巧みだった。私にとって、また労務コンサルタントの世界で生計を立てているものなら誰でも、人心を操作することが生き方なのだ。人は捕獲品か、そうでなければ消耗品だ。どんな苦境も、暗黙の挑戦だった。はたして狡猾なやつの裏をかけるだろうか。学校、仕事、信用、税金、訴訟、セックス、これら人生のもろもろは、一連のゲームだが、娯楽としてのゲームではなく、勝者と敗者を作り出す闘いとしてのゲームなのだ。私は勝ちたかったし、どうすれば勝てるかを学んだ。練達のチェス・プレーヤーのように、何手も先を読むことができたし、そうすることで役員会を支配することができた。支配権を取ろうという私の仕事のやり方が商売と結びつき、二〇〇もの反組合工作で私は勝利した。その結果、私の生活は滅茶苦茶になってしまった。反組合という商売に関わった人の私生活は、誰でも駄目になったのと同じように。

四二三クラブの台所の壁掛け電話で午前中、時にはまる一日を過ごした。その後、食堂へ机を持ち込んで、自分の居場所を作り上げた。そこで朝食を食べ、書類をめくり、煙草をふかし、爪を切り、脈のありそうな顧客に電話をかけた。ランチをたいらげ、電話を掛けまくり、煙草をのんで、爪を切ったりした。午後になるとアルコールを飲み始めた。時が経ち、時間の観念が薄れてくると、強い一杯を何杯か引っ掛けて毎日が始まることになった。一九七五年には、私にはまだ自制心があるという幻想に浸っていたので、午前中は仕事をし、夕方に飲みだした。そして鳩尾《みぞおち》に不快感と差し込むような感じがなくなるまで飲んだ。

四二三クラブでの台所の日々の第一段階は短かった。私はワールド航空を馘になったとき、割のいい仕事をすでにいくつか手掛けていた。全国労働関係局の地方支局へ足を運んで、北部カリフォルニアにある二～三のレストランが組織化攻勢に直面しているのを掘り出した。ワールド航空での恥ずかしい結末にあう前に、いくつかの割のいい仕事を始めていた。レストランの代表認証申請は幸運な見つけ物だった。自分の科でワールド航空を辞めざるを得なくなったとき、この幸運な見つけ物のお陰で、私はぶらぶらしなくて済み、また貧乏にならずにすんだ。それどころか、今まで組合攻勢に晒されたことがなかった、まっ新《さら》な市場の征服者に私は見なされた。それからの数年間、私は組合予防工作の教祖として、全米大陸中のレストランやホテルの経営者によく知られるようになった。

ワールド航空を馘になって数週間も経たないころ、私はオークランド湾口にある船員相手のレストラン、ラスティ・スカッパーで対抗的組織化の仕事を開始した。観光業が第一位の産業で、数十年間に渡って接客業に従事する労働者が組合に組織されてきたサンフランシスコとちがって、オークランドは観光業への参入では比較的新参者で、新しいレストランやホテルの多くには組合がなかった。地域の調理人組合[1]はサンフランシスコ湾の向こう側の調理・接客労働者たちが享受しているような組合の力を、オークランドにひっぱって来ることを考えていたが、業界の経営者はそのようなことをさせないように身構えていた。

二カ月間のラスティ・スカッパー工作の期間中、私は「親愛なる従業員のみなさんへ」手紙を、義理の両親の台所で書き上げ、アリスにタイプ打ちを頼んで自宅で仕事をした。私は勝者としての名声を確立し、多くの仕事を確保するために意気込んでいた。結局のところ、調理人組合は比較的簡単に、私に勝利を手渡してくれた。組合のオルグたちは、私の仕掛けたねちねちした執念深い戦争に対して、準備なしで闘いに挑んだ。彼らは今まで、これほどがっちりと仕組まれた残酷な対抗的攻撃に出会ったことがなかった。彼らは当惑した。自分たちの組織化計画になんらかの変更を加えなければならないことは明らかだった。組合が敗北して数時間も立たないうちに、組合幹部たちは二度とこのような恥ずかしい敗北を喫しないですむ保証とやらを考案した。選挙の終わった日の夜、ラスティ・スカッパーのバーで経営側が勝利の打ち上げ会をやっているとき、調理師組合は私に意外な提案を持ちかけた。

私はバーの止まり木に寄り掛かり、スコッチのグラスを揺すりながら独りで呑んでいた。そのとき面識のない大きな男が、私のところにきて自己紹介をした。彼の名前はチャック・アービンで、今回痛めつけたホテル・レストラン・バーテンダー従業員組合[2]ローカル二八の委員長兼筆頭オルグだった。

「あんたが経営側の工作を担当したんだってね」と、彼はいった。私が頷いたところ、「お前さんが大した仕事をやらかしたってことを認めなくちゃならねーな。見事においらのケツを蹴飛ばしてくれたな。こんな工作、今まで見たこったねーよ」。

アービンは笑って、私の背中を叩いた。私も一緒になって笑った。彼は私のためにもう一杯の飲み物を注文して、私の仕事を「圧倒的」だとか「信じられない」とか「芸術的」だとか、最高級の賛辞を呈した。アービンと私は、しばしマチョなたわいもないお喋りに耽り、気の利いた警句をやり取りして、場所柄をわきまえずに仕事の話に熱中して時を過ごした。それから彼の申し込みとなった。唇に笑いを浮かべ、目には冷ややかな視線を保ち、アービンはこう囁いた。「俺んとこの組合が今組織化を手がけている。でも今回のことからみて、どうも手助けが必要だ。お前さんのような専門家を使ってみたいもんだね。こっち側で仕事してみることを考えたことはあるかね」。

事実そんなことを考えてみたことはなかった。アービンが喋れば喋るほど、私の興味は増していった。アービンの義理の父親でローカル二八の最高実力者、悪名高いレイ・レーンに会うことを私は了承した。レーンは落ち着きのない顔つきで眇《すがめ》の小男だった。最初に見たときには、彼は無気力な弱々しい男にしか見えなかった。傑作なくらい私の観察は間違っていた。数年後のことだが、レーンは組合資金の着服と密輸の廉で刑務所に送られることになった。レーンの悪党ぶりは一九七八年のリーダーズ・ダイジェストに、「俺の女にならないと、ひどい目にあわせるぞ」と題された記事として掲載されていた。

その記事のいかがわしい見出しは、ローカル二八のウエイトレスたち数人が起こした告発から取られたもので、多くの女性組合員を統括するボスのレーンが、無慈悲にも彼女たちを苦しめ抑圧していた。事実、ウエイトレスたちはセクハラでレーンを訴えた。レーンは二七万五〇〇〇ドルの支払いを命じられた。

私がレーンに会ったころ、レストラン労働者、バーテンダー、ホテル労働者の三つの全国労組が合併して、レーンのローカル二八の支配が極点に達していた時期だった。まだ彼の腐敗がどの位の深さなのか全貌が明らかにもされていなかった。ワールド航空の元の事務室からそう離れていない近くのあるレストランで、レーンは私を昼食に招待し、口説きにかかった。「組合のために働いてくれ」と、レーンはいった。「お前さんがその気になれば、すぐに組合のトップにまで昇りつめられるぜ。お前さんができるようなことを俺たちにしてくれるやつは他にいやしねーよ。遠からず、お前さんが全国労組のトップで仕事をすることは請け合いだぜ」。すでに彼は全国労組のトップに私のことを話していて、トップもその話に興味を持っていると、レーンは私に語った。私はその提案を検討することにした。

私は興奮して目眩がした。私の人生でこのような誘いを受けたことがなかった。私は三一歳だったが、状況からすれば、私も自分で計画を立てることができそうだった。経営コンサルタントになってちょうど六年後に突然、組合運動の世界で身を立てることを夢みていた。

それはタイミングのいい夢だった。シカゴのバーテンダー出身で四〇歳の組合指導者、政治的で頭の切れるエドワード・T・ハンレーが全国労組委員長に就任してから、過去に失敗続きだった調理師組合が、ここ三年ほど攻勢的に勢力を拡大していた。私がレーンに出会ったのは一九七五年だったが、ハンレーは全米でも最大級のホテルとレストラン・チェーンの金持ちで力強いオーナーたちと対抗できる勢力を創りだすため、調理師組合とホテル・バーテンダー組合との合併を取り仕切った。その翌年、装いを一変したハンレーの率いる組合は、ラスベガスの一五のホテル・カジノを相手に、足並みを揃えた五組合のストライキで指導的な役割を演じた。ちょうどかき入れ時の春の旅行シーズンだったので、二週間にわたるストライキで、町の有名な通りがほとんど閉鎖され、推定一億五〇〇〇万ドルの売り上げ損となった。

それ以前の調理師組合は動きの鈍い無力な組合だと人から見られ、アメリカでサービス関係の仕事が飛躍的に増大していたにもかかわらず、組合員数は退潮傾向にあった。一九六三年から七三年の間、組合加盟のレストラン労働者のパーセントは二三%から一五%へと後退した。しかし一九七五年のラスベガスでのハンレーの演出は、組合員数の下落が全体のストーリーではないことを示した。ハンレーが委員長になる前でも、レストラン経営者が考えているほど組合は無能ではなかった。事実、組合員数は増大していた。ホテル、レストラン、バーなどの分野は、組合の組織化よりも事業の拡大の方がより早かったので、組合に加盟している労働者のパーセントの伸びは小幅に留まった。ハンレーが委員長になったことで調理師組合の運営が変わった。その変化は政治的・財政的なてこ入れと結びついていた。切れ者の若手指導者が組織に活力を与えていた。任期のはじめの数年間で、ハンレーは調理師組合の組織化予算を大きく増額し、また組合路線に共鳴する議員立候補者には多額の資金をつぎ込んで組合の政治的立場を多いに高めた。

カリフォルニアでは、ハンレーの影響力はまだ個人的なものだった。一九七四年の知事選ではハンレーは前知事のジェリー・ブラウンへ、彼個人と調理師組合の双方を通じて多額の寄付をした。現職のロナルド・レーガン知事に対抗して僅差でブラウンを当選させたのは、調理師組合の支持があったからだと、当時複数の政治評論家は見なしていた。ブラウン知事はハンレーと調理師組合に大きな借りを作ったと、この業界で仕事をしてきた連中は見ていた。必要があればいつでもその借りを請求されるに違いないと私たちは睨んでいた。

自分が勧誘されるまで、労働側で働いてみようとは思ってもみなかったが、それは完璧で唯一の選択のように私には思えた。喜びを味わえる金と名声、それに権力を手にできると考えただけで涎が出た。次の数週間、組合幹部たちは計画を仕上げるために、組合のあるレストランで毎日ランチとディナーを続けた。私を雇うかどうかの鍵は、ジャック・ケネリーが握っていた。彼は全国労組の副委員長でハンレーに次ぐナンバー二だった。ケネリーは年配の組織部長がもうすぐ退職する予定だと私に語った。ケネリーは組合の代わり映えのしない組織化過程に刺激と創造性を注入するために、適任者を探して革新的な若手と入れ換えようとしていた。そうすれば新しくレストランやホテルで働こうとして流入してきた何千人もの若い労働者たちに手が届くことになるだろう。

「私たちは正真正銘、若者の運動を目指しているんですよ」とケネリーは私に語った。「新しいエネルギーが必要です」。

オークランドにあるビンス・レストランでジャック・ケネリーとパスタとサラダを分け合って食べる仲になったころには、私は心底から組合の仕事をやりたい気分で一杯だった。どうやればその仕事が手に入るかを私は知っていたので、ケネリーをちょっと引っ掛けてみた。過去に行なった反組合工作の内実を示すことでケネリーをわくわくさせ、経営者がどうやって組合と闘うのかを私よりも知っている人間は他に誰もいないと、彼に強く売り込んだ。

「だけど、逆の側で仕事ができるかね」とケネリーは尋ねた。

ご覧なさいと、私は彼にいった。なぜ経営者が勝つのかを私が知っているということは、当然、なぜ組合が負けるのかを知っていることになります。勝ちと負けを一回転させればいいのです。「仕事振りは手早く、大向こうを唸らせるのが大好きで、新しいやり方を考案するのが得意なんです」と私はいった。「私は自分流のやり方で進めます。組合の組織化攻勢にエネルギーをぶち込み、経営者を油断させせて取っ捕まえます」。

ケネリーは身震いしていた。私たちが話を進めるに連れて、彼はますます私が欲しくなってきた。金銭もさることながら、名声も確約できると私に迫った。「君はわが組合のスターになれる」と彼はいった。ケネリーはハンレーに私を売り込むため、シンシナティの労組本部に引き返した。

ケネリーとハンレーは長いこと組合で活動してきたので、私へ疑惑を抱かなかったというわけではなかった。二人はその危険性を知っていた。危ない買い物になるおそれが十分にあったからだ。簡単に彼らを裏切って、相手方に組合情報を売りかねない、組合・経営間の戦争で、双方に股をかけたダブル・エージェントは、私が最初という訳ではなかった。組合は組織化に躍起だったし、私の提供した情報は滅多に入手できる代物ではなかった。彼らは私に機会を提供してみよう決めた。ケネリーが私に密着して見張り、もし私が成果を上げなかったら、私を切りすてることになった。ケネリーが契約条件を整えた段階で、組合がアリスと私をパーム・スプリングスに招待した。そこのキャニオン・リゾートは調理師組合幹部用の憩いの家だった。私たちは四部屋続きの豪華なスイート・ルームで週末を過ごし、土曜日の夜は豪勢なステーキとワインでディナーを楽しみ、アリスと私は全国本部の幹部たちを喜ばせ、我々が共有することになる大いなる未来を語りあった。頃合いを見計らって、ケネリーが単刀直入に私に切り出した。「君をいくらで買えばいいのかね」。

私はすでに自分の売値を決めていた。私はそれまで一年間に三万ドル近く稼いでいたので、私は給料として三万六〇〇〇ドル、他に諸費用と全額組合負担の年金、それにマーティ・レビットの必需品として、好みの新車を要求した。ケネリーは私の提案に躊躇はしなかった。というのは問題がなかったからだ。現在の組織部長が退職するまでは、私は本部直属のインターナショナル・レップ[3]の肩書を使用することになるはずだ。

組合に雇用されることは、ワンマン・オーナーや重役会が結論を下す私企業で契約を勝ち取るよりも複雑なことを、私はその後すぐに学ぶことになる。結局、度重なる昼食と電話それに飛行機旅行が続いても、まだ複雑な手続きが残っていた。組合は州政府や連邦政府と同じで幾重もの民主的手続きを踏んで、全国本部がローカル・ユニオンへ介入できる方法を組合規約で制限していた。そのことが組織の動きを緩慢で煩わしいものとしているが、一方で、全国とローカルの双方に組合費を支払う組合員に対して、組合は一層多くの責任もつことになる。私のケースでいえば、全国本部が私を雇う権限を持っていたとしても、私を一方的にローカル・ユニオンに押し込むというわけにはいかない。なぜなら、ローカル・ユニオンの役員はそこの組合員によって選出されているから。私が大きな組織化攻勢で勝利を収め一般組合員の承認が得られるまでは、全国本部の役員会は私を組織部長に任命しないことにした。そして組織化で成功を納めるためには、私はまずローカルに入ることが必要だった。私を雇うことは決めたものの、全国本部はどこに私をはめ込むか、依然として探し回らなければならなかった。

都合のいいことにサクラメントに空きポストが見つかった。それは信託監査[4]と呼ばれるローカル・ユニオンを統制する規約上の例外事項のおかげだった。破産状態にある学校区や市の管理を州政府に請け負わせるのと同じように、問題を抱えるローカル・ユニオンを全国本部の信託監査下におくことで、ローカル・ユニオンの接収権限を全国本部に持たせていた。調理師組合と私の話し合いが始まって間もなく、ハンレー委員長はサクラメントのローカル四九を信託監査下に置き、義弟のテッド・ハンセンを信託監査人に任命した。そこに私をはめ込むのに問題はなかった。

ローカル四九のドアを通って中に入った瞬間に、ここは長居をする場所じゃないと予感した。ローカルの本部はサクラメントの中心街にあったが、冴えないこじんまりとした平屋建ての中にあった。多くの会社が私に提供した重役スタイルの生活とはとても比較にならないほど、事務所は狭く簡素な家具が置いてあり、仕事には際限がなかった。ところがローカルで働いていた連中は、この貴重な獲物の私をちやほやしようと一生懸命だった。彼らが自動車リースの請求書を受け取っても、ムーンルーフ付きの新車のリンカン・マークⅣを私が選んだのを知っても、見てみぬふりをしていた。それに私の食事代やホテルの宿泊代も彼らが払った。そして、何の質問もしなかった。

ローカル四九に到着したとき、私に与えられた任務はただ一つだけだった。それはサクラメントにあるレッド・ライオン・インを組織化すること、それ以外の任務はなかった。調理師組合は長年にわたってレッド・ライオン・インに悩まされてきた。組合を作らせまいとする頑固なチェーン店の経営者は、これまでに全国各地であらゆる組織化の試みを潰し、組合支持者たちの活動を非公然へと追いやっていた。手荒で狂気じみた反組合のマリオット・ホテルに次いで、レッド・ライオン・インは調理師組合にとってナンバー二の敵となった。レッド・ライオン・インを解放せよと私は仰せ付かった。そうすれば全国本部の階梯を昇ってゆく道も開かれることになる。

その仕事以外に何の義務もなく私は自由だった。これといった固定されたスケジュールも文書による報告もなし、ローカルには私の上司はいなかった。事実、全く職務分掌がなかったのだ。私に与えられたのは目標だけだった。どのように、いつそれを達成するかは、私次第だった。全国本部はこの異端のオルグが勇気あふれる組合新時代を始動させるだろうという期待で寛大だった。私を使うことは実験であり、みんなは進んで新しいことを柔軟に受け入れようとしていた。

私とは対照的に、ハンセンとそのスタッフは、少ない報酬で何時間も退屈で膨大な仕事をこなしていた。小人数の役員とビジネス・エージェントは、五〜六人の書記と事務員の助けを借りて、サクラメントの事務所で仕事をしていた。中北部カリフォルニアに散らばっている三〇〇〇人もの組合員を受け持つローカルは忙しかった。事務局員を除けば、誰一人机に向かっての仕事はしていなかった。

ビジネス・エージェントは、各々に割り当てられた多くのホテル、レストラン、バーで働く労働者と会うために、また申し立てられた苦情の聴聞会へ出席したり、その他無数の管理業務を点検するために、一日の大半を現場回りで過ごしていた。未組織の職場の従業員たちを組織化する場合、ハンセンと年配のビジネス・エージェントたちは、認証選挙までの間、他の仕事の合間に組織化工作を何とかしてやり遂げなくてはならなかった。仕事はしばしば連日連夜にわたることになった。

ハンセンから見ると、私の仕事は贅沢なお遊びだった。私に与えられた特別待遇は、周りにいろいろ憤激を引き起こした。「我々がシボレーを運転しているときに、奴だけが青い大型のリンカーンを運転していた」と、当時を思い出してハンセンは語っている。彼は信託監査が終了した段階でローカル四九の財政書記[5]に選出され、その後一九九〇年代までローカルを率いてきた。「私はほとんどマーティーを見たことがなかった。私が知るかぎり彼は何もしてなかった」。

このような甘やかされた扱いであったが、それでも私は満足できなかった。活気がなく垢抜けしないサクラメントの町が嫌いだった。それにローカル・ユニオンの仕事は、私の想像とは違って、とてつもなく退屈で、華々しいものではないことが分かった。会社相手の六年間の高級な生活の後では、この新しい仕事は退屈でうんざりだった。ローカルでの仕事は、かつて私が慣れ親しんだ快適さを決して与えてくれないことは確かだった。組織化することは困難で退屈で、ロマンティックとは正反対で、ケネリーと高尚な会話を交わしていたときに想像していたものではなかった。ローカル四九は興行師を必要としてはいなかった。必要だったのは屈強な労働者と組合作りの信念の持ち主だった。私はそのどちらでもなかった。

ユニオン・バスターの仕掛け袋からひとつのトリックを取りだして、レッド・ライオン・イン工作にあたったが、それだけで私のインスピレーションの井戸は最初の週に枯れてしまった。そのトリックとは、レッド・ライオン・インの重役たちに対して、私が最近まで労使関係のコンサルタントをしていたと宣伝して、サンプルを無料で提供して二時間のワークショップを提供した。重役たちは餌に食いついてきた。私はホテルの会議室に全経営者ならびに管理職を集合させた。組合のオルグは、その間授権カードへの署名を集めるためにホテル中を走り回った。この計略は赫々たる成功を収めた。組合の人間が見つかり、ホテルから放り出される頃には、私たちは認証申請の申し立てに必要な署名を集め終わっていた。

この離れ業は私の自慢だったが、その後の面倒は見なかった。レッド・ライオン・インの組織化工作は失敗に終わった。レッド・ライオン・イン工作を引き分け試合に持ち込むことに私が決めたころには、組織化はずる賢いトリックを使うよりもずっと難しいことに私は気づかされた。組織化は、経済的・社会的な底辺にいる脅され孤立させられ傷つきやすい人々を、奇跡をもたらす労働者に変えること、金持ちで力あふれる企業と進んで闘う団結した勢力に労働者を変えることだった。決して終わりのない仕事で、一生のすべてを注ぎ込んでも悔いのない仕事であった。私は目潰しのトリックは使えたが、奇跡を行なうことはできなかった。私はそこから逃げ出したかった。組織化の意欲も知恵もあったが、いかんせん私にはハートがなかった。私が考えていたのは、二〜三のステップを踏んで早く組織部長に上り詰めることだった。ホテルの洗濯婦や給仕と一緒に塹壕に籠ることになろうとは考えてもいなかった。

素早く組合の大物になるという私の目論見自体は完璧だった。サクラメントからちょうど一〇〇マイルほど東の地にあるネバダ州北部の観光都市レノを、私は組織化することになっていた。ラスベガスでの調理師組合の強さは伝説的だったが、レノでは経営者が組合を締め出すことに成功していた。市の何十というホテル、カジノ、レストラン、食堂の経営者は、組合を結成しようとしていた労働者を締め出そうと決意も固く、私がレノを解放できれば、全国労組での私の将来は保証されたも同然だった。

私がレノに魅かれたもう一つの理由は、個人的なことからだった。私がサクラメントに職を得てからはずっと、アリスは妹のステファニーと一緒に過ごせるようにと、家族ごとレノに移るよう私に働き掛けていた。移転すれば私の通勤時間は延びるが、それほど大幅にということでもなかったし、私がもっと大事にしていたのは、アリスを幸せにすることだった。

二つの動機が重なって、私はレノ攻略作戦についてケネリーに話した。この町全体を組織化できるだろうと私は話した。私はレノの連中のゲームのやり方を知っていたので、それをやっつけて連中を打ちのめすことができるはずだ。ケネリーはそれを大変気に入った。私が雇用されてほどなく、全国労組はレノでの住宅購入代金五万七〇〇〇ドルの頭金として、五〇〇〇ドルの前払いに応じてくれたことからみても、ケネリーは私ならそれをやれるはずだと信じていたに違いなかった。

一九七六年二月二〇日、私はクリーブランドから電話を受け取った。母さんからだった。彼女の声は弱々しく、言葉は妙に空に浮いていた。弟のハーベイが死んだ。自殺だった。その日の午後、ヘロイン中毒の治療薬メタドン（鎮痛剤）服用プログラムから解放され、麻薬中毒症状から抜け出したと宣告された後で、ハーベイはガレージの中に姿を消して、自動車の中に身を沈めフロント・シートの下方から、父親の銃を引いて頭を打ち抜いた。二六歳だった。

自殺。ハーベイが死んだ。私にとってただ一人、世界でただ一人の弟。私は弟を本当のところよく知らなかった。シャイな感じ、目立たなかった愛らしい小さな少年。あの優しい、悩みながら部屋の中にこもっていたティーンエジャーの大人しい若者。彼は死んでしまった。思いだそうと努めてみたが、思い出せない、顔が浮かんでこない。声は聞こえてこない。何もなかった。恐ろしいことに何も思い出せない。逝ってしまった。私はどこにいたのか。私はどこへ行ってたんだろう。私はずっと忙しくしていた。義理の母と父、そしてアリスを喜ばせるのに忙しかった。私の両親は何をしていたのだろうか。両親もまた、忙しかったのだろう。両親も私も一生懸命だったのだ。

私はハーベイの葬儀に出席するためにクリーブランドへ帰った。そして自宅に戻ってきたとき、私自身も死んだようになっていた。私は弟の葬儀のことをアリスにも話さなかったし、回想することも車を運転することもできなかった。日によっては、私はベッドから起き上がることもできなかった。私はもはやサクラメントへ出勤しようともしなかった。家にこもり、呑んで、眠って、あるいは眠ろうと努力した。ケネリーがしばしば電話をかけてきて、レノに引きこもって一体何をしているんだと尋ねた。彼と何を話したのか思い出せない。話したとしてもハーベイのことではなかった。罪の意識、怒り、精神的苦痛、すべてのものを感じ、何も感じていなかった。どう考えたらいいのか私には分からなかった。結局、考えないように努めた。

数週間が経ち、ケネリーはうんざりしていた。私の方も同じだった。組合との取り決めは失敗だったことを二人とも認めざるを得なかった。つまるところ、この取り決めはそれほど素晴らしい考えではなかったのかも知れない。組合は失敗の後始末をしたがっていた。私たちは全ての取り決めをキャンセルすることにした。

ハーベイのことで深く悲しみ、また、彼のやり場のない人生と孤独な死を悲しむ私の感情を和らげることができたなら、違った進行をたどったに相違ないと、その当時を振り返って私は考えてみた。恐らく、私はもっと自分の中に良心を育み、それにしたがって生きる道を学ぶことができたに違いない。しかし、刃の上に身を置くしかないようなギリギリと緊張した生き方は、私自身の構えだった。しかも稼ぎの少ない時期の生活を面倒みる蓄えは私には全くなかった。調理師組合の仕事を失った当座、私はどうにかして飯の種を見つけなければならなかった。精神的に生まれ変わる時間的余裕はなかったし、とにかく生計の道を立ててゆかねばならなかった。そこで姿見に自分を写しだし、元来た道へ戻ることにした。つまり、ユニオン・バスターとしての私の信用を再びかき集めた。

私が組合の仕事をしようとしていた時に、レノをじっくり観察していたので、経営の側からそのプランを鋳直してみるのは、さほど難しいことではなかった。レノでは深刻な争いになるような組織化工作が起こらないことを私は知っていた。だが、ラスベガスでの組合の騒動を引き合いに出せば、州北部のホテルやレストラン経営者たちに「組合防止プログラム」の必要性を確信させることは可能だ。私はいつもの「同じことがここで起こらないようにするために」の売り込み文を書き上げ、レノでもっとも強力な男たちに言い寄る作戦を立てた。

売り込み電話を掛けることで、私の気持ちは持ち直した。仕事を追いかけているかぎり、ハーベイを忘れることが出来たし、組合のことや心細くなってゆく銀行口座や、妻や小さな子供のことも忘れることができた。売りこみ役を演じているときの私は、不可能なことなど何一つないという気分だった。人生そのものが刺激に満ちているように感じられた。レノのホテル業界が私を迎え入れることに私は何の疑いも抱かなかった。次から次へとトップ経営者は、彼らの聖所に私を招待し、私の話を聞き、おびただしい数の鋭い探りをいれる質問をした。レノ経営者協議会の会長からハラー・グループのホテル・カジノの経営者に至るまで、これ以上あり得ないほど実によく耳を傾けてくれた。最低でも五～六人ほどの人たちが、その場で私の取引に応じる直前までいった。役員会で検討して私に返事をくれることになった。ぐずぐずしている時間はないということに彼らは賛成してくれた。

数週間が経過したころには、私は相当多くの得意先の開拓をすませていた。見積もりではあと数日もすれば大きな魚が餌に食い付いてくるはずだった。しかし、誰からも電話はなかった。私はもっとも期待できそうな見込み先をチェックしてみた。彼らの言い分は弁解じみていた。何か決定したら速やかに返事を寄越すといったが、何の音沙汰もなかった。私は狐につままれたようだった。幾つかのカジノの顧問弁護士をしているビル・オメイラと私が会ったときのことだが、突然の沈黙のあしらいを受けて、はなから当惑してしまった。しかし、彼に会わなかったら、レノの経営者による冷遇はこれまでの私の職歴で最大のミステリーとして残ったに違いない。ビルは私が気に入ったようで、なぜ私が仕事の釣り上げに失敗したか、その背後理由を私に教えてくれた。二人の話がレノの経営者を釣り損ねた点へと向かったとき、ビルは机の方に歩いて行き、レノ経営者協議会のレターヘッド入りの便箋にタイプされた手紙を取りだしてきた。会員全員にあてた手紙には次のようなことが書いてあった。

　経営者の皆さんへ

　労働コンサルタントを自称しているマーティ・レビットから連絡があったことと存知ます。

　ミスター・レビットは、実のところ、二重スパイだということをお知りおき下さい。彼はホテル・レストラン・バーテンダー従業員全国労組から給料を貰っています。そして、彼は私たちのビジネスへ浸透を図っています。ミスター・レビットはレノの経営者が非組合のままでいるのを手助けするとあなた方に話すかも知れません。しかし、実は彼はスパイとしてここに……

協議会会長クリントン・ノールのサインがしてあった。ミスター・ノールがどこからこの情報を入手したのかは、今となっては唯一のミステリーとなった。組合の人間がその手紙を書いたとは考えられなかった。なぜなら、組合は私がレノをうろつき回っているのを、その時分まだ知らなかった。多分サクラメントのレッド・ライオン・インの誰かがノール氏に内通したのだろう。よろしい。協議会への情報提供者が誰であったか今のところ薮の中だとしても、私の鼻は実によく利くし、鼠の臭いは嗅ぎ分けられるものだ。ビル・オメイラに私が電話したちょうど数日前に、面白いことに彼の顧客の一人が組合防止プログラムに関して、別の労働コンサルタント会社から連絡があったと、私に話してくれた。そのもうひとつの会社とはスリーエムという名で知られているシカゴの大手コンサルタント会社だった。なるほど、そうだったのか。私はビルにスリーエムとの関係について話をしたところ、その喧嘩を買ったらどうかと励ましてくれた。私がスパイだなんて彼は一瞬たりとも信じていなかった。彼は私が信頼できる人物だと彼の顧客たちに請け合ってくれると言ってくれた。スリーエムが一日五〇〇ドル請求することを私は知っていたので、私は自分の値段を一日三五〇ドルにセットした。

安値をつけたのが、結果的に私の失敗となった。私は仕事を貰えなかった。しかしビルによれば、仕事が貰えなかったことと例の回状とは関係なかった。事実、彼の顧客の見方は私が組合の内部情報に通じていたら、それはかえって好都合だと考えていた。問題は私の値段にあった。安い値段をつけ過ぎたのだ。ビルの話では、重役連中は私に関心を持っていたが、私の安い値段が彼らに疑いを抱かせた。私に何かまずいことがあるに違いないと彼らは考えた。もしマーティが本当に腕利きのユニオン・バスターなら、なぜ自分を高く売り込まないのだろうかという訳だ。

彼らはスリーエムと契約した。私はこれ以上、仕事の申し出をしなかった。その日を境に、私はこの業界でもっとも高額なユニオン・バスターになろうと決心した。

経営者の心理をどう摑むかというこのちょっとした教訓は、その後も私をよく救ってくれたが、同時に私を葬り去ることにもなった。組合での地位を失ってから一カ月ほど経過しても、私は金を稼ぐ手立てがなかった。私の手の内には何の隠し玉もなかった。アリスは取り乱していた。私がビル・オメイラと二度目に出会ったのは、私の個人的な問題に関してだった。自分で掘った墓穴から抜け出す唯一の方法は自己破産しかないという結論に私とオメイラは達した。家の支払いが滞っていた。全ての家具をクレジットで購入していたのでローンも残っていた。その上に五〇〇〇ドルの借金が調理師組合に残っていた。惨めだった。

自己破産事件の進展に連れて、私の飲酒も深まった。アリスは私をたて続けに非難し背後から責めた。私の癇癪も激しさをまし、一杯呑む毎に相手を怒らせた。悲惨さに終止符を打つためにとった自己破産手続は、数週間に渡って私を苦しめ、責めつづけた。自己破産法廷は変質者とサディストが占拠しているように私には思えた。というのも、いったい他の誰がこんな辱めと悲惨さを引き起こす仕事を楽しむことができようか。ある日、私が家を留守にしていたとき、この事件を担当している破産管財人が家にやってきて、売りに出せる価値のあるもの全てを運び去った。当時私がもっとも愛着を持っていた骨董品としての価値ある八個の時計や、新しいソファ、二人用越しかけとふかふかの安楽椅子まで持ち出していった。そして、私たちの車も差し押さえられた。銀行は私たちの家を抵当流れにして取り上げてしまった。破産にホームレス。アリスとジェィソンと私の三人は行くところがどこもなく、結局、ママとパパのカンプーリス家の裏にあるうらぶれた小さなあばら屋、サンレアンドロの四二三クラブに戻ることになった。

ベイエリアへの帰り旅ほど象徴的に事態を写し出しいるものはなかった。さながら印象派の絵画そのものだった。激しい吹雪が空を黒なずませ、私たちのしかめっ面を凍てさせた。そのために、レノ空港は閉鎖になり、哀れを誘う三人一組は、込みあった物寂しいグレイハウンド・バスで寒風吹きさぶシエラ山系を通る帰り旅を強いられた。風と雪が山腹をむち打つ中を、灰色の重量バスはぞっとするような五時間をかけて山道を音を立てて登りそして再び下った。やっとオークランド空港に着いた時、私は、怒りそして黙りこくり、意気消沈していた。前年には弟を失い、仕事は崩壊し、職歴は毒され、金と家を食い尽くし、私の結婚を苦渋に満ちたものにしてしまった。

鶏小屋の四二三クラブへ舞い戻った私は、何をしていいかなどと戸惑って時間を過ごす余裕はなかった。ぶらぶら過ごしていることへの圧力もあったが、持ちあわせている技能はたったひとつだけだった。義父から自動車を借りてオークランドの全国労働関係局の支局へ出かけた。すぐに幸運を掴んだが、いつもとは違って小さなものだった。ティブロンから海岸を少し下った海辺の町マリン・カウンティのサウサリト、そこは古風で趣のある裕福な人々が住んでいた町だったが、そこの映画会社の組織化申請書を手に入れた。オーナーで髭面の大男ジャック・バーニーに私は面会したが、それは自分の顧客との出会いというよりも、私をスターに押し上げてくれるトレーナーに会ったようなものだった。彼は私を一流のユニオン・バスターで、かつての雇い主であった調理師組合を相手に成功もし、その組織からもっとも軽蔑されることになった男として、私を売り出してくれることになった。

バーニーの考えることとは大きく行動は素早かった。私が稼ぎのためにこれまで何をしていたかを説明すると、どうすれば金を手に入れることができるか、すぐにその計算を始めた。彼は自分の会社が組織化工作に晒されていることなど全く心配をしていなかった。私の提供する対抗的組織化にも関心を示さず、私個人そのものに対して関心を抱いていた。

「考えてご覧」と、彼は私に話した。「低級なちまちましたコンサルタント契約に無駄な時間を費やしているわけにはいかないよ。映画を作ってみるのはどうだろうね」。

バーニーと私はあっという間に共同経営を行なうことに漕ぎ付け、経営者向けに一連の組合潰しの訓練映画を作成するというアイディアを進めた。私たちのビジネス関係は、かろうじて六カ月持続した。その間たった一本の映画を作った。とはいうものの、その短い期間でバーニーは死にかけていたマーティ・レビットのキャリアを蘇生させた。バーニーは映画製作者というよりもマーケティングの天才だった。彼は製品をどうデザインしたらいいのか、どう仕上げればいいのか、どう売り込めばいいのかを知っていた。バーニー＝レビット共同経営で、彼が売り込みたかったのは私という素材だった。バーニーは買い手の釣り上げ方を知っていた。たとえば、もし私たちがある市場を支配したいと思うなら、的を一つの産業に絞らなければならないということであった。私が調理師組合で仕事をしたことがあると彼に話したとき、彼は大笑いをして、それは狙い目だといった。食品・ホテル産業で組合回避策を導入する役を私が演ずるのだ。バーニーの計画によれば、私たち二人が接客産業をターゲットに組合防止対策フィルムを作成し、次いで私の主催するセミナーやワークショップでそのフィルムを売り歩く手筈だった。セミナーは私の十八番だったし、日の目を浴びるチャンスだった。私はセミナーを二人の商売の的にしようと考えていたが、バーニーはセミナーのように丸一日もかける催し事は、重要な製品のフィルムを売り込む手段にすぎなかった。

バーニーは私たち二人が育んできた企業に、経営者と従業員の平和的な結合を約束する「シンセシス（統合）」と命名した。彼が選んだ会社のロゴは大変厚かましいものだった。私たちの創造的な努力のシンボルとして、彼はミケランジェロのシスティナ大聖堂の傑作、神の手がアダムの手に触れなんとする、あの有名な部分を剽窃した。全国津々浦々のホテル・レストラン経営者に郵送した何千、何万というシンセシスの案内パンフにはこの絵が印刷されて、あのジョン・シェリダンでさえ声高に言えないといっていた言葉、「私たちは主のなさる仕事を行なっています」が掲げられていた。

仕事が再び軌道にのってきたので、アリスと私は四二三クラブを後にしてサウサリト港の内陸部、ケントフィールドに小さな家を借りた。バーニーはそこでヨットに住んでいた。一九七六年五月一日、バーニーと私は、六月から全米一〇カ所で開催するシンセシスの最初の反組合ワークショップ、その宣伝用事業案内パンフを投函した。受講料は一人当たり一五〇ドルで、各ワークショップの参加人員を二五人に絞った。うたい文句の小人数でお互いが親密になるという舞台設定は、集中訓練にとっては必要不可欠だった。この宣伝用パンフはマーケティングの傑作で、ユニオン・バスティングの宣伝用文句としては古典的な文書となった。その宣伝用パンフは縦一四インチ・横一一インチで厚手の三つ折りの紙に、アメリカ国旗の赤、白、青の三色を使って印刷してあった。表紙には、新聞の見だしから取ったコラージュと、ホテル・レストラン組合が引き起こした大荒れ模様の中で金切り声で叫んでいる記事、とりわけ最近のラスベガスでのストライキの記事を注意深く選んであった。パンフレット表紙の左上の角には、赤い文字で「この状態が今起ころうとしている」と警告してあった。その下には、新聞の切り抜きの中から詳細が選りすぐられた。

「コック、バーテンダーが、ラスベガスのストライキに参加」

「ラスベガスの歓楽街の損失見込みは一億五〇〇〇万ドル以上で、二五万人の客を失った。どの組合でも今やストライキ投票に誰一人として賛成などしてはいない。

伝統の終焉――甘やかしを止める時。

「レストラン業界の弁護士ミルトン・マックスウエル・ニューマーク」は「組合化されている店を良心的に運用しようとして」、かえってこのチェーン店を財政的なトラブルに巻きこんでしまった、と述べている。

パンフの見開きページで、さらに組合攻撃の文章が続く。

誰でも、いつでも組合の攻撃対象となる。

今こそ対策をたてる時だ。組合の侵略に対して業界が免疫をつけ、勝手に動き回る組合の攻撃がもたらす会社破壊と闘う時期が到来している。

ここにあなたがやれることが一つある。それは、ホテル・レストラン・バーテンダー従業員全国組合が今やろうとしていることを、専門家と一緒に研究することです。訓練を受けた会社の管理者と職制と一緒に、どう反撃するかを探求することです。

シンセシスが提供
マーティン・J・レビットがお教えする予防的労使関係の組合破壊コース

業界の人々の恐怖を利用して、顧客の良識に訴えることで売りこみを締めくくった。パンフレットの最後のページには神々しいロゴの下に、組合を排除することが実は経営者の愛情なのだと主張するソフトな売りこみをした。そうだ。従業員への愛。私たちはアメリカ・インディアンの詩人で哲学者、一九七〇年代に人気を博したカーリル・ジブランの言葉を引用した。ジブランはこう書いている。「あなたの愛の結晶が仕事です」と。最後は逆説的なメッセージで締めくくられていた。

意味のある仕事をやり遂げることから得られる、誇りと安らぎを奪い取れ。労働生活の中にある人間の正当な「主張」を奪い取れ。そうすればあなたは多くのトラブルを抱え込むことになる。
私たちは「労働対経営」という二項対立に経営者が終止符を打てるよう手助けができると確信している。そして従業員を「仲間の一員として」抱え込むことで完全に組合を流行遅れにするのです。

このパンフレットにはきらびやかに真理と歪曲がブレンドされ、広告文として格調たかい作品だった。この広告は役に立った。私たちの六月のセミナーは満員の盛況だった。

私が仕事にこれほど素早く復帰したことを知って、調理師組合は私を見過ごさなかった。サンフランシスコのハイアット・リージェンシー・ホテルで連続セミナーの最終回が開催されたとき、抗議のプラカードを携えた五〇人ほどの組合員が押しかけてきたが、それは始りに過ぎなかった。その後三年間に渡って全米各地で調理師組合は私をつけまわし、レビット興行に毎回ピケを張ることになった。しかし、一九七六年六月三〇日にサンフランシスコで行なわれたセミナーは、私が悪名を轟かせた初めての厄介な事件となった。一昔ほど前のフリー・スピーチ運動以来、ベイエリアで市民的立場を演じ続けてきた喧嘩腰の反体制派新聞『バークレー・バーブ』が、私たちの主催したワークショップに記者を送り込んできた。バーニーはその若い男を摘みだし、玄関先でのインタビューを勿体ぶって許可したが、その記者は事業案内についていろいろ質問をした。そのインタビュー記事の中で、『バーブ』は、シンセシスの主催したワークショップを、「秘密に包まれたユニオン・バスターの学校」と呼んだ。バーニーは菓子にふりかけられた「粉砂糖」で、反組合謀略の「ケーキ本体」が私だと、その記事は紹介していた。ユニオン・バスターという呼び名で、公に私を記事にした最初のものであった。この『バーブ』の記事を私は誇らしく思った。一九七〇年代後半を通して私の「学校」に出席していた経営者たち、その大半はレストラン産業だったが、彼らから頂戴した推薦状と感謝の手紙を並べてスクラップ・ブックに張り付けていた。

バーニーとの共同事業は、七月唐突にも終わりを迎えた。それは彼との付き合いに飽きがきていたことから起こった。私はバーニーに衝動的に電話をかけて、これ以上一緒に仕事を続けたくないと話した。共同事業は終わりを告げた。それは慌ただしい決断だったが、私は自分の自制心のなさの代償を支払わなくて済んだ。というのは、その時までにバーニーは私が将来成功を収めるための種子を植え付けてくれていた。経営者たちが私のセミナーへ出席する機会を逃せば、事業の将来を制御する絶好の機会を失うことになる、とバーニーは経営者たちに吹きこんでいた。マーティン・レビットをレストラン産業内で最も著名な人物に仕上げることがバーニーには必要だった。皮肉なことに、バーニーとの関係が切れた二カ月後の一〇月になって、私の売り込み戦略が本格化した。その時までに、私は「マーティン・J・レビット従業員統合プログラム」というレストラン産業向けの個人経営のユニオン・バスティング企業にシンセシスを組み込んで、再び個人で事業を開始した。そして、一〇月一日、業界雑誌の『インスティチューションズ』誌は調理師組合に関するレポートを載せ、連邦政府の調査のターゲットになった組合財政に関する綿密な分析を掲載した。調査レポートにからめて対抗的組織化戦略のテクニックを紹介する記事が大きく掲載されていた。メキシコ料理レストランや電子レンジ料理などの特集記事の合間に、私の提供する予防的労使関係のための事例を紹介し、「経営者が取るべき最高の防御」だという記事で締めくくられていた。

有り難う。ジャック・バーニー。

いったん、『インスティチューションズ』の記事に登場するや、私の商売は激しい渦に巻き込まれ、突如として需要は大いに高まった。仕事はどこからともなく沸き上がってきた。全米各地のレストランのオーナーたちは、強力で邪悪な組合が押し込んできて、王国の掌握力を緩めるよう経営者に強制するかも知れないと恐れ怯えていた。経営者は組合から企業を防衛するためのコストは喜んで支出しようとした。レストラン経営者はその年の一一月と一二月に開催された、アトランタ、シカゴ、サンフランシスコのセミナーに馳せ参じた。私はバーニーと組んでいたときと違って、参加者数に制限を設けないことにした。各セミナーに一〇〇名の参加希望者が押し寄せ、セミナー当たりの総収入は一万五〇〇〇ドルにもなった。

シカゴのセミナーでは、全国レストラン協会の教育セミナー担当部長のスティーブ・ミラーが、私に接近して来た。彼がいうには協会の会員たちは組合問題では救いようのないほど分裂しているので、協会はこれまで意図的に労使関係のトレーニングを避けてきたという。しかし、私の話を聞いた後では、協会が何らかのガイドラインを準備する時期に到達していること、協会のバックアップで組合予防活動を続けていきたいと熱っぽく話した。協会の提供した報酬は、独りで稼いでいた額に比べれば僅かなものだったが、協会と組んで有名になればこれから商売も繁盛するだろうと考えて、彼の提案を受け入れることにした。私の判断は正しかった。一つセミナーを開けば不可避的に次から次へと繋がってゆき、その結果、仕事は引きを切らず、どっぷりと金に漬かることになった。私は金鉱を掘り当てた。

ジャック・バーニー自身も、レストラン産業の地下資源がどのような輝かしい母なる鉱脈を産出するのか理解していなかった。建設産業を除けばアメリカのどの産業よりも、接客産業は多くの労働者を雇用していた。一九七〇年代には、金融、保険、医療などの他のサービス産業と同様に、接客産業はブームを迎えていた。だが組合回避コンサルティングに関していえば、接客産業以外のサービス産業については、すでに誰かが手を付けていた。シェリダンは一五年も前から銀行と保険業を取り込んでいたし、スリーエムは全米各地の病院と老人養護センターで雇われたガンマンだった。食品サービス産業はユニオンバスターに残された最後のフロンティアで、そこは私の手に落ちた。

レストラン産業はまっ新《さら》の処女地だったので、その征服は全くスリリングだった。レストラン経営者という人種は、実は俗物だということに私は気づいていた。無知もいいところで、精練された所が全くなく、労働者の扱いが残忍きわまりないのだ。産業としてみれば、食品サービスは、労使関係では他の産業と比較して最低でも二〇年もの遅れがあった。賃金は最悪で、付加給付は最低。雇い入れも解雇も気まぐれで、管理者の訓練は全くなされていない。意思決定は独善的だった。これまで貧弱な経営を私は沢山みてきたが、労働者たちを不幸で不安にさせる点では、レストラン産業よりも劣悪な所は他にどこにもなかった。

他のどの商売よりもオーナーはレストランを自分の業績を称える記念碑と見なした。部屋の細部の飾り付けから食事のメニューや休暇の取り方に至るまで、個人経営レストランはそのオーナーのエゴが商売を通して表現される。そこには他人が口を挟む余地が残されていない。従業員の役目は、ただひたすら仕事をすることである。従業員のアイディアには関心は払われないし、提案をしたところで喜ばれない。従業員の個人的な抱負などオーナーにとって何の重要さもない。従業員の福利が問題となるのは、そのことが仕事に影響を及ぼす場合に限られていた。レストラン経営者が労使関係について多くのことを学ばなければならなかったことは明白だったが、エドワード・T・ハンレーがいなかったら経営者は労務問題などに何ら関心も払わなかっただろう。ハンレーの配下のオルグたちは、縦横無尽に全米各地を駆け巡り、生活可能な賃金への希望と仕事への尊厳を掲げて、ホテル・レストラン労働者を組織していた。

ボスたちは役員会を挙げてどう組合に攻撃を仕掛けるかを学ぶため、私の所に足を運んだ。従業員に対して経営が主導権を保ち続ける秘訣と、組織化攻勢に晒されている間にどう反撃するかを私から学んだ。また、運悪く組合認証選挙で敗けてしまった場合、最初の団体交渉の場で、どう組合を叩くかを学んだ。逆認証[6]工作に経営者が関与することを厳しく禁じている法律に触れないように、あたかも従業員の自発的な運動で、組合を脱退させるやり方も後になって学んだ。レストラン経営者が学んだもっとも重要なことは、もっともらしく従業員の意見を聞いたり、公明正大さを奨励したり、また単純明快に経営方針を作成したり、従業員規則のいくつかを緩和したりした。それは組合問題の裏をかくトリック、巧妙な誤魔化しだったが。私のやり方は、従業員が力をつけるように私が振る舞ってみせはしたが、本当は従業員に沈黙を強いることだった。しっかり喋らせろ、そして話を聞いて貰えると感じさせろ。事実、その話があなたの役に立つときには耳を傾けろ。聞く振りをして悪いってことは何もない。取捨選択をきちんとすればいいだけだ。手綱を少しばかり緩め、労働者たちは手綱が外されていると信じさせ、組合を軽蔑するように騙すのだ。私が教えた経営管理の黄金律ともいうべき大切な指導原理は、不満を持っている従業員を会社側に取りこむことだった。反対派の連中をボスの隣に座るようにしてしまえば、一般組合員は争議を起こすことに魅力を感じなくなると、私は教え子たちに約束して回った。つまり、革ジャンを着た長髪の男の子に首ったけの一〇代の娘の頭を冷やそうと願って、その当の男の子をディナーに招待しようとしている両親のようなものだ。同じように、狡猾な経営者は職場での謀反の芽を抱え込んでしまおうとする。謀反を企んでいる人たちに感謝しなさい。なぜなら、その人たちこそ組合に対する効果的な防壁だから。もしその活動家に、組合がなければもっと沢山獲得でき、またもっと権力を手に入れることができると確信させることができれば、それであなたは戦争に勝てるのだ。

一日制のワークショップは、一九七七年までに二日制へと延び、私の経営する企業は、「従業員協調協会」の名前で再び生き返った。一方で、私はまだ個人で反組合工作の仕事を行なっており、たとえば、最新流行の若い女性向けの食堂、ホッグス・ブレス・インの経営者で、わずかな期間、俳優をしていたクリント・イーストウッドと一緒に仕事もしたが、セミナーの多くは全国レストラン協会を通じて行なわれた。協会の仕事で私は忙しく、話をするたびに注文が増えた。自分の教えるものを科学だと紹介したが、実際は人に錯覚を起こさせるテクニックにすぎなかった。錯覚の仕掛け人として、信じたいと願う聴衆の熱意を私は大いに利用した。しかしビジネスマンとして、時には自分の主張の信憑性を証明しなければならないことを私は知っていたので、必要なときはいつでも引き出せるように、一見科学的と思わせるようなデータを蓄えていた。私が好んで使ったデータは、全国労働関係局と労働省の統計、ＡＦＬ—ＣＩＯの報告書、新聞記事、裁判所の判決類、そして信用を得られそうで私の講演に導入できそうなものなら何でも用いた。私の使ったデータは不完全で前後の脈絡が完全に欠けていたとしても、大半は正確だった。しかし、データの幾つかは、私がでっち上げたものもあったが、そんなことは問題じゃなかった。私が話す相手は大体が組合組織化工作と直面しているか、あるいは組織化工作の恐怖に直面している経営者だったから、私は改宗者に向かって説法するようなものだった。私のやり方に従うように聞き手を説得し、他の人ではなく私を雇えと説得するようなものだった。

組合問題に直面していない経営者に「組合予防」サービスを購入するよう説得する仕事は、そう容易ではなかったが、私たちコンサルタントはどんな状況の下でも売りこみを行なってきた。売り込みの電話では従業員態度調査という手っ取り早く役に立つ道具を使用した。後に「意識調査」として知られることになる、科学的客観性の光沢を帯びた態度調査を使って、大勢の憶病な企業管理者を信者に仕上げた。もちろん、これが私たちの商売の最終目的でもあったわけだが。私は早い段階でこの態度調査をシェリダンから教えてもらった。彼は品が良くないが、無理やり相手の家に入り込むという伝統的な販売技術の精練した翻案として、この無記名投票を意図的に用いることを弟子たちに教えた。態度評価の結果は必ず何時も同じように、経営者が注意を払わなくてはならない幾つかの重大な問題を間髪をいれずにコンサルタントが指摘することになっていた。この問題を放置すれば、組合組織化攻勢が必ず起きるという、いつもの殺し文句だった。

一九七八年にはスリーエムはヘルスケア産業の分野で名の通った従業員態度テストの専門的ユニオン・バスティング会社のW・I・クリストファー・アソシエーツ社を傘下に収めるまでになった。クリストファー社の取得によって、スリーエムは従業員態度評価という武器を労使関係業務に加えた。この従業員態度調査は今日に至るまで、大勢の元シェリダン信奉者やスリーエム崇拝者、その子供や孫の代に至るまで、労使関係コンサルタント第一級の販路拡大道具の一つとして君臨している。それは当然のことだ。世論調査からその結論を引きだすように条件付けられている人々は、商売上の諸問題への答えを引きだす誘惑に抗することはできないという訳だ。窃盗、組合行動、または「望ましからぬ行動」などの性癖をみつけだすのに適しているという、あの驚くべき心理テストと同様に、従業員態度調査は、業界によって科学がサービスに撚り上げられた恥ずべき例である。

買い手を釣り上げるセールスマンの口上のように、従業員態度調査が出鱈目なことは、使い始めたときから私には分かっていた。職場でごたごたを引き起こして、それを解決することで生活費を稼ぐコンサルタントが、労働者は基本的には幸せだといった調査結果を導きだすことがあるだろうか。食品産業での売れっ子になって一〇年も経過してから、態度調査の大半がいんちきだということを、心底から理解するに至った。

レストラン協会と組んで順調に仕事をしていたとき、私はある三人組と仕事を一緒にすることになった。接客産業での私の影響力と彼らの専門知識とを結び付ければ、レストラン業界の選抜きの顧問団として居心地のいい居場所を獲得できるという提案は、ビクトリア・ステーション・レストラン・チェーンの上級経営幹部のハーロウ・ホワイトから持ち込まれた。ホワイトは会社の仕事にくたびれ果てていたので、コンサルタント業のような自由が利いて金儲けができる仕事についてみたいと語った。彼には二人の友人がいて、一人は労使関係調査とあらゆる種類の性格分析にかけては右に出るもののない人物で、もう一人は熟達した経営問題のコーチで、ホワイトは彼らとチームを組もうとしていた。一緒に組めば、彼らはとてつもない破壊力をもつ組合潰しのセットを提供できる、そうじゃないかとホワイトはいった。だが、問題がひとつだけあった。誰が彼らを雇うだろうか。飲食産業には疲れ切ったレストランのマネージャーやシェフ、重役や経理屋たちの誰もが、コンサルタントの仕事を捜している、そんな人たちの溜まり場だった。レストランで働く人たちは競争に晒されていて、疑い深い性癖の持ち主だった。それも業界の斃《へい》死《し》率が高いからだとホワイトは思っていた。レストランで働く人たちは、聞きなれた名前には信用を置きその周りに集まってきた。ハーロウ・ホワイトという名前は、それほど多くの人には知られていなかったので、彼は私に接近してきた。私は名が通っていた。そこで彼は私にひとつの提案をした。その提案とは、四人でグループを作り、四人が平等な役割で商売を分かち合うという提案だった。私は評判の高い組合回避セミナーと裏工作を担当する。ホワイトは全般的な商売上のアドバイスを担当し、友人のビル・ロージンは教育・調査会社と大層な名前で呼ばれていた彼の会社を引っ提げて従業員態度調査と個性評価を売り歩く。マーティン・ラブキンは職制訓練クラスを担当することにする。私たちが共同してかかれば、大手コンサルティング会社に挑戦できるような経営コンサルティング会社を作ることができるし、どんな業務でも提供できるはずだ。

この提案に私は惹き付けられた。私は一人で仕事をしていたので、確実に儲かる契約を何度も見逃さざるを得なかった。私がワールド航空の工作後の数カ月間に、フェデラル・エクスプレスやゼネラル・ダイナミックスのような大会社の顧客をスリーエムに渡たさざるを得なかったときのことを考えると、今でも呻き声を上げてしまう。ホワイト、ロージン、ラブキンと会社を作れば、私は自分のやり方を維持しながら、気に入った重量級の顧客を開発することができるだろう。ホワイトの提案に私が引き付けられたのは、ソフトで精神的な側面が彼の提案にあったからだった。このような共同事業をするには他の人たちを巻き込むことが必要だった。今までの人生で、私はいつも独りで仕事をしたいという欲望と他人に依存していたいという心理的葛藤と闘い続けてきた。シェリダンの配下を離れてからずっと、彼の所で味わった友情と快適さを再び取り戻したいともがき続けてきた。初めて飲んだときに味わった恍惚感を永久に求め続け、結局はわが身を破滅させてしまう泥酔漢のように。

ハーロウ・ホワイトが私の前に現われたのは、そのような自分の精神状況が、じわじわと滲み出してきた時期だった。アリスと私は当時、サンフランシスコ湾を眺望できるティブロンの山腹にある宮殿のような家に住んでいた。その家は私の外見的な成功をこれ見よがしに見せ付ける一方で、内面的な悲惨さを隠蔽するための場所でもあった。私は幸福になっていたはずだった。しかし、本当はその正反対で、私は孤独感に苛まれ、説明しようのない失意の只中にあった。当時、アリスは二番目の子供を身ごもっており、おとぎ話のような家と家庭に憧れていた。その憧れは空しいものだった。私の飲酒はますます留まるところを知らず、その年を通じて一層私を苦しめた。私はいぎたなく酒をあおり、毒舌をはき、容赦しなかった。アリスはそのような私を嫌って恐れていた。彼女自身も酒を飲むようになっていたが、彼女はマリワナの方が好きで、心の平静さ奪うアルコールよりも芳純なマリワナの方が害は少ないと、彼女はまくし立てた。私の飲酒と彼女のマリワナを巡って、私たちはいつも喧嘩になった。どちらがより悪い選択かという馬鹿げた問答を巡って、堂々めぐりの揚げ句の果ては、引き分けになるのが落ちであった。

私は口に出してはいわなかったが。酒は止められそうにないと思いこんで悩んでいた。禁酒してみようなどと思わないことにしていた。悩めば悩むほど、アルコールへの依存は進行した。もちろん、何も改善されなかった。私は旅行に出掛けることが多かったので、ホテルのバーで時間を潰しながら、その時間の多くを独りで過ごした。私が家に居るときでも、アリスは必ずしも冷たいというわけではなかったが、どこか虚《うつ》ろでよそよそしかった。彼女は以前よりももっと多くの時間を両親の家で過ごすようになった。そのことが私を苛つかせた。というのは、妻への愛情をめぐり絶えず義父と義母と競争しなければならないと私は感じていた。その時、まだ私は知らなかったが、もう一人の不吉な競争相手がアリスの生活の内部に進入してきていた。

ハーロウ・ホワイトの提案を見て、私は再び大鉈を振るって上辺だけを繕ったもつれを一掃し、一から出直すチャンスがまだあると思った。息子のジャスティンが一九七七年九月に生まれた。それに月内に私はハーロウと会社を作ることになっていたし、年末にはアリスと私はティブロンの豪邸を引き払い、もっと質素な家に移ることになった。共同経営を始めるとなれば、少なくとも会社のスタートの時点では、収入がダウンするだろうし、私にしては珍しいことだが、それを見越して出費を調整する現実的なステップを採用した。一二月、私たち一家はマリン・カウンティの内陸部、ノバトにある未完成の住宅造成地に建つ新築の家に引っ越した。そこに至る道は、実際には有りそうにもないホワイ・ウオーリー・コートという皮肉な名前だったが、新しく敷設されたばかりの通りだった。実際、「くよくよ（Why Worry）」する必要なんかないと思われた。クリスマスを迎える前に、マリン・カウンティのロス医療センター心理病棟に、私は入院させられた。酒を飲むと人格が一変してしまう私を、何とかしようという家族と友人たちの願いからの入院であった。

ロス医療センターに私が入院したときはアル中だったが、退院したときは躁鬱病患者と診断されていた。センターの医者がそういったのだ。私にとってそれは幸いだった。長い病名の心の病い（polysyllabic psychological Disease）のレッテルを貰って気分が良くなった。精神病が素晴らしいというのではないが、酔っ払いよりはずっとましだった。有難いと思った。アル中ではないと否認する思いの壁にひびが入り、自分を失いかけていたときに、センターの診断が出てその否認の壁を支えてくれたのだ。私は自分で恐れていたその辺にいる飲んだくれではなかったのだ。私は違うぞ。私の病気は、ものすごく複雑で、そしてこれが重要なことだが、はっきりと確認できる心理的な病いだったのだ。

今までに、私は多くの仲間と組んで仕事をしてきたが、ホワイト、ロージン、ラブキンとの提携も、僅か数カ月の短命に終わった。相棒たちからはほとんど学ぶものはなかった。ある領域では、彼らから教わったことを認めるにやぶさかではないが、どうみても三人は全く無能だった。私が教わったのは従業員態度調査の悪辣な着想とその利用法だ。彼らがどう調査項目を選別するのか、次いでどうすれば狙いをつけた結論に到達し操作してゆくかを直に目撃した。そのもっとも重要な結論とは、「貴社の中には不満の種子が成長しており、この種子が集団的思考と行動をとる組合支持者たちに育まれたら、会社は組織化攻勢の危機に晒されます。しかもそのような活動家がもうすでに何人もいるのです」ということを経営者に知ってもらうことだった。私が学んだのは、表向き無記名のアンケートを上手く作り、管理することだった。労働者の間に組合支持の感情を植え付けようとしているのが誰かを見分け、犯罪者たちの動いている部署を経営者が発見できるようにすることだった。そんな事情だったが、私には新しい仕事相手ができたことは嬉しかった。パートナーを組み始めの頃、『インスティチューションズ』誌の最大の競争相手で食品業界最大手の『全国レストラン・ニュース』誌がスポンサーとなって実施した業界全体を対象とした従業員態度調査に私は賛同して名前を貸したりした。

私は自分のしたことを今では後悔している。従業員を心底から大事にし、労働生活がもっと楽しく、労働がもっと実りあるものとするために、従業員態度調査を必要としてきた経営者はどこかにはいたはずだ、と今になって思い込んでいる。だが、実のところ、私はそんな経営者に会ったことはなかった。私が会った経営者は、従業員をより上手く支配するために、従業員の考えを知りたがっていた。顧客の関心は、いや私が顧客の関心を煽ったともいえるが、そのやり方は職場で起こる些細な問題に意味付けし、主には組合シンパを見つけだし、反対派を排除することだった。一九七〇年代の後半を通して、私が寝起きしていたホテルの会議室や重役室から、私のセミナーの効果が外部の世界でどのような効果を上げているかを評価するのは、私には不可能なことだった。しかし、ローカル四九のボスのテッド・ハンセンは、終始私の動きを観察していた。彼とその同僚、そして調理師組合のトップの役員たちは、私が最大級の悪辣なやり方で彼らを攻撃し、何万という組合員を職場から放りだし、経済的にひどい目に遭わせたといっている。

「マーティーはこの業界で働く多くの人たちを痛めつけた」と、レストラン業界での組合潰しから足を洗って、一〇年以上も経ってもハンセンは私について言っていた。「彼は労働者たちから医療プランと休暇を奪い取った。この業界で働く労働者たちの稼ぎは微々たるものだ。一生涯大金を手にすることもなく、低所得で生計を立てている人たちなのだ。組合があれば、最低でも医療保険と歯科保険を受けることができるだろう。最悪でも組合の立ち合いなしに不当解雇されることはないはずだ。最低でも労働者たちは誰かと相談することができるし、不当な取り扱いを受けたときは、苦情を申し立てることができるはずだ。今ではその労働者たちは何の手立ても持っていない」。

私が調理師組合を裏切ったことを、彼らは忘れなかった。一九八八年になり、私がユニオン・バスター稼業を公に廃業した後も、全米ホテル・レストラン従業員組合の全国本部は、私がユニオン・バスターを辞めて改心することを、すんなりと行なわせないように手を打ってきた。ニューヨークにあるローカルが、ニューヨーク・マリオット・ホテルの組織化で、私に助けを求めてコンサルティング契約を申し出たが、調理師組合の執行委員会はそれを素早く嗅ぎつけた。その直後に、本部はローカル・ユニオンの小切手帳を封鎖し、しかもＡＦＬ－ＣＩＯが私と交わしたコンサルタント契約を解除させた。

ユニオンバスターの全米的なスターの座に私が登りはじめた頃、スリーエムはすでに業界の頂点に立っていた。一九七〇年代中期は、スリーエムの黄金時代だった。それは当然のことだった。というのはその頃までにアメリカは反組合主義の再度の隆盛を謳歌していた。一九六〇年代は、アメリカの産業界の切なる願いで労働法に厳しい制限条項が書き加えられたにもかかわらず、組織労働者は賃金と付加給付の面で大きな成果を獲得し、目覚ましい労働条件の改善を実現していた。組織労働者と未組織労働者の所得の差は誰の目にも明らかな対比を描いており、一九六〇年代の労働の成果は、団体交渉が持っている可能性のドラマティックな証拠として聳えていた。しかし全体的にみれば、一九六〇年代にはアメリカの労働者の生活は良くはなかった。失業は引き続き全米的な問題であり、急増する労働者数によってその事態は悪化し、進行する技術革新でますます促進され、従来の膨大な未熟練と半熟練の工場労働者がこの技術革新で職を失った。六〇年代前半に大統領の地位にあったケネディとジョンソンは、全米へと拡大した貧困と失業を目撃し、一連の社会福祉と職業訓練計画との経済的格闘に取り組むむととなった。その後、一九六〇年代後半から七〇年代前半にかけて、労働者数が記録的に増加して、職をめぐる競争は今までになく激化した。その結果、賃金は下落しファースト・フード・レストランやホテルのような組合のないサービス職種に、新たに多くの労働者が職を求めざるを得なかった。しかし、このような状況下にもかかわらず、労働協約によって守られている従業員は、全体として恵まれ雇用も守られていた。その人たちの多くは中流階級の所得を稼いでおり、自分たちの相手である経営者のように、郊外に住み子供たちを大学に通わせていた。

多くの人々にとって組合組織化の利点は明らかだったが、労働組合の主力はブルーカラー労働者と建設業の労働者で、またその人々の組織だったので、六〇年代に至るまで組合はその他の労働者には縁遠いものだった。その後、一九七〇年代を通じて劇的な転換の中で弾みをつけて、経営事務、消防署、地方公立病院、公立学校の中へと労働組合は浸透しはじめた。記録的な数のホワイトカラー従業員とあらゆる種類の公務員が組合に加わり、一九七〇年代労働運動の急成長の分野を形成した。一九六八年から一九七八年までの一〇年間、公的部門に雇用されている従業員の組合加盟人数は、三倍にのぼり、二〇〇万人を越えた。もう二〇〇万の公共部門の従業員は、一〇年ほど前まではさほど活発ではない専門職団体[7]に所属していたが、後にそれらの団体は活動的な労働組織へと衣替えした。

ホワイトカラー労働者が組合の隊列に引き込まれたことで、労働側に対する戦争の賭け金は大きく引き上げられた。財界の指導者たちは前線へ部隊を増派する必要性を自覚しており、そのような費用をかける理由として、ベトナム戦争への失費、海外との競争、工場閉鎖、インフレーションの昂進、エネルギー危機、不況、そして増加する失業といった事柄が、アメリカの分裂を加速させていると訴えていた。これら全てのことがらがアメリカの労働者を悲惨にしたのはもちろんだが、怒りを露にして連邦議会へ泣きついたのは経営側だった。米国の財界指導者たちが泣き叫んだのは、呪わしい労働コストの問題だった。あらゆる分野から集まった財界指導者たちは、「労働コストをどう押さえるか」の運動を組織した。その狙いは建設産業を手始めに、労働者の賃金を切り下げることであった。わが国の著名な経営者たちは建設産業に攻撃の照準を定めた。というのは、いわゆる建設職種の高賃金が原因で、それが建造物のコスト高となって跳ねかえり、それがあらゆるもののコスト高を誘発する元凶となっているというのだ。これが、長い間、反組合主義に利用されてきた「波及効果」理論であった。この推論を逆転させると、もし経営が建築・建設職種の労働組合を首尾よく解体できれば、労働組合全体も上手く潰せることになるはずだった。彼らは月に向かって鉄砲を撃つような不可能なことを企てたのだ。

建設産業の賃金戦略は、小喧《やかま》しい労組幹部の策略から産まれたのではなく、アメリカの有力企業で構成される協会が考案したものだ。当初は労働法研究グループと呼ばれ、後に、「反インフレ建設ユーザー円卓会議」と名を変えたが、その組織は反インフレーションのスローガンを掲げて何にでも反対することを目的とする人々の集まりで、一九七三年には、全国的な規模での一一〇〇以上の企業で構成され、AT&T、ユニオン・カーバイド、エクソン、ジェネラル・モータース、グッドリッチ・タイヤ、クライスラー、IBMなどの錚々たるアメリカ企業を代表していると主張していた。円卓会議の前身は、連邦議会へ何十という労働法改革法案を押し込むために力のあった組織として知られていたが、その究極のゴールは、建設プロジェクトに公的資金を注ぎ込む際に、最低賃金水準を設定することを盛り込んでいた州・連邦法を廃止させることにあった。一九三一年に連邦法として施行されたデービス・ベーコン法がそのターゲットになった。その法律はその地域での協定賃金と付加給付を、公的プロジェクトの際に支払うよう定めたものだった。つまり連邦が支出する契約にはいつも、組合の賃金レートを使うというものだった。

円卓会議で議題となれば、それだけでも重みのあることだが、このグループは単独ではなかった。この組織はかなり重量級の選りすぐられた数人の役人と明らかに気脈を通じていた。オーストラリア人で連邦政府の調査員のアナ・スチュアートは、一九七〇年代を通してアメリカ企業が組合に対してどう攻勢をかけたかを記述した報告書を一九八〇年に出版している。その中に一九七六年一月一一日に行なわれた連邦議会議事録の冒頭で、経営者協会の努力を称賛した表現が引用されている。

建設円卓会議が集中して行なった仕事は、インフレーションを減速させ、作業現場で経営権を復位させて、他産業と経済全般における賃金コストに効果をもたらすという試みであった。労働法［検討］委員会の仕事は、労働関連の法律ならびに経済的課題全般を対象としていた。労働法［検討］委員会は諸課題に影響を及ぼしている建設産業を含めて、必要とされる労働法改正に向けて作業してきた。

「賃金コストに効果をもたらす」？、「必要とされる労働法改正」だって？　ほぼ五〇年間有効だったこの基本となる賃金保護法を、無力化させようとするアメリカ企業法人の試みについて、労働組合は全く逆の考えに立っていた。幸運なことに、連邦労働省も労働組合と同じ考えだった。一九七九年当時、労働長官だったレイ・マーシャルは、インフレーション抑制のためにデービス・ベーコン法と他の最低賃金法の廃止を訴えていた円卓会議主導の報告書を退けている。

この報告書は、インフレと闘うという美名のもとに、半世紀の長きにわたって労働者が闘い続けてきた労働者保護法制を、厳しい批判に晒す時期が到来していると述べることで、アメリカ労働者の中に亡霊を呼び起こそうとしている……。報告書はこれらの連邦法が七億一五〇〇万ドルに上るコスト高をもたらしていると述べている。しかしながら、報告書は率直にも、この見積もり金額の三分の二以上は、統計的正当性を何ら持っていないとも述べている。私は、アメリカの民衆がすでにこの社会に定着した歴史的な政府後援の賃金保護プログラムを、不適切な付随的な理由のために四〇〇万人の労働者から奪い取るとは思えない。

組合は大幅に後れを取っていたが、僅差で勝負に勝った。その年、巨人クライスラーは倒産の危機に直面していることを公表、ジミー・カーター大統領に緊急救済融資を訴えた。納税者が負担した融資の条件は、クライスラーの従業員を代表する全米自動車労働組合（UAW）が、賃金と付加給付の実質的削減に同意することだった。雇用確保と引き換えにUAWは譲歩した。クライスラーの救済融資の折衝から、その後一〇年以上経っても組合の協約交渉を支配している「譲歩交渉」制度が生みおとされた。

円卓会議の提案が公表されるだいぶ前から、数多くの手強い反組合グループがアメリカの労働組合の力を削ぐために活動していた。それらの組織の幾つかは、数十年前から活動していたが、おそらく一九三〇年代を除けば、一九七〇年代のように組合を痛めつけた時代はなかった。

以前はなかったことだが、一九七〇年代になると、組合回避運動が制度としての実態を持つようになってきた。広範な産業を網羅した経営者グループが盟約を結んで、組合回避の大原則を経営者の信条に取り込み具体化しはじめた。組合勢力に対する恐怖心で団結して、アメリカ経営者の陣営を通じて組合潰しの秘密の手口を拡げ、反組合労働法制確立の支持をえるために、地域と全国の双方でネットワークを結成した。

一九七〇年代に入って大きくなった数十にのぼる全国的規模の反組合経営者協会の中で、もっとも悪名高いものの一つは、第二次世界大戦後に登場した反組合運動のもうひとつの唱道者、建設・請負業者連合（ABC）だった。ABCは好んでソフトなアプローチを取った。組合のない建設業者や関連する事業主から主に資金を受けて、身なりのきちんとした笑みを絶やさない広報活動チームを全米中に送り込んで、「実力本位制」を売り込んでいた。ABCは実力本位制の性格を、経営者が個々の労働者を雇い入れる際に、労働契約に記載されている条件よりも、むしろ労働者の資質や実行力をベースにして賃金を支払う制度であると規定したが、それは迫力はないが人を惑わす物言いで迫っていた。ＡＢＣは決して反組合ではないと執拗に言い張っていた。というのも、組合員でも実力本位制の下で喜んで仕事についているとＡＢＣは主張していた。しかし、組合員が実力本位制の下で仕事をする場合、契約や賃金レート、就業規則や雇用保障、そして苦情処理手続きをそこに持ち込めないのだから、そこで組合を結成することなどできないのだ。実力本位制の御託は結局のところ、組合などは必要ないし、建設職種は元々賃金が安いということを民衆に納得させる企みであったし、その効果は大きかった。協会は一九七〇年代に多くの支援を勝ちえた。一九八〇年代には複数の州で、一層厳格で訓練期間の長い組合の徒弟養成プログラムと対抗するために、大工、電気工、その他の職人の私立訓練学校を開設した。一九八〇年代の中程までには、ＡＢＣは全国的規模で一万八五〇〇人以上の会員を擁すると吹聴していた。

また、一九七〇年代に進行したのが、使用者の拠出金で設立された全米各地の全国「労働権」委員会であった。この委員会は、一九五五年以来、ユニオンショップ制禁止の法律制定を求めて全米各地でロビー活動と宣伝戦を繰り広げていたが、一九六八年に、「対訴訟費用扶助基金」を設立して法廷の場で、直接ユニオンショップ協定と闘いはじめた。一九七〇年代には、この全米規模の委員会は各州ごとに組織をつくり、八〇年代を通じて組織拡大の高揚が続いた。いくつかの州の労働権委員会は、「労働の自由をめざすカリフォルニア」といった旗幟鮮明な名前をつけて法人化を図ることで、全国組織へ加盟していることを秘匿した。というのは誰でもがこの委員会は狂信的な反組合ロビーだと分かるようになったからだ。

最古の反組合陰謀組織は、百年の歴史を持つ強大な力の全国製造業者連盟である。労働組合との戦争でも疲れを知らぬ将軍である連盟は、様々な実態を隠した名前を付けた加盟組織を通じて、一九〇三年以来組合と闘い続けてきた。一九七〇年代後半になると、連盟は反組合的な立場を訴えることに自信を持ってきたので、もはや婉曲な名前の背後に実態を隠すことをしなくなった。

一九七七年、連盟はジミー・カーター大統領が提出し、その後議会で審議されることとなった一大労働法改正法案を葬り去る任務に向けて、「組合に拘束されない環境協議会」を公に設立した。カーター法案は、使用者が組合の組織化妨害のために用いてきた、抜け穴を塞ぐために考案されたもので、労働者への公正さを約束する珍しい法案であった。法案は単純なものだった。一一にのぼる主だった条項のうち、もっとも重要で、しかも使用者を大いに恐怖させた条項は、申し立てられた交渉単位の中で半数以上の従業員から授権カードを組合が集めた場合、申請受理の日から一五日以内に代表認証選挙を行なうという条項だった。手早く実施される選挙は、ユニオン・バスターが組織化攻勢の景観を作りかえる前に、その掌中の兵器の多くを敵に明け渡すことになってしまう。想像してみれば分かることだが（全体の従業員数と関係なく）代表認証選挙を望んでいる労働者の数だけをもとに、実際の勝敗が決まるかも知れないのだから。

確かに、使用者は最悪の事態を想定できたし、そのやり方に反対であった。全国労働権委員会の助力と全米企業法人のほぼ全てのバックアップを得て、「組合に拘束されない環境協議会」はカーターの改正法案を葬り去ることに成功した。経営者連合が立てた作戦の眼目は、「従業員権利章典」という人を小馬鹿にした対案を提出して、全国労働関係法の中に僅かに残っていた労働者保護の精神を一掃することだった。労働側から「ボス法」と呼ばれていたこの経営側の対案も廃案になったが、それは一向に構わなかった。経営側の狙いはカーター法案を葬り去ることにあったし、その目的は達成されたのだ。それ以降、協議会は、組合回避の手口を経営リーダーたちに教えることに会費を注ぎ込んで、反組合工作活動を継続している。その手口とは、組合リーダーたちのイメージを傲慢で、無能で、犯罪人として広めること、組合に好意的な立法を阻むこと、組合の力を失わせる法律のためのロビー活動をすること、そして組織化がほぼ不可能なまで組合を追い込むことだった。

スリーエムが大きくなり、大いに業績が伸びたのは、このように反対運動が大きく叫ばれていた環境の下であった。一九七〇年代半ばには、ユニオン・バスター商売は脚光を浴び、メルニック、マキューン、ミッカスの名前は業界でもっとも著名で尊敬を集めた人物に数えられていた。一九七四年前後にはじまって、スリーエムはその後六年連続して爆発的な成長を享受した。それは空前絶後でしかも彼らの上手とはいえない仕事のやり方でさえも予想外の繁栄を謳歌していた。一九七五年には、スリーエムは少なく見積もっても二五人の正職員のユニオン・バスターを雇っていた。その数はシェリダンがピーク時に雇っていた数の二倍で、しかもスリーエムのその後の発展からすれば、まだ始まりにすぎなかった。というのは、一九七〇年の終わりには、スリーエムは、ロンドンのオフィスを含めて、六カ所の事務所で一〇〇人ほどのユニオン・バスターを派遣するまでになっていた。オーストラリア人の研究者アナ・スチュアートは、スリーエムは一九七〇年代後半に、オーストラリアでも少なくとも二カ所で、ビジネスマン向けの反組合セミナーを開催したと報告している。スリーエムのスタッフが増え続ければ、当然のこととして、十分なオフィスも必要となり、そこで一九七五年に、スリーエムはシカゴ郊外の高級地デアフィールドの贅沢な新しいオフィスビルの巨大で豪華なスイートに移るために、それまでのシカゴ中心街にあった本部を深く考えもせず立ち退いたのであった。同じ年、メルニック、マキューン、そしてミッカスは自分たちの会社名を、モダーン・マネージメント・メソッド社と変更した。というのも、顧客の種類や範囲が大いに拡大していたし、また、広がるマーケットと拡大する業務を反映させるためであった。

スリーエムの大勢の顧客は、確かに精練された人種だったが、スリーエムの男どもと臨時雇いの女性職員ときたら、昼日中は他人を不愉快にさせ、夜になるとぎんぎらぎんに呑みまくっている粗野なレーサーやカウボーイ、裏に回っての大口叩きだった。

「ドアを開ける、組合を撃ちまくる、そんなある種のガンマン気取りがスリーエムの連中にはあったね」と、一九七七年から八一年にかけてスリーエムにいて、その後デトロイトで独りでコンサルタント業をはじめたデーブ・パーメンターは語っている。パーメンターが会社勤めを辞めて、スリーエムの仕事に関わったのは三〇代前半のことだった。彼は新しい世界の魅力と権力にいとも簡単に引き寄せられて、優しさのかけらもない仕事のやり方をとても素晴らしいと思った。「仕事に取り掛かる、やっつける、それも手酷く、それで終わりさ」と彼は説明した。「当時はそれで楽しかったというわけさ」。

楽しかったたって。スリーエムの連中は殺し屋のような暴漢ぞろいだった。依頼人にはそのことが分かっていた。一九七八年の後半のことだが、一例を挙げると、ボストンの聖エリザベス病院でスリーエムの工作が成功裏に終わった後で、全国労働関係局は病院に対し三八件の不等労働行為の救済請求状を発した。全国労働関係局は使用者に強制や脅迫、査問とスパイ行為の是正を命じ、ならびに組合活動を理由とした従業員の停職と解雇の件で告発した。この命令が厳しかったことと、また選挙の票差が僅差だったこともあり、聖エリザベス病院は再選挙を命じられた。しかしながら、最初の選挙の際に病院経営側から染み込まされた恐怖心は、単純な再選挙命令では雲散霧消しなかった。組合は再び敗けてしまった。

在籍したほぼ五年間にスリーエムの創立者たちは、ほとんど顔を合わせなかったとパーメンターは語っている。その頃には、メルニックとマキューンは教祖の座についていた。そして彼らの先輩だったシェリダンと同様に、恐れ多くも教祖様が取り扱って下さる仕事に関して、二人の気難しさは昂じていった。ミッカスは講習会を売りまくることで快適で実入りのいい居場所を切り開いていた。一九七〇年代には、スリーエムは医療産業での組合潰しで、もっとも著名な会社になった。そして七〇年代の終わり頃には、ミッカスは全米各地の病院連合会から講習会のお呼びがかかっていた。一九七九年、ミッカスはプロフェッショナル・セミナー・アソシエーツと呼ばれていた会社と契約してスター興行師として活動していた。その会社は医療産業だけではなく、製造業、小売り業、保険業や金融業とも取引をしていた。その間、私はホテル・レストランで忙しく仕事をしていた。

スリーエムが永年にわたって労働者を敵として仕事をさせた何百人というコンサルタントの中で、金儲けできたのはほとんどいなかった。彼らの実入りは間違いなく良かったし、会社の口座を使っての金使いも荒かったが、下っ端の連中は、スリーエムの仕事で百万長者になどなれなかった。どんな海賊船でも同じだろうが、スリーエムの略奪者集団では、戦利品の多くを船長とその一味が押さえていた。一九七七年から七九年にかけての時期は、スリーエムにとってもっとも利益の上がった時だが、同社はその間、数えきれない講習会、訓練キャンプ、人事コンサルティング業務、態度調査そして選挙後の組合残党の一掃サービスなど、七〇〇近くの対抗組織化工作を記録している。スリーエムのボスたちはこれらの仕事から二年間で一〇〇万ドルを得ていたことになる。ＡＦＬ－ＣＩＯが一九八六年に公表したトニー・マキューンと妻アンとの離婚に関する法廷記録によれば、マキューンが名目的な会長だった一九七七年から八一年の間、年に五〇万ドルを稼いでいた。他の記録によれば、スリーエムが回復不可能なほどの大損に陥った一九八〇会計年度の時でさえ、ハーブ・メルニックとトニー・マキューンはそれぞれ給料だけで五四万五九八三ドル三一セントを得ている。トム・クロスビーは三三万九五八三ドル一六セントの所得申告をしている。収入の大半を自主的な講習会から得ているレイ・ミッカスは、一〇万七六九二ドル三三セントで、後日、私とクラバット炭鉱で仕事をすることになったエド・ジョーディナスの場合は、一三万七五〇〇ドル〇八セントだった。スリーエムのスタッフの数が、二倍そして三倍になるにつれて、事務所内の競争も激しくなった。シェリダンの時と同じように、スリーエムの新しい競争相手の多くは、スリーエムから解雇されたり、幻滅して辞めていった連中で、前の使用者と同じように金を稼ぎたがっていた。もっと高い人物評価を得たいと考えている者、実入りのいい収入を得たいと考えている者、そして法律の日常世界が提供するものよりも刺激的なものを求めている労働弁護士たちも、それに連なる連中だった。他にもまだ、企業世界の労務担当役員や人事担当部長がいるが、彼らは沢山の対抗的組織化工作や組合防止ワークショップを会社に居座って眺めてきた人たちであり、外部にいればもっと安易に金が稼げるのを知っていた。誰でもユニオン・バスターの看板を掲げることはできる。ライセンスも要らなければ、資格も要らない。登録なしで、経験が求められるということさえない。一九七〇年代には、まさに誰でもこの仕事をした。

組合回避工作は、一九七〇年代のホットな話題でホットな商売だった。反組合人事政策をプロモートする記事は、『人事』や『労使関係ジャーナル』から『ハーバード経営評論』までの幅広い定期刊行物に、何十と掲載された。反組合コンサルタント会社は何百という数にのぼった。そして労使関係の法律事務所は利幅の大きい対抗的組織化の商売へと急速に向かっていった。もっとも攻撃的な組織化が行なわれていた公共部門を狙って、組合回避のための講習会プログラムは繁盛した。一九七九年、AFL—CIOがざっと数えただけでも、三〇の反組合講習会屋があり、その中のもっとも悪質なコンサルタント業として「チャールス・ヒューズ・エグゼクティーブ・エンタプライズ」、弁護士のアルバート・デマリアの「価格調査・最新経営調査センター」、ニューヨークの労働法律事務所のジャックソン・ルイス・シュニッツラー・クルプマン事務所の講習会部門「先進経営研究所」の三社を上げている。一九七〇年代を通じ、ユニオンバスターが社会的に認知されてくると、多くのセミナー屋は私立・公立双方の総合大学や単科大学の構内で催し物を売りだして商売するようになった。これは過去にはホテルの会議室で行なっていた時と比べれば、社会的な信用と権威は格段に増大してきたことになる。総合大学は学校であると同時に、時には使用者でもあるということを忘れてはいけない。実際には、大学が催し物のスポンサーになり、また、受講者には成人教育課程の単位さえ認められた。

ユニオンバスターの活動は、労働者が互いに団結するよりも、経営と労働者が一体化するように、また、職制が配下の労働者の行動や態度をたえず監視し、一瞬の緩みなく圧力を加えることで労働運動を後退させてきた。一九七〇年代、組合の組織化は確かに進展したが、労働組合を職場から追いだし、駄目にしてしまう努力に比べれば、それほど目に見えて前進したわけではなかった。一九六九年から一九八〇年にかけて、組合所属の従業員による逆認証請求と組合認証選挙に勝利した後で組合から申し立てられた利益の放棄[8]の件数は四倍近くにまで増えている。その意味するところは組合が苦労して選挙に勝った場合でも、しばしば団体交渉で敗けた。つまり組合をつくって勝ち取ろうとした改善に勝利できないと思ったのであった。おそらくローカル・ユニオンの指導者か新しく組合員になった者たちのいずれかが闘いをあきらめたからだ。

一九七九年までの間、組合に対する経営の攻撃が、労働者への強烈な圧力となって噴出した結果、反組合活動は再び議会の審問会で議題となった。下院の労使関係小委員会の公聴会で焦点となったのは、スリーエムを含めて、使用者とそれらの企業が雇っているコンサルタントが行なっている労働者の組織化の権利を妨害する行為だった。小委員会が明らかにしたことは実に由々しきことであったが、良識ある下院議員を最大限に怒らせたのは、公的資金が野蛮でしかも不法な組合潰しの諸活動に日常的に支払われていたことだった。

病院お気に入りのユニオン・バスターだったスリーエムは、公的資金の最大の受益者のひとつだった。病院は連邦医療プログラムを含めて多額の政府資金を受け取っているが、スリーエムに支払われている病院の料金の相当部分は、実は納税者の支払いによるものだった。使用者の対抗的組織化工作の費用は、たまたま高齢者向け医療扶助制度の診療報酬に計上されていないので、長年の間、スリーエムと契約している病院の顧客たちは、噂によれば患者や宿泊者への何らかの給付と関連づけて、組合潰しの費用を業務上の訓練費用と一緒くたにして計上してしまった。下院議会での証言では、マサチューセッツ州のある医療監視機関は、一九七四年から七六年にかけて反組合工作のためにスリーエムに支払った高齢者向け医療補助制度の費用の二五万ドルを返還するよう六つの病院に命令した。

ここに取り上げたのは、連邦政府の資金が労働者の組織化の権利を侵害するために使用されている、ほんの一例にすぎない。連邦政府との契約と資金援助は、武器製造から大学に至るまで私企業の幅広い裾野を支えている。米国の税金は、公企業・私企業の別を問わず、組合に反対する全ての経営体に向けて支出されている。一九七〇年代、国防省がB-1爆撃機を製造しているようなロックウエル・インターナショナルを含め、同省と契約している企業に反組合工作として一部融資をしていたことが明るみにでた。また薄汚れた工作の結果生じた不当労働行為の告発と契約企業が闘うための費用を、国防省が肩代わりしていることが明らかになった。一九七六年から七八年にかけて、三つの組織化工作に関わった全米機械工組合[9]は、連邦政府がロックウエルの対抗的組織化に直接一〇〇万ドル以上の金と、間接的な費用でほぼその倍額を直接支出したと見積もっている。全国労働関係法の下では、連邦労働政策は「団体交渉の慣行と手続きの強化」にあるので、反組合工作へ連邦政府の資金が使われるのは違法だといえる。

メルニックとマキューンは、一九七九年の下院公聴会に証言のために召喚された。悪賢い二人であっても、このような注目のされ方にこの教祖たちは戸惑ったにちがいない。このような形で悪名を轟かせるのは、何事も秘密裏にことを運んで儲けを手に入れることには、決してならなかった。その後の経過で明らかになったことだが、六年後にマキューンの離婚手続きの中で彼の弁護士が主張したのは、議会の公聴会のためにスリーエムの業績は深刻な打撃を受け、一九八〇年代まで下降線をたどったということであった。

多分、それは本当のことだろう。しかし、スリーエムが下降線をたどったのは、不利益となる報道だけが原因ではなかった。このような暴露は、確かにトニーの会社がかつては力強い勢いを持っていたというイメージを損ねたが、現実を直視すれば、実際には、スリーエムの顧客たちは、自分たちが何に対してお金を払っていたのかをはっきりと分かっていたのだ。これは以前のネート・シェファーソンの顧客が三世代も前に知っていたことだった。本当のところは、スリーエムはその会社を設立したまさにその日に、自らの崩壊の種をまいたことになる。この会社の運命は自分自身のねじ曲がった教典の重みで崩れ去ることになる。一九八三年になると、スリーエムは崩壊寸前だった。かつての大巨人もホンのちっぽけにまで縮んでしまい、最後の顧客にしがみつき、かつての従業員たちとの法的係争に残った最後の力を振り絞っていた。

しかし、こう言わざるを得ないのは残念なことだが、スリーエムの精神と方法はこの親会社が倒れても一緒に消滅はしなかった。事態は全く逆だった。スリーエムが崩壊したとき、この会社は肚子《はらご》ともいうべきものをあらゆる方向に飛ばし、何百という数のクローンを生み出した。一九七〇年代に闇雲に拡大していたとき、スリーエムは回転ドアのようにそこから大量のコンサルタントが脱出し、その大部分の者はかつての雇い主と直接競争するような商売を始めた。彼らは全員、スリーエムに入社するときには、非競争条項に署名していたはずだったが、それは何の歯止めにもならなかった。このように本船を脱出した者の中には、一九七七年のジム・バノンや一九八一年のレイ・ミッカスがいた。一九八四年にはハーブ・メルニック自身も、スリーエムに反旗を翻し、自分自身の商売に打ってでた。

〔注〕

〔1〕調理師組合〔Culinary Union〕。全米ホテル・レストラン従業員組合〔Hotel Employees and Restaurant Employees union=HERE〕の一構成労組。

〔2〕全米ホテル・レストラン従業員組合〔Hotel Employees & Restaurant Employees International Union = HERE〕。一八九〇年にデトロイトで発足。当初は全米ウエイター・バーテンダー従業員労組と名乗っていたが、一九四〇年代後半にホテル・レストラン・バーテンダー労組と名称を変更、一九七〇年代には調理師組合を併合して一九八一年に現在の名称となった。組合員数二五万人。

〔3〕インターナショナル・レップ〔International Rep (resentative)〕。本部から下部組織に派遣されるスタッフ。

下部組織の行なう団体交渉などに、本部を代表して出席し、本部の意向を下部に伝える役割をはたす。
〔4〕信託監査〔trusteeship〕。全国単産が持つ下部組合を統制する権限。例えばローカル・ユニオンや地方協議会などで財政の不正使用が見つかった場合、そのローカル・ユニオンを本部の信託監査下に置き、本部から派遣された信託監査人〔trustee〕が信託監査の終了時点までローカル・ユニオンの運営その他全ての権限を有する。
〔5〕財政書記〔secretary treasurer〕。組合の業務全般を司る役職。日本の労組の書記長と財政部長を兼務した役職。
〔6〕逆認証〔de-certification〕。いったん組織され認証を受けた組合が過半数を割り、従業員の過半数の支持を受けていないと経営者または反組合の従業員が判断した場合、全国労働関係局に組合認証の取り消しを請求して、組合認証を取り消す行動を起こすことをいう。
〔7〕専門職団体〔professional association〕。教師などは専門職団体の「全米教師協会〔National Educational Association＝NEA〕」に属していたが、最近ではNEAも労働組合に衣替えしている。
〔8〕利益の放棄〔Disclaimer of Interests〕。組合が代表認証選挙で勝利した後、組合員の減少などで団体交渉権を行使できないような場合、逆認証の申請を起こされる前に、その交渉権を組合が一方的に放棄することを全国労働関係局に申し出ることをいう。
〔9〕全米機械工労組〔International Association of Machinists〕。一八八八年ジョージア州アトランタで発足。数度の合併をした後、一九八八年に現在の名称になる。組合員数四五万人。

第7章　悲哀

一九七〇年代の終わり頃、私の名声はスリーエムと並んで絶頂期にあった。レストラン業界ではダフなユニオン・バスターとして名の通っていたマーティン・レビットが私の半身とすれば、残りの半身は栄光の山を登るにつれて自分自身を見失い始めているマーティン・レビットだった。スポットライトに目を輝かせ自分の名声に酔いながらも、悲惨の深淵に落ちていく自分をどうしても止めることができなかった。

ホワイ・ウォーリー・コートでの生活は惨めだった。近所の人にはそうは映らなかっただろう。成功した夫、美しい妻、まだ小さい二人の息子、すてきな家に豪華な車。私はアリスを愛していた。自分の輝かしいキャリアや生活より、彼女を愛することの方が私には大事だった。何にもまして私はアリスの幸せを願っていた。夜も昼も彼女のことを考えていた。たとえば遠く離れた街のホテルのベッドで、人目のつかない高級売春婦の出張サービスを電話帳で探している時も、また別のなじみのない街のホテルのバーで、一人でいる女性と甘い会話を交わし、その晩ベッドを伴にしようと口説いているときでさえも。私は心底からアリスを愛していたし、彼女も私と同じように愛して欲しかった。アリスを失うことが何より恐ろしかった。彼女の歓心を買おうとコート、宝石、ドレスなどつぎつぎに買い入れた。しかし彼女はさして感動した様子を示さなかった。私はすでにどこかで彼女を失ってしまっていた。

フィル・レーデラー弁護士が、私の生活にほんのちょっぴり、再び関わったのはその頃のことだった。型枠業をしていた私の義理の妹とその夫が、給付金を着服した廉で建設業組合[1]から糾弾されていたのを助けて貰おうと彼に連絡をとった。フィルは私の連絡をいいタイミシグだね、と言った。彼はスリーエムとのいざこざにうんざりしていた。私の電話の直前に、フィルは彼自身の事務所、スリーエム御用達のレーデラー・フォックス・アンド・グローブ社から追い出されていた。彼は直ちにレーデラー、ライク、シェルドンそれにコノリーらと新しい事務所を開き、なじみの顧客をがっちりとつかんでいた。その顧客の何人かは組合組織化に直面していて、フィルはすぐに私を使うことができると言った。彼は割のいい仕事をいくつか回してくれた。私はセントルイスの全米自動車協会（AAA）やカリフォルニア州コンプトンのオーエンス・コーニング工場で反組合工作をやり、シカゴのスクラップ・アンド・スティール協会でセミナーを開いたりした。

しかし、私は次第に深酒やアリスとの葛藤で疲れ果てていった。仕事に集中できず、見せかけの働きだけでやり過ごすようになった。情緒の不安定さは破滅に近い状態だった。いつも自分が粉々に砕け散っているように感じたが、親身になって支えてくれるものはどこにもなかった。ついに耐えきれなくなった私は、カリフォルニア・ワイン産地の中心部にある教会経営のセント・ヘレナ病院に行き、アルコール中毒治療のカウンセリングを受けることになった。

その病院からフィルに電話をし、もう少し仕事を廻してくれるように頼んだ。彼は早く良くなるようにと親切にアドバイスしてくれたが、その口調には少しうんざりした様子が感じとれた。彼との話はそれっきりになった。

セント・ヘレナ病院に入院して一カ月が経ち、私は断酒に成功した。こんなに調子が良いのは久しぶりで、力強く幸せな感じだった。つらく長かったが、四カ月の治療プログラムは私を上機嫌にさせ、エネルギーを充塡して再出発させてくれた。今後一切、酒なしで過ごそうと決意した。しかし、何かが起こっており、いや、その時すでに起きてしまっていたものが、泡のように表面に浮かび上がってきていた。アリスは最初そのことを口にしようとはしなかった。だが、それは深夜になると浸み出し、浮かび上がってくるようになった。すべてがマリファナとコカインでねじれて、こじれていた。

こんな時間にアリスはどこにいっているのだと、我が家のハウスキーパーのメアリー・カークに、来る夜も来る夜も尋ねた。アリスはいつ家にいるんだね、誰が子供たちの世話しているんだい。君かい。アリスは誰と一緒に出かけるか、言いつけて出かけたのかい。

アリスはいつも夜遅く、非常にハイになって帰ってきた。楽しみましょうよと彼女は言った。赤ちゃんみたいにすねないで。そして彼女は微笑んで、ちょっとばかり、時には大いに娼婦のように振舞った。大丈夫、心配しないで。私はパーティーに行ってただけよ。さあベッドに行きましょう。

その次の夜、彼女は再びいなくなってしまうのであった。

しらふの私は、酔っていた時ならしたようなやり方で彼女を問い詰めはしなかった。本当のことを聞きたくなかった。しかしついにそれは明るみに出てしまった。アリスは私たちがティブロンにいたころ知り合ったコカインの売人と情事を重ねていた。

彼の名前はジム。彼は私とも知り合いでサウサリトで喫茶店を経営していた。美食家の集まるカリフォルニアでも、挽き立てのコーヒーを飲むという贅沢がまだ目新しかった時代に、その素晴らしさを教えてくれたのも彼だった。彼はアリスに麻薬の味を覚えさせ、アリスは嬉々としてそれに溺れていた。トラブルにさえ陥らなかったら、彼女はその不倫を秘密にし、口にすることはなかったろう。だが、彼女はついにその情事を告白した。それは真実を告げたいと彼女が思ったからではなく、私の助けが必要だったからだ。

彼との情事は私との結婚生活がごたごた続きで、何事もうまく行かないように思えた時だった、と彼女はいった。出来心で始まっただけで、彼を愛していたわけではない。これといった意味があるわけではない、もう終わりにしたいと思っているのにジムがそうさせてくれない。彼女は借金の返済を迫られていた。つまるところ彼も商売人だった。彼は彼女が借金を返済するまで手放すつもりはなかった。

私には妙案がなかった。真偽の細部は分からなかったが、アリスをジムから買い戻すことが出来るなら、なんでもするつもりだった。私の内部の奥深いところにいるのは、自信のない卑小なマーティだった。アリスのような美しい女性を手中に出来たこと自体が驚くべきことなのだ。彼女を離してはならない。どうにか金を工面する方法を見つけなければならなかったが、私は同時にアリスがとても欲しがっていた七〇年型メルセデス二八〇ＳＥコンパチブルの豪華な車を買うことにも、思いをめぐらせた。それを買えば、彼女は私の手元に戻ってくるに違いない。私はロスアンゼルスでその車を一万ドルで見つけていた。私にチャンスが到来した。

ワールド貯蓄貸付会社に行き、ウェルズ・ファーゴ銀行の古い無効の小切手帳を使って一万ドルの譲渡可能性定期預金証書を出した時、私は沈着冷静だった。その日の午後、その新しい預金証書を担保にしてカリフォルニア・カナデイアン銀行の貸付係を前にして、一万ドルのローンを申し込んだ時も落ち着いていた。この時の演技は私の生涯でかつてない出来栄えだった。私は銀行の貸付係にその日が彼の幸運日だと思わせてやった。つまり私は間抜けな借金申し込み者などではなく、若くて切れる自信に満ちた成功した企業家で、一万ドルの預金を持ち、さらにどのくらい持っているのか分からない上得意だと思わせたのである。大物ユニオン・バスターですか、すごいですね。貸付係は私をとても気に入った。私はたまたまこの銀行に立ち寄り、彼に幸運をもたらしたという訳だ。あまりにも安易すぎる話だ。彼はそれに気付くべきだった。

三〇分もしないうちに私は一万ドルの小切手を手に入れ、近々カリフォルニア・カナディアン銀行に口座を開くと約束をしてやった。アリスは私が帰り着くと同時に借金の返済金を手にし、BMWクーペに飛び乗りジムの家に借金の清算に行った。私たちは静かな休戦状態の内に一九七八年を終えた。

銀行には預金があり、妻は私のところに戻ってきた。私は再び活力を取り戻した感じで、酒は一滴も口にしなかった。ローンの最初の引落しはまだ数カ月先のことだったし、私の反組合工作ワークショップの申し込みは増え続けていた。心配事など何もなかった。

私とアリスはお気に入りのメルセデスを買うためにロスアンゼルスへ飛び、その車で西海岸のカーメルまでドライブした。二人は逃亡者気取りでロマンチックなランデブーを楽しんだ。私は一連のセミナーの旅を続けていて、陽気で、生きている喜びを満喫していた。けちなローンの支払いなどで思い悩むことはない。私のトリックは絶対にバレやしない。だが、ローン支払い期日が来ても私の小切手が振り込まれていないので、信じ込みやすい銀行員もさすがに不安に駆られ出した。その時初めて彼は私の担保を調べて見る気になったのである。それは電話一本で事足りた。一万ドルも、預金証書も口座にないと聞かされた彼には、ローンを回収する手段はなにも残されていなかった。びっくり仰天した彼は即座に私の口座を封鎖した。

犯行が明るみに出た時、私は南カリフォルニアの海岸沿いの太陽がさんさんとふりそそぐ裕福な町、ニューポート・ビーチで、レストラン業者相手に二日間のセミナーに取り組んでいた。その初日の午後、銀行員は不意打ちで私にお返しをした。私は講習会場であるホテルの宴会場の中を動きまわりながら大勢の聴講者を相手に、決断を迫り、笑わせ、すっかり自分の役柄に熱中していたが、ちょうどその時、その貸付係本人が後ろの入口から姿を現わしたのだった。

私は気が動転した。違った二役を巧妙に演じている者にとっては最悪の悪夢だった。突然、二役の自分が鉢合わせして、聴衆の前で面目を失いそうになった。私の中で、その主導権争いは永久に続くかと思われた。私は自分が無防備なのに気がついた。側のドアから飛び出して消え去りたかった。しかし冷静な方の私が争いを制した。私はそれまで通りに振る舞った。笑みを浮かべて「重要なお客様が見えたので」とさり気なく言い、休憩にした。二人にとって話合いは苦痛で悲しくもあった。私はいつも人を失望させるのが嫌で、そうしないようにしてきた。貸付係は怒りよりむしろ傷つき落ち込んでいた。私の欺きを彼個人へなされたものと受け止めていた。裏切られた恋人のような表情で「マーティ、これは大きなトラブルですよ」と私に言った。間もなくして彼はマリン・カウンティの地方検事局に訴えを起こした。

家に戻ったものの私は完全に自己破産してしまった。アリスが再びジムと会っていることも分かった。多分、彼との密会をやめてなかったのだろうが、私には分からなかった。何はともあれ、私自身の問題さえどうなるのか見当もつかない有様だった。アリスなしにはどうしようもなかったし、生きているという実感さえもなかった。ハーベィの自殺後よく襲われる深い鬱状態に打ちのめされていた。身体がしびれて、すべてが灰色に映った。考えること、感じること、しゃべること、殆どが不可能だった。そして、奈落の底に落ち込んだようだった。

四カ月の断酒の果てに、愛車のメルセデスに飛び乗り酒屋に行き、五分の一ガロン入りのウオッカを買い込み、怒りのままに家に戻ると、ひたすらやけくそに飲み続けた。暖炉に火をつけてジムのことやアリスのことを思い出させる一切のものを、あるいはジムとアリス二人のことや惨めな自分を思い起こさせるもの一切合切を燃やし続けた。それから車を運転してリノを目指した。だが「神のみぞ知る」。私はそう遠くへは行けなかった。警察が私を連行した。

マリン・カウンティの留置場でその夜を過ごした私は、翌晩もさらにその翌晩も留め置かれた。警察は銀行の訴えによる逮捕状を持っており、寛大なる誰かが保釈金を払ってくれるまで私の身柄は警察のものだった。アリスと私の父が最終的に保釈の手続きを取ってくれたが、私はそれ以上の助けは欲しくなかった。自己弁護するつもりもなかった。「放っておいてくれ」と、私はアリスに言った。「たいした問題ではないんだから」。つまるところ刑務所が私の落ちつき先だし、それは私にとって救いの場所かも知れない。しかしアリスは罪の意識からか愛情からか、裁判で争うべきだと主張した。結局、私が折れて仕事柄何人もの刑事弁護士を知っているジムを通じて、アリスが見つけてきた弁護士と会って話をすることにし、そして身が入らないまま裁判で自分の抗弁に努めた。その頃には前の週まで私が切った小切手が、口座が凍結されたため壁に当たって跳ね返る泥のように、年末までに不渡り額は七〇〇〇ドルを超えた。

一九八〇年四月、私は弁護士や保護監察官と何度も話し合って、四件の小切手の不正使用と詐欺罪を認める有罪答弁取り引きに応じた。八件の不正小切手の使用と逮捕の本件である銀行に対する詐欺罪を免れるかわりに、不渡小切手の弁済をすること、断酒会に参加すること、ボヤで受け取った一万二〇〇〇ドルの火災保険金を返却することに同意した。それを含めた負債総額は二万ドル近かった。

有罪答弁取り引きでは地方検事は私に刑期を求刑しないはずだった。しかし、宣告当日になって私は、五月からマリン・カウンティにある通常ホワイトカラーで初犯者のためのホーナー・ファーム刑務所に六カ月間収監されると宣告されたのである。

私は三五歳で刑務所に行くことになった。驚いたことにそれが最悪の出来事というわけではなかった。アリスが今度はスコットという小柄だが精力的な新興宗教の教祖と愛情関係に陥ったのだ。私たちが住むホワイ・ウォーリー・コートの家の二軒先に「言葉は神であり、キリストへの道である」(略称TWIG)というカルトのベイエリアの支部が引越してきた。支部ができてほどなく、何人かの女性メンバーがアリスを勧誘に来るようになり、信者たちの集まりやバイブルの読書会、教会が行なう社会福祉の集いに参加するように薦めた。アリスは孤独で情緒的に何物かにすがりたがっていた。私がいつも男の友情や仲間意識を求めていたことが、アリスに寂しさを感じさせたのかもしれない。私はアリスが選ぶ友人たちが気に入らなかった。彼らはいつ見てものろまで陳腐で粗野で、彼女よりも私よりも下に見えた。アリスとTWIGのメンバーとの付き合いは私を極度にいらつかせた。そのカルトはいかさまで、従っているのは単純で騙されやすい連中ばかりだと繰り返し言ったが、私が悪しざまに言えば言うほど、アリスを追いやる結果となった。彼女の教会通いは足繁くなり、長い時間そこに留まるようになった。単なる信者から教祖のお伽の者に昇進していくのは避け難いことだった。

収監が秒読みに入った頃になっても、私はもうひとつのアル中の治療を受けていた。刑務所ではアルコールはご法度だったが、ナバトで知り合ったアルコール中毒者自主治療協会のベテラン職員が、事前に戦いを始めておいた方が後でぐっと楽になると警告してくれた。もし他の治療法があるなら、急激すぎる酒絶ちはご免被りたかった。

サンノゼでの四週間のアル中治療プログラムを三週間終えたところで、私は荷物をまとめて刑務所に入る準備を整えた。その日が近づくにつれて我が家は悲しみに包まれた。二歳と五歳の息子たちは何が起きているのか理解するには幼なすぎたが、それでも悲しみを察して感じ取ることはできた。最後の日々、家族全員が何度も涙を流した。

収監される日、私がマリン・カウンティ庁舎で手続きをするために、アリスは車で送ってくれた。教団からも祈りをささげたいと望んだ二人の女性も一緒だった。手続きの間中、みんなが泣いていた。アリスと私はともに悲しいと言い、彼女は私を愛している、二度と会えないのではないかと言った。アリスは優しい言葉を私にかけて、恋人の所へと帰っていった。

私は刑期を努め上げた。態度と仕事が良かったために刑期は四カ月に短縮された。その途中のある日曜日、面会に来たアリスは、離婚届の用紙を私に差し出した。


一九八〇年一〇月、ビーチウッドの父母の居間で私は身じろぎもせず、じっと座り続けるというおなじみの状態でいた。つけっぱなしのテレビからは、相変わらず白けるくらい陽気な音と色がたれ流しになっていた。私はほとんどその馬鹿げた番組を見ていなかったが、沈黙のほうが耐え難かった。座りこんでタバコを吸い、ウオッカをあおり、スクリーンを漫然と眺めていた。昼間の景気のいいゲームショウの鐘の音やうつろな拍手が、私の境遇をあざけっているように思えた。オハイオには戻りたくなかった。特に古巣である家には。犯罪者のアル中患者、しかも無一文で家もなく、家庭は崩壊しかかっている、そんな私を受け入れてくれる人びとを多くは思いつかなかった。判事からはカリフォルニアを離れ仕事を探すにあたって特別の配慮を得ていた。保護観察官はそのことについて愚痴をこぼし口をとがらせた。彼は個人的に私をいじめようと五年間の観察期間いつでも私を自分の手の届くところに置きたかったのだ。しかし幸いなことに判事は小心者ではなかった。私が毎月五〇〇ドルの弁済をし、定期的にクリーブランドの保護観察局に顔を出す限り、私を西海岸にとどめて置く理由はなかったのである。

私が再び自由の身になる時までには、アリスは離婚を撤回していた。その理由は私には分からなかった。哀れみからか罪の意識からか、あるいは恐れからか、それとも愛情からかなどと詮索する贅沢は私にはなかった。冷静に考えて長い刑務所での月日の間、アリスの態度に変化は見られなかった。それは私をどんなに狂おしくさせたことか。私はまだ望みを捨てなかった。問題はカリフォルニアにあるのだろう。もしこの地獄のような場所から抜け出せば、二人の破綻した生活は元に戻るかも知れない。アリスははっきりしなかった。彼女がノーと言わないことに、私は望みを繋ぎ止めた。

私は身を入れて仕事探しをしなかった。食品業界での私の業績から、町のどこか大きなレストランで人事部長の職ぐらい見つけることは分けない事と考えていた。私は全国レストラン協会に助けを求めた。有難いことに彼らは立派な推薦状を書いてくれた。しかしそれはあまり役に立たなかった。実のところ、私はレストランで人事部長をした経験などなかったし、レストランで働いたことも人事部長としての経験ひとつなかった。仕事上での技術を何も持っていなかったのである。

数週間経った。事態は変わらなかった。私はアリスに連日電話して、子供たちを連れてオハイオに来るように懇願した。家族で一緒に過ごしたかった。しかし彼女の答えはいつも同じだった。「あなたは仕事がないんじゃないの。どうやって生活していくつもりなの」。カリフォルニアでは彼女のママとパパが支えてくれていたが、オハイオではすべて私にかかってくる。私にできないことは明らかだった。私は三六歳にもなって父母に頼って五ドル一〇ドルと小遣いを貰いながら、その日暮らしの生活をしている自分が情けなく、大層馬鹿げていると感じ始めた。私は何かしなければならなかった。一番よくできることが何か、私は分かっていた。

ひとたびそうと決まれば、私は落ち着きと楽天性を取り戻した。急行の乗換駅であるシェーカー・ハイツまで母が車で送ってくれた。誰にも気づかれずに母が私を降ろして、す早く去ってくれるよう祈っていると、高校時代に戻ったようだった。私が感じた大人としての気恥ずかしさは、絶対に理解できないだろうと思いながらも母には感謝した。車が視界から消えたとき、安堵のため息をついたものだ。私は電車でクリーブランドの中心地にあるパブリック・スクェアまで行った。そこから九ブロックほど連邦庁舎まで歩いた。全国労働関係局の事務所はそのビルの九階にあった。

私は当番の職員に組合の代表認証申請書のある場所を尋ねたが、彼女は私が何を言っているのか分からなかった。時期はアメリカ人がロナルド・レーガンをホワイトハウスに迎える数週間前のことだったが、その新しい共和党の大統領がストライキに入った航空管制官を全員解雇するという、愛国心に満ちた装いで組合攻撃を開始する一年前のことだった。ユニオン・バスターの数が爆発的に増えるのはまだ先のことだった。八〇年代半ば頃になると、クリーブランドの全国労働関係局の事務所では「閲覧ファイル」を広々した入口ロビーの側に移し、コンサルタントや見習い弁護士たちが列をつくって、一番新しい労働組合の申請書に割り込むすきを見つけようと互いに競い合うことになるのだが、一九八〇年の一〇月頃はまだ、ユニオンバスターは私がそうであったように、労働弁護士のネットワークを通じてたくさんの仕事を抱え込んでいた。

私は当番の係員と話したいと頼んだ。彼女は申請書がどこに保管されているのか知らなかった。多分裏側の部屋のどこかにあるだろうといった。ぼやっとした役人の後についてごみごみした書庫に入った。そこで私たちは申請書が一杯つっこまれている引き出しを捜し当てた。その内の三つはほやほやで、昨日申請されたばかりだった。私はいつもポケットにいれて持ち歩いているレポート用紙に、その三つの申請先の会社名、担当役員、申請されている投票単位の詳細、労働組合とオルグの名前など主要な事項を書き留めた。それから電車に飛び乗り家を目指したが、シェーカー・ハイツ駅から母に電話して車で拾って貰うより、四マイルの道を歩くことにした。

新しい三つの申請を手に入れ、私は酔いしれた。私の自信は急に大収穫の予兆にふくらんだ。台所のテーブルの上を指令所にして、私は全国労働関係局のノートを夢中になって研究し、売り込み電話の準備を始めた。飢えていたように私は、すぐに昔の自分を取り戻し、自信と術策もあふれでてきた。私は自分に笑いかけた。さあどうするか。運が向いてきたぞ。

〔註〕

〔1〕原文ではbuilding trades unions（小文字で複数）となっているが、どこの組合かは不明。通常ＡＦＬ－ＣＩＯの産業・業種区分ではbuilding tradesに分類されているのは、大工、塗装、電気配線、配管、漆喰、煉瓦積み、石工で、ＡＦＬ－ＣＩＯのBuilding Trades Departmentには、Carpenters; Electrical Workers; Elevator Construc-tors; Operating Engineers; Iron Workers; Laborers; Painters; Plumbers; Roofers; Sheet Metal Workers; and Teamstersが所属している。

第8章　コープランド・オークス

申請書

雇用者名：コープランド・オークス・コープ　オハイオ州セブリング
業種：退職者老人ホーム
雇用代表者：クロード・エル・ロウ理事長
申請者：　病院・老人ホーム・公務従業員労組ローカル四七、オハイオ州クリーブランド
全米サービス従業員労働組合[1]（ＡＦＬ－ＣＩＯ加盟）
組合代表者：ジェームス・ホートン

ジム・ホートンが生まれたのは大恐慌の真っ只中だった。アラバマの黒人炭鉱夫とその妻の間の、一六人の子供の三番目で長男だったホートンは早くから労働について学んだ。労働組合についても。一九四〇年代ホートンの義務教育の間、彼の父は全米鉱山労働組合に属していた。鉱山労組はアメリカで最も戦闘的な労働組合の一つで、怒れる指導者ジョン・エル・ルイスの下で勇名を馳せ勢力をのばしていた。一カ月に一度かそれ以上、何か起こる度に父はジムを夜明けに起こし、片田舎の小屋からバーミンガムでの組合の早朝集会に連れて行った。ジムは父を見ながら多くのことを学んだ。労働組合員というものは熱心に働き真面目であることを学び、彼は忠誠心を信じながら育った。

一七歳の時、彼は家を出た。両親には養わなければならない子供が大勢いた。まさに旅立ちの時だっ

た。心の片隅にいつか大リーグで大物としてプレーする夢を抱きながら、彼はアラバマに別れを告げた。しかしクリーブランドに着いて間もなく少年時代の夢は、生活費を稼がなければならないという切実な問題の前に色褪せてしまった。やれる仕事は何でもした。最初は化学工場で、後にボルチモア&オハイオ鉄道で働き、そして空軍に入隊した。

ジムは四年後、軍から復員兵援護法基金の援助と高等教育の機会を受けて除隊した。しかし、何よりも最初に片付けるべきことがあった。生活の糧を得る道を見つけなければならなかった。一九五九年ジム・ホートンはクリーブランドの中心街にあるメソジスト教会の経営する堂々としたセント・ルークス病院の精神科に用務員として雇われた。二五歳になったばかりで時給一・三ドルはそう悪くはなかった。彼は勤勉で賢く有能だった。でも、そこに長居をするつもりはなかった。

彼はオハイオ放送学校とアルマ・リー理容学校に同時に通った。しっかりした技術を身につけたいと思ったからだ。しかし、六年後の彼は依然としてセント・ルークス病院にいて、時給は入ったときより数セント上がっただけだった。一九六二年には結婚し、数年のうちに一男一女の父になっていた。彼は病院の自分の回りが気になり出した。そこで見たものに彼は悩んだ。数百人の労働者のほとんどが黒人か少数民族で、僅かな賃金で過酷な汚れ仕事をやっていた。労働者たちは脅えており、お互いに信頼していなかった。気まぐれな管理職の恣意的な罰則から身を守る術もなく、雇用保障はゼロ、昇進の望みもなく、せいぜい一日の生活を凌ぐ賃金以上の望みはなにもなかった。ジムは見れば見るほどいろいろ知りたくなり、そこら中を尋ねまわった。そして聞けば聞くほど何かを変えなければならないという思いがつのっていった。病院で一〇年も一五年も働いている雑役夫や看護助手の時給が二ドル以下に据え置かれていることも判った。賃金制度は経験も年功も全く考慮されないいい加減なものだった。従業員が集まりを持つ気力をくじけさせる就業規則も見つけた。従業員が協力し合うより互いに競い合うことを煽るアメとムチの制度があることも知った。彼は何とかしなければと決心した。

彼が全米サービス従業員労働組合のローカル四七に電話をかけたとき、それがセント・ルークス病院の廊下だけではなく、クリーブランド全体に広がる二年戦争のすさまじい闘争の始まりになろうとは知るよしもなかった。時に一九六六年、非営利病院を対象とした団体交渉に関する連邦法が制定される八年も前のことで、労働組合嫌いの病院経営者に組合を認知させる手立てはまだなかった。ジムは生れつき楽天主義者だったが、現実主義者でもあった。父から組合組織化は闘いだということを学んでいた。病院経営者たちの反撃が生易しいものでないことも、労働者たちがストライキを余儀なくされることも分かっていた。ストライキに入れば多くの労働者が悩み、ある者は家庭を失い、家族は分断され、人びとは飢え、ピケット・ラインをはさんで両側の労働者の対立が暴力沙汰に発展することも知っていた。彼はランサー・ステーキ・ハウスでローカル四七の当時委員長だったジョー・マーフィやその他の役員と最初の会合を持った席上で、闘争期間中の組合支援の保障を最初に取りつけた。「私の仕事は五〇〇人を救出することだ」と、彼は組合幹部に言った。

組合が労働者の支援を約束したのに満足して、ジムは一〇〇〇人分の授権カードを引き受け、組織化を開始した。ロッカールームでの内緒話しを通じて彼は組織化委員会を組織した。他のシフトの者や部署の異なった者と話をするために残業も始めた。「我々は迅速かつ隠密に行動すべきだ」と彼は言った。「急いでいた」。

五カ月の間に組合は病院内のサービス労働者のほとんどからサインを取り付けた。その間ジョー・

マーフイは病院の経営陣やメソジスト派の牧師たちと会い、組合を承認するのが最善の方法だといった政治的角度から説得を続けた。だがしかし、彼らは一向に動こうとはしなかった。話し合いは引き延ばされ一年以上たっても何の進展もなかった。そしてストライキになった。ある火曜日の午後、正確には一時三〇分、五〇〇人の労働者は仕事をほうり出し、ロビーに向かって行進を始めた。それは戦争だった。

週七日、一日二四時間ピケをはった労働者たちは、彼らが組合を必要としていること、病院が交渉に応じるまで仕事に戻らないことを世間にアピールし続けた。招かれざる外部団体、共産党やブラック・ナショナルズ、それにストライキを自分たちの政治的主張を宣伝する絶好の場と見ていた投機分子たちが押しかけてきた。戦闘が始まった。手製爆弾が二個破裂した。裁判所の命令が出され、ピケ隊は入口ひとつに三人以内に制限された。地域は騒然とし興奮していた。もっとも若い労働者と最高齢の労働者がピケット・ラインを超えて就労し始めた。若い者は事態を理解することができず、老人たちは恐怖にかられてのことだった。大多数の労働者はストライキを貫徹した。清掃夫、雑役夫、補助員、給食労働者たちは週二五ドルのストライキ補塡と地域の教会や労働団体の支援で糊口を凌いでいた。ジョー・マーフィはカソリック教会にもメソジスト教会にも行った。また大都市で初めて黒人の市長になったカール・B・ストークス市長にも支援を求めた。一九六八年ストライキが始まって一年後、ついにクリーブランド市議会は、過半数の労働者が授権カードにサインすれば、市内にある非営利病院でも組合から請求があれば組合認証選挙ができるという法案を可決した。勝利だった。

数カ月たってジム・ホートンはローカル四七のオルグに任命され、ただちにクリーブランド地区の老人ホームの組織化という厄介な仕事にほうり込まれた。ジムは相手のスキをついたのだろう。最初の一年間にクリーブランド地区の一二の老人ホームを組織した。その後、ペースは落ちたものの一九七六年に組織部長に任命されるまでに、二〇の老人ホームと一二の病院労働者をローカル四七に組織していた。一九八〇年の夏、ジムはコープランド・オークス老人ホームに働く誰かから一本の電話を受け取った。

セブリングまでの六〇マイルのドライブは私を別世界に誘った。大クリーブランドを遥かに後にして、全く見知らぬ田舎道を当てもなくさ迷う子供のようだった。ゆるやかにカーブする三〇マイルの道路の両側に広がる牧草地や波打つ丘陵、欅《けやき》の大木や色付いた楓の葉、いまにも倒れそうなフェンスとのんびり草を食む牛たち、白く塗られた農場の家々、その田園の色彩と風景は大いに私の目を楽しませてくれた。私の車、父が買ってくれたオンボロのクライスラーでさえ宙に浮いているように進んだ。素朴で神々しい静寂さは平和に満ちて、ラジオからの無意味なおしゃべりが冒瀆的なものに思えてきた。私はラジオのスイッチを切り、生まれて始めて孤独の味を堪能した。その素晴らしい一時間のあいだ、長閑《のどか》さから気を逸らせるものといえば、車の低いエンジン音だけであった。私は思わず一人で微笑んだ。この道路の先に建てられている老人ホームは天国への路として実にふさわしいじゃないか。

私の夢想はセブリングに到着したとたん、吹っ飛んでしまった。「なんだこの地獄にみたいなところは。一体ここでなにをしようというのだ」。

かつてオハイオ陶器産業の中心地であったセブリングは、いまやうち捨てられたままの工場や板囲いされた商店のパッチワークだった。町は二ブロックにわたり完全なゴーストタウンと化していた。

「カフェ」の看板を掲げた寂れた店と、品揃えのある金物屋が目にとまった。それ以外には全く人の気配がなかった。私は道路の両側を眺めながら車を走らせた。「神よ、ここに人が本当に住んでいたんでしょうか」。私には想像すらできなかった。もう一度行き先を調べてみた。どこかでセブリングを見落として、別の町に迷い込んだのだったらよかった。しかし間違ってはいなかった。私はこのコープランド・オークスの仕事で、新しい人生が買えるとの希望を抱いて家を出てきていた。こんなところで日給七五〇ドルを払ってもらえるだろうかと疑念が襲う。もう一度、住所をチェックしてみた。目的地は数ブロック先だった。もう少し車を走らせるしかない。

しばらくすると、それは忽然と現われた。二本の石造りの円柱が、低い丘の頂上にそびえ立ち、優雅な建物の入口を守っていた。鋳鉄性のアーチには「コープランド・オークス・コープ、メソジスト教会ホーム」とあった。その円柱の向こうには長い車道がすばらしい緑の芝生の真中を通って、威風堂々としたコロニアル・スタイルの煉瓦造りの玄関に続き、その車寄せは六本の白い柱で守られていた。中央の大きな建物は明るいオレンジ色の煉瓦造りで、農場風の一戸建ての家々がそれを取り囲むように配置されていた。綾織に刈り込まれた芝生と巧妙に巡らされた通路が迷路をなしていた。建物群の向こうには青い池が秋の琥珀色の太陽に煌いていた。駐車場は来客者の目に晒されないように横手に設えられていた。私の口元は自然に緩んだ。これなら大丈夫、きっとうまくいく。

本館の扉は豪華なロビーの方に開いた。分厚い絨毯は談話室からエレベーターに向かう白髪の老婦人が乗る電動車椅子の音を完全に消し去っていた。丈の長いスカートに厚底の白靴を履いた女性が二人、ひそひそ話をしながらロビーを横切った。二人は車椅子の老婦人にこんにちはと声をかけ、一緒にエレベーターに乗り込んだ。響きのいい三人の話し声を閉じ込めながらエレベーターは閉まった。

私は愛想の良い受付け嬢に、クロード・ロウに会いに来た旨を伝えた。最初、私がクロードに電話をしたとき、彼は「私たちは既に労働弁護士を雇っている」とにべもなかった。しばらくブランクはあったが私の口舌はちっとも錆付いていなかった。私は熱心に応戦した。

「それは結構なことですね。私は弁護士ではありませんし、弁護士抜きに仕事をするつもりはありません。あなたがたに今必要なのは労務コンサルタントです」

これで数分が稼げた。それから、私は持論の優秀な情報提供者として中間管理者を動員する反組合工作戦術を売り込んだ。こうしていると、あたかも私はこのためだけに生きており、捨てられた夫だったことも、アル中だったことも、前科者であったこともなかったかのようだった。私は絶好調だった。ロウは私を信頼したようだ。

「あなたの言うことはなかなか興味深いですね」と、彼は認めた。「ひとつ私たちの弁護士と連絡をとってみたらどうだろう」。

私はすぐに弁護士のルー・デービスに電話をかけ、ロウとの三者会談を翌日ヤングスタウンのデービスの事務所で持つことにこぎつけた。会談は友好的でロウもデービスも私のやりかたが気に入った。しかしデービスは自分でそれをやればいい、あえて私を雇うことに懐疑的だった。そこで私は、セールスマンなら、しかもけちで疑い深いユニオン・バスターなら決してやりそうもない戦術にでた。反組合工作の無料提供を申し出たのである。

「いいですか。私を雇うにせよ雇わないにせよ、あなた方が優位に立つために絶対にやっておかなければならないことがいくつかあります」。そこで私はエクセルシオール作戦を彼らに授けた。それは組合と全国労働関係局から要求される従業員のリストについて、正確な氏名と住所を知らさないでおく作戦のことだ。「組合が従業員と接触するのを出来る限り難しくするのです」と、私は説明した。

それが彼らの気に召したらしい。ロウとデービスは二人で相談したいことがあるからと、私にちょっと席をはずすように言った。再び部屋に呼び戻された時、デービスは「あのエクセルシオール作戦が売り込みの決め手になったよ」と私に告げた。

従業員に「ドクター・ロウ」と呼ばれているクロードは、私を出迎えるために音もなくロビーを抜けてきた。彼はすごく威圧的な容貌をしていた。丸顔のハゲ頭ががっちりした身体つきの四角い肩の上に乗っていた。顔はしかめつらのまま刻まれたようで、やや上向きの鼻は目下の者を少しばかり見下しているような印象を与えていた。動作は控えめで堅苦しくすべてに宗教的な意味があるかのようだった。長老派教会の司祭で神学博士のクロードは、忠実なメソジスト派に転じてキャリアを積んでいくため、司祭の衣装より灰色の銀行家のビジネス・スーツを好んだ。上着のエリにはＭＥＮＳＡ[2]を表わす小さな金のピンが飾られていた。そのブローチは見る人にドクター・ロウが国際的知的組織の一員であることを伝え、彼の天与の全才能を常に思い起こさせる役割を果たしていた。私は彼のことをちょっと鈍感だが誠実な男だと思っていたが、コープランド・オークスの労働者にとってドクター・ロウは頑固で傲慢な男と写っていた。その理事長がにこやかな笑顔ときびきびした握手で出迎えてくれたのは、感謝しきれないほどのめったにない熱烈歓迎であった。

コープランド・オークスが破産の瀬戸際にあったのは周知のことだった。またクロード・ロウがそれを救った人物であることも広く知られていた。クロードが一九七二年にニュージャージー州の長老教会系老人ホームから引き抜かれ雇われたとき、コープランドは一一〇〇万ドルの負債を抱えていた。ホームは居住者のために相当数の部屋を確保していたが、その費用は社会保険や高齢者医療保険から毎月五〇〇〜六〇〇ドルと、その残りをコープランドからの補助に頼っていた。数年の間にその補助金はホームにとっての重荷となってのしかかってきた。非営利施設としてコープランドは安定した収入源を待たず、財政は寄付や篤志家の遺贈分あるいは教会と各種財団からの援助に頼っていた。定期的に雨が降らなければ井戸は干上がってしまう。クロードがコープランドの赤字を解消するのに六年かかったが、一九八〇年には利用料の値上げと補助の切下げ、何度も繰り返した募金活動などの組み合せによって、ホームの財務体質にゆとりが生まれ営業的にも黒字に転じていた。

クロードはコープランドの施設を誇りにし、まるで彼への貢ぎ物と見なしていた。私との会談に入る前に彼はその王国への旅に私を誘った。私はつぎつぎに見せられるホームの豪華さに感嘆した。かつて働いたどの病院や老人ホームもこれには及ばなかった。私が入った本館ビルにはコープランド社の事務所と一〇〇人の居住者の部屋があったが、装飾や雰囲気は一流ホテル並だった。豪華な部屋と堂々としたリビングルームに加えて、本館には礼拝堂と高級レストランにもひけをとらない食堂があり、娯楽室には数台のビリヤードとヘルスクラブがあった。離れの物療室には特殊な機器や車椅子用の浴室がコープランドの栄誉ある居住者のために設えてあった。

本館の後ろ側に隣接して木材とセメントでできた特別養護施設が建設中だった。この新施設はクランドール医療センターと呼ばれ、居住者のための病院と、老人ホームで生活するには衰えすぎたり病気になった老人たちを収容するためのものだった。一年後に開業の予定で、クロード・ロウはその理事長になることになっていた。

屋外に出て、コープランドでヴィラと呼ばれている個人用住宅のあいだを歩いていると、私は会員制のカントリークラブのお客になったような気がした。その印象を彼に伝えるのに何のためらいもなかった。「もし私が引退して老人ホームに入るとしたら絶対ここにしたいですね」と叫んだ。クロードはコープランドの快適さを知りつくしていた。彼は妻とヴィラの一つに無料で住んでいた。

私が十二分にコープランドに魅了されたのに気を良くして、クロードはデービスとの会議をセットした。理事長としての彼は明らかに神経質になっていた。この数カ月間、クロードが全オハイオ北東部教会の基金財団や金持ちのクリスチャンや、栄光の老人ホームへの潜在的寄付者との会合をやっている間に、ホートンと組合オルグたちはひそかに労働組合を組織する約束をコープランドの従業員たちに広げていた。秋までにホートンは三〇人の女性と二人の男性からなる内部組織化委員会を編成し、手早く密かに他の労働者たちの支持を得る活動に取り組んでいた。クロードがこの動きを察知するまでに組合は時給労働者の六〇パーセント、一七〇人の看護婦、看護助手、家政婦、雑役夫、コックやウエイトレスなどから、組合同意署名を取り付けていた。授権カードが万端整ってからジム・ホートンはドクター・ロウに電話を入れた。

クロードにとって生涯忘れることのできない一九カ月にわたる悪夢のような戦争の始まりだった。ホートンはぶっきらぼうだったが丁寧な物腰の人物だった。彼はドクター・ロウにコープランドの従業員が労働組合に関心を示しており理事長との交渉を求めている、そのことは過半数を越える従業員が授権カードに署名をしていることで証明できると告げた。もしドクター・ロウが自発的に労働組合を承認して下さるなら、双方とも全国労働関係局の投票を行なう手間も金も節約できるし、すぐに労働協約の交渉に取りかかることができると説明した。

ドクター・ロウには会見に応ずる意志は全くなかったし、いかなる協約交渉もするつもりはなかった。どうして彼が交渉に応じなければならないのか。組合が彼に従うべきで、話が逆ではないか。ドクター・ロウに組合は要らなかったし、欲しくもなかった。余計な出費が増えるだけだし邪魔なだけだ。彼には組合の人間との会見で何か得るものがあるとは思えなかった。「ノーだ。ミスター・ホートン」と、クロードは言った。「会談はあり得ない。私たちの間には論ずべきことなど何もない。もし組合がコープランド・オークスを手に入れたいのなら、そちらから出向いて来て手に入れるしかないだろう」。

クロードは、もし組合がコープランドを欲しいなら闘わなければならないと宣言したが、ほとんどの人はそれが理解できなかった。おそらく彼自身もその欺瞞には気づかなかったのだろうが、ひどい真実の歪曲であった。真実はコープランドの労働者を獲得するために闘うのではない。彼らは労働者を代表して闘うのである。労働組合は労働者がローカル四七に代表になってくれるように頼んだのであって、その逆ではない。真相はコープランドの労働者は自分たちの処遇に不満を持っており変化を求めていた。コープランドの従業員が求める組織、彼らの利益を追求してくれる組織を獲得するのを、ホートンや組合のオルグたちが助けようとしたというのが本当である。クロードが組合と闘うと宣言したことは、洗濯婦やメイド、コックたち従業員と闘うと宣言したことに他ならなかった。

おかしいのはクロードが自分を親切な人間だと思っていたことである。

彼はコープランドがかつて財政的危機に陥っていたにもかかわらず、地域の他のホームと同じ程度の賃金を払っていると誇らしげに語った。実のところ最低賃金に毛のはえた程度だったが。従業員はお互いに家族みたいなものだ、しかもそれが彼のおかげであるかのように自慢した。コープランドには三〇〇人近い従業員がいたが、そのほとんどはセブリングやその周辺の町村からや　ってきたごく普通のつつましい女たちであった。お互いに子供たちのことを知っており、秘密もわかち合い、それぞれのクリスマス・パーティーに出かけ合うような人々だった。私は彼が部下の名前を呼んだり、親しげに挨拶をするのを一度も見たことはなかったが、クロードは従業員全員の名前を知っていると言い張った。驚いたことに彼は自分が従業員から愛され尊敬され、まるで父のように信頼されていると思い込んでいた。従業員のために充分なことをしてこなかったという組合の指摘に憤然とした。もし組合が本当にそう思うなら彼女たちを自分に背かせることができるはずだ。よし、やってもらおうではないか、と彼はいった。

クロードとルー・デービス、そして私は、クロードの部屋に閉じこもって作戦会議をした。私たちが戦闘プランを立てる前に、私はクロードが会談の設定という組合の罠をうまくかわしたことについて、うまくできましたねと褒め上げていい気持ちにさせた。クロードがホートンとの会見を拒絶したのは彼の老練さからではなく、自尊心を傷付けられたからだということを私は知っていた。彼は生粋の組合嫌いだったが、組合のことについては何も知っていなかった。彼への授業は今から始まるのだ。レッスン1：労働組合にはいつも疑いを持って接し、その立場を誰にでも分からせなくてはならない。組合が行なうすべての動きは偽装だと理解せよ。ホートンからクロードへの会見の申し込みは労働組合を認知させるための罠だったと、私は彼に説明した。組合は今後もこういったやり方をするでしょう。おわかりでしょうね。奴らはうまいことを言ってあなたに取り入り、あなたの鼻先に授権カードの束を突き付けるでしょう。気がついてみたらあなたは組合を買うことになります。あなたが本能的に選択したことに感謝した方が良いですよ。そうでなければ、あなたは私ではなく全米サービス従業員労働組合を相手にテーブルに座っていたでしょうから。

クロードは仰天した。一体どうしてだ、と私に尋ねた。

私はこう説明した。あなたが良心的であろうとして、コープランド・オークスの敷地内で組合オルグと同席していたら、それは労働組合を承認する一歩を踏み出したことになってしまいます。もし物分かりのいい人間たらんとしてその場に出かけたとしたら、授権カードを持ち出され見ることを余儀なくされたでしょうね。いったん見てしまえば、組合が本当に過半数の労働者の支持を受けているかどうか、いわゆる善意から生まれる疑念を自動的に放棄することにもなってしまいます。全国労働関係局はあなたに団体交渉の席に着くように命令したことでしょう。組合があなたの鼻先を間違いなくうろちょろしていることになっていたはずです。

クロードは想像したくもないといった様子で、大きなため息をついた。あなたがそんな罠にひっかからなくてよかった。でもこれはほんの手始めのトリックです。気をつけたほうが良いですよと私は言った。まだまだ道中には何百という地雷が埋められています。組合は組合員を集めるのに必死です。名簿を満たすための法的なペテンをたくさん用意しています。だから私やデービスのチェックなしにあなたはこの工作期間に発言や行動を一切控えなければなりません。

クロードは感謝しているように見えた。ここまでくればこっちのものだ。

私がクロードに言い、後でコープランドのすべての管理職や、組合潰しをやったすべての企業の管理職に吹き込んだことは、もうひとつの歪曲であった。まず法律上の規定から始め、それをねじ曲げて解説し、全体としてまったく芳しくないものとして思い込ませてしまう手口である。確かに労働法は労働組合や従業員が全国労働関係局の監視下で投票をやらないでも、経営者が組合承認に同意する手続きを認めている。事実、全国労働関係局は組合からの認証申請を受理する前に、自発的に組合を承認する意志が経営側にあるかどうか、組合は尋ねておくべきだとしている。それはしなければならないことなのである。ルイス・セラーヤはエド・デーリーに質問した。そうしなければならなかったからである。後にジム・ホワイトもクラバット炭鉱のマイク・プスカリッチに聞くことになった。そうすべきだったからだ。ホートンはクロードに質問状を送った。ホートンはそうすることが求められていたからだ。

金の節約と代表認証期間中に生み出される刺々しさを回避するために、経営が「組合の自発的承認に同意する」と答え、中立的な第三者の立会い下で、組合が過半数の労働者を代表することを授権カードのチェックで、組合を承認する方法はある。それは簡単だし安くつく。にもかかわらずやられた試しがない。なぜなら経営者は誰一人として労働組合と交渉することなど望まないからだ。分かりきったことだ。

さて法が定めるカード・チェック方式は自動的に組合の承認を意味するわけではない。なにが起きるか。経営者は授権カードを見るチャンスがあれば、それに飛びつくだろう。組合嫌いの経営者はその授権カードを覗き見できるとあれば、どんな奴らがそこにサインしているか確かめたいと思うはずだ。そこから上手く情報を入手できれば、組合に対して「忘れてくれ。取り引きは無しだ」と言ってやれる。そして会社に戻って奴らの尻をけ飛ばしてやるのだ。こうなっても組合はサインをした従業員を守れるだろうか。はたして組合は選挙で勝てるだろうか。それは不可能だ。そこで法律は経営者がそんな危ないカード・ゲームをしないように、第三者立会いによる授権カードの確認を、組合承認の手続きとして定めているのである。当然のことながら、顧客はそんな法律の意図について私に質したことはなかったし、気にもとめなかった。戦争をしているときには敵に同情しないほうがうまく闘えるというものだ。

クロードの事務所で肩を寄せ合いながら、私は第一撃をくわえるために全米サービス従業員労働組合の申立書に隙がないかどうか検討してみた。思った通り組合の団体交渉単位の括りかたに私は隙があるのを見つけた。

ローカル四七は二五〇人以上のコープランドの労働者、家政婦、洗濯婦、保全係、コック、配膳係、皿洗い、看護婦、美容師それに無資格看護婦などのすべてを代表しているように見えた。組合反対運動の担い手で、私の手元に残されたのは、約一ダースの取締役と部長たち、認定看護婦[3]、それと雑多な事務職員だけだった。一目見て私はこれではやれないと思った。管理職が五人で、しかもそのうち何人かは組合に同情的な者もいる中で、二〇倍もの従業員と闘うことなどできるはずがなかった。労働者と一対一の直接激突を始めるなんらかの作戦がなければだめだ。衝突が増えれば増えるほど、激化すればするほど、私の軍勢が労働者の結束を打ち破るチャンスは大きくなってくる。一般的なルールとして、一人の管理職が扱えるのは一五人以下の部下になるように私はしてきた。コープランドでも同じようにやりたかった。問題はどこから手をつけるかだ。

全米サービス従業員労働組合の申請書によれば看護婦は最大の従業員グループで、九〇人を数えた。クロードは彼女たちが最も堅固な親組合派だと見ていた。その見方は正しかった。コープランドの看護部門は、一人の部長と三人の認定看護婦からなっていた。四人では、いくら彼女たちが熱心に私の行なう反組合工作を展開しても、多数の組合支持者たちの意志を挫くことなどできはしない。なんらかの助けが必要だ。私は三〇人の有資格看護婦に目をつけた。以前にも病院の仕事をしたことがあったので、看護婦の世界の序列についてはよく分かっていた。病院内で流布しているジョークに認定看護婦（RN）は本物の看護婦の略で、有資格看護婦（LPN）は見せかけの看護婦（レッツ・プリテンド・ナース）というのがある。しかし看護という言葉で人々が思い浮かべる、きつく汚れる患者の世話はすべて有資格看護婦によって行なわれている。コープランドの有資格看護婦は居住者の日常の世話に責任を負っており、認定看護婦が行なう薬の管理以外のすべての仕事をやっていた。傷口の包帯巻き、歩行訓練、血液採取、検温、食事、それに際限のない愚痴や苦情の聞き役。彼女たちは組合を求めていた。何人かの有資格看護婦は組織活動の初期から組織化運動にかかわっており、かなりの者がホートンの組織化委員会のメンバーとして、週一回セブリングの東三〇マイルにあるアライアンスの喫茶店での会合に参加していた。

有資格看護婦を管理者の一員であると考えるような材料は全くなかったが、私には彼女たちが必要だったし、その可能性に賭けてみることにした。なぜならコープランドには三人の認定看護婦しかおらず、有資格看護婦が直に無資格看護婦に仕事の指図をしていることが分かったからだ。有資格看護婦は患者のトイレや入浴や食事、おまるの清掃や汚れ物の片付けが必要な時、無資格看護婦に指示してやらせていた。それが手がかりになった。また何人かの有資格看護婦は特定の日の交替シフトや深夜勤のときには、「担任看護者」としての役を割り振られていた。それもいい材料だった。実のところ、労働者が時々他の労働者に対して仕事上の指示をするだけで、労働組合から自動的に排除される謂れは全くない。しかし労働法の管理職についてのあいまいな規定は作戦を考える上で大きな余地を残してくれている。この点を使えば有資格看護婦をこちら側に引きつける事ができるかもしれない。

全国労働関係法によれば、管理職とは「従業員を雇用、解雇、移動させることができる者」となっているが、それに付属して「それらを事実上勧告できる者」という規定が魔法の言葉である。私たちがやるべきことは「有資格看護婦は無資格看護婦の職務や仕事について管理職として勧告しうる立場にある」という立論だった。

組合の勢いをくいとめるには、有資格看護婦を管理職と定める必要があると私はデービスに話した。彼は懐疑的だった。頭を横に振りながらそれは法律的に先例のないことなので難しいだろうと言った。それでも彼は私の論理の組立てを認め、その線でやってみるのは歓迎だと受け入れた。私は微笑んだ。デービスとは楽しんで仕事ができるだろう。彼はまじめでプロフェッショナルで、伝統あるヤングズタウンの法律事務所の立派な弁護士だった。彼は新しいことをやるのを面白がっていた。

デービスが交渉単位についての審問準備をしているあいだ、私は反組合工作に乗り出した。その翌日には、ホームのウイリアムズバーグの礼拝堂に隣接した洒落た居間で工作会議の発会式を開いた。私は当然その席に有資格看護婦を呼ばなかった。彼女たちは依然として組合運動の推進員だった。そのため発会式は、私が知っている一二人の管理職を含むまったくの内輪の会議となった。もしも全国労働関係局が私の主張を受け入れてくれれば、それはすばらしいことで、私は有資格看護婦を集めてもう一度別の発会式を持つことになる。もし駄目なら私は苦境に立たされることになるが、まずは始めた方がいいだろう。デービスは投票単位についての異議を地方支局に申し立てると同時に、全国労働関係局に対してもコープランドの管轄権に対する異議を提訴した。これは全国労働関係局に会社側が組合代表認証に関してむちゃな法律論争を仕掛けていると思わせないための時間稼ぎの常套手段だった。しかしこの作戦は最初のに劣らず効果的だった。全国労働関係局がこの提訴について調査し議論しているあいだは、労働組合はエクセルシオール・リストを入手できず、投票有資格者すべてと連絡をとることが困難になるし、投票日を決定することすらできないからだ。その間私たちは自由に動き回ることが可能となる。

全国労働関係局の決定は一週間足らずで出た。有資格看護婦が管理職であるという区分けに組合は反対したが、全国労働関係局は私たちの言い分を認めた。私は彼女たちを獲得した。私はこの勝利に小躍りした。多少の厄介は分かっていた。私の経験では、看護婦は概して気位が高く強情でしぶとい。それは彼女たちの仕事に対する信念からくるものだろう。看護婦たちはどんな安月給でも自分たちをプロフェッショナルだと自負している。患者の世話をすること、それに尽きる。その高貴な職務の妨げになるような仕事を喜んで引き受けることは決してない。たとえば彼女たちはありきたりの健康管理に文句も言わずに従う場合でも、管理や経営上の仕事にはそうすんなりと応じてはくれない。組合反対運動のような攻撃的でいやな仕事を押し付けられたら、彼女たちが憤然と無視するのは目に見えている。看護スタッフの圧倒的多数が組織化に傾いているコープランドのような場合には、彼女たちが収拾のつかない事態を招来しかねないのだ。そうなれば私はいい笑い者だ。私が手に入れた新たな軍勢である有資格看護婦は厄介の種にだってなりかねなかった。それでも彼女たちの管理職としての登用は、私が必要とする兵員数を充足してくれたし、戦力にならない場合でも、少なくとも自動的に組合の得票数を数十票奪うことになった。

ルー・デービスから有資格看護婦が管理職に組み入れられたと聞いて、私は直ぐにクロードの事務室に駆けつけた。有資格看護婦の取扱いはデリケートだ。その発表の仕方にも細心の配慮が必要だった。会社側が仕掛けたと彼女たちに思わせたくなかった。僅かでもだ。そのためには邪魔がはいらないように手を打つことが必要だった。

黄色いレポート用紙を手にした私は、クロードと並んで座って、手書きで一通の手紙を書き上げた。

それはコープランド・オークス退職者ホームの有資格看護婦宛てのもので、非常に丁重な文面だった。言葉使いはクロード・ロウ風にドライだが、文の調子には少しばかり暖かみがあった。内容は連邦政府の決定で彼女たちが管理職に区分けされたことを伝えていた。コープランドの経営者はこの件について全く不知であったことを暗示し、誰が管理職かを決定したのは連邦政府であり、経営者はこの決定に驚愕している表現になっていた。手紙はまた経営者としては法律には従うしかないことを簡素な言葉で認《したた》めていた。そして管理職は会社に対する忠誠心とは無関係に、いくつかの義務が伴うことの説明が続いていた。それゆえコープランドは、義務として新しく有資格看講婦を経営側の一員として、親会社派運動に迎えることになる。私はそのメモをクロードに渡した。さっと一読した彼は訝しげな笑いを浮かべて私を見た。

「私たちがなんの策謀もやっていないと看護婦たちに思わせたいのです」と「策謀」という言葉をとくに強調しながら私は彼に言った。彼は肯いた。

私は原稿をクロードの秘書のベティ・ミラーに渡し、それをコープランド=クランドールのレター・ヘッドの入った用箋にタイプするように頼んだ。そしてその末尾にクロードが丁寧に自分のサインを書き入れた。

翌日の午後、その手紙を間違いなく配り、疑問が生じないように説明するため、看護婦たちがウイリアムズバーグの広間にひっそりと集められた。彼女たちはしっかりした眼差しで、顔つきは固く無表情だった。折り目のきちんとしたパンツ・スーツとドレス姿の彼女たちの年齢は一〇代後半から五〇代後半までの幅があった。彼女たちに敵意は見えなかった。それ以上にタフだったというべきだろう。敵意やひねくれているのだったら、私はちょっとしたやり方でやり込めることができる。しかし、私がコープランドで最初に目にした看護婦たちは、全くやる気のないマネージャーたちよりもしたたかで、自己抑制されていた。彼女たちの無反応な表情と時折見せる薄ら笑いは、私の熱弁が通じていないこと、ただちょっぴり私のお利口さんぶりを面白がっているだけだと告げていた。私は集まった人々に質問をしながら動き回り、密かに生徒たちの反組合IQ度を測り、トラブルメーカーの候補生リストを頭の中で作っていた。そのリストは長いものとなった。

初期の段階から最も強く労働組合支持の声を上げたのは有資格看護婦たちだった。作戦会議に参画し、授権カードを配るのを助けた。彼女たちの職務への熟練度、コープランド退職者ホーム事業についての理解の深さは全米サービス従業員労働組合のオルガナイザーたちに、得がたい詳細な貴重な情報を提供してきた。有資格看護婦たちは組合に入る決心を固めていた。プロとしての熟練に相応しい処遇と敬意が彼女たちに払われていないと思っていた。仕事やシフトの割当ても、報奨や懲罰の判断も、コープランドの医療部門を仕切っている三人の認定看護婦と看護部長、看護部長補佐たちの意のままになっていた。看護婦たちの職場生活の質は、冷淡で敵対的な三人の管理職とどう個人的な関係を維持するかに左右されていた。ごく少数の何人かはうまくやっていたが、多くの者は悩まされていた。

しかし管理職にされた瞬間から有資格看護婦たちは、労働組合の会議に参加することをあきらめなければならなかった。最初の会議で私は彼女たちにもし組合の会議へ参加したら解雇されることになると警告した。コープランドの就業規則ではなくて、連邦政府の法律に照らして解雇されるのである。発会式の場で、私は有資格看護婦たちにいかに組合推進者たちとの友情が強くとも、どんな組合の会議にも近づいてはならないと警告した。このような状況下では友情は大いに危険を招くことになると、私は言った。看護婦はいまや経営側なのだから、感情に引きずられて会社を苦境に陥れるような組合のワナには絶対にはまらないように注意しなければならないとも話した。私は看護婦たちにこの法律が言わんとしているものがどんなことかを教えた。組合の会合に管理職が参加すれば、全国労働関係局が組織化活動中だと認定した職場の「実験室の条件」を破壊するし、そうなれば会社が不当労働行為に問われる危険がある。もし彼女たちのうちの誰かがそのような事態を招いたら、その人は責任を問われ、解雇されることになると私は言った。

看護婦たちを組合の会合から引き離そうとしたもともとの大きな狙いは、組合オルグたちへの支援と情報を絶つことにあった。しかしこの時、私は労働法を味方にしていた。私が彼女たちに言ったことは原則的には正しいことだ。言わなかったことは私がスパイ行為をすこしも禁止しないということだった。もし私がスパイを必要としたら、組合嫌いの労働者や私の遊軍を率先して送り込むことになる。完璧に合法的なやり方で。

いかに強力に説得しても、私はこの新しい人質のグループをまだ十分掌握しきれていないと分かっていたので、直ちに彼女たちに任務を与えることにした。私は手紙作戦を看護婦抜きで始めたが、掌中にある彼女たちを常に運動に巻き込んでおきたかったので、有資格看護婦たちを釈放する前に、手始めに宿題をだした。私が古くからやっている手口だが、実際に対話が行なわれたかのような幻想をつくりだす一問一答式の手紙を全員に手渡した。その書き出しはこうだ。

親愛なる職員のみなさん。何人かの方から現在の労働組合をめぐる状況について非常に重要な質問がいくつか寄せられています。ここにそれらの質問に対する事実に基づく回答があります。

続いて三つの質問と、実は私が書いたクロード名の長いが明快な答えが用意されていた。もちろん従業員は誰一人そんな質問をしていない。私が捏造したもので、クロードがそのことを知っていたかどうかさえ不明だ。情報の管理者として私は、従業員に伝える内容だけではなく、それをいつ誰にどんな形で告げるかと言うことも規制した。コックやメイドへの情報操作に時間を割くつもりはなかった。最初の手紙で、私は組合が全従業員を代表でき、団体交渉権があれば何でもできるとするその完璧さについて攻撃を仕掛けた。よく練った質問とそれに誘導される答えを通じて、団体交渉は時間ばかりかかって危険でムダな手続きであると述べたて、「労働組合は彼ら自身の取り分になるものなら何でも取り引き材料にすることで知られている」と全従業員に警告した。

この一問一答式の手紙は、いわば法律違反の王国の上を綱渡りするようなものだ。もし私が「交渉は同等な条件のもとで始まる」と書いたとしたら、それは違法であり、労働組合は不当労働行為として提訴することもできる。その文句はすでに法廷で検証され、代表認証を定めている法律に違反していると見なされるからだ。そこで私は別の言葉で同じ事を言う。私はこう書いた。「労働協約の中で自動的に定められたものなど何もない。すべては交渉（取り引き）による」。労働者によって合法的に選ばれた労働組合との交渉を、経営者が拒否することも同様に違法である。だから私はコープランドが交渉を拒否するとは言わない。そのかわり、「我々はどんな事でも強制されないし、どんな譲歩もしないだろう」と言った具合に書く。

その手紙にクロードのサインをもらう前に、私はルー・デービスの点検を受けた。私は法律違反を気にしていなかったが、法律の網をうまく潜り抜けておいたほうが物事はスムーズに運ぶからだ。

デービスは「これなら大丈夫だ」と言った。その手紙はひとつの格言をもって締めくくられた。「掌中の一羽は薮の中の二羽に優る」。平凡だが意味は明瞭だ。

工作がもっと進んでから、私はクロードに話してタイムレコーダーの側に質問箱を設けさせた。私がデザインした箱は、白い靴箱くらいで、正面に赤い大きなクエッション・マークが描かれ、その上部には質問状を目立たぬように折り畳んで入れられる切れ目があった。クロードは全従業員に組合に関する質問があれば何でも質問箱に寄せるように案内を出した。もちろん匿名は保証付きだ。これは古くからシェリダンがやっていたトリックの再現であった。この箱は組織化活動の弱点や、労働者が何を恐れているかを示す一つか二つの質問を招き寄せるかも知れない。それが役に立つかどうかは問題ではなかった。私が画策している情報操作を覆い隠すのが主な目的であり、ほとんどの質問は私が作り上げたものだ。何年も前のことだが、労働者が本当にそんな質問をしているのかと、私は問い質されたことがあった。怒りっぽい管理職が会議中に立ち上がって言い張るかも知れない。「ちょっと待ってくれ、オレは誰からも、未だかつてそんな質問を聞いたことがない。一体誰がそんな質問をしたのか、言ってみてくれ」。そんな類のことだ。質問者のプライバシーの保護を理由にその説明を拒めるが、対立は望ましくない。経営者が素朴な管理職たち相手に情報操作しているのではないかと疑念を持たせてしまうことになる。質問箱を設置すれば、誰が何を質問したかが分からないし、私は「従業員からの質問」をその箱から都合の良いように取り出せる。質問の合法性についての疑いがあったにしても、個人的なつぶやきの類ですむ。

コープランドでの反組合工作が始まった当初、私は二つの世界に住んでいた。日中の私はしかめっ面で通していた。三〇〇人近い労働者の運命を掌握し命令する立場にあった。ある時は寛大に、ある時は容赦なく思うままに叱責した。だが夜の私は小さな子供だった。両親の家に帰り、居間に座りテレビをながめタバコをふかし、爪切りをがちゃがちゃさせて、スコッチを呑み、レポート用紙に秘密めいた数字を書きつけ、そしてアリスに電話をした。一カ月近く毎晩懇願し続けた結果、アリスに軟化の兆しが見えてきた。教団から離れ、スコットとも別れたいと思っていると話し始めた。その時期だわ、と彼女は言った。私たちはもう一度家族になるのを試すべきね。しかし彼女は恐れていた。もしスコットが彼女を放さなかったらどうしょう。彼は結婚したいと言い寄っていた。後を追ってきたらどうしよう。彼はとても恐ろしい人になるだろう。その上彼女には荷物をまとめて引っ越す金がなかった。

その時私はすばらしいアイディアを思いついた。アリスは私が仕事をしていることを喜んでいたが、それだけでアリスのパパやママから引き離すには充分ではなかった。もし彼女も職が得られれば、その引き離しも可能になる。「アリス、この工作には助手が使えるんだ。一人で扱うには管理職の数が多すぎてね。ほとんどは女だし、何人かは女同士の方が話しやすいと思っているんだよ。君はぴったりだ。君は優しいからきっと彼女たちは心を開いてくれると思うよ。必死に耐えているのは確かだからね」と、私は言った。

アリスはその誘いにのってきた。お伽ばなしの本に出てくる良妻賢母のイメージにこだわり、その理想と現実との間で彼女は引き裂かれていた。妻はいつも家にいなければならないものと決めつけ、自分にそれを課していた。彼女はまた自分を自制して耐えていた。誰かに雇われるとは考えず、雇い主を探そうともしなかった。しかし私は彼女が一つのことに卓越していることを知っていた。それは人の面倒をみることだった。アリスは世話好きな母親で有能なエネルギッシュな主婦で、しかも生まれつき園芸の才があり、友だちづくりがうまかった。その上うまくいっているときには情熱的な妻だった。私はコープランドでの仕事の中で、彼女のそうした天与の博愛精神を伸ばすことができると踏んでいた。

「スコットのことは放っておきなよ」私は言った。「奴が君と結婚したいって。いいかい。私は既に結婚しているんだよ。ぼくは君を他人に渡したくはないよ。戻っておいで。私たちはまた昔みたいに一緒に働けるよ。愛しているよアリス。君が必要なんだ」。

ついにアリスは折れた。引越し費用を作ってちょうだい。そうしたら子供たちと一緒に飛び立つわ。クリスマス前にはそこに行けるわ。私はコープランド・オークスに日給七五〇ドルで売り込んでいたし、しかも仕事はまだ数カ月は続くのは確実だったし、収入は保証されていた。私の日当の高さは自分の格付けの誇示という面も幾分かはあったので、クロードに前払いを頼みたくはなかった。そんなわけで、私はカリフォルニアを発った時と同じ無一文だった。

工作が始まった最初の数週間で、クロードと私は良い友人になった。私はどこに行ってもそこのトップの人間と好んで個人的なつき合いを深めた。恨みを買わずに管理職をコントロールする上で、それは大いに役に立った。しかしクロードとの友情は通常のペースより早く進んだ。午後彼とたびたび長話をして過ごしたが、親密さは日増しに深まっていった。私は自分の犯した罪について話すことで心が和んだ。彼の部屋に足を踏み入れ、ドアを閉めるとあたかも告解聴聞室に足を踏み入れたかのようだった。アリスの情事や私の飲酒癖、私たちの絶えることのない争いについて私はしゃべり始めていた。彼は私の話を聞き、慰めてくれ、私の生活の立直しを助けたいと本気で思っていたように見えた。彼は妻のグラディスと結婚して四〇年間も経っていたが、彼女を深く愛していた。長い結婚生活がもたらす幸福感を味わえる日が、いつの日にか到来するのを私が理解することを彼は望んでいるとたびたび言った。一二月のある朝、私は彼の事務所に行き、家族をクリーブランドに呼び寄せるために一〇日分の賃金の前払いしてもらえないかと頼んだとき、彼は躊躇なく応じてくれた。

理事長である彼はすぐ経理係を呼んで、私宛に七五〇〇ドルの小切手を切るように命じた。即座にである。

カリフォルニアでの銀行詐欺の後、私はどこにも銀行口座を持っていなかったし、持てる望みもなかった。引越しのトラックが両親の家に着いたとき、どうやってクロードの小切手を現金にしたら良いだろうと頭を悩ました。

アリスと息子たちはクリスマスの一週間前に私の両親の家に到着した。

二〜三週間の間に、私のために協力しそうな熱心な管理職数人に目をつけた。彼女たちに言わせれば「ホームのために」ということになるが。その五人ほどの有能な兵隊を通して、一般労働者の中にスパイや情報提供者やあるいは妨害工作者のネットワークを作り上げた。いわゆるこれらの忠実な従業員たちは、組合反対のロビー活動に動員され、組合集会の内容を報告し、同僚たちの秘密をもらし、うわさ話を広げ、また自ら組織化運動を妨害する役割を果たすのである。私は誰が会社の回し者かほとんど知らなかった。誰一人それらの活動と私を結びつけられるものはいなかったし、私はランドラム・グリフィン法の定める報告義務を逃れるように、「会社派」による反対運動を草の根運動だと思わせるように仕向けた。

私の情報ネットワークは早い段階で、コープランドの組織化責任者はジム・ホートンだと狙いをつけた。戦略は彼が立てていたが、表立ったオルグではなかった。コープランドの組織化はローカル四七がこれまで取り組んだ最大の仕事だったので、ホートン他四人の組合オルグが張りつくことになった。ほとんどの労働者が知っている名前はフィル・ガンニだった。

ガンニ。ダミ声で腹が出たこの老人は、興味深い変わり者だった。彼はオルグではなく、ローカル四七のスタッフでも組合員でもなく、コープランドの従業員でもなかった。人の良いただの友人だった。ガンニはかつてセブリングの自動車労働者で、障害者保障を受けていた。コープランドに働く多くの女性はたまたま彼と同じ街アライアンス付近に住んでいて、彼女たちの仕事やもめごとなどについてよく相談にのっていた。その女性たちがどうしたら組合を作れるか話をし始めたとき、彼は喜んでお手伝いするよと申し出た。一九八〇年の夏、ローカル四七に最初の電話をしたのはガンニだった。アライアンスの喫茶店で、ホートンと作戦について最初に話し合ったのもガンニである。近所に住む友人たちを通じて組織化委員会を最初に作ったのもガンニだった。活動が始まったばかりの時期、誰よりも多く友人たちの家々を訪ね、会議を設定し、電話をかけまくったのもガンニだった。一一月後半に組合の代表認証申請が行なわれた後も、ガンニはクリーブランドの組合オルグたちとセブリングとアライアンスの友人たちとの間のつなぎ役として働き続けた。コープランドの女性たちにとって、ガンニは司令塔でコーチで、しかもチアリーダーも兼任していた。彼は何週間ものあいだ、オルグの仕事を無償で、昼夜をわかたず、信念に基づいて行動した。最終的にローカル四七は彼の労苦に年金で報いた。

管理職たちから入手した文書類を読んでみて、ローカル四七はまじめな組織化運動を展開していた。

汚い手口やいいかげんな約束も、大げさな煽動なども見られなかった。組合員の誰かが本当に汚い馬鹿げた事、たとえば喧嘩を始めるとか、タイヤを切り裂くといったことをやってくれたら、私はいつも大いに感謝したものだ。私がやるべきことは「ほら見てごらん。アナに代表になってもらいたいのかい」と言うだけだ。だがそれはコープランドでは起こりそうもなかった。ローカル四七にはこっちから仕掛けなければならなかった。

標的のひとつはガンニだった。私はこれまで彼の名前を一度も口にしなかったし、大きなスポットライトを当てようともしなかった。コープランドの労働者たちは、誰でも彼が好きで尊敬していると聞かされていたから、彼を徹底して攻撃するのは得策ではないと判断していた。しかし一方で何人かの女たちには、ガンニはちょっとうるさい奴だと思われていて、「一体彼は何様のつもりなんだろうね」との声も出ていることも知った。それが突破口だった。彼は倒さなくていい、それほど重要ではない。ただ彼のまわりに疑惑の種を育ててやるだけでいい。

私は管理職たちにローカル四七は自分たちでコープランドの組織化をやりきれないという噂を広げさせた。それが行き渡った頃、彼女たちに、組合は会社派の従業員をつけ狙うのに金を払って誰かを雇っていると吹き込んだ。何て汚い手口なんだと、私は反問した。これが組合の手口だ。事態が荒れてくれば今度はならず者を送り込んでくるよ。私はガンニを組合に雇われた「アライアンスの賞金稼ぎ」になぞらえて、後には手紙の中にもそれを使った。この賞金稼ぎは、「隠れた組合支持者」や「クリーブランドの高給取りの組合幹部」と共謀して、「自分たちのポケットを皆さんの金で膨らませようと嘘をつく」と書いた。私は組合を冷酷で腐敗した大組合として描き出し、中西部にある小さな町にもこの忌まわしい存在が生み出されようとしていると思わせた。もちろんこうした組合像は全く嘘で、私のでっち上げであった。私が組合の人間について触れるときはいつでも、彼らははるか遠くの大都会からやってきたと書いた。大都会は悪者、犯罪者、いかがわしさ、大金、マフィアを意味していた。

組合の書類によれば、組織部長のジム・ホートンの給料は一九八〇年に週給六〇〇ドルで、オルグたちの収入はそれよりちょっと少なかった。悪くはない給料だが、四二歳の男にして大金というには程遠いものだ。ガンニがいくら貰っていたかはついに判らなかった。

組合側でガンニと直接接触していたのはホートンではなく、黒人のアート・ワーシィだった。献身的でやさしい口調で話すワーシイはすぐにガンニの信頼を得て、コープランドの労働者にとって組合の顔になった。ガンニが手紙をローカル宛てに送るときはすべてアート・ワーシィ宛てだった。ガンニはまずワーシィがいることを確かめてから会合を開いた。電話をする時もアートと話した。ワーシィは一九六〇年代に組合オルグになったが、その前は長いこと建築労働者だった。彼は最初、建築労働者組合[5]で組織化をしていたが、一九七一年に病院の組織化に加わった。ローカル四七が手掛けた東クリーブランドのヒューロン・ロード病院の労働者の組織化を手助けするためだったが、その病院では彼の親戚たちが長時間労働にあえいでいた。ヒューロン病院での勝利の後も、ワーシィはローカル四七にとどまり、ホートンの古巣のセント・ルーク病院ではビジネス・エージェントの仕事も兼務していた。ワーシィとホートンは馬が合っていて、コープランドには他の分野から三人のオルグがきていたが、ここでの工作はほとんど彼ら二人が主導していた。

毎週ホートンかワーシイが、コープランド内部の三十数人からなる組織化委員会メンバーとの作戦会議に加わった。また、この二人組はセブリングやアライアンスや周辺の町々のホテルやレストランに集まり、組合の集会や情報交換会を開いたり、組合のビラを発行したりしていた。ローカル四七のオルグたちはいつも労働者の近くにいるガンニの助けによって、最善の方法でコープランドと連絡をとっていたし、クロード・エル・ロウの名で毎日仕掛けられる、ひどい敵意に満ちた攻撃から組合を守ろうとしていた。

最前線での長い経験からホートンとワーシィーは実に明快な組織化方式と強力な戦略を作り上げていた。その第一原則は「ゲームの主導権を握れ」であった。ホートンはこの原則にこだわった。「会社や雇われユニオン・バスターに組織化工作の方向を決められたり、主導権を取られてはならない」。それは良い方針だし、賢いルールだ。だが、それを貫徹するのは難しい。特にマーティン・レビットのような人間が内部にいて、手紙を書いたり、労働者たちに何時間も質問攻めにしているような場合は手の打ちようがなかった。組合は内部に入り込めなかった。労働者と話すことができるのは、時には脅しで、時には涙で、八時間分の相手側の言い分をたっぷり聞かされた後で、初めてできることだった。

コープランドでの闘いは私が今まで体験した最も手強い骨の折れる闘いだった、とホートンは後に語っている。その理由だが、オルグたちはいつも私に主導権を奪われ、反撃への対応に追われ、防戦一方に振り回されたからだ。コープランドでは、ホートンは自分のやり方で組織化を仕切るチャンスがなかった。今回がプロのユニオン・バスターと出くわした最初というわけではない。前に何回もユニオン・バスターと渡り合い、敗れたこともしばしばあった。時にはやっつけたこともあったし、彼らの手口を充分に知り尽くしていると思っていた。ホートンと仲間のオルグたちはユニオン・バスターについてのワークショップにも出かけて、フィルムを見たり、対抗策を練っていた。はじめの頃、コープランドの会議でホートンは組合支持者たちに「見てご覧。経営者に代わって手紙を書いている奴が誰だろうと、それが嘘だと言われないために半分は本当のことを書くものさ」と、警告を発する位に知っていた。ホートンが一番良く知っているユニオン・バスターはジャック・ヒッキーだが、コロンバスを地盤にする一匹狼のコンサルタントで、何年もの間、ローカル四七の組織化工作を追いかけていた。彼のやり口は私より荒っぽかった。労働者を脅かすためにガードマンをすぐに呼びつけたりした。ホートンによれば、ヒッキーは無愛想だから、「そのうちに敬遠されることになった」ということになる。しかし、ここのオルグたちはシェルダン流・スリーエム流・レビット流の絨毯爆撃を受けた経験はなく、私は彼らの虚をついたのである。

「マーティは労働者を混乱させた。彼らに疑念を抱かせ、挑戦させ、会議の時間を費やさせるように仕向けた」とホートンは言った。

組合の会議は二時間、三時間、四時間と延びていった。一度や二度ではなく、コープランドで工作に従事しているの間、ホートンとワーシーは、私がねじ曲げまき散らした情報を打ち消すために、会議の時間を費やすことを余儀なくされた。

「マーティは我々を防衛一方に追い込んだ」とホートンは言った。「役職についていない労働者の幾人かは彼の名前を知っていた。しかしほとんどの労働者は『あの人』と管理職たちが呼ぶ名前でしか知らなかった。彼女らはいつも、『あの男はこういうことを私たちに言った』、と言うんだ。『あの男』はいつもあいまいな言い方で、意図的に何かを省略して、ちょっと言い方を変えて人の誤解を誘発する。それで会議の時間の多くはその説明に費やさなければならなかった」。

労働者の切実な質問に対する組合オルグの答えは、質問が何回も何回も際限無く出されると、計画を立てて、作戦を練って、労働者たちに本当に重要な問題について話をする、その貴重な時間がなくなってしまう。ついに組合はにっちもさっちもいかなくなってしまうのだった。

コープランドの清掃班は結束の固いきつい仕事をやるグループだった。毎朝七時、日勤の始まりの時刻になると一八人の家政婦と洗濯係は女性のロッカールームに集まる。そこでその日の仕事の分担を受け、特別にやっておかなければならないことの準備について話し合う。この朝礼は定例だったが、女たちにとって、こうして一緒に一日が始まるのは気分の良いものだった。ゴシップと笑いの時間であったし、一日のきつい汚れ仕事に、さあ取り掛かろうという気を起こさせてくれた。それは貴重な時間だった。朝礼が終わると女たちは二人一組になって、この地方で一番きれいな老人ホームというコープランドの評判を守るために、懸命にすべての部屋に磨きをかけ、こすり、掃除機をかける。

この朝礼を取りしきるのは、きびしくかつ愛情あふれる修道院長のような監督者、キャスリン・テーラーで清掃班の部長だった。キャスリンは一風変わっていて時代遅れのところがあった。几帳面な舎監のように、前世紀風のレースのついた袖と首までボタンがついた堅苦しい長い上着を着ていた。常に一方の袖の中には刺繍を施したハンカチをたくし込んでいた。私たちの最初の会話で、彼女が「あの娘たち」と呼ぶすべての部下たちから、慕われているおばさんのように自分を描いて見せていた。彼女は娘たちが好きで母親のように面倒を見てきたと言った。キャスリンにとって朝礼は彼女の部下たちと同じように大事なものだった。「娘たち」の仕事ぶりを自分のプライドとして、彼女たちの生活の細部にも関心を持っていた。彼女はゴシップや打ち明け話や隠し事や、部下たちそれぞれの家庭の事情をかいま見るのを楽しみにしていた。その見返りに「娘たち」がキャスリンを愛してくれていると思い込んでいた。

　だが彼女は間違っていた。キャスリンには何人かの忠実な部下がいたとしても、大半の娘たちは彼女をばかにしていた。キャスリンの母親気取りは押しつけがましく耐え難いものだし、リーダーシップは気まぐれで独裁的だし、彼女の格好ときたらお笑い草だった。娘たちは彼女を「えこ贔屓屋」といい、「おせっかい屋」、「俗物」、「魔女」などとと呼んでいた。

　ユニオン・バスターが言うことの中にも、ひとつくらい真理があるものだ。そのひとつは組合の組織化運動が起こる職場には例外なしにひどい管理職がいるということである。キャスリンは献身的な従業員であり、忠実な兵士であったが、どうしようもない管理職でもあった。威張っていて、人を操作するし、お節介だし、不公平だった。問題は彼女がそれを自覚していないことだった。私の見るところ、コープランドの清掃班は組織化運動を強固にバックアップする、戦闘的で率直で恐れを知らない者の集まりだった。私はキャスリンを馘にしようとはしなかった。娘たちはそれほどまでには彼女を憎んでいなかったので馘が有効とは思えなかった。しかしキャスリンが私のために役に立つとしたら、その勘違いから彼女を覚ましてやらなければならなかった。

　反組合工作が始まって数週間たったころにもたれた個人面談で、「キャスリン、あの娘たちがあなたのことをどう言っているか知っていますか」と聞いてみた。彼女には想像もつかなかった。私は彼女の目を見つめながら憐れみを込めて言った。「彼女たちがあなたのことを尊敬していると思っていたら、あなたは愚か者です。それどころか彼女たちはあなたのことが好きでもない。実のところあなたを笑い者にしています。あなたの服装の趣味を面白がっているんです。そのレースやハイカラーやハンカチなど全てをです。彼女たちはあなたのことを野暮ったい人と呼んでいます。あなたが自分をファッションの見本だと思っているし、あなたの話し方の物まねをして面白がっていま す。彼女たちがあなたに忠実だと思って貰いたくありません。彼女たちは違います。今すぐにでもあなたを後ろから刺すでしょう」。

キャスリンはびっくりして口もきけなかった。どうして私に分からないことがあるの。もし役割が逆だったら自分がこう扱われたいと思うやり方で娘たちに接してきたはずだ。彼女は娘らに敬意を払ってきたし、彼女たちも彼女に敬意を払ってきた。そうじゃなかったのかしら。

キャスリンの目に涙が溢れた。彼女は袖口からハンカチを取りだし、涙をふき、泣き崩れるのを押えて鼻をすすった。彼女はもう私の思うままだ。

「いいですか、キャスリン」私は申し出た。「あなたには彼女たちとの関係を修復するチャンスがある。彼女たちと話し合いなさい。あなたの何が彼女たちを組合に電話させることになったのかを見つけ出し、あなたは喜んで変わるつもりであることを彼女たちに告げるのです。どんな不平不満でもあなたのところに持ってきていいのだと彼女たちに保障してやりなさい。そしてあなたが本当に聞く意志があることを彼女たちに分からせてやるのです。あなたがやった誤りについて、たとえあなたがよく分からなくても彼女たちに謝りなさい」。そこで私は声の調子を厳しくした。「それと同時に、彼女たちに次のことを徹底してください。この機会しかありませんよと。ひとたび組合がこのことを取り上げたら、もう自分の手には負えない問題となると警告しなさい。その瞬間から選択の幅は小さくなるし、それに変わるチャンスはなくなるのですと。彼女たちが自分たちの問題を直接口にすることはできなくなるし、あなたがそれに答えることもできなくなると、彼女たちに言ってやりなさい。どんなちっぽけな仕事上の問題でもクリーブランドから派遣されてきた組合の人間によって決められるようになりますとね」。

　これで一丁上がりだ。キャスリンはこの個人攻撃と闘うためなら、なんでもするだろう。部下の労働者たちを自分の手から奪い去ろうとする化け物と闘うためならなんでもするだろう。彼女が躊躇せずにやるのは確実だったが、またあまりうまくやれないことも確かだった。私は彼女に付いていなければならないだろう。

　コープランドに来てから一カ月ほど経過した後、私はクロード・エル・ロウだけではなく経営陣全員の世話をやかなければならないことに気がついた。多くの会社でも同様だが、コープランド・オークスのお粗末な管理職は多少質の悪い従業員よりもっと問題だった。ここでの問題はこの事業体のもつ固有の風土病であり、少々のトレーニングをやったところで、治りそうにもないだろう。コープランドの常軌を逸している管理機構は病んでいる組織の一症状であり、トップの癌が下部にまで広がっていた。

　管理職たちは次から次へそれとなく言った。「ドクター・ロウは、賢い人です。彼と話すのを誰もが恐がっています」、「女性たちは彼の側にいると落ち着きません」、「彼はどうも私たちのことが気に入らないようです」と。クロードの秘書、ベティ・ミラーは従業員たちが彼女のボスをいかに嫌っているか教えてくれた。ベティは好感の持てる知的な人だった。彼女はコープランドを仕切っていて、すべてを知っていた。ドクター・ロウについて彼女が聞いているのは悪口ばかりだった。女性たちは彼をケチで意地悪な人だと思っていた。彼の存在自体が重圧的だった。彼がいないときには誰もが幸せだった。私はクロードにせめてエレベーターで他の人と乗り合わせたときくらい、挨拶をするようにと何度も説得した。しかし無駄だった。私は反組合の手紙の中で、書き出しに「親愛なる仲間のみなさんへ」とクロードに書かせることができなかった。あまりに気安く、示しがつかないというのが理由だった。クロードは自分をどんな労働者とも「仲間」とは考えていなかった。彼はボスであり、彼らは使用人だった。

彼がちょっとでも頭を下げるのを拒否するので、コープランドでは私が思っていたより早い時期に「私たちにチャンスを」という手紙を出す破目になった。ワールド航空の争議以来、この声涙溢れる謝罪の訴えは私の工作の掉尾を飾る最大の出し物になっていた。この手紙は、誰もが闘争にくたびれはて、真実のこもった呼びかけに飢えている時に発行するのが最も効果的だった。だが、私はクロードのために絶好のチャンスを選ぶ余裕がなかった。この訴えは結局クロードの三通目の手紙に入れたが、わざとらしくならないように留意した。「私たちは、完全ではありません」というクロードの手紙では、彼が労働組合を恐れていないことが述べられ、にもかかわらずコープランドの経営者は組合を打ち破るために懸命に闘っているという三つの嘘がならべられていた。

「私たちは憂慮する」と私は書いた。

「外部の利己主義者のグループがあなた方を騙して、あなた方の将来を団体交渉のテーブルに乗せる画策をすることを、私たちは憂慮する」

「自分の言葉で話すという個々人の権利を放棄することを、私たちは憂慮する」

「コープランド・オークスだからこそ許されている隔てのない関係や柔軟性といった誇るべき慣習が失われることを、私たちは憂慮する」

そしてコープランドの経営者が冒してきたかも知れないいくつかの過ちがあったとあっさり認め、「しかし、与えられたチャンスには、私たちは報いることができると固く信じている」と断言した。

それは全く馬鹿げたことだった。クロードは憂慮などしていなかった。彼は怖れ、怒っていた。組合が従業員を代表したところで、いわゆる従業員の誇るべき慣習（そんなものがあったとして）を組合が奪うと脅かしてはいなかったし、逆に組合はクロードから独裁を奪い取ると脅かしていた。

私はクロードの頑迷ぶりを解きほぐそうと何度も試みた。私はこの気難しい老人を面白いパズルのようなものだと思い始めていた。彼を笑わせること、いや彼を微笑ませることも私の仕事になっていた。しかし私はちょっとした楽しみのために反組合工作を危機にさらすつもりはなかった。そこでクロードの仮面を引き剥がそうとする代わりに、コープランドの顔になる経営上層部の補佐役二人を従業員対策にあてることにした。

私の切り札はビル・ホッグだった。ホーム住み込みのメソジスト派の司祭で、地域との繋がりを担当する理事だった。ビルは生れつき人懐こくあたたか味があった。自分を理事長室に閉じ込めて置くことが好きなクロードとは対照的に、ビルはコープランド・オークスのホールを歩き回り、居住者を訪れ、労働者とお喋りをし、礼拝堂でのお祈りを司り、毎日を過ごしていた。私はインタビューの中で女性たちからクロードの代わりにビルが理事長だったら良かったのにと何度も聞かされた。彼女たちがビルと呼ぶ彼は、ジョークを言い、一緒に食事をし、本当に彼女たちの仲間の一人だった。

私は従業員宛ての手紙にはクロードのサインをもらったが、個人的な訴えが必要な時は、ビルに登場を願った。ビルの特殊技能は橋を架けること、すなわち地域社会と良好な関係をつくるのに長けていた。彼は人々の気持ちを和やかにさせた。ビルが、友人関係を破壊する侵入者に労働組合をなぞらえた時、人々は耳を傾けた。私は神のご託宣で闘いの決意を促してくれた方が、彼女たちに対して効き目があると判っていたので、ある重要な幹部会議をコープランドの礼拝堂でやるようにした。ビルはそこで最大限に流暢に、大いに熱のこもった反組合の説教を垂れたのである。

ジェンダー関連の問題でビルを助けたのは、理事長補佐のゲリー・スポサトだった。ゲリーは陰気で、堅苦しい四〇過ぎの女性で、生真面目で、面白みがあるタイプとは程遠かった。私が職務分掌で実現しようとしていた新しい改革派のマネージャーとしては、彼女は全く不適確だったが、彼女なりのやり方で役に立った。ゲリーはコープランドの内情やクロードのことや仲間の管理職たち、そして労働者たちのことについて実に良く知っていた。家政婦たちがキャスリンについてどう思っているか、看護婦たちがボスのアナ・モラッコに抑圧されていると最初に教えてくれたのは彼女だったし、食堂で働く労働者たちの不満についても知っていた。ゲリーはどうしたら事がうまく運ぶか、誰が誰に影響力を持っているかということも熟知していた。そして彼女は特に小さな町の中の小さな町とも言えるコープランドで、権力のある地位にまで生き延びてきたのだから、驚異的な才覚といえるだろう。女性たちは多分ゲリーを好きではなかったが、かといって憎んでもいなかった。それなりに尊敬されていたのだろう。私は本当にスポークス・ウーマンが欲しかった。ゲリーにやってもらうしかなった。

クロードは理事長という地位から管理業務で忙しかったので、また、ルー・デービスも企業の法律問題で忙殺されていたため、私は自分の手持ちの作戦で、戦闘プランを自由に実行した。最高指揮官として、私は管理職に一般の労働者とのすべての親しい付き合いを止めるように命じ、職場のど真ん中に深い塹壕を掘らせた。コープランドに労働組合ができたらどうなるかを具体的に分からせる前触れとして、コープランドの厳しい労働に従業員を耐えさせている「楽しみ」を攻め立てたのであった。私は管理職と従業員が毎日、組織化運動のいらつきでぶつかり合い、労働組合を憎むようになって欲しかった。

「労働者たちは皆さんたちに闘いを宣言したのです。戦争になればいままで拠り所にしてきたルールも変わります」と私は管理職に言った。「組合は彼女たちが持っていた友情も武器として利用するでしょう」と警告した。管理職と従業員のなんでもない会話を捻じ曲げ、皆さんをスパイとか、回し者とかいって非難するでしょう。そして、不用意な管理職は法廷に引っ張り出されてから気づくことになります。

「あなた方が何を言うか、どこに行くか、誰と一緒にいるか十分気をつけて下さい」と、私は続けた。「組合が組織化工作をしているあいだは、誰も信頼はできません。たとえそれがあなたの無二の親友でも。見ていてご覧なさい。あなた方のとっても良い友だちが、嘘付きや泥棒に変わってしまうのです」。

私は家政婦たちに朝礼を続けさせた。目的のために役に立つ集まりと判断したからだ。組合が入って来て掻き回す前までは、コープランドの生活がいかにすばらしかったかを思い起こさせるのに、その集まりを利用しようと私は決心した。朝礼は続けられた。しかし、かつての陽気な気分も自然な発言もなくなり、暖かみはどこかにいってしまった。キャスリンは話題を仕事のことだけに厳格に制限し続けた。

一方で、労働者同士の社交的な集まりはすべて禁じられた。私は労働者が朝出勤して最初に、闘争の緊張を確実に感じるようにしておきたかった。私は管理職たちにパーティーに参加することも、子どものお披露目に出ることも、労働者と一緒に夕食を共にすることも、組合認証投票がすむまではしてはいけないと伝えた。これは彼女たち自身を守るためだと説明した。あらゆるものが罠になるし、誰でも囮になれる。彼女たちが部単位で行なうクリスマス・パーティーへの参加すら禁止した。

この新しいルールは管理職、とくに有資格看護婦たちに大きなショックを与えた。コープランドでは、ほとんどの従業員の関係はお互いに家族同様の付き合いだった。大多数の女性たちは冴えない小さな町々の狭い家で貧しい生活を送っていた。彼女たちの最大の楽しみは働きにでて、老人たちの世話をして、友人たちと一緒に時を過ごすことだった。彼女たちは働きながら、くすくす笑い、ゴシップに興じ、お互いに誕生日を祝い、同僚が病気の時は花を贈った。私の命令はこれらすべてに終止符を打つもので、職場の雰囲気を憂鬱にし、暗く息苦しいものに一変させてしまった。看護婦たちは無資格看護婦たちとお喋りするのを恐れ、無資格看護婦や家政婦たちは、彼女たちが働いている部屋に有資格看護婦が入ってくると、途端に沈黙するようになった。洗濯婦や配膳係たちが管理職との気詰まりなお定まりの会話を避けるために、エレベーターに身をひそめたり、ホールを走り去る姿も見られた。友だち同士が話するのをやめた。

反組合工作が始まって四週間後、管理職たちが分裂し始めた。短期間のあいだ、彼女たちは一日に数回、何をやっていても仕事を中断し、洗脳のためのグループ会議に参加したり、私の査問を受けるように強制された。彼女たちは自分の友だちについて細々とした面倒で役に立たないレポートを私のような部外者にするようになった。また友人たちに向かって長々とお説教をするようになった。管理職は全員で、私の命令に従って四六時中、何百通もの個人宛ての手紙を配り、説明事項や探りを入れる質問を完全に暗記したりした。それでも、彼女たちは怒鳴られ、侮辱され、無視され、嘆願され、叱られ、笑われ、泣かされ、そして組合支持者から妨害を受けた。日常業務の上に組合潰しの仕事を昼食ぬきでやらなければならなかった。家庭に帰っても緊張と怒りは解けず、食事を取るのが困難なほど混乱していた。やたらに夫に怒鳴ったり、子供たちを叱り付けたりしているのが分かったし、そして夜はなかなか眠れなかった。彼女たちは悲惨だった。だがこれはまだ始まりに過ぎなかった。私の知っている手口はもっと沢山あったからだ。

最初の数週間、私はコープランドの組合潰しにいつものプログラムを実施したが、その間にも秘密兵器と敵のアキレス腱を探していた。どんな会社にもそれはあるものだ。コープランドではホームの主人公である老人たちの中にその両方があった。コープランドの従業員たちは一人残らず老人たちを愛していた。その中にはおかしな人や病気の人、全く口がきけない人たちもいた。老人ホームでの仕事は汚れ仕事でつらい仕事だった。忍耐を要求され時には全く無駄な仕事もあった。しかしコープランドの労働者の多くは老人や老女との関係を励みに、つらい仕事を天職としてきた。看護婦、看護助手、家政婦、コック、配膳係たちすべてが望むことは、老人たちを喜ばせ、老人たちの日常生活を少しでも快適なものにしてあげることだった。それはほんのちょっとした心遣いだ。気の効いた会話とちょっとした心気遣い、ひ孫たちの写真を見るのに少し時間を取ったり、古い宝石を誉めるといったことである。老人たちの生活を少しでも快適にするのに役立っていると思うことで、労働者は大きな喜びを感じ、自分たちの重要性を認識していた。コープランドの労働者が高齢の居住者にそんなに優しかったのは偶然ではない。クロードは職務分掌の中に老人たちを敬い大事にすることを明記した。労働者が雇われる時、それが賄い係や洗濯婦であっても、こう告げられるのである。「私たちがここにいるのは居住者のためです。お年寄りたちがあなたの賃金を払っているし、お年寄りたちこそがあなたの仕事の最も重要な部分です。お年寄りたちと話しなさい。お年寄りたちのために時間を取りなさい。あなたの好意をお年寄りたちに示しなさい」と。

労働組合を悪魔と見せかけるのに、私にとってこの年取った居住者たちは必要な犠牲者だった。私は彼らを利用する策を練った。この老人たちの圧力にコープランドの組織化運動は耐えられないと判断していた。労働組合の存在が敬愛する居住者たちの生活を危険にさらすことになるのだと信じ込ませることができたなら、組合支持者たちへの圧力は耐えがたいものになるだろう。そこでルー・デービスやクロードに私の動機を明かさず、コープランドの本来の使命に反する両面作戦を企てた。

まず手始めに新しい規則で、現場労働者と居住者が直に接するのを止めさせた。そして次のような指令をクロードに出させた。「居住者の心の平和への配慮から」、高齢の方々が組合をめぐる対立状況から完全に隔離されるように管理職は理解しなければならない。居住者たちをどんなことがあっても巻き込んではならない。管理職は部下たちが居住者と会話したり、社交的な付き合いをしたりすることを禁止し、それを確実に履行するようにさせなければならない。仕事が終わって居住者の部屋に立ち寄ったり、仕事に関係がないお喋りをしてはならない。これからは下働きの従業員が居住者のお使いをしたり、特別の世話をしてはならない。居住者がなにか用のある場合は管理職がそれを進んで行なう。労働者は居住者をファーストネームやニックネームで呼んではならない。居住者の多くはそう呼ばれることを喜んでいたのだが、今後はミスター、ミセスを付けて姓だけを用いなさいと。馬鹿げているように思えるが、この新しい規則は老人たちに心理的に大きな打撃を与えた。「ドービィ」が「ミセス・ジョーンズ」に変わった時、その老婦人は泣き出してしまった。

この改革の表向きの理由は、老人たちが操られたり、しつこく頼まれたりして、組合の宣伝の道具として利用されないようにするためだった。しかし本当の狙いは私自身が彼女たちを操ることにあった。

かつての仲の良い友人たちの突然の沈黙は老いた人々を不安にさせた。お互いに「次はなにが起きるだろうか」と心配した。当然経営側はこの新しい改革を組合のせいにした。この規則は居住者の保護を強化するためのものだと説明した。保護？労働者たちは当惑した。保護って、一体何からの保護なの。

ひとたび種が植付けられると、恐怖の芽はどんどん生育していくように思えた。もし組合が出来たらこれまでコープランドで慣れ親しんできたもののすべてが失われると、老人たちに思わせ、脅かすのは簡単だった。私の情報網を通じて、組合のある老人ホームでの生活はスパルタ式に変わり、想像を絶する事態になるという噂を流した。すべてが規則ずくめになってしまい、ストライキや暴力沙汰も起きるだろう。彼らの世話係がピケに参加してしまったら、老人たちは一体どうなるのか。労働組合が賃上げを要求し、コープランドはその給料を払うために居住者の利用料を上げざるを得なくなるだろう。これ以上支払う余裕のない居住者はどうなるのか。彼らはどこへいけばいいのか。事態がもっと悪くなってコープランドが閉鎖に追い込まれたらどうすればいいのか。

今まではそよかぜが確かに吹いてくれてはいたが、私は宣伝や恐怖を煽る話を風まかせの噂話に留めおきたくはなかった。私にはあるプランがあった。それはコープランドには五人の元社長を含め、かなりの数の最高経営責任者だった居住者がいることを聞いて知っていたからだ。もしその分別ある実業家タイプの人たちが仲間の居住者たちに組合の悪口を、もちろん非公式かつ自発的にだが、言うように仕向けたら、私は労働者を挾み撃ちにすることができる。彼女たちは仕事の度ごとにドアーを開けると、長ったらしいお説教や別口の懇願に出くわすことになる。私はクロードに退職した会社役員の誰かと話がしたいと頼んだ。彼はうまい方法があると言った。コープランドには居住者委員会があって、月一回自分たちに関係する事について会議を開いていた。クロードはかって企業の役員をしていたという委員長との話し合いをセットしてくれた。何日かして私はその委員会のメンバーとの話し合いをもった。委員会のメンバーは、もし労働組合がここに入ってきたら、老人たちの上に何が起こるかを恐れており、組織化運動をやめるように懇願する手紙を従業員宛てに出すことに同意してくれた。私が手紙を書き、委員会のメンバーがそれにサインした。そこから恐怖のメッセージは居住者の全地域に広がっていった。

老人たちの反応は私の期待以上に厳しかった。何人かの者は看護助手や家政婦たちが部屋に入ってくる度に怒鳴りつけ、あるいは配膳係を悩ませた。「どうして君たちに労働組合が必要かね」。他の人たちは懇願した。「どうしてあなたたちはこんなことを私たちにするの」。何人かは泣き出しながら、あるいは苛々して「あなたたちがストライキをやったらどうなるの。私たちに何が起きるの」と質問した。当然のことだが、クロードとビル・ホッグは冷静に居住者に対し、何も恐れる必要はありません。コープランドの経営者は居住者に迷惑がかからないようにあらゆる力を傾注しますと宥めた。その言わんとしているところは明らかだった。あなたたちが恐れなければならないことは沢山ある。それは全部労働組合のせいだ。

クリスマスが近づくにつれて、コープランド・オークスでの生活はますます耐え難いものになっていった。タイミングは完璧だった。私はいつも攻撃や紛争を休日の前後に好んで集中した。というのも、その時期はたくさんの材料を提供してくれたからだ。全国労働関係局への労働組合の申請は一一月の第四木曜日、感謝祭の直後に受理された。組合潰しの活動をやるのにもっとも適当な休日である感謝祭、その日はどんな質素な贈り物にも感謝する日なのだが、「あなたの贈り物を数えてみよう」と題する手紙を出すには絶好なのに、私はその時期を失してしまった。この手紙は私の傑作の一つで、警官のピストルと同じでびっくりするような効果があった。しかしコープランドではそれが出来そうにもなかった。そこで私はその手紙をクリスマスのメッセージに作り替えた。従業員にその手紙を真剣に進んで受け取らせるために、私はクロードのサインではなくゲリー・スポサト名で配布した。クロード名のどの手紙よりも熱っぽい調子で書かれたその手紙は、私がクロードの堅苦しい書出しの決り文句「親愛なるスタッフ諸君」の代わりに、私好みの平等主義の挨拶「親愛なる仲間のみなさん」で始まる手紙で、今までに二回しか出していない反組合通信のうちの一通だった。頑迷なクロードが出したものだとしたら、心を打つ手紙も誰一人真剣に受け取る者はいなかったろう。これは労働者から労働者、姉から妹への訴えだった。

労働組合が「分断して支配する」政策を取った結果、コープランド従業員と経営者との麗しい労使関係を壊したのですと、ゲリーは私の書いた文章を用いて同僚たちに語りかけた。また、彼女は手紙の中で組合は支持者たちに出来そうにもない嘘を言っていると非難し、しかも労働組合は彼女たちが慣れ親しんできたコープランドのすばらしい利点をも取り引き材料にするでしょうと警告した。団体交渉というものは所詮取り引きであり、取り引きは必ず見返りを要求されるのですと繰り返し批判した。さらにこのクリスマスの手紙は、労働組合は何一つ約束させることができませんとしつこく強調した。これは原則的に正しい。実際、経営者が合意しなければ、組合はコープランドの労働者のためによりよい生活を勝ち取ることなどできないのだから。しかし、そのより良い生活の邪魔をして立ちはだかっているのは、貪欲な組合役員ではなく、実はクロード・ロウに率いられたコープランドの経営陣だった。

ゲリーのクリスマスの手紙は一つの訴えで結ばれていた。「クリスマスは私たちの贈り物を数える時です。もし組合があなた方の代表になった場合、団体交渉のテーブルに取り引き材料として載せられそうなもののリストの一部を、私は添付しておきます」。

次のページには団体交渉の過程で、その一部か全部が失われる可能性がある二六項目の「贈り物」や慣行がタイプされていた。このリストにはちょっとした無料の食事やスナック、労働災害補償や不就業給付金のような法律の命ずるものから、無料の駐車場やセブリングではめったに手に入らない新しい日用品や自動販売機の利用など取るに足らないものにまでわたっていた。賃金については何も書いてなかった。先任権も、健康保険についても、平等待遇も、履行義務についても、組織化運動の引き金となった問題はそこには何一つ書かれていなかった。

地方新聞から切り抜いた漫画の吹き出しを入れ替えて、私はページの下に面白おかしく貼り付けた。その漫画はちょっとすましたサンタクロースが胸の前で腕を組んで、膝に小さな男の子を抱っこしている絵だった。その子はサンタに鉛筆を差し出し頭文字で借用証と書かれた紙を渡そうとしている絵だった。サンタは目を閉じて一切妥協しないといった素振りで、「私は大抵のことはするが、サインはしないよ」と言っている絵だった。私はサンタの帽子に「全米サービス従業員労働組合ローカル四七」と鉛筆で書き入れた。その漫画の下に私は「ノーに投票を！」と強調した。

手紙はクリスマス・イブに配達された。数日たって、凍てつくような中にもクリスマスの弛緩した気分がまだ漂っているある日、私はクロードに気づかれないように手兵を送って、立場を鮮明にしていた会社派の労働者たちの車に引っ掻き傷をつけさせ、また脅しの電話を他のものたちのところに入れさせた。私は組合がそんな野蛮で卑劣なことをしたと非難するクロードの手紙で、一九八〇年に別れを告げた。

私はコープランドの組合潰しの仕事が一年半もかかろうとは思ってもみなかった。この間コープランドでは出費の削減に努力していたにもかかわらず、クロードは月に一万五〇〇〇ドル以上を私に払った。これはコープランドの家政婦が二年間シャワー室を清掃し、シーツを取り替える仕事で得られる収入より多かった。しかし、従業員はそのことについて全く知らなかった。この金額には無料の食事と交通費、工作の終わりの頃になると、私に支払われる経費の中には月一〇〇〇ドルにも上る居室の無料提供などの特権的待遇は含まれていなかった。何千ドルもの弁護士費用もまた勘定に入っていなかった。従業員はこれらについて何も知らなかった。

アリスは一月中旬から一日五〇〇ドルで仕事に来だした。その頃までにはどの管理職が私にとって役立つか、どの管理職に「役立たず」のレッテルを貼れるかの仕分けを私はすませていた。私は二つのタイプの「役立たず」の管理職を一纏めにした。そのタイプは、組合の組織活動に明らかに同情的な者と、本人は自覚していないが部下たちから全く信頼されていない者で、そんな管理職に会社のメッセージを託したら私は全くばか者扱いされることになる。私は経験からそうした管理職、特に第二のタイプの管理職はどんなに役立たずでも、ことさら無視しない方がいいことを知っていた。もしも私が彼女たちを疎んじたりすれば、彼女たちは私に背き、中間管理職としての自尊心を傷つけられ、組合支持者にならないとは限らない。ワンマン・バンドの奏者として、私には彼女たちよりもっと重要なパートを演じなければならないし、彼女たちの錯覚と付きあって時間を無駄にしたくはなかった。何人かのコンサルタントと一緒に仕事をするようなときはいつも、その厄介者たちの扱いにはタッチしないことにしていた。しかしコープランドでの仕事は私一人だった。どうしたらこれをうまく処理できるだろうか。そして私は素晴らしいアイデアを思いついた。この厄介者たちはアリスに任せることにした。

もちろん、私は口に出して言いはしなかったが、ことは事実その通りに進行した。私はアリスに私と平行してダミーの反組合工作を一つ受け持たせて、六人の温厚だが「役立たず」の管理職を一纏めにして、長時間のインタビューを始めさせた。彼女たちがアリスに何を話しているか、アリスが彼女たちに何を言ったかを私は問題にしなかった。彼女たちがしゃべりたいだけしゃべって、私たちがそれに耳を傾けていると思って貰えばそれで良かった。こうして私たちは本人たちに気づかれずに邪魔者を反組合工作から排除した。

一九八一年、新年最初の会合で私はアリスを管理職たちに紹介した。彼女は私の妻であると同時に仕事上のパートナーであり、私と同様の敬意を払うようにと伝えた。そしてまだ投票日は決められていないが、その残された日まで私たちは一緒に仕事を進めると告げた。

アリスは優しく微笑んで、集まった管理職にソフトに「ハロー」と言ったが、どこか弱々しい感じだった。彼女はセブリングまでのドライブで精神的に参ってしまい、自分を使うのを止めてほしいと私に懇願した。質問されたら何と答えたらいいのか分からないと言った。彼女は組合のことなど何一つ知らなかったし、私がやるように彼女が出来るわけない。そのことは良く分かっていた。

アリスが組合について知らないことはなんの問題でもなかった。私は最愛の妻にさえ真の意図を明かさなかった。彼女にもクロードに言ったのと同じ話をした。それは労働者の中には女性の方が喋りやすいと思っている人がいるので、彼女は適任者だというものだった。その計略を生かすにはアリスがインタビューのあいだ予断を何一つ持っていないことが必要だった。心底から感情移入ができ、慰めたり同情したり、泣いたりする彼女が必要だった。根が正直なアリスはインタビューが偽装だと知ったら仕事を上手くやってのけることはとてもできなかったろう。

「アリス」、と私は言った。「心配しないで。君なら大丈夫だよ」。

そして実際に彼女はその通りだった。最初にアリスと話し合いを待った管理職の一人はキャスリンだった。キャスリンは決して私には同調しなかったのに、他の者と同じように妻の虜になってしまった。妻との話し合いの場は涙と、抱擁と、励ましと心に響く言葉で溢れていた。誰もが心地好く感じ、邪魔するものは誰もいなかった。

「役立たず」の管理職を排除できたので、私は特殊部隊を使って謀略を練るゆとりができた。いつも私は効率の悪い管理職を動かすために数名の優秀な兵士を反組合工作に充てていた。しかしコープランドで私が必要としたのはジュディ・スタンレーだけだった。ジュデイはコープランド・オークスに住み込みのソーシャル・ワーカーで、太った平板な顔つきの二十九歳の女性で、ベロイト付近にあるクエーカー教徒の町の出だった。彼女は多くの同僚たちより高い教育を受けており、ソーシャル・ワーカーの資格と共に心理学の学士号をもっていた。自分は本当のプロだと自惚れていて、コープランドの組織の中で権威ある地位に着くことに憧れていた。彼女は私を高く評価し、私の直感的な人間心理の捉え方の巧みさに魅せられていた。彼女は小犬のように忠実だった。独身で家庭的だったが、当時の私には未婚のまま通そうと決めているように見えた。コープランドは彼女の家族であり人生であった。仕事は彼女のすべてであり、ホームのためになると思えることは何だってやったに違いない。私を助けて組合を潰すことが、私たちにとって一番良いことだと彼女に信じこませた。

私はジュディを私の手元において、特別機動隊（SWAT）の女兵士に仕上げた。私は彼女に教育を施し、訓練し、完全な小戦士に改造した。ソーシャル・ワーカーとしての仕事柄、ジュディはコープランドの施設内を歩き回り、居住者の抱えている社会保障局や連邦歳入庁とのややこしい問題などを解決するために話し合いをしていた。彼女は仕事の予定を自分で決めることが出来たし、誰のこともよく知っていた。私の反組合工作の中に誇張や間違った理屈があると彼女が思ったら、私はすぐにその危険物の撤去を彼女に命じた。彼女は能率の悪い管理職をバックアップし、私が言いたいことを補強し、組合は私たちの関係を引き裂くというお題目を強調し、私たちは調和を守るという約束を伝え、もう一回チャンスをと頼んで歩いた。人々はジュディの話に耳を傾けた。ジュディの仕事は正確で、真面目なものだった。

ジュディは私のプログラムを熱心に取り組み、計略を完全に信じていたので、彼女には気の毒なことをした。

一月一九日、全国労働関係局はコープランド・オークスの組合管轄権に対して最終的な決定を下した。その結果、労働者は代表認証選挙を行なう権利を得た。全国労働関係局は投票日を一カ月後の二月一九日とした。ようやく組合はエクセルシオール・リストを入手できたわけだが、それは私が細かく再編集したものだった。五カ月の組織化活動の末、ようやく、本当にようやく、オルグたちは投票権のある人たちの名前と住所を見ることが出来ることになった。労働組合は遂にすべての労働者と接触する機会を手にすることが出来たわけだ。私は既に攻撃の準備を整えていた。また、来るべき投票の日時と場所を知らせる同じ手紙の中で、必死でうるさくつきまとう組合の侵入に期待をかける労働者たちに私は警告をしてやった。

投票は午前六時三〇分に始まった。

雪が大地を覆っていた。

全国労働関係局の係官が投票の始まる三〇分前に到着した時、空はまだ薄暗かった。クロードは大きな白い扉のところで係官を出迎え、ウイリアムズバーグ・ラウンジへと案内してから事務室へと姿を消した。経営者が投票時間に投票所の近くにいることは許されない。ラウンジで係官は予め指名された立会人たちと合流した。組合側六人、会社側六人の立会人は投票中に間違いが起きないように見守るのだ。双方の立会人たちはそれぞれ部屋の反対側に別れて肩を寄せ合い、相手側を見ながらひそひそと話し合っていた。そこで係官は彼らに集中するように呼びかけた。法の定めに従って投票箱を点検するのをみていると、その儀式はいつも私にマジック・ショウーを思い起こさせた。

係官は樫のテーブルの後ろに立ち、立会人たちをその前に集合させた。彼は折りたたみの茶色い段ボール板のような物を取り上げて、腕でポンと開いた。その板は六〇センチ角の正方形のトンネル状になった。係官はそれを胸の高さまで持ち上げて立会人たちにその中を通して自分の上着が見えるようにした。そして一言も言わず、もったいぶって握り拳をその中に通して見せた。さらにそのトンネルを床に平行にしたままで半回転させ、部屋にいる誰にも中が空であることを示した。それが済むと今度はそれを垂直に立て、底板を作るために下部を上の方に素早く折り曲げた。そして彼はもう一度その箱を立会人の方に向けて空であることを強調した。彼はテーブルの上にその箱を置き、四枚の上蓋を折り曲げて落し蓋のある天板を取りつけた。

係官が時計に目をやった。入口には行列ができていた。一〇分間で彼は部屋に端の方に、移動式の投票ブースを設営した。それから両陣営一人ずつの立会人に、テーブルの前の彼の両隣に着席するように指示した。かれは二度投票したりすることがないようにチェックするため、エクセルシオール・リストのコピーを取り出した。残りの立会人たちは広間の決められた場所に陣取った。六時三〇分きっかりに、係官は投票を始めさせた。

私はクロードと共に彼の事務所で、オードゥボン協会が録音した野鳥の声を聞きながら朝の投票時間を過ごした。午前八時に投票はいったん締め切られ、遅番が始まる三〇分前の二時三〇分に再開されることになっていた。午前の投票が終わって係官は投票箱の端と角にテープを貼り、立会人にサインをさせて規定通り封をした。そしてすべての者が部屋から立ち去った。

私はしばらく経ってからラウンジに立ち寄って、投票箱が樫のテーブルの上に誰の監視もなく置きざりにされているのを見てびっくりした。係官は通常どこへ行くにしても、たとえトイレに行く場合でもその箱を一緒に持っていくものだ。私はその箱を凝視した。そして人のいない部屋を見回し後ろを振り返って、閉まったままのドアーをみた。簡単なことだと私は思った。その箱を盗む必要はなかった。その箱を誰かが覗いたように見せかける細工をするだけで、この投票は無効になる。そして組合は組織化運動をもう一度やりなおさなければならなくなる。私が投票箱に何を仕掛けようが、それはそれで組合の仕業だと宣伝できるし、組合がやる犯罪的手口の一つとして新たな攻撃材料に使える。

私は部屋の中を虎のように歩き回った。私は投票で勝てると宣言していた。ここでリスクを侵す価値があるかどうか決心がつかなかった。私の心の葛藤は、顔を赤らめ慌てながらその部屋に戻ってきた係官によって中断された。私は投票箱の近くにはいなかった。

二度目の投票は空の色が暗くなり始めた午後四時に終了した。それは長い緊張の一日だった。管理職たちは労働者たちよりも追いつめられていた。投票をする者にとっては、どんなにこれまで妨害されたとしても、投票日は希望と約束の日だった。管理職にとっては違った。彼女たちにとっては審判の日であり、労働者たちが組合に相談に出かけた日からずっとそうだったように、今後も軽蔑されたままの日が続くのかどうかが明らかになる日であった。彼女たちと一緒に働いている者が友人なのか敵なのかを知ることができる日だった。開票に姿を見せた従業員のほとんどは管理職だった。彼女たちすべてが結末を見届けたかったのだ。早番の者は家に帰らずグループになってウイリアムズバーグ・ラウンジに残っていた。遅番の者は休憩時間に立ち寄ったり、患者の世話をいつも通りにやりながら気をもんでいた。ラウンジの外は沈黙に包まれていた。

係官は樫のテーブルの後ろに座り、両陣営から一人ずつ立会人を呼んだ。彼はシールを剥がし、投票箱を開き、票を数え始めた。一票一票折りたたまれた投票用紙を開き、それを大きな声で読み上げた。一票毎に立会人たちは自分たちの集計表にイエス・ノーの印を付けた。初めのうちは票が読み上げられる度に部屋の片側からは舌打ちが、他方からは小さな歓声が聞かれた。しかし開票が進むにつれて部屋は沈黙に包まれた。得票は非常に接近していた。

最後の票が数え上げられ、係官が最終結果を発表した。ラウンジ中がはじけ飛んだ。

「一体これは何なの」と、誰かが叫んだ。「やったね」と、他の誰かが歓声を上げた。

ジュディの目は涙で溢れた。キャスリンは顔を覆った。三人組の認定看護婦は大声で泣いた。部屋の反対側では女性たちのグループが、キャーという喜びの声を上げ手を取り合っていた。「やったわ。私たちが勝ったのよ」と、誰かが大声でいった。鋭い叫び声が部屋を切り裂いた。何人かの女性たちがドアーから飛び出して行った。突然拍手と歓声がコープランドの全施設から沸き上がった。組合が勝利した。

〔注〕

〔1〕全米サービス従業員組合〔Service Employees International Union〕。一九一七年に発足。発足当初がビル関係の労働組合だったが、一九六〇年代後半から、病院・老人ホーム・介護労働者〔ヘルパー〕など医療関係従事者の組織化に力を入れ、短期間で全米有数の大組合へと上りつめた、現在AFL—CIOの会長のジョン・スウィーニーはSEIUの出身である。組合員数一〇五万人。

〔2〕MENSAは知能テストで全人口の上位二%に入る人たちが作った国際的社交組織

〔3〕米国の看護婦制度ならびにその資格は日本のものと異なっており、適切な訳語が見当たらなかった。とりあえず認定看護婦〔registered nurse〕、有資格看護婦〔licensed practical nurse〕、無資格看護婦〔vocational nurse〕と訳しておいた。訳者の知人でアメリカで医療に従事している人からの情報によれば、認定看護婦は特定の看護医療を医師に代わって行なうことが可能であり、有資格看護婦は日本の正看護婦に相当する仕事についているという。無資格看護婦は準看護婦か看護助士に近い。

〔4〕この建築労働者組合〔Construction Laborers Union〕は、北米労働者全国労組の加盟労組であると思われる。

第9章　消耗戦

クロードは私を責めなかった。

私は申し訳ないと思っていた。負ける予感が少しでもあったら私はクロードにそのことを報告していたはずだ。仕事はまさにうまくいった。私は予測以上の大勝でみんなをびっくりさせるのが好きだった。今回はそうはならなかった。票差はたったの五票に過ぎなかったが、僅差で負けるとは予測していなかった。会社派の従業員はみんな投票したはずだ。どこで間違ったのだろうか。びっくりして口もきけなかった。クロードには言わなかったが、あの時監視のいない投票箱をどうにでもできたのにと悔やみ続けたものだ。

投票日の夜、クロード夫妻はアリスと私を食事に招待してくれた。実にいい人たちだ。たいていの経営者はこんな時、どなりつけるように言ったものだ。「ありがたくも何ともない」。そして目の前でドアをパタンと閉めるのだ。だがクロードは違った。アライアンスの最高級レストランでステーキとワインをごちそうしてくれ、私たちはお互いの傷を癒しながら、かなり長い時間を過ごした。

「私はしてやられました」。互いに赤ワインのカベルネに最初のひと口をつけながら、私は「自分の票読みは正しいと信じていました。かなりの女たちが嘘をついていたとしか考えられません。看護婦たちですよ」と、クロードに言った。

私は以前にも代表認証選挙を落としたことはあった。そんなに多くはないが、たぶん三、四回だ。しかしそれを予測できなかったことはないし、顧客に予め敗北に備えさせなかったこともなかった。今回は申し訳ないことをした。私は繰り返しクロードに謝った。彼はその度に謝罪を受け入れてくれた。何と寛大なんだろう。

私たちは私のこれまでの生活についておしゃべりをした。アリスと私が借りていたクリーブランドの古いユニバーシティ・ハイツにあるレンガ造りの家のことやユダヤ人の保育園、都会の公立学校を逃れて子供たちのために見つけた私立の小学校のこと、ビーチウッドに住んでいた頃にアリスと私の母が自分の城を分け合うのにどんなに苦労したかといったことなどだった。しかし会話はいつも投票のことに舞い戻っていた。

「立派な仕事だったよ。マーティ」彼は言った。「別なやり方をして貰いたいとは思わないね。つまり、もし君にその気があるなら、もうしばらく管理職と一緒に働き、面倒をみてくれないだろうか」。

組合がクロードを打ち破ったという事実を認めた上で、クロードは反撃を考えているように見えた。どう組合と対処すべきかを管理職に教える月例のワークショップと、繰り返し行なわれる懇談会などを通じて上がってくる情報に目を光らしていてほしいと彼はいった。それ以上は言わなかった。そんなことがあろうか。ウエイターが私のサラダの盛り合せにブラック・ペパーを砕きかけている時、この老クロードは人がいいだけではないことに私は気付いた。彼は口にしなかったが、彼の考えていることは分かった。彼は負けていなかった。この件はまだ終わっていない、まだ始まったばかりなのだ。

私は、翌朝クロードとルー・デービスに会うことにしたが、私が着いた時、デービスはもうすでに到着していた。クロードは自分の机に生真面目な顔で座っていた。無駄話もジョークもなかった。後ろのドアが閉まるか閉まらないうちに、クロードはコープランド・オークスに労働協約は無意味だ、と重々しく言った。彼は弁護士の方に向いて組合との交渉の場にコープランドの代表として出席するよう指示した。

ルーはクロードの机の前にある椅子から身を乗り出した。クロードの冷めたい目をのぞき込みながらゆっくり首を横に振った。「それは無理ですよ、クロード」。彼はほとんど囁くように言った。「あなたが誠意を持って交渉に臨むつもりがないことは分かっています。協約を締結する気もなく私が交渉に臨んだら、職業上の倫理違反になってしまいます。それは『形式的団交』と言われるもので、職業倫理の違反になりますから」。

クロードはがっかりした。それは思ってもみなかったことだ。しばらく黙って座っていたが、やがて彼の唇に笑みが浮かんだ。彼は私の方を向いた。

彼の考えは直感的に分かった。私はうなずいた。ルーと違って、私は何の倫理規定にも職業典範にも縛られていないので、不誠実団交になる心配はなかった。実際、私の履歴に箔が付くためには、めちゃくちゃをやっている方が良いともいえた。私のやり方が形式的団交だとしても、最悪の場合、全国労働関係局はコープランドに対して誠実団交をするように命令するだけだ。この命令でさえ、団交が形式的だと立証するのはなかなか困難なことであった。組合側は多くの証人が必要になるし、私の方も同数以上の証人が用意できる。組合側には何らかの物証が必要になるが、よほどのことがない限りその入手はむずかしい。私は自分を防衛するために、何らかの合意を装ったり、交渉の進展があったかのように見せかけるだけで良い。ランドラム・グリフィン法は新たに選ばれた労働組合と経営者に一二カ月間の「団交義務」を課しているが、それ以上の要求はしていない。一年くらい組合を引き摺り回してやるのは造作もないことだ。私はクロードに喜んで引き受けますと言った。

クロードはさらに私が計画中の管理職訓練と従業員のグループ討論を先行させることを望んだ。コープランドに君主制を復活させる下工作としてである。それも私にとっては好都合だった。ひとつは団体交渉に臨むための日額報酬の他に、毎月もう一日余計に七五〇ドルをポケットに入れられるからだ。さらに良いことは管理職との会合を通じて、団体交渉について私の見解や偽の情報を広める絶好の場を与えてくれることだ。

私は第一回目の会議をすぐ召集した。会社の権威失墜によって生じた動揺を塞ぎたいと思ったからだ。大多数の管理職は組合の勝利となった投票結果に揺れていた。あたかも個人が蒙った悲劇のように。私は彼女たちをうまく教育してきたが、彼女たちは不安を感じていたし、裏切られたと思っていた。傷つき混乱し怒っていた。しかし、この時期の彼女たちの多くは方向が定まらず、労働組合や従業員たちに対して憤慨していたのと同様に、コープランド社やクロードそれに私に対しても怒っていた。もし私が衝撃的なノックアウトから反組合運動を再生させるとしたら、彼女たちの恨みをすべて集めて強打をくわした労働者たちにきちんと矛先を向けさせなければならない。それも管理職たちが、労働組合のある職場生活も悪くはないと気がつく前に急いで着手する必要があった。

予想を覆す投票結果から二日後、一〇〇人の元気のない看護婦や秘書、それに部門長たちがウイリアムズバーグ・ラウンジに集まった。誰もが口を開かなかった。何人かは長いこと泣いたせいで、目ははれぼったく鼻は赤くなっていた。何人かは視線が定まらないまま歩き回っていた。彼女たちは打ちのめされ、気落ちした様子だった。悲しみに打ちひしがれた私の軍勢の顔を見て、彼女たちの多くは叱られると思っているのが私には分かった。そう思ってほしくはなかった。彼女たちに罪を悔いて貰いたくなかった。私は彼女たちに怒ってほしかった。

私は抑制の効いた口調で彼女たちに言った。「みなさん、あなた方の多くは、今試練の時を迎えています。あなた方は本当に熱心に働きました。あなた方の仕事は全くすばらしいものでした。本当です。うな垂れないでほしいのです。みなさんが恥じ入ることはなにもありません。恥ずべきは会社に反対票を入れた裏切り者たちの方です。この三カ月間、みなさんは彼女たちの言い分を聞き、一緒に語りこの会社を良くするためにそれぞれのレベルで最善を尽くしてきたのに、連中は先回りしてあなた方を背後から刺したのです。彼女たちはあなた方に嘘をつきました。友人だと言いながら反対にまわり、最後はあなた方に反対票を投じたのです。さあ今こそ彼女たちが償いをする時です。私たちは工作中に真実を語ってきたことを示すことです。そうすれば彼女たちは自分たちが取り返しのつかない間違いを犯したことに気がつくはずです。彼女たちは組合を望んだのです。組合を与えてやろうではありませんか」。

私の話している間にムードが変わり始めた。会議室はざわついてきた。着護婦たちはお互いにささやき合い、中には笑みを見せるものもいたし、くすくす笑いもあった。私はやや明るい調子で管理職たちに組合が獲得したのは一二カ月間の猶予だけで、それ以上ではないことを思い起こさせた。組合は協約を勝ち取ったわけではない。「私たちは戦闘では負けはしたが、戦争そのものに敗けたわけでないのです」と、私は話した。

初めての協約交渉は細心の注意を要するものなので、その締結の仕方は労働法で厳密に規定されている。数万ドルをかけた後で、組合を承認する羽目になった経営者が丸腰で団体交渉の席に着くことはありえない。苦々しい気持ちに陥っている経営者が誠実に交渉をしないことで、始まったばかりの協約交渉が暗礁に乗り上げないように、労働法は選挙後の期間について厳格な行動細則を設けている。法律は経営者がこっそり買収したり、脅かしたり、あるいは徹底した反組合宣伝などによって、団体交渉が弱体化するのを防ぐことを目的としている。しかし多くの労働法と同様に、これらの細則には全く効力がなかった。それどころかユニオン・バスターはこれらの法律を逆手にとり、組合に対する的確な攻撃の武器として悪用していた。

選挙後の戦闘期間中は、私がかつて反組合工作でやった時のように、一般労働者へ手紙を送ることはできない。経営者からのどんなメモや手紙でも、少しでも組合批判をしているとみなされる部分があれば、それは組合や団体交渉を侵害する行為と全国労働関係局は解釈する。すると会社側は私の意に反して悪い奴と見なされ、クロード自身も望んでいない「本当の交渉」に応ずるように圧力がかかる。しかし管理職に話をすることは自由だ。なんの支障もなく宣伝戦を続けられる。ただ物証を残さないだけのことだ。管理職たちは再び人質になった。

私は聴衆を見回した。彼女たちは飢えていた。何百という目が私を見つめ、痛みと虚しさから救いを求めていた。私はエサを与え始めた。最初はゆっくりと、それから次第にペースを上げ、私の捕虜たちが新しい食事に慣れるようにした。一時間のうちに私はこの優しい人々から自責の念と謝罪の傷跡を全部拭い去り、それを恨みで埋めてやらなければならない。労働法は私の目的達成を助けてくれた。私の行動のすべてがゲームにマッチするように、あらゆる法律上の規則を取り上げて、その解釈を極端に広げることだった。法の精神に触れず法の意図を超えてその条文だけを強調することで、法そのものを捻じ曲げ、法が守ろうとしている対象や人たちを破壊することである。

私の戦略は終わったばかりの反組合工作によって事前に決まっていた。三カ月間の戦争を通じて組合が勝った場合にコープランドで何が起こるかということについて、恐ろしい予想をたくさん流しておいた。今や私はそれらの悲惨な予想の最後の一つに至るまで現実のものにしてやるのだ。私は管理職と労働者との間の「直接的な関係」はなくなると警告してきた。両者は敵対し互いに監視したり強制し合うようになると警告してきた。私はまた勤務割や仕事の受け持ち区分やその他あらゆる面での融通さがなくなると言ってきた。団体交渉は引き延ばされるだろうし、何も決まらないないとも警告した。交渉が続いている間のコープランドでは動きはなく、職場の改善も賃上げもないだろうと警告した。そしてストライキが起き、暴力事件が発生し、居住者たちは危機に瀕するだろうと警鐘を鳴らした。今度はそれを流布する時なのだ。

「あなた方の誰も軍隊の経験があるとは私には思えないですがね」。私は若い聴衆たちの目を見ながら皮肉った。そして私は笑った。「経験のあるなしは問題ではありません」。私はくすくす笑いながら言った。「みなさんが〝教練士官〟を知るために入隊する必要はありません。ところで、このなかで〝教練士官〟について知っている方はいますか」。手が部屋のそこここで上がった。私は唇にひょうきんな笑みを浮かべた。「よろしい。まあ、そんなところでしょう。さて、私はあなた方の全員に教練士官なってもらいたいのです。今日からみなさんは教練士官です。各々の部署を強化しなさい。その部署ではあなた方がボスです。規則を作り、すべての者をそれに従わせなさい。私にとってもあなた方にとっても、労働者たちは全く信用できません。あなた方は嘘をつかれ裏切られ、しかも誰が嘘をつき裏切りをしたか分かりません。だから誰でもが手荒い取り扱いを受けるのです」。

「従業員たちは労働組合という組織を望んだのです」私は続けた。「あの投票がすべてです。組合がどんな働きをするのかを彼女たちに見せてやりましょう。手加減はいりません。ギブ・アンド・テイクも、好意からの同情も、規則を曲げることも一切まかりなりません」。

私は管理職に部下とは仕事以外に一切口をきかないように命じた。組合の組織化運動を生き長らえさせてきたのは、従業員との個人的な関係だったが、それも直ちに厳格に制限されることになるのだ。「今後は、一切言い訳は許されません。すべてについてです」と、私は言った。「今後はすべてが定められたルール通りに行なわれることになります」。

驚いたことに私がコープランドに来るまで、そこには就業規則集というものがなかった。クロードはそんなものを作ることで煩わされることはなかった。実際、必要な規定が何もなかったのである。私の進言でクロードと彼の部下たちは一緒になって、コープランドで日常細則、すなわち労働時間、義務、懲戒手続き、経営権、責任や欠勤規定などを職員手帳に書き出した。規則や手続きにないものは職員手帳の体裁を整えるためその場で作り上げた。これらの規則はタイプされ、三つ孔のルーズリーフ・バインダーに整えられた。私はいつも経営者にどの規則でも勝手に書き換えられるようにしておくことをアドバイスしていた。この急造のみせかけのマニュアルは、今や突如としてバイブルとなった。

クロードは規則集に多くの恩恵的な条項を入れるのを拒否したが、そのわけは与えたり取り上げたりクロードの匙加減ひとつでできる過分な特典として手元に取っておきたかったからだった。まず最初は、午前と午後の休憩、仕事の労苦から離れられる貴重な一五分だ。それが消えた。会社の出費でのムダな時間はなしだ。それから無料の食事がなくなった。労働者たちにとっては強烈な一撃だ。法解釈上はこのような変更が労働組合の弱体化を目的としていたら違法となる。労働法は選任された労働組合を、賃金、労働時間、付加給付、労働条件などについて唯一で排他的な交渉権[1]を持つ代理人として認め、経営者に対しては協約が合意され双方が署名するまで現状を維持するように求めている。それに対する私の反論はこうだった。「それがどうした。もし組合がこれらの変更について異議申し立てを望むなら結構だ。全国労働関係局に判断を求めれば良い。その決定が出るまではこの変更は効力を持つ」。

私にとって都合の悪いときにはいつもこの既得権条項を無視した。逆に自分の目的に適っている時には厳しくそれを守らせた。賃金や付加給付、労働条件などの改善を、コープランドの従業員は渇望していた。ローカル四七との交渉で、クロードが賃上げしてやろうと思えば、組合がオーケーすればすむことだ。経営側から一方的に賃上げがなされるのは組合にとって苦々しいことだが、それを拒否することは不可能に近いことだ。新しく組合に入ったメンバーたちにとっては、まったく理解しにくいことだろう。たとえば医療保険の給付条件の引き上げからトイレの設備改善に至るまで、その他の改善についても同じことが言える。経営者はただ組合の意見を聞くだけだ。クロードは何にせよ組合に問いただそうとはしなかったし、私も彼をあえてその気にさせるつもりはなかった。労働者たちは待つことになり、締め付けがきつくなるにつれて組合を恨むようになった。三カ月前に組合が組織化申請をしたときから、コープランドでは事実上賃上げは凍結されていた。だがコープランドの賃上げは不定期で、その額もごく僅かだった。昇給するか、あるいはより正確にいえば昇給しないかを労働者に通告することはほとんどなかった。通告すればそれは昇給を意味するからだ。認証投票で組合が勝利した後、クロードは賃金凍結を無期限に延長した。

コープランド・オークスでは賃上げは行なわれないという風評を、私たちは管理職を通じて流布させた。こんな調子の風評を。「みんなの賃金を引き上げてやりたいと経営側は考えているようだ。今月分から。しかし連邦政府は、団体交渉が中断されている期間中に賃上げをしてはいけないといっている」。そして個人的な感触で「あなたがお金を必要としているのを私は分かってますよ。でも私たちにはどうすることもできないのよ。私たちの手は組合によって縛られているから」。

第二段階の初日、私が軍勢へ下した最後の命令は、全員をこのトラブルに巻き込むきっかけとなった「トラブルメーカーたち」に特に厳しく接しろということだった。組合推進者の「過激派」どもが諸悪の根源だと私は言った。彼女たちを寸時も一人にしておいてはいけない。さもないとさらに多くの災厄をはびこらせることになる。「奴らを狩り立てなさい」と私は命じた。「トラブルメーカーが行くところへはどこへでも管理職は一緒について行きなさい。トイレだろうが、ロッカールームだろうが、食堂でも、敷地外でも、居住者の部屋であっても。トラブルメーカーが絶対に他の労働者たちと密かに話をしないように、また古くからの友人の一人だと思って自由にさせておかないように。私たちは彼女たちにその機会を与えてはいけません」。組合の役割が団体交渉に限られている以上、こうした攻撃に対し手の打ちようがなかった。彼らが勝ち取った権利は協約締結交渉をすることだけだった。

私は戦闘を再開するにあたり、引きのばし作戦を再び採用した。今回は全国労働関係局の公聴会室が戦場ではなく、交渉テーブルを挟んでの戦場だった。賃金凍結の風評と新しい軍令がコープランド・オークス中に行きわたるにつれて、労働組合は何ひとつ出来なかったという私たちの主張が浸透してゆくことになった。組合は協約書の原案を作り上げることに時間を取られていた。彼らはコープランドと連絡を取り、早急に行動を起こさねばならないという、圧力をそう明確には認識していなかった。なぜか？　詰まるところ、彼らには戦争が今も継続しているという認識がなかった。彼らはすでに勝利したものと思い込んでいた。私もクロードも組合に電話を掛けなかった。私たちは新しい社内ドラマを開始したばかりだったので、組合の方から来るのを待っていた。彼らにはたった一二カ月しかないし、時は刻々と過ぎていった。私たちは急がなかった。時は私たちの味方だ。

選挙から六週間後になって、クロードは組合側弁護士から第一回団体交渉の日程を入れるようにとの手紙を受け取った。クロードは今後のことはすべて彼の代理人であるマーティン・ジェイ・レビットに送るようにと私の住所と連絡先を伝えた。私は月に半日仕事を二日だけしかコープランドでしなかったので、私はキッチン・テーブルでの日課に戻っていた。その頃の私は片手に余る組合潰しの仕事を抱えて忙しい毎日を過ごしていたが、コープランドでの選挙の二〜三カ月後になると、殆どの日々を家で酒をのみながら過ごすようになっていた。

クロードが組合からの手紙を受けとった約一カ月後の一九八一年四月中旬に、私はローカル四七からの電話を受けた。「私たちは団体交渉を要求します」と電話の向こうで相手は言った。「コープランド・オークスで団体交渉をもちましょうか。私たちの交渉委員がクリーブランドまで出かけて行くのはかなりきついので」。

私は直ちにノーと言った。なぜかって？　私がセブリングまで車を運転して行くのは気のすすまないことだったが、組合に少しでも事を面倒にしてやりたかったからだ。「ドクター・ロウは団体交渉を施設内では一切やりたくないと言っています」と嘘をついた。「居住者の安寧を損なうからです」と。

それではクリーブランドの中心街にある組合本部の会議室を使ってもらってもいいと組合の男は言った。そしてさりげない調子で、組合側交渉委員が団体交渉に出席するには特別有給休暇が必要だと言ってきた。

「私の顧客は休暇については問題なく認めるでしょう。但し有給ではありませんよ」と、私は応じた。

私の側にもいくつかの要求があった。私はローカルの委員長のジョー・マーフィーが毎回団交に出席するよう要求した。「私は委員長より格下の者と交渉する気はない」と言った。

「それは難しいと思いますよ、マーフィーさんの日程は非常に込んでいますから」と電話の男は答えた。

私はやり返した。「それは私も同じことだ」スケジュールを調べるふりをした私は、一番間近で可能なのは二週間後だと伝えた。団交は水曜日の午後四時半からと決まった。電話を切る前に、休暇を調整する必要上、組合側の交渉委員として誰が出席するのかその名前を聞いた。誰が出席するかは、聞くまでもないが私は分かっていた。団交の時間を決める時、何人かの労働者の帰宅後の家事負担が増えるようにと考えて、日勤の終業後になるようにしておいた。組合側交渉委員の名前が要る本当の理由は、交渉の場にそれぞれの者の直属上長が出るように調整するためだった。

私がジム・ホートン、アート・ワーシー、それにジョー・マーフィーと顔を合わせるまでに二カ月が過ぎた。残りは一〇カ月だ。

私は最初の団交に二〇分遅れて行き尊大な様子で部屋に入った。固い表情の六人の管理職が後に続いた。彼女たちにはできるだけ自分の部下の向かい側に座って黙っているように指示しておいた。彼女たちは団交を傍聴してその経過と内容を部下たちに伝えるために呼ばれたと思い込んでいた。だが本当の理由は組合側交渉委員の直属上長であるためだった。団体交渉については何一つ説明していなかった。キャスリン・テーラーが部屋に入ったとき、組合側交渉委員の一人が下を向いた。そして看護部長のアナ・モラッコが入ってきたとき、もう一人の委員の顔が青ざめた。

私は自分の席に着いた。ジム・ホートンが自己紹介してから組合側弁護士のメル・シュワーツウォールとジョー・マーフィーを紹介した。弁護士がタイプされた要求項目リストを手渡してよこした。「あなたの方は何か書かれたものをお持ちですか」と、彼は尋ねた。

私は文書など何も持っていなかった。そして怒鳴りつけた。「あなたに書状を渡すのが私の義務じゃない。それはそちらの仕事だ」。

組合の役員は冷静さを保っていたが、部屋にいた者全部が腰を浮かし、落ち着かない様子で顔を見合わせた。団交の貴重な時間を無駄にしたくないと弁護士が提案した。「お互いそろったところで、決まりきったことから順に始めさせて貰いますが、私たちはユニオン・ショップと組合費のチェックオフを……」。

私はそこで待ったをかけた。組合はコープランドのすべての従業員から組合費を取り、給料からの自動天引に同意させようとしていた。「ちょっと待ってほしい」と、私は彼に言った。「その件については当方はまだ検討をすませていない。投票結果が僅差だったことを思い出してほしいね」。私は団体交渉を短時間で切り上げようと決めていた。こんな団体交渉がいかに無駄なものか、不便を押して参加してきた人々に見せつけるためのショーだ。交渉を先に進めるためには、私は組合の申し出を検討しなければならないと言って、日を置いて電話で話し合うことを提案した。

組合側交渉委員は次回の交渉日程を決めたがったが、私は急がなかった。予定が詰まっているので調べてから改めて連絡すると言った。その上で再度どの団交にも委員長のジョー・マーフィーが出席するように要求した。組合側は全員が気色ばんだ。ジョーのタイトなスケジュールを縫って交渉日程を入れるとなると物事が進まなくなってしまう。私はこれが最初の取り決めであり、ローカルの最高責任者が出席することは何より重要だと強硬に主張した。私は団交を切り上げて立ち上がりながら、電話で連絡を取るからと組合側に告げた。わが随員たちの管理職も立ち上がって私に続いて部屋を出た。

翌日、私はコープランドで管理職会議を召集した。組合側の団交報告が流される前に、私の話を確実に伝えておきたかったからだ。「まず交渉がどうだったか、その事実を真っ先に伝えます」と、私は管理職に約束していたので、交渉経過を報告した。報告するようなことは何もありませんと、私は言った。そして聴衆に選挙に勝った後のローカルの委員長の態度は、冷たくぞんざいで交渉に熱意がないようだと語った。私は組合が出してくるユニオン・ショップとチェックオフ要求については触れたが、組合側が第一回団交のために準備した二四ページにわたる諸要求の細部には全く言及しなかった。実のところ、私はそれをまったく読んでいなかった。彼らが何を要求しているか知らなかったし知る必要もなかった。私はそれについて話し合いをするつもりは全くなかったからだ。

私は組合に電話をすると約束したが、それを守らなかった。二週間たってからジム・ホートンが電話をよこした。私は「忙しかったんですよ」と、ぶっきらぼうに言った。

組合は次回団交の日程を早く決めたがった。ホートンは今度はコープランド・オークスで団体交渉が持てないかと打診してきた。「それは問題外だ」と、私は言った。

「働いている者がクリーブランドまで出るのは大変なんです」と、彼は抗議した。私は代わりの場所を考えるのに同意はしたが、場所探しは提案してきた彼らに任せることにした。

私は放っておいた。ちょっとたってジム・ホートンは、セブリングから一五分ほど離れた道路沿いのモーテルの名を電話で伝えてきた。そこの会議室が使えるはずですと、彼は言った。それじゃ日程を決めましょうと、彼は次の木曜日を提案してきたので、私はジョー・マーフィーが出席することになりますねと、念を押した。

「その日マーフィーさんの都合はつきませんが、他のメンバーは大丈夫ですよ」と、彼は答えた。

「もし彼の都合がつかないのなら、団交をしないよ」と私は怒鳴った。

最終的に二週間後に団交の日程が入った。電話を切る直前に、ホートンは「そうだマーティー、その時、回答を持ってきてください。文書にして」と念を押した。

「考えておくよ」、私が言ったのはそれだけだった。

私が第二回目の交渉に我が交渉委員と一緒に入室したとき、組合側は少々攻勢的ではあったが、前回に劣らずすこぶる丁重だった。彼らはすぐに私に回答をもとめた。「何もない」、私は回答を用意してなかった。しかし息もつかず「交渉の準備はできています」と請け合った。「誠意ある」交渉を装い交渉を継続しておくため、私は五つ、六つの決まりきったことには合意した。一銭の出費にもならない労働組合の承認や雇用の平等といった一連の項目に、私は自分のイニシャルをサインして合意済みとした。それは急場のとりつくろいで、二五ページにわたる組合要求のうちの一ページ分だけだった。あまり実質のないものばかりだったが、それでも私は時間を稼ぐことができ、団体交渉をする意思を持っていることを示す証拠になった。一カ月前に受け取った要求についてはまだ回答を用意していなかったため、交渉は全体で五分とかからなかった。組合側はいらいらしだした。シュワーツウォールはぶつぶつ言い出した。マーフィーは新しく獲得した組合員と彼女たちの上司の前で事を荒立てないようにしようとした。

「いいじゃないですか、マーティー」と、彼は私を持ち上げようとした。「もし交渉を先へ進めようと思っているなら、私たちが文書回答を要求していることをあなたは承知しているはずだ。そうですね」。

私は精一杯協力している素振りをふりまいて、甘い調子で答えた。「可能なことならかまいませんよ」。我々は次回の団体交渉を二週間後に同じ場所でやることにした。私は部屋代の請求書を組合に残したままにしておいた。

次回の団交は偉大なユニオン・バスターから下賜される贈物のようなものとなった。当然のことながら、私は紙切れ一つ持参しなかった。しかし相手側はそのことを知る由もなかった。いつもの通り時間に遅れて入室した私は、マーフィーが出席していないのに気付いた。会社側のメンバーと共に席についてから、組合側にそのことを指摘した。

ホートンが申し訳なさそうに応じた。「マーフィーさんは出かけ際に急用が入って来られなくなり、出席できないことを申し訳ないと申していました」。

しめた。彼らは私がはったりをかます機会を提供してくれたのだ。「何ですと！」。私は怒りを爆発させた。「私たちは合意していたはずじゃないか」。

組合側弁護士は私に黙れと言ったが、他の交渉委員はその場をとりつくろうとしていた。しかし私の出足は止まらなかった。私は団体交渉に引っ張り出された場合、権利を守るいろんな組合の対応をルー・デービスの助けを借りて頭に詰め込んでいた。この日は組合員資格をめぐる技術的な論争をやって時間をつぶそうかと考えていたが、しかしこの方が都合いい。

私は席から立ち上がって大声で言った。「もし君たちのトップがここに来るのも煩わしいのなら、私も自分の時間を無駄にするつもりはない」。私はびっくりしているわが委員たちに向き直って、こう伝えた。「これ以上ここで論議することはなにもない」。それを合図にわが部隊は立ち上がり、ショックで黙り込んでいる組合側委員を尻目に全員部屋から引き上げた。
四カ月が過ぎ、残りは八カ月。

コープランドに戻ってすぐ私の戦闘組織は攻撃を開始した。私は管理職の中に、無力で面倒見が悪くなんとなく危険な組合というイメージを植え付けようとして、彼女たちと定期的に会合を持っていた。私はその場を使って「情報伝達」という麗しい旗印の下に、哀れを誘う団体交渉の実態を報告し、噂を流し、恐怖を振りまいた。また月に一回午前中に管理職の訓練プログラムを実行していた。その授業は簡単なもので、責任ある経営とか、前向きな応援の仕方とか、チームによる問題解決法とか、何回も使われてきた経営理念などの出来合いの三〇分フィルムを見せて自由討論に移るわけだが、フィルムを見た直後でもあり、ずっと反組合の思想を吹き込まれているので、討論の結論を望んだ方向に誘導することは至極簡単だった。トレーナーなどいらない、ただプロジェクターを操作して、論議が脱線しないようにしているだけで順調に機能していた。

数回の会合をやってから、コープランドでの私の仕事が終了するとき、後任としてその仕事を担えるよう養成してきたジュディ・スタンレーに仕事を引き継いだ。討論中にやりとりされるアイディアだけではなく訓練フィルムの中にある情報の多くは、たわいの無いものだった。労働者を未組織のまま支配下に置いておこうという攻撃的な意図を取り除いたら、一、二は役に立つものもあったかもしれない。

ジュディには別に月一回、一般労働者を順次入れ替えながら自由討論を取り仕切らせた。私はコープランド社の労使関係の水先案内人として団体交渉に当たっていたので、従業員とは直接話をしないようにしていた。一応管理職に分類されてはいるものの、ジュディのように直属のボスのいない地位の低い中間管理職が仕切る会合は雰囲気を和らげるし、脅しにも見えないというところが私にとって戦略的な利点となった。労働者たちは彼女に対してはオープンになれる。少なくとも誰でも彼女の前ではオープンになることを恐れなくてよかった。私はきちんと演題をデザインした上で、ジュディを会議に送り込んだ。いろいろな部門から毎回違った代表が参加するその会議のはじめに、ここでの会話はすべて極秘扱いにするとジュディが請け合ったので、労働者たちは不満を口にしたり、従業員の間で広範に広がっている口コミを恐れなく話すことが出来た。労働者から見て改善した方がいいと思われることについて、ジュディは報告することを義務づけられていたが、苦情を述べた者の名前を決して明かさなかった。彼女の記録はどんなものでも、すべて匿名になっていた。彼女は約束し、それを守った。会合が終わった後でジュディは私に議論の詳細を報告し、情報提供者の名前も報告した。私が彼女の信頼を裏切り、従業員に敵対するためにその情報を使うだろうとは彼女は全く考えていなかった。

職場の雰囲気は組織化活動が行なわれていた頃よりもっと重苦しかった。「組合が出来たとたん、経営者側は猛攻撃を仕掛けてきた」と、元家政婦のジーン・ハウスホルダーはふりかえる。ジーンは非常に目立つ組合支持者で恐れを知らなかった。ボスのキャスリン・テイラーの友人で、家政婦・洗濯部門での組織活動を進めてきた。彼女は三九歳で勤続一二年、選挙の立会人で組合側の交渉委員でもあった。彼女はまた選挙後に行なわれた大弾圧で主要目標のひとりになった。私は新しく認証投票を勝ち得た組合の信頼を破壊する工作を進める上で、ジーンの他二〜三人の組合の主だった活動家を最大の妨害者と見なしてきた。この二〇人を超える女たちは私と同じ程度に労働者に情報を提供し続けていた。彼女たちは私の情報操作に反撃を加え、神経質になっている労働者を励まし組合への信頼をつなぎ留める役割を果たしていた。もし団体交渉を暗礁に上らせたまま、今後数カ月の間に彼女たちを職場から放り出せれば、簡単に労働者を組合から離反させることができると私は計算していた。

クロードも認めていたが、老人ホームでの従業員の入れ替わりが激しいことを私は知っていた。いまから九カ月か一〇カ月すれば三分の一の従業員は新人になるだろう。彼女たちは組合認証投票をした経験はないし、組合への反感を露わにしたので採用されたわけだから。職場に強力な組合リーダーさえいなければ組合代表権の取消工作も急速に広げられる。

クロードは五人の組合活動家をちょっぴり昇進させることで組合から排除した。しかし私が本当に望んだのはジーンとその仲間を追い出すことだった。そのためには、彼女たちが一分たりと仕事を楽しめないように圧力をかけ、彼女たちへ敵意を集中させるようにした。管理者や同僚それに居住者たちは連携して残った二〇人に対抗し、みんなの不幸の源だと責め立てた。標的とされた二〇人は割の合わないシフトに配転され、気がついてみたらみじめな仕事を振り分けられていた。彼女たちはコープランドでの生活にこれ以上耐えきれなくなり、家族のことも考えて別の仕事を見つけようと決心するまで、悩まされ、落ち込まされ、ひどい目にあわされ続けた。もしそれでもうまく行かない場合には、彼女たちは解雇されることになる。

この計画はよくあるいやがらせだが、独創性が欠けている割に効果的だった。差別を受けた労働者は、何万人もの労働者が過去に別の場所で同じような目にあったとしても、全くの孤独を感じるものだ。組合が勝利した直後に、ジーンは彼女の直属の上司である家政婦・洗濯部の副部長のベティ・ラスキーとペアを組まされた。この組合わせには二重の狙いがあった。第一は当然のことながら、自尊心を傷つけられたボスの不断の敵意にジーンさらすことにあった。もうひとつはジーンの仕事の負荷を倍増させることだった。ベティは、私や部長それに経営者たちとの会議で度々職場を離れるので、持ち場である一二の部屋の掃除と、その他の一二の部屋のリネン交換をひとりでやらなければならなかった。彼女が一緒にいるときにはジーンとベティは緊張した沈黙の中で仕事をした。ある朝、滅多にないことだが、ジーシはベティと一緒に部屋の掃除をしていた時、年老いた居住者がベティに呟いているのを聞いてしまった。「組合の連中が私たちに話していることは本当なの。彼女たちに対して夜は部屋の鍵を掛けるように言われているわと話していたわ」。ベティは人差し指を唇に当て、ジーンの方をちらっと見て、それから呟き返した。「静かに！　実はジーンは組合の連中と一緒に交渉に出ているのよ」。

ジーンは数ヶ月もたたない内に、もうそれ以上仕事を続けることが出来なくなってしまった。一九八二年三月、彼女は仕事を辞めた。

二〇人の急進派の女たちと一緒にまなじりを決した男が一人いた。フレッド・モラッコという管理職だった。フレッドは六〇近い大きな腹をした保全部長で、看護部長のアナ・モラッコの夫だった。フレッドはコープランド・オークスのことをクロードよりも他のだれよりもよく知っていた。なにしろ彼はここを建てたのである。一九六〇年代の半ばコープランドの建設工事中、フレッドは工事現場の職長であり労働組合の職場委員でもあった。一九四〇年代から組合に所属していたフレッドは、コープランドの保全部長の職に就いた一九六八年に建設業を辞め、同時に北米労働者全国組合も辞めた。この移籍で彼は二五年間にわたって一時間二五セントの割で積み立ててきた年金を放棄することになった。しかしそれは問題ではなかった。彼は昇進したのだ。

フレッドは組合経験が豊富だった。コープランド・オークスで重労働している女性たちの良き友人であり、彼女たちの組合活動を支持することになんの恥じらいもなかった。妻が経営に忠誠を尽くしても平気だった。私は認証投票前に彼とインタビューしたが、彼の労働者への肩入れに気づかなかった。彼はたしかにポーカーの名手だった。彼は組合に同調する一一人の部下を尋問するようにとの私の指示を守らなかったし、経営側としてのどんな裏工作もやろうとしなかった。しかしフレッドは変わってはいたが、喧嘩早い独立心を持った中西部のブルーカラーによく見られるタイプの男だった。彼の頑固さは生来のもので、私は彼との一対一のインタビューではしっこく彼を責め立てたけれどもあまり心配はしていなかった。組織化運動にどれだけ同情的であろうとフレッドは静かにしていたし、私の最後の反組合通信には他の管理職と共に署名さえしていた。

しかし組合が勝利を収めるとフレッドは自分の見解を公然と主張しだした。組合が勝ったのは神様の思し召しだ。いまこそ組合に仕事をさせるときだ。フレッドは選挙後に私が与えた組合支持者たちを冷遇しろという指示に従うのを拒否した。「自分が話したいと思った相手と誰とでも話をする」というのが、彼のぶっきらぼうな言い分だった。フレッドは話すこと以上のことをやった。施設の敷地や建物の中で組合の活動家たちに出会うと、必ず親指を上に向けて合図を送った。「前へ進め、俺は君たちがやっていることを非難したりしない。今がその時だ。君たちならやれる。この仕事をやり遂げろ」。

フレッドの不服従には実のところ私も頭が痛かったが、クロード・ロウを悩ましたほどではなかった。私はフレッドを大口叩きと見ていたが、クロードにとってはユダであった。時が経つにつれてクロードはますます神経質になり、フレッドへの憎しみは常軌を逸するようになってきた。普段は貴族的なほど自己抑制の効いたドクター・ロウだが、話がこの保全部長のことになると急に支離滅裂になった。この司祭の呪いは全く理屈の通らない反キリスト教的な冒瀆の言葉となって溢れ出て、むき出しの罵りが降り注いだ。私は彼が自制心を失うのを喜んで、私の望む方向に彼を誘い込むのを楽しんだ。フレッドが組合オルグと内通していたに相違ないという彼の話を聞き、ロウと一緒になってフレッドを裏切り者呼ばわりした。私にとってこうした会話はほんのお楽しみといったもので、真面目に取り上げるほどのことでもなかった。私はフレッドが好きだった。しかしクロードはこれ以上ないほど真剣に事件をデッチ上げようとしていた。

その給料の話がどこからでてきたのか私には分からなかった。一九八一年三月二五日、クロードは私を事務所に呼び入れ、フレッド・モラッコがローカル四七から給料を貰っているのは確かだと語った。その意味はもちろんすぐに分かった。フレッドは解雇されることになる。

その日、午後四時少し前にクロードはフレッドを事務所に呼びつけた。保全部長が姿を現わしたとき、クロードはペンと一枚の紙を机越しに差し出し、フレッドにサインするように命じた。それは辞職願いだった。

フレッドは紙に書かれた文言を読み、けげんな顔でクロードを見つめてから拒否した。彼は辞職を望んでいなかったし、クロードはなぜ彼が辞職しなければならないのか理由を説明しなかった。よろしい、とクロードは言った。そしてお前は馘だ。出て行け。たった今からお前は不法侵入者だ。

その翌日アナは夫の受けたむごい仕打ちに抗議して辞職した。

クロードはフレッドの突然の解雇理由を明らかにしなかった。しかしコープランドの労働者や世間に対してはそれを広げさせた。解雇から数日後、彼は従業員と居住者を呼び集めた。そこで部長の一人が解雇されたことを公にし、会社の金をくすねた邪悪な者という作り話をたとえ話の形で吹き込んだ。それから数日の間に、曖昧だった泥棒の話は具体的な犯罪となって、間もなく誰もがフレッド・モラッコが一万三〇〇〇ドルを盗んだというのは本当かどうかと取り沙汰するようになった。数週間の間に、オハイオ州北西部のすべての新聞がこの話をニュースとして取り上げた。

第四回目の団体交渉が終わって、新たな攻撃を仕掛ける時期が到来したと私は思った。引き伸ばし戦術はそろそろ限界にきていた。そのとき良い突破口が見つかった。ローカル四七の我慢も限界にきていて、間もなく組合はストライキ投票に入るだろうという話が情報網を通じて入ってきた。組合と対決している経営者にとってストライキという言葉ほど甘味な響きを持つものはない。とりわけ一九八一年の秋はそうであった。この年の八月、世界最強の権力を待つ男、アメリカ大統領は歴史上最大の組合潰しの強権を発動した。この月ロナルド・レーガン大統領は、より安全な労働条件を求めてストライキに入っていた一万三〇〇〇人の連邦航空管制官を解雇し、その雇用主たちに恒久的代替雇用[2]を容認した。レーガンはまた組合の指導者五人を、未だかって歴史上発動されたことのない反連邦政府ストライキ禁止法違反で起訴させた。ストライキ中の労働者を解雇し、その指導者を犯罪者に仕立て上げた大統領は、かって自分が映画俳優組合の委員長であったにも拘わらず、組織労働者へ侮蔑を身をもって示した。

この解雇攻撃は全米航空管制官労組を制圧し、すべての労働組合をその最強の経済的武器であるストライキを破壊することで萎縮させた。その時の私はそれから数カ月後に、レーガンが全米航空管制官労組そのものを違法扱いするとは知らなかった。九〇日間に、レーガンは組合潰しの犯罪を実は愛国的行為であると演出してくれたのである。ローカル四七のストライキ投票の話を聞いたとき、私はほくそ笑んだ。やるべきことは分かっていた。それを直ちに実行に移すだけで良い。

私は緊急の管理職会議を召集し、組合の卑劣な計画について述べた。私が言ったのはこういうことだ。「ほとんどの人は知っていると思うが組合は今ストライキ突入を考えていますが、これは何も驚くことではありません。いつかは起こると前々から言われてきたことです」。管理職たちはうなずき私に注目していた。彼女たちはその続きがあるのがわかっていた。「驚くとすればストライキ投票は授権カードにサインした人だけが投票できるということです」。私の信徒たちは息を呑んだ。「本当の話です。彼らはなぜそうすると思いますか」と、私は調子よく尋ねた。

みんなの憤りは明らかだった。有資格看護婦といえども、理想を持って使命感を通して労働者たちと友情で仕事をしてきたが、彼女たちの多くは悲しみに打たれたように見えた。そんなことって有り。私たち何か組合に対して悪いことしてきたとでも言うの。

これは真実、半分は確かに真実だ。八カ月前に授権カードにサインをした者だけが、ストライキ投票を行なえるというのは本当のことである。私は言わなかったが、法律による強制的な事由があるということが正しい。労働協約が締結され、組合費が徴収されるまでの間は、授権カードにサインしたものだけを組合員とみなすと法律が定めている。実際、誰にストライキ投票をさせ誰にはさせないかについて、組合に選択の余地はなく法律の定めに従うほかないのである。しかし私の説明で集会の参加者はこう思うだろう。組合は組合支持者だけに投票させて、ストライキ賛成を取り付けようとしているのだと。組合の代表は六〇マイル離れたクリーブランドにいて、私の攻撃に対応するのは困難だった。

攻撃は始まった。私は「不測事態対応計画」作りに集中した。これは生命に関わる仕事をしている労働者がストライキに入った場合、仕事を続けられるように立てる計画のことだ。響きは合理的で人道的だが、実際は労働者を脅し、かつ組合を敗北させるという二重の狙いがある。私の計画は労働者を怯えさせることにあった。ストライキは危険なものだと労働者に考えさせることで脅かして、ストライキが長引くことになるだろうと信じさせることで怯えさせ、ストが全く実りがないと思わせて恐れさせ、ストライキに入った労働者は職を失うと信じこませることだった。これが私の作戦だった。労働者はもう一回自分たちには勝ち目はないと思いこむだろう。

私はすべての戦線で攻撃に出た。コープランドが長期のストライキに備えていることを示すために、私はクロードにすべてに地方紙に求人広告を出させた。労働者がストライキで職場を離れた瞬間、その仕事を待ち受ける多くの求職者が後に待ち構えていることを知らせたかったからだ。私はクロードが応募者のリストを手に面接を始めたという噂を流した。このメッセージの意味するものは労働力の不足は起こらないということだ。ストライキに入る可能性のある殆どの従業員は熟練を要する仕事ではないので、彼女たちの仕事は簡単に補充が効くことをみんな知っていた。彼女たちは心配し始めた。

次の行動はストライキが暴力的になることを予期していることを示すために、保安体制を強化することだった。私の提言でクロードは街灯のない従業員駐車場に強力な照明灯を設置したり、彼はこれらの照明は憎しみをつのらせている組合から労働者を守るためのものだと管理職たちに直に話した。クロードは心配顔の管理職たちに、ストライキに入ったら歩道にたむろするより働き続けることを選んだ労働者たちや管理職を守るために、ガードマンを雇い入れることになるだろうと約束した。私はストライキ対策の最大の見せ物として、忠誠な労働者が安全にピケットラインを通り抜けられるように、古いスクールバスを一台クロードに購入させた。その上で管理職たちに、また管理職からその部下たちに、誰でもストライキを離脱して働きたい者はコープランドのバスで拾われ、就労して家まで送り届けて貰えると周知させた。そうすることで彼女たちが単独で、ピケットを張る怒った人々の間を通り抜けたり、駐車場に壊されるおそれのある車を置き去りにしないですむようになる。また従業員が住んでいる区域へのバスの経路を、まるで移動ミサイルのように毎日違ったコースを通るようにいくつも用意した。それによって攻撃的な組合員たちがバスを停め労働者に降りるよう説得しようと、出てくるのをはぐらかす作戦だった。従業員たちの心配はそれでもまだあった。

仕上げとして私は保全係を差し向け、コープランドの敷地の境界にピケ隊がそれを越えることを禁じる白線を引かせた。会社側はストライキに入ったピケ隊をその敷地内に入れるべきではない。コープランドでは絶対にだ。白線が引かれてみるとコープランドの敷地は長い私道の終点まですべての道路にわたっていた。白線はピケ隊を歩道のない大通りに追いやった。ストライキの労働者はその道路を車や時々通るバスやトラックと分かち合わなければならなかった。

ストライキ対策を一通り済ませてから、私はピケを貫徹してくれる協力者を求めようとしている組合支持者の様子に探りを入れた。彼女たちは今や極度に不安に駆られていた。後は待つだけでよかった。

団体交渉が始まってからほぼ九カ月たって、ローカル四七は授権カードにサインした新しい組合員たちにストライキ権を確立する投票を求めた。コープランドの労働者たちは圧倒的多数でこれを承認した。一カ月後、組合代表は労働者がストライキに入ると通告してきた。労働法は医療関係の組合がストライキに入る場合、患者の食事や生命維持について事前準備ができるように、また不可能な場合には患者を他の施設に移せるように一〇日前に予告するように定めている。一〇日間というのはストライキによる不測の事態への対策に取りかかるには十分余裕があった。私は居住者会議を招集した。

クロードと私は経営側の体勢を徹底させた。胸くそ悪い組合の連中はすてきなおばあちゃんたちを見捨てて、ピケに参加しようとしていますと、私たちは言った。彼女たちはお金を欲しがっていてそれを手に入れるためなら手段を選ばないようにみえます。私たち経営側は居住者の方々を守るためにあらゆる手段を尽くすつもりでいることをぜひ理解してください。それに加えて、居住者の皆さんも自分を守る方法について考えておいてください。ドアには鍵をかけ、貴重品はしっかりと管理して、組合の労働者との不必要な会話はしないでください。組合員の何人かは少しおかしくなっていますと、いかにも秘密めかして打ち明けた。彼女たちは自分たちの主張に合わないとなれば、お年寄りを虐待しないとも限りません。すべての居住者を保護するものがない状況で、親組合派の従業員と居住者が二人だけにならないように注意して下さい。この知らせが居住者委員会を通じて十分行き渡ってから、クロードは居住者全員に手紙を送り、組合をめぐる争いで心配をかけていることを謝罪するとともに、経営者として今後も居住者の安寧を守ることを誓った。

ストライキ当日の午前七時、早番の始業時間になったとき、経営陣は戦闘体制に入り襲撃に備えて気を引き締めた。何も起こらなかった。誰一人として職場放棄するものはいなかった。だらだらとした一日だった。誰もピケのプラカードを持って現われなかった。ストライキの日はやってきて、過ぎ去った。それはコープランドが未だかって経験したことがないもっとも静かな一日だった。

九カ月経過、あと三カ月。

ストライキが空振りに終わった直後、私は組合から電話を受けた。交渉がスタートしてもう九カ月が経ちましたが何の進展もありません。この辺で政府の斡旋員を交えて会談してはどうでしょう。結構だ、こちらには問題はない。いいですよと、返答した。私はこの無意味な会見に応じることにした。私は政府のこの調停機構がどうしようもない代物であることが分かっていたので、これといった心配もしていなかった。理屈は見上げたものだ。政府の斡旋員が当事者双方に個別に面談して、なんらかの共通の土俵を探って、それを両者に示して仲を取り持とうというわけだ。しかし斡旋員は合意をさせるため何ひとつ強制できないというのは冗談にも程がある。何の権威も権限も法律による強制力も持っていないのである。ある日、私はアクロンの連邦政府庁舎ビルで、斡旋員と会社側の交渉員とともに、コーヒーのお代わりをしながら一日を過ごした。それで時間稼ぎをし、私が真面目にやろうとしていることを示すのに役立ったはずだ。ともあれ時は刻まれていった。刻一刻と。

一九八一年一一月、建設工事はほぼ完了しグランドール医療センターの開業準備が始まった。この新しい医療施設はコープランドの伝統的な使命を拡大し、セブリング老人ホームの収入と名声を上げた。従業員はテープカットをするドクター・ロウに劣らず熱くなっていた。私以外の誰もグランドールが子供だましの罠であることを知らなかった。当初からグランドールはコープランドとは性格の異なる会社のように宣伝してきたが、単なる別法人だった。だがその点は早くから何度もコープランドの工作中に、グランドールはコープランド・オークスの延長ではないと強調されていた。私がクロードの名を使って出した「親愛なる職員のみなさん」という手紙のレターヘッドには双方の会社名を並べた上で、わざわざ「法律上独立した別会社」と注意書きを添えておいた。私の主張でルー・デービスもそれを認めたが、たとえコープランドに組合ができたとしても、グランドールはクロード好みの組合なしの談話室としてそのまま保たれることになる。別会社だからだ。いまや注意深く守ってきたその保護区を役立てる時がきた。

この医療センターの開設を一カ月後に控えてコープランドの経営者は施設スタッフの体制づくりを始めた。求人広告が地元の新聞に重ねて出され、コープランドの従業員もその他のオハイオ州北東部の人々と同様に応募することが出来た。コープランドの従業員はグランドールが別会社なので自動的に採用される訳ではないと聞かされていた。私に頼まれてグランドールで働こうと思ったコープランドの従業員も、他の応募者と同じように申し込んで選考を受けるようにいわれた。たとえ彼女たちの仕事が隣の病棟に移る場合であっても、労働者はグランドールでの「新しい」仕事に応募しなければならなかった。もちろんその職には組合員はつけなかった。

それは誤魔化しだった。私はコープランド=グランドールの従業員の入れ替えを立案したが、組合シンパを細心の注意を持って排除した。実際上ほぼ五〇ほどの職種がコープランドからグランドールに移されることになっていて、すべての賄い部門、すべての洗濯部門、看護業務のほぼ全部と家政婦部門の大半が含まれていた。これらの職種は移管されたが、グランドールの理事長はたまたまクロード・エル・ロウその人だったが、私の意図も加わって、それら職種に従事していた人々を職種と一緒に移動させることをクロードは巧妙に拒否した。

労働組合はこの移転ゲームを口を極めて非難した。組合役員たちはコープランドとグランドールは法律的技法に関係なく明らかに同一の法人だと懸命に主張した。グランドールに移される仕事はコープランドの時と全く同じ形で残るわけだし、その仕事の監督者たちも同じ人物ではないかと組合は主張した。この策略に対して組合幹部は組合員に仕事に応募しないように指導した。どちらにせよわれわれが選択権を握っていたわけだから本質的な問題ではなかったが、組合の作戦としては間違っていた。仕事がグランドールに移っていくに従って、コープランドではその仕事がなくなっていった。無資格看護婦や家政婦たちは突然自分たちが失業してしまったことに気づかされた。彼女たちはグランドールの求人に応募できたし、そこで雇われたかも知れないし、そうではなかったかも知れない。また彼女たちは何人かの強固な組合員がそうであったように、応募用紙の記入を拒否して敢然と失業することもできた。

無資格看護婦の一人でウィニー・ウェイスマンという四二歳のシングル・マザーはゲームをやってみようと応募用紙を提出した。だがグランドールには彼女の仕事は無いと拒否されてしまった。すべての医療関係の職種はすでに満杯になっていた。信じられないことだが。ウィニーは内部から組合員獲得の工作をしていた一人で、交渉委員でもあり組合の代弁者と目されていた。

「望ましくない人物には仕事がないと言われた」とウィニーは淡々という。

一九八一年一二月、運命の日が到来した。グランドールはオープンした。そして一八人のコープランドの従業員が職を失った。

そうこうしている間に、率先して名乗り出た反組合派の労働者たちがローカル四七を彼女たちの交渉代表者から解任するための投票を求める申し立てを回覧し始めた。一般労働者の三〇パーセントが署名し、逆認証の申請がクリスマス前に、全国労働関係局の第八地方支局に提出された。

一〇カ月経過、残り二カ月。

全国労働関係局の地方支局長は一九八二年の初頭、ローカル四七から法律上の申し立てを受け取ったが、組合の申し立てには、コープランド・オークスに対する二〇件の不当労働行為が訴えられていた。組合は不誠実団交、交渉の拒否、一八人の従業員の解雇を告発していた。

クロードはこの申し立てを憂慮した。彼は逆認証投票によって完全に組合の息の根を止められると期待していた。だがその望みは、不当労働行為の告訴事件が結審するまで、逆認証の件は凍結されるとの決定によって消え去った。彼はルー・デービスと私を呼んで、まずルーにコープランドを擁護するように頼んだ。

ルーは優柔不断な責任回避の態度をとった。「クロード、私はマーティンが形式的な交渉だけをやってきたのを知っています。法律的に負けることが分かっている案件の弁護をどうやったらいいんですかね。無理ですね」。

クロードは次いで私をみた。確かに、私が全国労働関係局の審判廷で法律論争をすることはできない。しかし、手助けはできる。最近、私はコープランド・オークスで少々影が薄くなってきていたし、他の組合潰しの仕事を二〜三抱えていた。その内のひとつにメンターにある電子工業のサイバレックス社を通じて、私は一人の弁護士と知り合いになった。彼は切れ者でタフで私に借りがあった。彼が引き受けてくれるのは確実だった。彼の名はアール・レイケン。禿のインテリ弁護士で、その後四年間私と一緒にクラバット炭鉱を含め、六件の組合潰しをやることになる。

全国労働関係局は逆認証の申し立てを一時棚上げして、不当労働行為の申し立ての二件について公聴会を決めた。不誠実団交から先に始まった。委員会は調査員たちをコープランドに派遣し、団体交渉に出ていたもの全員と、出ていなかった者からも聞き取りを始めた。この調査が進むにつれて私は何とも名状しがたい不安に襲われた。団交の場での私の敵意や非妥協的な態度はあまりにも明白でこのケースでは勝ち目はまったく無いと思い始めていた。手の打ちようがなかった。すべては出たとこ勝負だ。恐らく委員会は不当労働行為を見抜くに違いない。

幸運なことは、またしてもレーガン大統領が私の味方にいたことだった。レーガンはその最初の年に全国労働関係局の委員や地方支局長を経営側の人間で固めた。その上関係局の予算を削ったため、調査員たちは長期間にわたる大規模な調査をするのが難しくなっていた。組合は以前のように不当労働行為事件で勝つことができなくなっていた。

この明らかに有利な条件下でアール・レイケンは闘い続けた。彼は風采の上がらぬ見かけとは裏腹に見事な勝利をものにした。私が与えたわずかな餌、最初の交渉で結んだいくつかの協約や斡旋員と会うことを受け入れたことなどをフルに使って、強固な防御を展開した。組合員たちは自分たちが見聞きしたことを証言したが、驚いたことにそれらはいずれも会社側に協約を結ぶ意志がなかったことを立証するには十分ではなかった。委員会はこの申し立てを却下した。

一一カ月経過、残りは一カ月。

組合にとっての一二カ月は、一九八二年二月に満了した。全国労働関係局は不当解雇に関する訴えについて審問を続けたが、私はもはや必要ではなかった。交渉は中断されたままだった。私はオハイオ北部の他の会社で仕事をするために移動していたし、アール・レイケンにコープランドの消耗戦の後始末をまかせた。

私はついていた。一九カ月間のコープランドでのパートタイムで一六万ドルを稼ぎ出した。

一九八三年三月、コープランド・グランドールの再編で職を失った一八人の女性たちは勝利を得た。全国労働関係局は会社相手に提訴したこの一八人を、組合活動への報復として解雇されたと認定したのである。委員会は全員の復職とその間の賃金の支払いを認めた。解雇された一八人の内ウィニー・ウェイスマンだけが職場に復帰する道を選んだ。委員会が命令を下した同月中に、彼女はグランドール医療センターの看護助手として雇われた。彼女が復帰した理由は「会社側の連中は私が絶対に戻らないと言ったの。連中に私の意地を見せてやりたかったからよ」であった。

しかしローカル四七にとっては、時すでに遅しだった。組合はすでにギブアップだった。不当労働行為の審問に手間取っている間に、せっかく不当解雇の解決によって勢いづいたかも知れない逆認証選挙を打ち破るチャンスは次第に薄れていった。強固だった組合の団結は解雇や昇進や退職などで終わりを告げ、新たに慎重に採用された従業員たちが、コープランドとグランドールの居住者たちのシーツを取り替えたり、おまるの交換をしていた。組合を信じたものは誰一人として残っていなかったし、たとえ信者がいたとしてもその信念は大きく揺さぶられていた。ローカル四七はコープランドの組織化に三年間近くを費やし、スタッフに注ぎ込んだ費用は数万ドルに達したが、ローカルとクロード・エル・ロウの間の協約は、一九八二年秋の状態のままだった。

ジョー・マーフィーは遂に難破船の栓を抜く決心をした。一九八二年一二月六日、ローカル四七は全国労働関係局に対して「利益の放棄」を申請する文書を提出した。これをもって組合はコープランド・オークスから手を引き、オハイオ州セブリングでの損失に終止符を打った。一〇年後の組合選挙では、ジム・ホートン、アート・ワーシーそしてジョー・マーフィーら全員がローカル四七を退任した。クロード・ロウ、ビル・フオッグ、キャスリン・テーラーもコープランド・オークスを退職した。

ジュディ・スタンレーは結婚して娘を出産し、コープランド・オークスの管理事務所で広報の仕事をしていた。ジーン・ハウスフォルダーは組合のない工場でお針子として働いていた。フィル・ガンニは死んだ。ウィニー・ウェイスマンはグランドール医療センターで看護助手のままだった。彼女の時給は五ドル九七セントで、依然として組合はなかった。

フレッド・モラッコは人生を破滅させられた。コープランドの組合潰しは彼から職を奪ったばかりか、年金給付、健康保険による給付補償、生命保険までもが奪われた。フレッドはクロード・ロウとコープランド・オークスを相手どって正当な理由なく解雇されたことと名誉毀損で二八〇万ドルの損害賠償の訴えを起こした。法廷で裁判が進む間に、彼は自分ではストレスのせいだと信じていたが、進行した糖尿病のせいで手術を受け視力も衰えていった。最初は、しばらくの間、彼は仕事を探そうとしたが望みはなかった。何回もの面接を受ける度に、彼は失業の理由を説明するように求められ、いきさつを繰り返し語った。だが彼は二度と働くことはなかった。

アナはアライアンス病院で看護婦として職を得たので、解決するまで一〇年間にわたって苦しんでいる夫を支えることができた。フレッドはこの裁判の判事の意向もあって最終的には彼が言う「一時金」で和解した。内容について公表しないことが条件だったのでフレッドは詳しく言わなかったが、その金額は病気で半盲の老人の生活に、少しばかりの快適さをもたらしたものであることが伺い知れた。

〔注〕

〔1〕唯一で排他的な交渉権とは、代表認証選挙で過半数を獲得した労組のみが、経営との交渉が可能な権

利・制度をいう。日本において少数派組合であっても団体交渉が可能であるが、そのような交渉制度はアメリカでは認められていない。

〔2〕恒久的代替雇用〔Permanent Replacement〕。ストライキに際して、資本の側が従業員を新たに雇用〔入れ替え〕すること それ自体は、法律違反ではない。だが、「経営者の行なった不当労働行為への抗議・対抗を目的とするストライキ（「不当労働行為ストライキ」と呼ばれる）に加わっている従業員に関しては、たとえ恒久的代替要員を雇用していても、会社はストライキに突入している労働者の就労を拒否できず、代替労働者を解雇してでも、ストライキ参加者を復帰させなければならない（したがって実際上、不当労働行為ストライキの場合には、スト期間中に限った臨時的な代替者使用のみが可能ということになる）。「当初は経済的ストライキとしてはじまったストの場合でも、途中で使用者が団体交渉拒否やスト参加者の解雇などの不当労働行為を犯し、それゆえにストが長引いたときには、不当労働行為ストライキへの転換が認められる」。他方「経済的ストライキにおいては、恒久的代替者が雇用された場合、スト参加者は代替者を押しのけて元の職場に復帰することができない」（『アメリカ労働法』中窪裕也　弘文堂　一九九四年、一四二頁―一四三頁）。

恒久的代替要員の雇用が猛威を振るいはじめたのは、一九八一年の全米航空管制官労組〔ＰＡＴＣＯ〕のストライキに対するレーガン政権の対応に端を発する。一九八三年コンチネンタル航空、八九年イースタン航空、九〇年グレイハウンド・バス、九二年キャタピラー、ステイリーと続いてきた。全国労働関係局によるブリヂストン・ファイヤストンへの恒久的代替雇用に関する職場復帰命令（一九九六年一月）は、その流れの中にあって労働側の久々の勝利となった。

第10章　ゲート・ミルズ

どれだけ稼いでいたか私は自分でも信じられなかった。コープランド・オークスはほんの手始めだった。誰もが急にユニオン・バスターを必要としているように思えた。仕事はどこからでも舞い込んできた。できることなら予約リストを作りたかったが、仕事はみんな待ったなしだった。私は次から次へと反組合工作を手がけ、時には同時に二〜三件をお手玉のように操った。もうほとんど全国労働関係局の事務所に申請書をあさりに出かけなくなった。行く必要がなかったからだ。顧問弁護士や経営者たちは、一斉に考え行動する労働者の脅威に直面すると私を指名してきたので、一つの仕事は必ず別の仕事につながり、それがまた別の仕事を生んだ。大有卦の私に金は流れ込んできた。一カ月に一万、一万五〇〇〇、時には二万ドルの小切手が謝礼としてマーティン・ジェイ・レビット個人宛てに振り出された。それは私が戸惑うほどの金額だった。

私は刑務所を出て以来、はじめて自分名の銀行口座を開いた。そしてアール・レイケンが不当解雇被疑事件からコープランドを救おうと奮闘している時に、アリスと私は衝動買いの旋風を巻き起こしていた。ほんの一度だけ、人生でたった一度だけ、私たちは入ってくる金を使いきれないように思えた。私たちは買って買って買いまくり、まったく躊躇しなかった。私たちは息子たちの寝室に新品のブランド家具を買い、飼っていたバセット・ハウンド犬の遊び相手として三〇〇ドルの血統書付きゴールデン・レトリーバーの子犬を買い、最新式のカラーテレビを買った。アリスには彼女が今まで見たこともない数千ドルの石を使った宝石や飾っておくだけであまり使わない輸入香水、一万ドルもする黒ミンクのロングコートを買ってやった。そのコートは仕立直しに二五〇〇ドルかけた末に彼女の気に入った。彼女はそのコートをとても実用的だと考え、玄関前の車道の雪掻きをする時にいつも着ていた。彼女は一〇〇〇ドルのCDプレイヤーを買い、私はもう一台のメルセデスベンツのリース契約をし、私たちは豪華な食事をし、息子たちには最新の玩具を買ってやったが、それでも金は溢れていた。人生は栄光に満ちていた。

アリスはオハイオで私と一緒に暮らすことが、それほど悪くはないと思い始めていた。彼女の夫は再び力強い狩人になり、毎日屠る獲物は村人すべてを養うに十分すぎるほどだった。彼女は彼の伴侶であることを誇りにし、彼がしたいように狩りを続けさせることを望んでいた。それは彼女がいつも夢見ていたことだった。理想的なアメリカの結婚。アリスは手のこんだ料理を作り、一緒に酒を飲み、愛し合った。彼女の媚態は私を夢中にさせ耽溺させた。彼女の側にいると私は無力さを感じ、彼女の気遣いが嬉しかった。再び燃え上がった私たちのロマンスは、私を甘い幸せの幻想に浸らせ、恋愛ざたやコカイン、泥酔や嘘、そして刑務所などが起こる前の、マリン・カウンティで二人が出会った頃の私に引き戻した。この状態を維持するためなら何でもしようと私は誓ったものだ。

アリスは私たちの生活が落ち着かないことにうんざりしていたが、私とて同じだった。最愛の人にとっては、自分たちの家を買うことが治療法だった。「私たちには家庭が必要よ、本当の家庭が」。彼女はある日こう甘く囁いた。「あちこち動くのは子供たちに良くないわ。マーティー、あなたのお陰で今ならお金もあるし。借家住まいを続けるなんてばかげているわ」。

私も賛成した。借家住まいにはいつも苛々させられて落ち着かなかった。家を買うという考えに私は興奮した。それは安全と責任と永続を意味する。自分たちの家と安定した収入によって、私たちは再びまともな家族になることになる。ひとつだけ心が痛み気が進まなかったのは、ここ一年ユニバーシティ・ハイツに借りていた大きな古いコロニアル様式のレンガ造りの家を去ることだった。私はその家が好きだった。気品があり堅牢で実用的な家で、私が育った家と同じように大きな塀で囲まれた庭があった。そこにいると守られているようで安心と幸せを感じた。その家を賃貸から買い取りに切替える場合の希望価格は六万ドルと記されていた。私はアリスにその申し込みをしようと言った。しかし、アリスは家庭や近隣について強い嗜好を持っていて、ユニバーシティ・ハイツは彼女の関心外だった。彼女はどんな家がほしいか熟知していて、それは夢の中で見ていただけなのに細部まで説明することが出来た。彼女はそれがどこかにあると確信していた。あとはただ見つけるだけだ。私が労働者階級と闘っている間に、彼女は自分で不動産業者を探し、広域クリーブランドの住宅市場で物件探しをしていた。

数週間経ち、数カ月が過ぎたが何も起こらなかった。アリスは夢の家を見つけられなかった。彼女は気落ちし始め、私も落ち着かなかった。私は彼女にもう一度ユニバーシティ・ハイツに落ち着こうと説得し、次はシェイカー・ハイツ郊外の高級住宅街で私たちが以前に見たことのあるイギリス・チューダー王朝風の一六万ドルの家を薦めた。彼女は承知しなかった。アリスのお伽の国を見つける決意は固く、それ以外の物は受け付けなかった。

そしてある日、運命の日の到来となったが、家に帰った私は興奮状態の彼女を見た。彼女はドアの所で私を出迎えると、まるで高校生のチアリーダーのように飛び跳ねた。目はきらめき、顔は赤らんでいた。興奮で彼女の言葉は切れ切れになってはじけた。「今日ね、見つけたわ！　すばらしいの！　今までの中で一番だわ！　完璧なのよ！　その女の人はすぐにも売らなけりゃならないの！　持ち主よ。彼女は離婚するの。それは二五万ドルの価値があるけれど、彼女は二二万五〇〇〇ドルで売るわ。見に行ってちょうだい、マーティ。見る価値があるわ。ねえ、今すぐに不動産屋に電話をしましょうよ。あなたもきっと気に入るわ」。

どうして私は反対できようか。問題のその家を見るためのドライブは、北部オハイオの最も景観の良い郊外をいくつか通り過ぎた。ひとたびクリーブランドを出ると、車は森の丘々を曲がりくねって進み、ちらちら光る小川を通り過ぎてクリーブランドから東へ三〇分ほど走った。車が眺めの良いチャグリン・リバー通りに曲った時、私はびっくりした。車が慎ましげなゲート・ミルズ・ビレッジの看板を通過した時、私のくすくす笑いは止まらなかった。ゲート・ミルズに私が？一体誰がそんなことを考えるだろう。

ゲート・ミルズは名門・貴顕の集まった地域で、一世紀以上も前にクリーブランド中の富豪を集めて作られたものだ。どの家も大きく優雅で、その多くは歴史的記念館に指定され、「古きクリーブランド」の観光コースに含まれていた。私が子供だった頃、ユダヤ人や黒人はビレッジを車で通過することさえ出来ないくらいに、排他的なところだった。鈍い連中の目には少なくとも人種的、民族的な壁は、今では取り除かれたように見えるが、ビレッジの伝統の多くは今なお保たれていた。ゲート・ミルズの電話帳はオハイオ名門の紳士録を読むようだった。ビレッジは今でも古い金持ちやアングロサクソン貴族の恒例の年中行事であるきつね狩りのスポンサーになっている。そんな場所に家を探すなんて、私は何をしているのだろう。

私たちの車はストーニー・クリークを過ぎたところで一軒の家の前で止まった。郵便標識から、そこは六九九番地と読めた。アリスはうっとりとため息をついた。私は窓の外を見た。

そこにあったもの、それはアリスの夢だった。葉の生い茂った樫の木々と放置されたままの樅の林の真中に、だだっ広い中二階付きの田舎風の大邸宅が垣間見えた。木造で白く塗られ、真赤な雨戸と緑色の窓枠のついた家だった。ここに来る途中で私たちが見た堂々とした邸宅と比較しても、この家の奇妙に長くて低い入口を無視さえすれば、とても単純な構造だった。土地については文句の付けようがなかった。家は道路から引っ込んだところに建てられ、薄緑の短く刈り込まれ波をうつ半エーカーの芝生の向こうに、大きい半円形の車寄せの車道の先にあった。家の三方を囲む巨大な芝生は、私が少年時代に遊んだどの公園より広く豪勢だった。濃い緑の蔦が古い樫の木の根元に絡み付き、濃い灰色の幹をつたって昇っていた。木苺の繁みとピンクと白の芍薬《しゃくやく》が車寄せと家の土台をぐるりと飾る細長い花壇に咲いていた。太くたくましい緑の潅木が長く連なる窓を保護していた。それは信じがたいような庭で、クリーブランドならどこでも五家族分はある庭だった。その庭の手入れを考えただけで私は怖じ気づいた。しかしその当時、私はストニー・クリークがどんなところか、その奥深さを見逃していたともいえよう。その信じがたい前庭でさえ、この家の背後に横たわる敷地の本当の広大さと驚くべき美しさを仄めかすものではなかった。

アリスの夢みる家は、その周りを更に広い原生林で取り囲まれている五エーカーの森の中に建っていた。その敷地は巨大な樫の木と樅の木の天国で、いたずらものの栗鼠や人目を盗むアライグマや隠者のフクロウの住家であった。チャグリン・リバーが敷地の中を流れ、豊かな流れにはザリガニやヒメハヤや蛙がたくさんいた。暖炉も含めて改装された納屋が母屋の裏手にあり、隣には大きな鶏舎があって一ダースほどの雌鶏がクワックワッと鳴いて座りこんでいた。その背後にある森の緑は濃く、無邪気な若い男の子たちにとっては魔法の王国であり、問題を抱えた大人たちには静かな避難所であったりした。

私はこの場所が好きになれなかった。確かにドライブをして一時を過ごすには良い所かも知れないが、果たして住む場所だろうか。何のためにここに住むのか。見ていて楽しむことはできるだろうが、買う必要はない。私は都会育ちなのだ。地所を持つことなど望んでないし、二〇分で芝刈りができるちょっとした裏庭で十分だ。ゲート・ミルズの土地は私を脅えさせ、その家は私の興をそそらなかった。その家が設計上の大失敗作であることも理由の一つだった。設計に首尾一貫性がなく、部屋は次から次へと何の規則性もなしに建材がなくなるまで建て増しされたようだった。大きな子供用寝室は車庫の上にあって裏側のらせん階段で上がるようになっていて、子供たちが普段いるリビングルームからは大分離れていた。一〇代の子供ならまだしも、私たちの子供はまだ七歳と四歳だったので親の側に置いておきたかった。台所はもちろん私の仕事場になるはずだが、見るも無残だった。小さく狭くて暗く、一階の北の端にあり、食堂車のようなつくりだった。他の部屋もこの大きな家にしては全てが小さく、狭い廊下とドアによってつながって一列に並んでいた。多くの修繕が必要だった。壁は薄汚く、何カ所か漆喰は崩れかけていた。一階は暗く、建築業者が窓を一つか二つ付け忘れたかのようだった。鬱病の気のある私には、暗さは危険だった。すぐに壁を取り払って太陽の光を入れることが必要になるだろう。私は腕まくりして漆喰を塗るタイプではないし、チャグリン・リバー通り六九九番地は、建設業者の際限ない導入と請求書を私に予測させるものだった。

「これは私たちに向かないよ」。私は家を一回り見て歩いた後アリスに宣告した。「私たちはすぐにでも入れる家を買うだけの金があるんだから、こんなボロ家を買うべきじゃないよ」。

それだけお金を持っているなら、自分たちの好きなように修理することができるわ、とアリスは言い返してきた。彼女の勝ちだ。

家に着いてもアリスの興奮は覚めやらず、ゲート・ミルズの家を買う決意を固めていた。私は家のレイアウトや敷地、それに地域のことについて泣き言を言ったが、その反論はアリスの決心を固めさせるだけだった。おかしな事に私は説得力ある反論を思い付かなかった。もしそれが目的に沿うならどんなことでも誰とでも私は論争できる。だが、私はその家に悪い感じを持ったが、どうやってもその気持ちを言葉にすることができなかった。

不動産屋は何度も電話をよこし、アリスは私に何度も賛同を求めた。最後はすべてのゲート・ミルズ幻想に終止符を打つため、私はこちらの買い値を提示ことに同意した。私には考えがあった。低い値段でしかし侮辱と取られるほど低くもなく、なおかつ受け入れられない程度の低い買い値をいうことだ。所有者はそれを拒否するだろう。アリスの夢には一応敬意を示したことになるし、自分たちに相応しい家を見つける方向に持っていけるだろう。一週間以内にアリスと私はカリブ海のクルージングに出かける予定でいた。セント・トーマス・ビーチで頭金のことや預託証書のことを考えるのはまっぴらだった。私は今これを終わらせたかった。私は一九万ドルを提示した。

売り手の拒否の返事は二日で戻ってきた。成功だ。これでしばらくは、私はゲート・ミルズから手を切れると思っていた。だがカモにチャンスはなかった。アリスは私のやり方をよく知っていて、簡単には私を放免しなかった。売り手も同様だった。たんに私の言い値を拒否するのではなく、価格を二二万ドルに下げてきた。アリスは有頂天だったが、私は憂鬱だった。アリスの機嫌を損ねないでゲート・ミルズから逃れようとしただけなのに、動けば動くほど深みにはまっていくようだった。

アリスは諦めないだろう。クルージングに出かけるまで三日だったので、私は努めて平静を保つようにした。「ねえ、アリス。このクルージングは私たちがトラブルから逃れ、忘れるのに良い機会になるはずだと思っていた。僕は不動産のことを頭のどっかにぶら下げたまま出かけたくない。旅行から帰ってきてから見に行く家は、他にも沢山あると思うよ」。

アリスは口をとがらせた。私はいざとなると動きが鈍くなるタイプの人間だ。それに自分勝手だ。この家は彼女が本当に欲しがっていたものなのだ。私の好みで彼女に贈った宝石や毛皮のコート、その他の高価な贈物などとは違って、この家は彼女自身が欲しがっていたのだ。なぜ彼女が本当に欲しがっているものを私が持たせることができないのか。またもや彼女が点を稼いだ。

「わかったよ。それじゃ最終提示をすることにしよう。だが、もしクルージングに出かける前に解決しなかったら、あのリバー・ロードとは今後一切さよならだ。そして帰ってきてから二度とこの問題を蒸し返さない。それで決まりだよ」と、私は言った。

「いいわ」と、アリスはきっぱり言った。

私は不動産業者に『ノルウェーの歌』号が出航する前日の七月一五日を日限として、二〇万九〇〇〇ドルの価格と所有者が希望する年四万二〇〇〇ドルの分割払いという最終条件を提示をした。

その後の三日間、アリスと私は思い思いに虚ろな沈黙のなかで暮らした。彼女の沈黙は期待であり、私の沈黙は恐怖だった。金曜日に私たちは子供たちと犬を両親の家に連れていって別れを告げ、夕食に出かけた。家に帰って旅行の支度を終えた。夜遅くなるにつれてアリスの表情は落ち込み、私の方は目に見えて明るくなった。私の救われた気持ちを表現するために何か会話が必要だったが、かといって家のことを語る大胆さもなく、見ていたテレビのくだらない冗談に大声で笑い、近づいてきた小旅行についてあたりさわりのないお喋りをした。私は大いにご機嫌だった。

そして一〇時頃、電話がなった。不動産屋からだった。「いい知らせです」と、電話の向こうで元気な声が言った。「売り手があなたの条件を受け入れました」。

私の心は沈んだ。ありえないことだった。期待で興奮している妻の顔を部屋の向こうに見ながら、

「時間切れだよ」と、私は弱々しく抗弁した。無駄とは知りながら私は頑なに自分の態度に固執した。「明日の朝七時には私たちは出かけるんでね」と私はビシャっと言ってのけた。「売買契約の手続きをする時間はない。すまないね」。

「これからすぐにお伺いします」と、元気な返事だった。

真夜中近くまでかかったが、アリスは一〇代の娘のようにうきうきして、私は一〇代の花嫁の父親のようにむっつりとしていた。私たちがゲート・ミルズに落ち込み人生をもつれさせることになる契約書にサインしたのである。


私たちはカリブ海の日焼けが色褪せる前にチャグリン・リバー・ロード六九九番地に引っ越した。ちょうどアール・レイケンを私に紹介してくれた会社、サイバレックスでの反組合工作を私は終えたところだった。サイバレックスの社長は、選挙後の組合活動を根絶やしにする仕事を私が続けることを望んでおり、一万五〇〇〇ドルの依頼料を払うことに同意した。その依頼料は分割払いの第一回の頭金となって、直接ゲート・ミルズへ渡った。

その屋敷に着いた途端、子供たちは裏庭の森に出かけて行き、すぐに有頂天になった。二人はチャグリン・リバーの日の長い八月の日々、何時間も歩き回わり、乾燥した夏の数カ月は幅の狭い小川で泳ぎ、木に登り、遠征して知り合った近所の子供たちと戦争ごっこで遊んだりした。私は子供たちがこんなに幸せそうで元気にしているのを見たことがなかった。そして、二人が林や小川や丘を通りぬけて走る姿は、買ったばかりの家に対する嫌悪感を少々和らげてくれた。

アリスがこんなに生き生きしているのも見たことがなかった。ゲート・ミルズが活力と誇りで彼女を満たしているようだった。彼女は今では立派なレディで、立派な家を持ち、立派な生活をしようとしていた。私たちが新しい番地を得てから、彼女はいつでも家のことを話した。彼女はすべての部屋の装飾プランと敷地の景観設計を持っていた。彼女はゲート・ミルズのガレージセール漁りを始め、錦織りで出来た肘掛椅子から磁器製の骨董品に至るまでアンティーク家具を買い込み始めた。彼女は五〇〇〇ドルのジョン・ディア社製の芝刈り用トラクターを買い、長い時間をそれに乗っていた。ゲート・ミルズの地域社会の中を散歩して歩き、近所の人々と会い、全ての人を愛した。ゲート・ミルズに住む母親たちと話をし、学校について調査をし、そして興奮していた。ゲート・ミルズの公立学校はアリスがクリーブランドやカリフォルニアで見た金のかかる私立学校よりはるかに高級だった。アリスにとってゲート・ミルズは恋人であり友人であり子供だった。彼女は家を愛し、手入れをし、飾り立て、いくつもの計画を作り、その自慢をし、その夢を見た。家が彼女の世界になるにつれて、アリスは上流階級のＷＡＳＰ（アングロサクソン系白人でプロテスタント）のイメージに自分を作り替え、そのお気に入りの新しい役柄に彼女の想像力やエネルギーや銀行口座を注ぎ込んだ。彼女はついにお伽の国へ到達したのだ。

私の方は、ゲート・ミルズに初めて見に行ったときよりも、引っ越してからの方が余計嫌いになった。そんなことがあるとは思ってもみなかった。大抵の人は新しく購入した家を知るにつれてその隠れた良さを見つけるものだ。しかし私はばかげた部分を見つけるばかりだった。

私にとって、六九九番地は二万ドルをかけて手入れするまでは耐え難く、その後もやっと住むに耐えるようになっただけだった。家族がお互いに連絡を取るために、手始めに家中にインターホンを取り付けなければならなかった。インターホンがないとアリスと私は子供たちを見つけるのにいつも捜索活動をしなければならなかったし、私は電話を取ることができないでいた。というのも、私には電話のベルが聞こえず、誰かが応答しても私を見つけられないからだ。この家では大声で叫んでも役に立たない。家の湾曲部や角が自然の遮音効果を発揮するのだ。誰かを探し出すことは不可能であり、この家の配置は人をとても困惑させた。ゲート・ミルズでの初めの数週間、実際に四歳のジャスティンは遠い自分の寝室から夕食に降りてくる途中に何度か迷ってしまった。私はインターホンの他に携帯電話網を付け加えた。電話を取るために家中を走り回る理由はなにもなかった。電話は私の重要な仕事道具であり、どこへ行っても使える携帯電話が必要だった。一人で七つの電話を持っても多くないと私は決めた。

通信設備を整えてゲート・ミルズは少しましになったが、台所を改造するまで私は愚痴を言い続けた。この化け物屋敷を破壊して完全に建て直したかったし、それ以外に方法はなかった。コストを全く気にせずに建設業者に壁を取り払わせ、最新の作り付けの台所器具をはめ込み、大きな明るい出窓をつけた。私はやっと一息入れることができた。

最初の数カ月に使った数千ドルは私にとってなんでもなかった。それくらい数週間で稼ぐことは可能だった。私はかってなく、事実自分の好み以上に真面目に働いた。前年の全米航空管制官労組潰しは鬱積していた経営者の反組合工作を解き放ったかのようだった。そして私はオハイオ北部で最も売れっ子の人材だった。突如私は今までに望んでもみなかったほどの多くの仕事を手にしていることに気づいた。私は何にも縛られずに時間を費やすのが好きだったが、その頃私は一日一〇〇〇ドルを請求していたし、その仕事を拒絶するには、その金は魅力的過ぎた。それであらゆる仕事を引き受け、反組合工作に次ぐ工作を手がけ、アリスのために何千ドルも家に持ち帰った。経営者が私宛てに小切手を切るよう命ずるたびに、私は自分自身に感動した。金額はとても巨額だったが経営者は別にひるみもしなかった。彼らは無造作に金を渡した。私は本当に大物に違いないと、自分に言い聞かせた。

アリスが彼女の巨大な改築道楽に一層のめり込んでいるとき、私の方もますます酒に溺れていた。以前は忙しいときはあまり飲まなかった。だがもう歯止めがなくなった。私を忙しくさせている仕事がアルコールへの衝動を高めているのだ。私は職場ではかってなく力強かったが、心の内部ではかってなく脅えていた。コープランドの仕事と組合潰しへの戦線復帰とともに、私は自分の仕事が卑しくて馬鹿げたものだと考え始めていた。私はその考えを抑え込もうとした。仕事は簡単なものだったし、巨額の金と栄誉をもたらしてくれるのだから。しかし、それは詐欺まがいのものだということを、知りたくなくても自覚していた。私はオズの魔法使いのように、面と向かった人に対しては力強く怒りに満ちていたが、よくよく見ればその内部はただの弱い小男だった。いつか誰かが側に来てカーテンを開け私の弱さや恥を白日の下に晒すのだろうと戦々恐々としていた。私は詐欺師だった。いつそれが発覚するだろう。内部の不協和音を鎮めるために酒に頼るようになっていった。私は弟のハーベイが自殺した後の時のように、アリスが不倫をしていた時のように、傷付きやすい小男が私の中に浸み出してきて、事態を混乱させて貰いたくなかった。酒は私が魔法使いを演じ、詐欺師を視界から消すのを手助けしてくれた。

顧客たちと昼食や夕食の席で酒を飲みながら、顧客の多くはマティーニを好んで飲んでいたが、いつも会社の近くに雰囲気の良いバーを見つけることができたこともあって、私は酒のボトルから離れすぎるということはなかった。それでも、私は家を自分が酒を飲み易いように改造した。ゲート・ミルズに住んで数カ月もしない内に、家族の居間にホームバーを作り、テイキーラ、ジン、ラム、それに大量のお気に入りのウオッカとスコッチなどのあらゆる種類の銘柄品を貯め込んだ。家にいる時は朝起きるとすぐに、仕事の時は帰るとすぐ酒を飲んだ。私は自分がもっとも気に入ったブレンドから始めたが、そのうちに実際は味も分からずただ貪欲にアルコールをむさぼる度合いが強まっていった。暇な午後や夜を過ごすためにゲート・ミルズ・ビレッジに何軒かの気に入ったバーを見つけた。私のお気に入りはトニー・ロマ・ライヴ・ハウスで、そこのバーテンダーたちとは友だち付き合いができたし、また雰囲気も垢抜けしていた。私はトニー・ロマのバーの椅子で長時間を過ごし、家族的な雰囲気を感じながらすっかり酔ったものだ。

私たちがゲート・ミルズの金持ち夫婦に仲間入りするまでに、アリスは私と同じようなペースで酒を飲むことを学んだ。彼女はマリファナやコカインにかなり溺れたことがあったが、私の悪癖に馴染む方がもっと手っ取り早いことに気づいた。私たちが家に一緒にいる時は、一日中飲んでいたが、別々にいる時も彼女はひとりで飲んでいた。アリスは通りの向かい側の白い円型のマションに住んでいるゲイのカップルと友達になった。ジェイソンとジャスティンが学校にでかけるとあたふたと通りを渡り、朝食のスクリュードライバーをシェイクして、ダニエルとジェフと昔からの三人組みのようにお喋りをしていた。ダニエルは高級なインテリア装飾を手がけており、リベラーチェのラスベガスの家を装飾したと自慢していた。その話に私は笑ってしまったが、それはアリスの彼への愛情を強める結果となった。まもなくスクリュードライバーを飲みながらのお喋りは、織物や仕上げ材に向かい始め、アリスが六九九番地の改装と模様替えの白紙委任状をダニエルに渡すのに時間はかからなかった。

アリスは家ではウオッカとオレンジジュースのカクテルを好みにするようになった。料理をしたり、洗濯物をたたんだり、電話でお喋りをしている時、アリスは習慣のようにその口当たりのいい飲み物を背の高いタンブラーで何杯も飲み、そしてよく飲みかけを後から探して飲むために、浴室の収納棚や台所の食器棚の中に隠しておいた。私もごまかしをやった。アリスが私の酒が手に負えなくなり、節酒するように言い出だすようになるその避け難い日に備えて、私はウオッカのボトルを持ち出し納屋に隠して置くことを始めた。そんな日は外の空気を吸ってくると口実を作って、秘密の隠し場所から貴重なボトルを取り出し、それを携えてストーニー・クリークの土地を長い夜の散歩となる。ときにはすっかり酔って、ジョン・ディアのトラクターによじ登り、何時間もぐるぐると乗り回していた。

第11章　毒

一九八二年十一月、八カ月間の厳しかった仕事を終えて私は短い凪の時を迎えていた。ゲート・ミルズで暖炉の側に座り、窓の外の雪を見つめ、音楽を聴きながら、ただ仕事を待っていたが、そのような時間を過ごすのは少しも苦にはならなかった。だが新しい家に入ってたった四カ月の間に、アリスと私はかなり荒っぽい金の使い方をしており、ゆったりしているゆとりはなかった。何百万ドル稼いでも、最後の一〇セント・コインまで綺麗に使ってしまう自分たちにあきれ果てていた。私は現金収入が必要だったので、クリーブランドまで車を走らせ、全国労働関係局の第八地方支局に立ち寄った。

二日後、私はアール・レイケンの弁護士事務所で、レイケンとプラスチック・モルダー・サプライ社の社主兼経営者と会談を持とうとしていた。プラスティック・モルダー・サプライ・コンソリデーテッド社という名でニュージャージー州に本社をおく会社は、全米中の六つの工場から、特約したプラスチック製造業者たちに凍結乾燥カラー・ペレットを供給していた。顧客たちはそのカラー・ペレットをシャンプーの容器から玩具、自動車部品に至るまでのあらゆるプラスチック製品に着色剤として使用していた。この顔料メーカーのオハイオ工場は同社の創業の地であり、その基幹工場はクリーブランドの西五五マイルのノーウォークにあった。そこでは単にプラスティック・モルダー社というだけで通っていた。

プラスティック・モルダー社はユニオン・バスターを雇った経験がなかったわけではない。私が経営者と会う一年ほど前、トレドにある全米自動車労組が一〇〇人の装置オペレーターや検査技師そして事務員を組織化しようとした。プラスティック・モルダー社はこの時、コロンバスを本拠地にして全米サービス従業員労組ローカル四七と死闘を繰り返していたユニオン・バスターのジャック・ヒッキィーを雇い入れ、その作戦と指導で汚い組合潰しをしていた。ヒッキィーはこのプラスティック・モルダー社の反組合工作でいろんな策略を講じたが、全米自動車労組は会社が事業所閉鎖で脅かしたと不当労働行為の提訴をしていた。また全米自動車労組は会社が本来投票単位に含まれない八人の従業員に投票させたとして、その投票の無効を訴えていた。問題の八人は管理部門の事務員たちで、工場から離れた清潔な事務所で経営者と机を並べて働く女性たちだったが、組織化を試みた煤まみれの現場労働者と会うこともまれだった。この事務員たちは同僚の労働者たちより経営者側に立つと見られていたし、組合に反対投票するのは誰の目にも明らかだった。全米自動車労組は彼女らの投票に異議を唱えて全国労働関係局に「投票差し止め」の提訴をしたため、問題の投票はこの決定が出るまで中断してしまった。

実際は最終的に全国労働関係局はこの事務員たちの投票を合法的だとの判断を下した。全米自動車労組は投票差し止めの訴えを取り下げ、選挙はきっかり七票差で敗れた。しかし経営者はその勝利でご満悦と言うわけには行かなかった。投票問題では会社よりの判断を下した全国労働関係局だったが、労働組合が申し立てた五件の不当労働行為についてはプラスティック・モルダー社を有罪にした。全国労働関係局はその経営者の法違反が選挙の公平性を侵したとして、投票そのものを無効にし、投票のやり直しを命じ、投票日を一九八二年一二月一七日に設定した。

私はプラスティック・モルダー社の仕事をヒッキー・アンド・アソシエーツから奪うのに成功したが、アール・レイケンは後日これを販売術の「小さな奇跡」と名づけた。プラスティック・モルダー社の経営陣は初めての組合選挙で行なったヒッキィーのやり方が気に入ったので、その彼のやり方が経営側を悩ましたとは思っていなかったので、二度目の選挙も彼に任せようと考えていた。私は二度もうまく行くことはないと経営陣に話した。

私は第一回目の選挙が際どく接近していたことを指摘し、次は従業員たちもヒッキィーのやり口を知っているから、脅しへの抵抗力も増しているだろうと警告した。このままでは会社自身が労働組合を買い上げようとしているのも同然だ。プラスティック・モルダー社には新しいやり方が求められていますと、私は主張した。そして経営者にも新しいイメージが求められているのです、とも主張した。力で従業員を叩きのめすより、経営者が従来のやりかたを変えたと思わせるべきだった。選挙に勝とうと思うなら、経営者は労働者の不満に耳を傾け、それに誠実に答えようとしていることを示すことが大事だった。

「私が職長たちに魔法をかけて見せましょう」と、疑い深い聴き手に話した。「ご承知のように彼らは今は薄汚れた工場労働者にすぎませんが、私は職長を会社の役に立つ大使へと変えてみせましょう。わずか数週間の間に彼らが何をやれるか、あなた方は見てびっくりするでしょう。彼らはあなた方に代わって事態を転換させます」。

プラスティック・モルダー社の役員たちは私の話を疑いの念で聞いていたようだった。だが、その理由は私が職長たちに会ったときによく分かった。最初の会議で私が摑んだことは、職長たちの抱いている経営者への懐疑は、柔らかな響きを醸し出せばなめられると思って、いつも経営者が強行にでていることに根ざしていることだった。

「いいですか」と、私は言った。「ジャック・ヒッキイーのやり方でやってごらんなさい。直ちに組合との泥試合になるでしょう。彼は何一つ法律を知っちゃいないし、組合もそのことを知っています。

彼らはあなた方を何度も何度も付け狙い、勝利を勝ち取るまであなた方を放って置かないでしょう。それに較べて私はここにいるレイケンさんのような最高の弁護士といつも一緒に仕事をしてきました。どうやったら合法的な反組合工作で勝利できるかを知っています。私と一緒にやりましょう。そうすればプラスティック・モルダー社は二度と組合騒ぎに巻き込まれることはなくなること請け合いです」。

プラスティック・モルダー社のノーウォーク工場を取り仕切っていた人物は、E・ティム・スコットという厳格で融通の効かない支社長だった。スコットは柔軟路線をとったことがなかった。それは彼の流儀ではなかった。親しい連中からティムと呼ばれるスコットは、騒音がひどく汚い塗料製造装置で働く男や女たちに何の思いやりも持たなかった。彼のばかでかい事務室にはしゃれた家具が備えられ、非常口は彼のキャデラック・フリートウッドが置いてある駐車場に面していた。スコットのような人物には、他の工場でも、老人ホームでも、炭鉱でも、何度も出会ってきたので、おなじみのタイプでよく知っていた。彼のようなタイプの経営者は労働者のことを何も知らなかったし、また特に知ろうともしなかった。そのような人間にとって、現場労働者などは機械の一部でしかない。ばか者どもはただ仕事をして、黙っていればそれでいい。奴らは給料に感謝すべきなのだ。

しかし私を雇う権限はティムにはなかった。この特権はプラスティック・モルダー社のオーナー、ニュージャージー州の名門ブラッドベリー家のものだった。ウイリアム・ブラッドベリー・シニアは一九四〇年代にノーウォークの工場で事業を始めた。その会社は機械工場としてスタートしたが、そのうちにプラスチックであらゆるものが作れると市場調査屋が予測を立てた頃、顔料メーカーへの転換をはたしていた。一九八二年、ブラッドベリーは全米に九つの粒状顔料の工場を所有していた。しかし私が彼に会ったとき、この老人は工場の操業をE・ティム・スコットのような子飼いの経営者に、会社の細部は彼が最高教育を授けた息子のウイリアム〔ビル〕・ジュニアに任せていた。
ブラッドベリー家がオハイオに旅行に来たのは、第二回目の組合組織化が始まろうとしていたときで、この著名な家族はレイケン弁護士や私と共に会議に加わっていた。彼らは私の発言を気に入ってくれた。老人は従業員を家族同様、子供たちのように思うのが好きだった。顔を見せることはめったになかったが、彼は従業員たちの幸福を心底願っているようだった。だが彼は家業に組合が介入してくると思うと我慢ができなかった。若い方のビルは経営者として、従業員からの意見の聴取や責任を持たせること、経営を改革するといったことに興味を示さなかった。しかし私が二度と組合に悩まされることはなくなると言ったときには、彼のあどけない顔が明るくなった。ブロンドでお洒落なビル・ジュニアは工場の労働者たちを見下していて、父の仕事が気に入らないようだった。彼は工場にいる時間を出来るだけ短くしてポロ競技を楽しみたいと思っていたが、組合問題がある限りノーウォークに頻繁に足を運ぶことになるのは確実だった。この場所が彼の生活を奪うことになりつつあった。ビル・ジュニアはプラスティック・モルダー社のノーウォーク工場に一刻も早くさよならしたいと思っており、私がそのお別れのための切符に見えたのだろう。話がコンサルタント料や経費の細部に及んだとき、私はブラッドベリー家に祝福されたのを知った。

プラスティック・モルダー社のノーウォーク工場での仕事の前日に、私はゲート・ミルズの居間で、あまり根拠はないが純度の高い方が二日酔いは軽くてすむという説に従ってウオッカのグラスを手にのんびりと過ごしながら、上司たちがあらゆる嘘か誤魔化しをいうのを、じっと見つめている大勢の労働者と一緒にお伽の国でもつくろうかと考えていた。

今回の私の工作方法はいつもよりもっとずる賢く、もっと見栄えのよいものにすることが肝心だと思った。通常の組合潰しの手口はどんなものか、労働者たちはすでに聞かされていたので、同じ事をやったらただ冷笑されるだけだろう。彼らは脅しや買収には慣れっこになっていた。彼らの上司たちがなにか良からぬことをやっているのを知りすぎるくらい知っていた。私は彼らの関心をできるだけ早く捉えなければならないだろう。プラスティック・モルダー社の反組合工作は短期決戦となる。全国労働関係局は一九八一年の組合からの異議申し立てに対して、すでに投票単位を確定させていたし、投票を引き伸ばすための術策の余地はあまりなかった。投票日はすでに決まっていた。レイケン弁護士はもちろん私のために時間稼ぎをやってくれるだろうが、全国労働関係局に命令されての再試合ではあまりやれることはないだろう。まさに電撃戦しかなかった。

プラスティック・モルダー社を訪れてみて楽勝できるという私の期待は打ち砕かれた。そこでは組合が待望されていた。最初にティムの部屋にいく途中で通った明るく清潔な事務所の様子から、この会社はかなりきれいな方だなと判断した。事務所はきれいで明るく広々としていた。大きな窓から光が注ぎ込み、彩色された小鉢に植えられた豊かな観葉植物が事務員たちの机を飾っていた。電話が鳴り、女性たちは勝手にお喋りをしていてリラックスした雰囲気だった。出迎えてくれたティムまでも、私が想像したより友好的だった。そこには事務所東側の防音壁の向こうにある工場の地下牢について、私が予め身構えておくようなものはなにもなかった。

楽しく計画の打ち合わせをした後に、ティムは工場見学に私を誘った。望むところだった。手を汚して仕事をしたことがなく、またそのつもりもない人間の常で、私は工場を覗いて見るのがいつも好きだった。二〇年間のユニオン・バスターの仕事を通じて、アメリカでどうすれば賃金を得られるのか、その実際のやり方を私は経験として見てきた。私はとりわけ製造業に魅せられていた。摩訶不思議な材料からお馴染みの製品が作り出される過程はマジックのようだった。私の心中にはそうしたことを上手くやる労働者への憧れがあった。私はプラスティック・モルダー社の見学を楽しみにしていたので、プラスチックと顔料ついてたくさん学びたいと思っていた。

ティムは彼の部屋から外の事務所へ通じる重いドアーを通って私を案内した。そのドアーから工場に一歩足を踏み入れたとき、開いた口が塞がらなかった。まるで仲良く付き合ってきた隣人が、何年にもわたって子供を虐待しているのを見つけてしまったような感じだった。私はびっくり仰天した。工場を見学たことは多々あるが、これほど汚い工場を見たのは初めてだった。事務所のドアーは何やら得体の知れない袋や缶や壜をのせたパレットを高く積み上げた広い倉庫に面していた。倉庫の向こうは大きな部屋があり、暗くて騒音が凄まじく、仕切板や壁で四つの区域に区切られていた。どの間仕切りの中も、空気中や床に緑や茶や青い色の粉塵がひどかった。男も女も大きな機械の上で、顔料の粉袋を持ち上げ注ぎ入れたり、装置の外側にこびりついた多様な色の固まりを削ぎ落としたり、レバーやプレートを調整しながら働いていた。何人かの労働者は私服の上につなぎの作業服を着て口と鼻を覆う換気マスクを着けていたが、多くの者はなにも着けていなかった。かなりの労働者が頭のてっぺんから足の先まで顔料の粉塵まみれになっていた。

工場の真ん中近くに試験室があり、埃っぽい工場と分厚い二重ドアーで仕切られていた。そこでは白衣を着た検査技師たちが顧客から送られてきた色のついたプラスチック見本をコンピューター分析によって調べ、それを複製するため顔料を選びだし配合比率を決めていた。調合比率が決められ、テストがすむとその化学調合表は乾燥原料工程に送られ、濃縮顔料の製造が始まる。

この乾燥顔料部門は工場の中で最も汚く騒音の激しい職場で、すべての新人はまずこの部署からスタートする。労働者はここで調合表に基づいて大量の着色化学粉末を計量し袋詰めにする。その袋は隣接する調合室に送られ、作業員は規定どおりの粉量を巨大なホーバート社製の鋼製のミキサーで攪拌し、注文された顔料へと仕上げる。調合装置の運転員たちは調合済みの顔料をもう一度袋に詰め、装置を空にして、次の調合のためにミキサーを乾いた布やブラシできれいに掃除する。調合された顔料は工場の一番奥にある装置へと送られて冷凍乾燥され、そこでフレーク状になった顔料は中二階に設置されている押出機にかけられて、圧縮され濃縮される。最終的に濃縮顔料は射出成形機と呼ばれるペレット成形機を通り、粒状になった顔料は顧客向けの出荷物として梱包される。この工程は昼夜を問わず何度も何度も繰り返される。

プラスティック・モルダー社の材料製造工程に働く労働者の初任給は時給四ないし五ドルである。彼らは毒性の強い鉛やカドミウム含有塗料の粉塵を吸いこみ、いつか工場内のもうすこし環境の良いところで仕事ができるように祈っていた。一九八〇年、連邦労働安全衛生監督官はプラスティック・モルダー社に対して、圧縮室や調合室や冷凍乾燥室などの空気中の鉛が高濃度であること、毒物の管理が不十分であること、それに労働者の保護が不適切であるとして、一八〇〇ドルの罰金を科した。一年後同じ労働安全衛生局 は同じ理由でプラスティック・モルダー社に六八〇ドルの罰金を命じた。この労働安全衛生局の監督官は私が工場を見に行った半年前にもプラスティック・モルダー社を査察し、鉛汚染による健康管理違反で一〇〇〇ドルの罰金を科していた。事態は一向に改善されないままだった。

私が工場見学に訪れた頃、すべての材料製造工程で働く作業員は射出成形機のオペレーターになることを夢見ているようだった。そこのオペレーターたちは、工場の中で他よりきれいで静かなところで働くことができ、賃金も多少良く、乾燥材料を扱う職場より毒性物質を扱うことも少なかった。歯車や機械の隅に溜った化学色素を削り落とすために機械を開けなければならない何日かを除けば、そのオペレーターはそのシフトが開始されたときと同じくらいきれいな状態で退社することができた。射出成形機のオペレーターの仕事も健康上の危険がないわけではない。まず機械の掃除の時に高レベルの鉛に曝される。その他にも問題はあった。一九八三年、労働安全衛生局は射出成形機室にいた労働者たちが胸の痛みやむかつきを訴えたため査察をすることになった。その監督官は労働者たちが容器のラベルに注意書きがあるにもかかわらずチヌビンという危険な化学薬品を防護眼鏡も換気マスクも着けずに取り扱っているのを見つけ出した。

私は化学製造工程を見学して、あいた口が塞がらなかった。工場は危険極まりないように思えた。私にはその仕事がショックだった。なぜプラスティック・モルダー社が今まで闘ってきた多くの零細企業の従業員よりも気懸かりなのか、私にはその訳が良く分からなかった。プラスティック・モルダー社の工場と、一方で日毎に贅沢になっていくゲート・ミルズの屋敷とのむかつくような対比のせいかも知れなかった。だんだん重くなっていく飲酒癖が、プラスティック・モルダー社の従業員の苦難について私を感傷的にさせたのかも知れない。あるいは逆かも知れない。プラスティック・モルダー社の工作期間中に私の酒量が上がっていったのは、雇われた私がたたきのめす相手に抱いた罪の呵責を紛らわすためだったのかも知れなかった。私には分からない。分かっているのはプラスティック・モルダー社の労働者に済まないと感じていたことである。私はできるだけ避けるようにしていたが、工場の人たちを見るといつも少し気分が悪くなった。この工場は組合のいい活動場所になるはずだという私の見方を、ティムに言ってやりたい衝動と私は闘わなければならなかった。しかし私は一度もプラスティック・モルダー社の仕事を投げ出そうとは考えなかった。自尊心とお金への欲がそれを許さなかった。その代わり私は悪づれした組合潰しの手法を工夫する上で、いつも手助けしてくれた法律の用法に気を配った。この仕事ではとりわけ賢明でなければならないようだ。組合が成功するのはもはや時間の問題のように思われた。

プラスティック・モルダー社の職長たちとの会見でも私の不安は軽減しなかった。私はこんなばらばらな職長集団を見たことがなかった。プラスティック・モルダー社には数えるほどしか管理職はいなかった。支社長のティムに数人の部門長と事務部門の管理職、それに六人の職長だった。私はいつものように職長を忠誠・希望・愛の言葉を労働者大衆に対する伝える使者として当てにしていた。しかし職長たちが狭いプラスティック・モルダー社の会議室に重い身を引きずりながら現われ、私の前にどすんと腰を降ろした時、彼らが役立たずであることにすぐに気づいた。男たちは疲れて、しかも汚れきっていた。彼らは打ちのめされているかのように見えた。その目は「もう沢山だ」と言っていて、私はそれに肯きかけていた。この男たちが消耗な反組合工作をやり終えたばかりだったことを私は思い出した。命令を受け、手紙を運び、職場の作業員に圧力をかけ、レイオフや職場閉鎖やストライキや組合費について語り、全米自動車労組をやっつけたのだ。彼ら自身おそらく労働者からの圧力よりも、多分ボスからの圧力を受け流してきた。彼らはやっとのことで勝利したのだ。そして突然に負けてしまった。それなのに今ここで再び、前に労働者をまとめるためにとったのとまったく同じことを始めようとしているのだ。ここにいる野郎は一体何者だ。何をしようとしているのだ。

私はいつもの反組合工作の発会式での出し物を披露したが、反応はいまひとつだった。私の一番得意とする場面さえ疲れたうめき声に迎えられただけだった。ここの職長は労働者の組織化活動をことさら支持していたわけではない。何人かにとって組合はいらいらの種だった。その苛立ちはボスに対しても私に対しても同じことだった。彼らは私の言うことなど組合の職場委員が言うことほども聞きたいと思ってはいなかった。彼らはプラスティック・モルダー社に長いこと在籍し懸命に働いてきた。ここには作業ラインの後ろで爪を磨きながらライン・スピードの上げ下げを監督しているプリマドンナなどいなかった。彼らの爪も髪も仲間の作業員と同様に何種類もの化学色素の煤で汚れていた。彼らは長時間、昼も夜も彼らが監督する射出成形機や調合装置やオペレーターたちと同じように働いていた。そして彼らの給料だって部下たちとさほど変わりはなかった。経営者は決して職長たちを一切決定に参加させなかったし、工程への意見やプラントに影響を与える政策に彼らの意見を取り入れようとはしなかったし、彼らを監督者として訓練することも彼らを事務所に招くこともなかった。彼らが得る特別の扱いと言えば、彼らの部門の生産性を高く保てという特別の圧力だけだった。私はここで「あなた方が経営をがっちり支えているのです」といったとしても、それを受け入れるところとはならなかった。

プラスティック・モルダー社のライン労働者は経営者を視聴覚障害者だと見ていた。労働問題が見えず、彼らの考えが聞こえず、そしてただ黙りこくっているだけだった。しかし職長も部下同様に多くの不満を持っていた。ライン労働者と職長たちは一様に、プラスティック・モルダー社にあった唯一つの政策は政策がないということだと不満を述べた。賃上げ、昇進そして職務から生じる役得などは、友だちや、縁故者や、追従者たちに配られた。スコットによって二年前に導入された進歩的な経営改革だと宣伝された昇給制度は労働者の怒りを激化させただけだった。スコットの導入した業績にリンクした昇給制度の下では、昇給はそれまでのように怠け者でも働き者でも自動的に同率に昇給させるのではなく、仕事の成果への報奨として行なわれることになっていた。しかし、第一回目の昇給の後、現場で働く男たちや女たちの前に明らかになったのは、業績リンク昇給制度とは業績とは全く関係なく斬新さとは似ても似つかぬものだということだった。それは全く単純にえこ贔屓を制度化したもので、おべっか使いを優遇し、反抗的な者を処罰するためのものだった。このプラスティック・モルダー社の業績昇給制度は、次の二点についてだけ報奨が与えられていた。がむしゃらに生産性を引き上げることと経営への服従であった。創造性や知性、リーダーシップや高潔さなどは、一顧だにされなかった。生意気だが利巧でまじめな労働者は、生意気なことがまず問題とされ、そのためだけで減点されるのだ。長年プラスティック・モルダー社にいたある従業員が後年言ったように、「有り体に言えば業績リンク昇給制度とは、最大のゴマすりが、いちばん多くの昇給を受ける制度のことさ」。

同じようなでたらめさは仕事の割り振りや昇進、そしてレイオフ〈一時解雇〉に関してもあった。職長たちはボスたちがやるのを見習って、自分たちの部門を怒鳴り声と気分で動かしていた。彼らは会社の大海の中ではほんの僅かしか重要性を認めてもらえなかったので、自分の小さな池の中ではあらんかぎりの権力を振り回していた。彼らが何を決めても上級の経営陣がそれを自動的に受け入れるといったことはなかったので、閉鎖社会の中で職長たちは暴君だった。自分たちの職場ではどう物事を運ぶべきかを彼らは決めているので、誰が何と言おうと聞く耳を持たなかった。彼らの好みで報奨が貰えたり、保留されたりした。誰を昇給させるべきか、誰を昇進させるべきか、などもそうであった。彼らは部下の中ののろまや生意気な奴や欠勤者やだらしのない者をどう扱うかを決めて、気分にまかせてイエス・ノーを言った。これらの暴君化された男たちや、監督者気取りの虚勢はすべて彼らの誇りを保つためのものだった。

プラスティック・モルダー社の気まぐれという兵器庫の内で、もっとも強力な武器はレイオフに関する会社の施策だった。プラスティック・モルダー社の主だった製品の供給先は製造業社だったので、会社の経営体力は顧客の経営体力と直に結びついていた。顧客の産業が経済的後退局面に入ると、生産は縮小され、次いで供給のための受注は落ち、その結果プラスティック・モルダー社も同じように生産を縮小した。通常それは労働者にとって一時解雇を意味した。さてそこで、プラスティック・モルダー社では生意気な従業員が真っ先にレイオフされ、職場復帰されるのは最後に回されるようだった。臨時雇いの者でさえ数週間の内に職場復帰されたにもかかわらず、二度とお呼びのかからない労働者も多数いた。この会社には先任権らしきものは何もなかった。レイオフされている従業員が文句を言ったりしたときには、経営者は、いかなる従業員も六〇日間のレイオフ期間が経過したあとは雇用契約を終了させることができるという会社に昔から伝わる「就業規則」を引っ張り出した。六〇日後にその従業員が再雇用されることもあったが、新入りと同じレベルの仕事を割り当てられ、賃率も新入りと同じだった。全くあくどいやり方だ。業務遂行に都合のいいこうした就業規則を使って、経営者たちは正義や倫理その他の面倒を心配しないで、労働者にどんな理由を付けてでも追い出すことができた。

こうした背景があるのに、私の反組合工作の発会式はだらだらと続いた。私のメッセージは疲れ切った聴衆の気持ちと心の深部には届いていないのが分かった。何人かの職長は工場での八時間の仕事が終わったばかりで、すぐにもシャワーを浴びたがっていたし、ある職長はシフトについたばかりなのに、へんな男がその仕事の邪魔をしにきたというわけだ。彼らは幸わせな連中ではなかった。私は第一幕を終えて資料も配り終わったが、何の進展もなかった。この中から気力に満ちた十字軍兵士や、反組合福音伝道師や雄弁な扇動家などを見つけ出すことはできないのが判った。この職長たちがもし私の計画に従ったとしてもそれは身が入らないままだろうし、仮に彼らがあてにできるとしたら彼らのためになる何かがある場合だけだろう。それは一体何んだろうか。明らかなことはジャック・ヒッキーの場合には何もなかったということだ。

哀れな職長軍団をどうしようかと頭を延々と悩ましたまま、私はいつもの手紙作戦を開始した。全米自動車労組の後日の労苦に敬意を表して、レイオフされている組合員が二二パーセントにも上っていることをことさらに強調し、一九七九年に全米自動車労組がクライスラー社と行なった賃金交渉での歴史的譲歩交渉について、情け容赦なく執拗に並べ立てた。その妥協の詳細を述べるのは煩わしいが、要点は連邦資金の投入でアメリカ自動車メーカーを救済する条件として、ジミー・カーター大統領が譲歩交渉を制度化したものであった。

「譲歩交渉を受け入れた経過を全米自動車労組は肯定的に書いた」と、私は職長たちとの初期の頃の会議で皮肉った。その話で職長たちは顔をともかく上げさせた。自動車業界は一九八〇年代の初めどん底状態で、ビッグ・スリーとその部品供給者によるレイオフは全米自動車労組を打ちのめしていた。自動車メーカーは一〇年以上にわたり上昇するエネルギー・コストとそれに伴う消費者の好みの変化に対応するのを拒んできたため、外国の、特に日本のメーカーに遅れを取ったことに気づいた。アメリカの自動車工場は閉鎖が続いた。経営者は労働者に大幅な賃下げを押し付けようとしていた。ストライキは後から後から続いた。そして自動車会社はその経済的な危機を回避するため、ある時期は自慢の種だったすばらしい労働契約を反古にした。全米航空管制官労組の解雇に代表されるように、経営者は法に触れずにストライキに入った自動車労働者の代替雇用を行なって、ストに入った労働者の職場復帰を拒否しようとした。これらのことはもちろんアメリカを代表する産業としては恥ずべきことだ。しかし私はそれを労働者に恐怖心を抱かさせるために使った。全米自動車労組の危機は私が演出したほどにはプラスティック・モルダー社のノーウォーク工場と関係があったわけではない。この工場は自動車業界に塗料の原料を売ってはいたが、自動車産業に依存していたわけではない。工場の最大の顧客は家庭用品の製造業であり、会社はアメリカ自動車の売れ行きの落ち込みに少しも影響を受けていなかった。それでもなお、私が自動車工場のストライキやレイオフについて騒ぎ立てたことで、プラスティック・モルダー社の現場に全米自動車労組が追いこまれた事態についての論議を巻き起こしたことは確かだった。

当事の出来事は私にとって都合の良いことばかりで、その環境下で反組合運動は強固な基盤があるはずだった。だがプラスティック・モルダー社では違った。ここでは経営への不信が根強いため、私の反組合の手紙や会合は目の前で繰り広げられている現実を前にして、バック・グラウンド・ミュージックほどの意味しかなかった。経営の再編劇というプラスティック・モルダー社最大の出し物は一幕物の手品ショーのようだった。ティム・スコットは職長たちを見下していて、自分が敗者とみなした人間には何の関心も持たないようだった。すべての労働者がスコットのことを知っていると思っていた。よーし、彼らの認識を変えてみせるぞ、それもあっという間に。組合の申請から投票まで八週間しかないが、経営陣の改造には直ちに着手しなければならない。といっても私には確たる手がかりは殆どなかった。

　私の最初の演奏曲目は出来る限り目立って単純なことだった。誰か一人を馘にすることだった。工場で起きる全ての問題は工場長のリチャード・ウールジーに責任を取らせるようにティム・スコットはしているようだった。スコットによれば工場長は工場内の全ての問題を解決すべきだということになる。もし志気が落ちていればウールジーは至急それを高めるべきだし、生産性が落ちているならウールジーはそれを引き上げるようにするべきだ。プラントがうまく稼動しないようならその欠陥を除去するのがウールジーの仕事だ。もし従業員が管理者についての不満を言っているならウールジーはそれに介入すべきなのだ。ウールジーはしぶい顔の労働安全衛生局の調査官や、ついていない職長たちや、怒れるライン労働者を取り仕切ってきた。その上で、彼はティム・スコットと応対しなければならなかった。実際のところスコットは、ウールジーに労働者の要求する改革を行なう権限を全く与えなかった。ウールジーは、賃上げ、健康保険の改善、レイオフ制度の改革、先任権制度の施行、悪質な管理者の解雇などを認可できなかった。スコットは従業員とは個人的にも、代理人であるウールジーを通じても、経営について話しあう気など持ってなかった。しかしこれがまさに現実だったし、その現実がどうかなど私にとってはどうでもよかった。私の関心はただ見かけを取りつくろうことだった。経営者のイメージを高め、投票を買い取るための見せかけの少しばかりの変化を、私は求めていた。ウールジーは一般労働者から見てもっとも目立つ経営側の人間だった。彼は完璧な犠牲の子羊になれるだろう。

「彼を追い出しなさい」と、私はティムに平然と言った。彼は尻込みをしなかった。「従業員の言い分に経営は耳を傾けていることを示すことが必要です。残された僅かな時間にそれをやるには、何か目立ったことをやるべきです。あの古手の工場長の馘を切って、彼は労働者に対しても責任を取ってこなかったと言いましょう。これから変革を要する旧弊のシンボルを彼に演じてもらいましょう。それからあなたは白馬の騎士を招き入れることになります。人々と話し合いを持ち、相手に良い感じを与える、そんなニューフェイスで育ちのいいにこやかな人物を外部から招聘するのです。それはみんなに希望を与えるでしょう。彼らはあなたが改革を真剣に考えていると思うでしょうし、組合の必要性をそれほど強く感じなくなるはずです」。この工場長をめぐるミュージカル劇は、私の創作ではなく多くのユニオン・バスターが同じようなことをやっていた。しかし、プラスティック・モルダー社の労働者はこの策略をかって一度も見たことがなかったし、それが決定的に重要なことだった。

ティムは時間を浪費しなかった。プラスティック・モルダー社の第二次反組合工作が始まって数週間の内にリチャード・ウールジーは姿を消した。ティムは代わりにジョージ・ミトロという従業員にあまり知られていない東海岸出のイタリア系の男を据えた。ジョージは表向きお誂え向きの人物だった。彼はいつもにこやかだった。彼は人々の背中を気軽に叩いた。労働者たちの目を見つめ、相手の話に耳を傾けた。彼はティムに言われた通りのことをうまくやってのけた。彼を据えたことで従業員へ橋が架かった。ジョージは従業員の前で経営者の新しい顔になるはずで、それは将来のアメリカ大統領の皮肉な言い方を借りれば、親切で育ちのいい顔つきということになる。

大勢の人のいないところで見たジョージ・ミトロは工場での外見とはひどく違っていて、粗野で自己中心的で、まるで洗練されていないところはティム・スコットにそっくりだった。彼は組合支持の労働者のことに言及するときは「糞野郎」という言葉を連発し、一般の労働者は「ぐず野郎」で片づけた。ジョージは心底からこの救世主と悪役の二役を楽しんでいるようだった。しばらくして彼は指導力の無さから部下から馬鹿にされるようになる。しかし少なくとも最初の数カ月はジョージは冷笑より微笑みをばらまき、プラスティック・モルダー社に改革の幻想をもたらした。

ジョージが現場を暖めている間に私は管理職たちの工作に取りかかった。職長を通じて現場の労働者たちに接触することはほとんど望みがなく、むしろ試験室や事務所の労働者に働きかけるほうがましに見えた。検査員たちや事務員たちは自分たちを現場労働者とは違うと思っているのが分かったので、私はその優越感に楔を打ち込むのに利用した。検査員たちは技術労働に従事していると思っていたので自分たちを専門職だと考えていたし、秘書や事務員たちは自分たちを管理部門の一部だと思っていた。両者ともしばしば現場の製造部門の労働者たちより経営者に近いところにいると感じていた。私は検査員や事務員と一般の労働者との利害を対立させ、違いを強調し煽った。

組合はこの主張に全面的に反対ではないということが明らかとなった。一九八一年の組織化運動の間、全米自動車労組は顔料検査員と品質管理者それに事務所の働く事務員の二十数名は、法が定める一般の現場労働者と「共通の利益」をシェアできない、従って同一の交渉単位とするべきではないと主張し、プラスティック・モルダー社の組合選挙の投票対象から外そうとした。この交渉単位という問題は法律的にもいつも曖昧で、常に争点になるところだった。プラスティック・モルダー社の経営者はこの二つの部門が組合組織化に反対票を投ずるだろうと分かっていたので、彼らを投票単位に含めるべきだと強硬に争った。最終的に全国労働関係局は経営者の言い分を認めたのであった。

試験室と事務所の双方の労働者を代表したくないという組合の考え方を、私が手厳しく叩けるのは確実だった。全米自動車労組は専門職組織ではない古いタイプの工場労働者中心の労働組合で、試験室や事務職の従業員には関心を持っていないという批判を、管理職から広めさせた。試験室や事務部門の管理職には、もし組合が勝利でもしたら、その職場の従業員は現場労働者が八〇パーセントを占める交渉単位の中に組み込まれることになることを想起させ、また組合は多数派の歓心を買うために少数派の利益を取り引きの材料に使うだろうと私は警告した。本当は殆どの場合、労働者たちはそれぞれが経営者とうまくやるより、労働者同士お互いにより多くの共通項を持っているものだ。仕事内容が大きく違っても従業員たちの基本的な利益は、驚くほど似通っている。誰もが賃金や健康保険の心配をしているものだ。公平さ、言行一致、苦情処理手続き、それに雇用保障、健康と安全を望んでいる。プラスティック・モルダー社ではホワイトカラーもピンクカラーの労働者も、現場労働者と同様にでたらめな昇給や昇進のやりかたに反対していたし、彼らの雇用だってそう保障されたものではなかった。しかし多くの者はそう思わなかった。経営者がでたらめをしても、それが自分たちに有利に働く限りは、検査員と事務職員は工場の兄弟姉妹との団体行動に反対するものと計算してもよかった。

「全米自動車労組は否応無しに、皆さんに部下を押し付けています」と、私はホワイトカラーの管理職たちに言った。そして「あなた方の部下も全米自動車労組にくっつけられているのを望んでいません」と。

私は正しかった。試験員と事務職員たちは自分たちをプラスティック・モルダー社の内部の人間で、家族の一員だと確信していたので、圧倒的に組合には反対だった。

会社を家族だとする考えを強調するために、私はブラッドベリー老人を説得して、めったにない工場視察に一週間引っ張り出した。彼の訪問は全従業員にとって、会社の社主兼創立者がいまなお深く彼らのことを気にかけていることを示す意味があった。確かに彼はかつて労働者の福利厚生に関心を持っていた。この会社を始めた時、彼は年老いて退職する労働者のために特別に良い利益配分計画を設立した。しかしこの老ブラッドベリーは、自分の手で工場を動かしていた時代に持っていた従業員との連帯感を久しく失ったままだった。ジュニアは父親のように家父長的に人と接することは全くなかった。私は労働者の見方を変えさせたかった。彼らに老ブラッドベリーが依然として彼らのことを家族のように思っていて、従業員を人間として気に入っていて、老人が従業員の面倒を出来るだけみるつもりでいるのだと信じさせたかった。この会社には人間の顔が必要だった。ブラッドベリー老人は最高の適役だった。柔和な顔立ちで年長者で正直で知的で親切だった。労働者たちはE・ティム・スコットを信頼はしなかったが、老ブラッドベリーを疑うことはなかった。ブラッドベリーは一二月のある午後、主力工場を練り歩いていたとき、その昔、彼を「ボス」と呼んだ古手の労働者に話し掛けるために立ち止まり、そしてまた、若い労働者たちのエネルギーを大袈裟に誉めそやし、すべての者の忠誠と献身に感謝を述べた。老人は私の工作計画に従おうとしない管理職たちの不安を取り除いてくれた。彼は工場長を馘にした後のごたごたで責められていたスコットの足枷を外してやった。彼は労働者たちに、選挙が終わったら労働者たちの求める健康と安全のための改善を行なうと約束した。この日この工場の創設者に会った人々は彼のことを当分忘れることはないだろう。

検査員と事務職員たちで私は一〇票、おそらく一五票は確実にものにした。その他、最初の投票で全米自動車労組に反対票を投じた三〇人位の工場労働者は、組織化に反対するものと見込んでいた。

ジョージ・ミトロは工場内で、公然と友好的に、陽気に「会社派」に向けての流れをつくるためできるかぎりのことをやっていた。私が見るところ、白馬の騎士もそれなりの効果を上げていた。しかしそれで充分というわけではなかった。全米自動車労組の活動は粘り強い白髪のヒュー・スミスという男によって続けられていた。彼はかつて自動車労働者で、オルグ歴一五年を誇るベテランで、ヒッキーとの戦争を切り抜けたばかりで、どう闘うべきかを心得ていた。ヒューは目立たないが確実に運動を続けていた。彼は何回も会議を開いては、活動家たちに職場の労働者からの質問に答えさせ、討論を牽引させ、経営側による反組合宣伝を論破させていた。しかも彼は悪態をついたり、労働者をビラで埋めたりせず、また突拍子もない約束をすることもなかったし、慌てふためくこともなかった。ヒューは静かに工作を進めたので、そのやり方はいつも私を不安に陥れた。幻のようなオルグたちは何をしようとしているのかと大声を出しては不安がり、こちらに何も聞こえてこないのは、奴らには言うべきことも主張すべきこともないからだとほのめかして、組合の沈黙を破らせようとした。しかし内心はいつも心配だった。オルグたちがあまり騒ぎ立てないのは騒がない方が得策だからで、組織化がうまくいっている証拠で、自分たちの目標を正確につかんでいてどうすればそこに到達できるかしっかり把握しているからではないかと私は心配になった。

彼らの足を掬うために私は反組合曲芸を始めた。プラスティック・モルダー社工作の最後の三週間、会社が今までに知っている最も大きな会社派軍団の手綱を緩めた。それは一連の気晴らしで、ただ「ノーに投票を」を求める、会社がスポンサーの素朴で愛すべき反組合お楽しみだった。私は反組合工作を組合支持者たちのフェアなスポーツマンシップに対抗する、きれいで面白いものに見せかけたかった。ストライキや工場閉鎖やレイオフ、賃金カットなどの噂で労働者を攻撃しているときでも、会社派軍団の気持ちが高揚していてほしいと思っていた。それは手品みたいなものだったが私はうまくやってのけた。それも面白おかしく。バッジや帽子、ポスターやステッカー、コンテストや展示会に爆笑騒ぎがあった。工場内部にこの空騒ぎを持ち込んだのは、気力あふれた会社派と比べて、労働組合を愚かで想像力が乏しく陰気くさいものに見せるためだった。反組合工作の途中から工場の労働者は、自分たちのボスたちがやる反組合運動の明るい面だけに目を奪われていた。毎日あるいは毎時間、私の繰り出す戦術は、工場の中にお祭り気分を作り出し、組合の主張を馬鹿げたものに思わせてしまうためだった。組合オルグたちは自分たちの運動が真剣であるだけに、この空騒ぎを苦々しく思うのは目に見えていた。しかし私はしぶい顔のオルグたちが哀れな声で訴えるしか能のないつまらない奴だと思わせて、つまるところ、陰気くさい古めかしい労働組合なんかいらないと観客に結論づけさせるように持って行きたかった。

三週間たって私は騒ぎを始めさせた。それはいろいろだった。たとえばある日の午後、私は秘書たちに年間の組合費に相当する二〇〇ドルを持たせて近所のスーパーに行かせた。彼女らはそれで買える限り、通常の家庭での食料品を買い込むように言い渡された。シリアル、食パン、マカロニ、林檎、桃の缶詰 お菓子、ポップコーンといった類だ。出来るだけかさばるものをという私の注文で買い手たちは値の張る肉類などは避けた。秘書たちが商品を抱えて戻ってきたところで、私はそれらの袋や缶詰や箱などを三台の買物カートに詰め込ませ工場の中に展示させた。これらの商品は数日の間「これがあなたの一年分の組合費で買えます」という大きな看板の下に置かれた。私はこれをすべての交代勤務者にも見せたかったが、職長たちはみんなが見たと請け合った。この展示は確かに大きな関心の的となった。労働者たちは彼らの今の賃金で買える物を目の当たりにして、触って匂いを嗅ぐことができた。組合費が彼らにどんな利益もたらしてくれるのかは分からなかった。人々は話しだした。私は展示した食料品の新奇さが失われない内に職場から撤去させた。気前の良いE・ティム・スコットはそのかご一杯の商品を地域の福祉施設に寄付したと宣伝させた。

この食料品展示は労働者の家族を反組合工作の中にまき込み、効果を上げたようだった。私はこれをもっと続けることにした。それから一週間ちょっとして私は管理職や職長の子供たちを対象に、「ノーに投票を」のポスター・コンテストをさせることにした。応募者全員に賞金とリボンが、優勝者には一〇〇ドル紙幣の賞金が用意された。私にも子供がいたので、子供たちをおだてて賞金狙いに大きな絵を描かせるのはそれほど難しくないことを知っていた。コンテストの当日、一二人の親たちが誇らしげに子供たちの反組合作品を待って工場に姿を見せた。この絵は事務所の中に並べられ秘書たちによって審査された。秘書たちはすべての絵に賞のリボンをつけて、工場の中を見せて回り、工場の壁にそれを掲げた。コンテストを催した大人たちの熱心さの割には、ほとんどの絵は単純で子供っぽかった。しかし優勝したポスターは宣伝芸術のお手本のようだった。美術学校の一一年生によって描かれた絵は灰色を背景に荒涼としたものだった。その光景は有刺鉄線で封鎖された門が殆どを占めていた。「閉鎖」と書かれた看板がその輪からぶらさがっていた。その門前には「ストライキ中」と書かれたピケ隊のプラカードがたくさん踏みつけられ放置されていた。色褪せたプラカードの周りには雑草が茂っていた。門の向こうには古びた工場が立っていて、煙は見えず放置されたままだった。この若者の絵は組合の失敗のぞっとするような恐ろしいイメージを伝えていた。それは希望のない風景だった。完璧だった。

しかしこの絵は法律的に問題があった。この絵を飾ることで、プラスティック・モルダー社の経営者はジャック・ヒッキーのときのように、組織化期間中に工場閉鎖の脅しをかけたとして告訴されかねなかった。私はヒッキーの過ちを繰り返したくなかったが、そのポスターの主張を十分に伝えたいと真剣に思った。子供たちの絵は言葉を使わずに、従業員に生活の恐怖を味あわせる手段を与えてくれた。私はこのチャンスを見逃したくなかった。

私はアール・レイケン弁護士に電話をした。ポスターについての私の説明を電話で聞いたアールはそれを展示しないほうがいいだろう言った。会社が不当労働行為に問われる危険があるので、それを使わないほうがいいと勧告せざるを得ないと言った。それは私が聞きたいと思っていたこととは違っていた。

「それは弁護可能ですか」と、私は聞いた。そのことが私の知りたい全てだった。

アールは可能だと言った。問題のポスターは他の作品と一緒に飾られ一週間にわたって工場の壁に掲げられた。

投票の十日前、私は「ノーに投票を」の催し物を集中的に立ち上げた。私は「ノーに投票を」の帽子、バッジそれにTシャツを作らせた。管理職や職長たちは「ノーに投票を」の衣装を毎日着せられ、Tシャツやその他の小物を労働者から求めがあれば誰にでも配った。仕舞いには誰もが何かひとつは身に着けるようになった。それが支持からなのか恐れからなのかは問題ではなかった。問題は「ノーに投票を」のメッセージがそこら中にあることだった。それは壁に架けられ、人々の頭のてっぺんで踊り、人々の胸に貼られていた。お祭り気分は最終の一週間半、工場を支配していた。誰でもそんな和気あいあいの雰囲気の中で、勝手に経営者に異議を唱えるのは容易ではないと感じたに相違ない。組合支持者たちはどんな運動も支持も、そしてどんな希望も、この職場に残すのは不可能に思えた。

私が管理職や職長たちと票読みをやったところ、まだそれほど変化していないのが分かった。何人かは経営側に変わったがそれほど多くはなかった。まだまだ多くの浮動票や強固な組合支持者がいた。情報提供者が言うには、この戦闘の最終段階になって組織化反対の方向に人々を揺り動かしているのは、最近経営者が明るくなっているという印象だった。突然に会社をとりまく多くのことが良い方向に向かい、この良好さが組合支持者を蝕んでいた。何人かの労働者はすでにもう勝利した気でいた。経営者はもう教訓を学んだ。労働者が本気で組合を獲得しようとしていることを、ボスたちはもう分かった。だから、彼らは今後従業員の扱い方についてもっと気を使うようになるだろう。彼らは二度と物ごとを悪い方向には持って行かないだろう。

しかし、経営者が生れ変わったという説の中にも、ひとつの大きなブラックホールが残っていた。E・ティム・スコットである。労働者たちは下級管理職が大きく変わってきていることは信じているようだったが、つまるところ、E・ティムについては定かではなかった。彼は昔の彼のまんまだった。事は終わったと考えている多くの人々も、もしE・ティムがそのままなら、プラスティック・モルダー社は同じままだと警戒するかも知れない。この組合組織化が終われば、それが始まった一年半前の状態と同じように、またもや職場に正義は存在しなくなるに違いない。E・ティムはこの会社のボスだった。

私は小さな事務所に座って鉛筆をとんとんやり、プラスティック・モルダー社の反組合工作の手紙をめくりながら、スコットのことをあれこれ考えていた。あと三日しか残されていなかったが、彼は依然として大きな問題だった。

E・ティム・スコット。E・T・スコット。私の書いた「親愛なる従業員のみなさんへ」という手紙に彼がするサインの仕方に、私は気をとめた。「E・T・スコット」。E・T、あぁ、私は一人でくすくす笑った。突然私はこの顧客の名前の面白さに気がついた。「E・T」こいつはどうだ。スティーブン・スピルバーグが巨費を投じた映画の主人公、小さな皺だらけの異星人の様じゃないか。「異星人E・T」はノーウオークでも封切られ、心優しい小さな異星人はすぐにすべての子供たちにとって夢の憧れの的になっていた。E・T、この映画のヒーローは無邪気で、真面目で、愛らしく、忠実で、遊び心があった。それは私が身代わりをやっているE・Tには全くありそうもない性格だった。私の横暴な顧客のためになんとか作り出したいと思う本当らしいイメージがありはしないものかと考え込んだ。そして思い付いた。愛すべきE・Tの助けによって、午後にはE・ティム・スコットのイメージを一新できる。

「なんだと！ 冗談じゃない。絶対駄目だ」。大きなE・Tのゴム製のマスクと先に電球のついた長いゴム製の人差指を私がプレゼントしたときのE・ティム・スコットの反応だった。私はボスであるE・Tに小さな異星人であるE・Tに扮して工場に出て行って、従業員たちの爆笑を誘って欲しかった。彼が労働者たちの思っているほど堅苦しいだけの人間ではないことを示して欲しかった。工場をパレードしてミスター・ブラッドベリーがやったように、いまだ疑いの目で見ているすべての従業員にプラスティック・モルダー社の幸せな新しい顔をスコットに売り込んで貰いたかった。

スコットは呆然とした。私がやらせようとしていることは彼には信じられないことだった。「これは私の尊厳に関わることだ」と、彼は頑固に拒んだ。「そんな馬鹿げた格好をして歩き回ったら、労働者たちはどうして私に敬意を持っていられるんだ。私は絶対にそんなことはしないぞ」。

私の答えはただ一つ、八年前にワールド航空で従業員たちに謝罪するようにエド・デーリーに頼んだときと全く同じだ。「ティム、もしあなたがこれをやらなければこの闘争に勝てるとは思えません。票読みは今五分五分です。それにもう時間がありません。もしそこらの馬鹿野郎にあなたがすごく良い人だと思わせることに失敗したら、団体交渉の席でヒュー・スミスと向かいあって座る羽目になるでしょうよ。あなたはそれをやるべきだし、さもなければ全米自動車労組と握手の準備をするかです」。

そして、もちろん、スコットは同意した。

次の日、E・ティム・スコットは自尊心を呑み込み、電球付きの指をつけマスクをかぶり、「ノーに投票を」のTシャツを身に纏い、「E・Tは言ってます。お願いだからノーに投票を」と、書いた大きなプラカードを手に、買物カートに乗り込んだ。工場長のジョージ・ミトロがカートのハンドルを握り、にこにこしながら工場の中を押して行った。

工場中が笑いで弾けた。労働者たちは信じがたい事態を呑み込もうと、仕事の手を休めた。スコットはゴム製の腕の指でさわったり手招きをしたりして彼らを面白がらせていた。指先の電球が点灯するたびに職場の中に新しい笑い声が弾けた。

もしこの悪ふざけがその場限りだったら、これもひとつの面白いアイディアで終わっただろう。しかし、このE・T劇は最高のPRとしてまたたく間に膨らんでいった。E・T・スコットのカートが工場の中を通っているとき、一人の管理職が自分の小さな子供はE・Tが大変なお気に入りなので、この宇宙からのヒーローに会わせるため、妻に電話をして息子を工場に連れてこさせてもいいかと頼んだ。彼の子供はE・Tがお父さんの職場に現われたのに、もし父さんが彼に電話をする手間を省いたと知ったら大変がっかりするだろう。このお祭り騒ぎを楽しみ始めていたスコットは、ああ結構だよと言った。

このアイデアは大いに受けた。子供のいる者はすぐさま家に電話をしだした。私はこの思いがけない幸運を見るやいなや飛び上がり、スコットの秘書に地方紙に電話をさせた。ノーウォーク・レフレクター紙はいつも良いシャッター・チャンス探していて、一時間もしない内に写真家を一人よこした。その日の午後E・Tは、魔法の指で畏れかしこまっている四歳の子供たちの鼻を触って過ごし、工場中に最後の友好的な組合反対のメッセージを振りまいた。

翌日の新聞の一面はE・Tに扮したスコットが買物カートに乗って「ノーに投票を」というプラカードを指差している六インチ×九インチの写真が飾った。その写真の長い説明がそのまま「E・Tは組合に反対」という見出しになっていた。どたんばでの偽情報として、私たちは新聞にプラスティック・モルダー社での組合支持率について嘘をついた。その嘘は活字になった。選挙の前日、労働者たちとノーウォークのほとんどの住民はそれを読んだ。「経営者たちによれば、僅か二〇パーセントの労働者が組織化を望んでいるに過ぎない」。

かなり難航したが、私は最後にもう一度E・Tに扮するようスコットを説き伏せた。翌日は投票日で、私は労働者たちが投票所に入るときに、親しみ易くお祭騒ぎが大好きなふざけた格好をした彼らのボスの姿を最後にもう一度見せたかった。だが私にはE・T再演にこだわるもうひとつの個人的な動機があった。ヒュー・スミスが、どんな表情をするかを想像するとたまらなく愉快だった。スコットはこの私の考えを面白がって、E・Tの衣装をまとったまま規則に定められた投票開始一五分前に、両当事者と全国労働関係局の係官との義務付けられた打ち合わせに備えた。

対面の瞬間が近づいた時、私は会議室のドアーの外に立ってショーを待っていた。私の期待は裏切られなかった。全米自動車労組のオルグは部屋に入って来て、ふざけた格好の宿敵に目をやった時、ふだんの物に動じない態度に動揺が走った。疑いなくスミスは前日の朝刊を見ていて、怒りをたぎらせながらこの会談に臨んでいた。だがこのE・Tの格好を見た瞬間、彼の怒りは表面に噴きだしてきた。スミスの顔は真っ赤になり、あごは震え、目はくわっと開いた。彼は口をもきくこともできなかった。まるで目に見えない襲撃者と闘うようなわけの分からない動きをした。ヒューは組合をひどい笑い者にした六フィート六インチの男の隣で、小さく無力で哀れっぽく見えた。

労働者たちの二回目の組織化闘争は敗北に終わった。一九八二年一二月一七日、プラスティック・モルダー社ノーウォーク工場の従業員中の五八人が全米自動車労組に反対票を投じた。賛成は四七人だった。私は一一票差で勝ったが、一年前のジャック・ヒッキーのときよりも際どかった。私は本来経営者側である筈の試験員や事務員たちの全員をものにすることさえができなかった。

E・T・スコットは勝ったが、決定的な勝利とはいえなかった。労働者たちの半数近くは明らかに不幸だったし、それはスコットが変わらない限り今後の事態は変わりそうもなかった。そして、彼は変わらないだろう。一年後プラスティック・モルダー社の労働者たちは再び授権カードを配り、三日間に三回目の申請に必要な署名を集めることになった。一九八四年の初めに私はノーウォークにまた戻ることになったが、この時はかっての雇主であるモダン・マネジメントからの助っ人が一緒だった。

第12章　転落

私はプラスティック・モルダー社から解放されてほっとしていた。ゲート・ミルズからノーウォークまでの一時間半のドライブにうんざりしていた。あの工場も嫌いだった。プラスティック・モルダー社の従業員がちっとも喜んでいないことに気づいていたし、E・ティム・スコットも好きになれなかった。事実，プラスティック・モルダー社での二カ月間の反組合工作で気に入ったものは，唯ひとつ、工場から車で数分のところにある小さなホーフブロイ〔ドイツ風大衆酒場〕だった。ノーウォークでの数週間、そのホーフブロイが私の教会となり家族となった。午後になるとほぼ毎日、家に帰る前に大量の酒とちょっとした会話で、私の良心を追い払い幻覚へと切り換えるために立ち寄った。私のお気に入りのホーフブロイには、魅力的でお喋りの二人の女性バーテンダーがいて、彼女たちと話していると常軌を逸した毎日の出来事を忘れることが出来た。私は彼女たち二人を口説いたが、実際には何事も起こらないことを知っている者たちだけが交わす素晴らしくオープンな会話がそこにはあった。二人のお嬢さんと過ごす時間帯は、私を活気付かせ心爽やかにしてくれた。若い女性たちは、私が魅力的で，人をひきつけることができて、興味を感じさせる、重要な人物だと見ていた。彼女たちから見れば、私は大物でお金を持っていて、いつもウイットに富んでいるリッチなお父さんだった。六～七杯のウオッカと一〇〇分ほどのホーフブロイのお嬢さんとの愉快なお喋りで、私は工場の用心棒からゲート・ミルズの貴族へと変身する準備が整うのであった。

お屋敷へと向かうにつれて、どんな高価な驚きが私を待ち構えているか私は全く知らなかった。ある日は、二人連れの無口な業者が、食堂に一風変わった壁紙を蒸気で張りつけていた。別の日には、家族みんなの寛ぐ居間のカーテンが、優雅な厚手の織物に取りかえられていたが、少なく見ても通常の一〇倍もの布地が使われていて、殆どの部分は幾重もの折り返しに隠れるという代物だった。これまでに見たこともない骨董品の椅子や机、飾り棚、食器収納棚、電話台に、私は毎週出くわすようになった。壁には金ぴかの額縁に収まった大きな油絵が登場し、部屋の色彩は変えられ、かつては床を覆っていた元からの絨毯は剥ぎ取られ、厚手の豪華な最高級のウールのものに敷きかえられた。食堂の食器棚は新しい陶器と銀器で満ちており、東洋から輸入された敷物や手描きの花瓶が出窓や廊下で、さも高価だといわんばかりに自己主張していた。アリスはその高価な買い物の領収書を一度も私に見せなかった。恐らく、実際は彼女もその値段も知らなかったのだろう。彼女はダニエルとジェフにお金を渡し、彼らが彼女に代わって買い付けていた。アリスは買い物の全てをダニエルを通じてしていたが、この装飾家は業者を通した取り引きで出費を節約できると彼女を信じ込ませていた。彼らのいうディスカウントが本当かどうか、私には疑わしいと思えたが、注文書も購入書も価格リストも何もかも、一度も見たことがなかった。彼の言葉がすべてだった。私に分かっていたことは、次から次へと買い物が続いたことだった。金は入っては出て行き、その繰り返しだった。

ゲート・ミルズ時代の妻の度を越した金遣いが私の記憶に強く残っているが、彼女にエネルギッシュな競争心を植え付けたのは、私であるということを認めざるを得ない。私は家の内装などに関心がなかったが、玩具には子供のように目がなかった。私の玩具、ジェイソンとジャスティンの玩具といった具合に。家にはみんなで過ごす居間に最新型の大画面テレビ、子供部屋にはそれぞれ小さなカラー・テレビ、食堂に一台、私の寝室と書斎にもそれぞれ一台ずつ、そして中庭のテラスに一台、計六台のテレビが置かれていた。一九八〇年代の初頭までには、上中流家庭では各々個人用にコンピューターが必要だという定説が広まっていた。我が家族も最高のものを購入することにして、そのころ学校で使われていたアップル・コンピューターの最新型をジェイスンとジャスティンに買い与えた。その購入だけを取れば、そんなめちゃめちゃな贅沢とは思わなかったので、私はそうしてやった。大事な息子たちが一台のコンピューターを交代で使うようなことを望まなかったし、私自身が自分のテレビと電話を持っているように、一台ずつ息子たちにも買い与えた。二人の息子に二台のコンピューター、二台のプリンター、それぞれにソフトウェアのインストール、彼らの王国に必要なものを王子たちも持てるようにした。下の子のジャスティンは、まだ五歳にすぎなかった。私はまた、一九八〇年代初頭に消費者『必携』としてもてはやされた、「全地形対応」と呼ばれる売れ筋商品だが危険な電動三輪車を息子たち二人に買い与えた。子供たちはこの電動三輪車が気に入り，屋敷の周りや林の中を乗り回していた。このバイクは子供たちにとってすてきな玩具だった。だが、私はこの玩具で十分だとは思わなかった。子供たちがこのバイクを上手く乗りこなせるようになると、私はこの小さなバイクからより大きなバイクへと買い換えてやった。息子たちには最高のものを持たせるべきだった。その頃、私はアリスにもそこそこに大きなダートバイクを買ってやったが，それは私が彼女に送った贈り物のうち、彼女が気に入ってくれた数少ないもののひとつだった。彼女はこれが大好きだった。私は彼女が宝石やきらびやかな着物を要らないと断っても、それらを買うのを止めなかった。

私が買った玩具は、当時家族のために購入したと信じたかったが、いつも家族のためのものというわけではなかった。ゲート・ミルズでの年月は度を過ごした買い物をしていた時代だったが、自分のためだけにも高価な真新しいものを買いこんでいた。わが家の自動車は、もちろん、いつも最高級車のメルセデスベンツとBMWだった。実は他にもあった。六〇〇〇ドルもするきらきらする年代物のワーリッツアー社製のジュークボックスが、二台の年代物のスロット・マシーンと並んで、居間にこれ見よがしに据えられていた。一台二〇〇〇ドルもしたこのスロット・マシーンを、私はパーティーの堅苦しさをほぐすように、たまに見えるお客を和ませるために使った。スロット・マシーンの側に、一〇セントと二五セント硬貨を灰皿一杯に用意して、客が家に入るや否や幸運を試すことができるように歓待した。しかし準備万端整っていても私とアリスの友人はそう多くなかったので、自慢の片手の海賊をもっとも愛用したのは、ジャスティンとジェイソンの友だちの生意気な小学生たちだった。

一九八三年初め頃には、私は月に一万五〇〇〇ドルは稼いでいたが、文字通りその日暮らしだった。私は多くの人々が夢に見たこともないほどの金持ちになっていたが、依然として一文なしだった。一回仕事をすれば、五万ドルから八万ドル、場合によっては一〇万ドルの稼ぎとなったが、銀行に小切手を振り込むまでに、仕事の開始時点と同じように無一文になっていた。私は術策を弄し麻薬に大金をつぎ込むヤク漬けの高給娼婦に他ならなかった。一つ術策が終われば、次の術策を仕掛ければならなくなり、また麻薬に手を出すことになった。次から次へ、また同じことを繰り返し、私は足を抜くことが出来なかった。

私は自分のキャリアの絶頂期にあった。私は頂点にいた。以前なら考えられなかったほどの金を手にし、その後もそんな大金を手にしたことはなかった。しかし、金の面で成功の頂点に上り詰めるに従って、私は道徳的には急速に堕落していった。バーで酒を飲んでいるときの私が、実のところ自分のもっとも礼儀正しい行ないの中だった。バーでは公衆の面前で自分を失った姿をさらしたくないという恐れが私の飲酒を抑えていたので、少なくとも意識を失うことはなかったし、また時には魅力的にふるまうこともできた。一方、家庭では病気の方が勝っていた。私は純度の高いウオッカを一日に一壜飲んだ。朝目を覚ますとすぐにコップに個人用の毒を注ぎ、夕方には空になったボトルを放り出した。時々、夕食前に居間のソファや自分のベッドで正体を失い、空のボトルをゴミ箱に入れることさえ出来なかった。翌朝になると私はいつも気分が優れず、ひどく惨めな気分に落ち込んで最悪だった。身体は震え、嘔吐をし、汗をかき、そして悪態をついた。頭はがんがんし胃がむかむかした。午前中はしばしば半分酩酊状態で、目眩がし、舌が腫れぼったく、歩くことも困難だった。アルコールの匂いでむかつき、気分はその匂いと同じ位ひどかった。前後不覚になってしまった後では、前夜のことは全く覚えていなかった。アリスは度々午前中私と口を利こうとしなかった。時には前夜の騒々しい諍いや不愉快な電話を思い出すこともあった。しかし、私が何を喋ったか、どうしたかは見当もつかなかった。ジェイスンとジャスティンは朝食のテーブルに着いて、恐ろしいよそ者でも見るように父親を眺めていた。

いつもこうなったが、これでお仕舞いにしたいと切実に願っていた。家族に対し恥ずかしかった。自分自身を憎んだ。純度の高いスピリッツを飲んでは起こる下痢を憎んだ。だが、この気分を治してくれるものは唯一つしか知らなかったので、ウオッカに手を伸ばしコップに注いだのであった。

アリスは私の飲酒と仕事には何か関係があるに違いないと直感で気づきはじめていた。私がそんな酒の飲み方をするのは、生活のために私のしている仕事が恐ろしく悪いことに違いないと考え始めていた。彼女はたぶん組合の代表認証選挙からくるプレッシャーや、訳の分からないものからくるストレスによるものだと私に話した。しかし、彼女はより悪い何物かがあるに違いないと疑いの目で見ていた。私は仕事から帰るとすぐに彼女にその日の仕事の自慢話を聞かせた。どう間抜けどもを追い払ったかとか、どうやって哀れな腰抜けどもに汚い噂話を植え付けてやったかを話して、楽しんでいた。アリスはうんざりしていたに違いない。

「マーティ、どうしてそんなことができるの」と尋ねもし、とても動揺していた。コープランド・オークスの只中に彼女も居たことがあったとしても、賢い夫がそこで何をしていたのか彼女は分かっていなかった。今、私は彼女に話してきかせ、その話が彼女を不快にさせた。何回も彼女は私が労使関係の仕事にかかわるのを止めるべきだといって、その証拠として私が彼女にこっそり話した悪事を取り上げた。「マーティ、この仕事はあなたに向いてないわ」と彼女は切り出し、次にこう助言するのだった。「もうここで止めるべきよ。分かるでしょう。あなたなら立派にセールスマンが勤まるわ。何を売るの、高級車それとも不動産。不動産は今本当に儲かるわ。もしあなたが年に二軒もいい家を売ったら、今あなたが稼いでいるくらいのお金を手に入れられるわ。そうしましょうよ、マーティ。あなたならできるわ、マーティ。私には分かるの。それが一番よ」。

しかしアリスは私を言い負かすことが出来なかった。私が反論すると彼女は自分の言ったことに固執出来なかった。結局、彼女は私の罠にはまり、溺れていった。私の金儲けのやり方を拒否することは、彼女が育んできたゲート・ミルズの土地と夢のような家、贅沢な生活を断念することに他ならなかった。そのため，少し経つと文句を言うのも止めてしまった。彼女は自分を家の中に没頭させ、ウオッカとオレンジ・ジュースで麻痺させてしまった。私の方は何千ドルものこまごました装身具に金をつぎ込み、ウオッカのストレートをがぶ飲みして目を塞いでいた。アリスと私は、本当に自分たちの魂を失って、売り渡してしまっていた。犠牲を払って魂を取り戻そうとはしなかった。

一九八三年の初めには、私の体重は二〇〇ポンドにもなり、標準よりも四〇ポンド、結婚したての頃より二五ポンドも増えていた。全てはアルコールのせいだった。私は自分の外見が嫌だったし、それを考えるだけで嫌になった。それでも春になっても、夏が来ても、毎日飲んでいた。毎日仕事はしていたが，衰弱してきている私には手に余るようになってきていた。誰も気づいてはいなかった。組合潰しという仕事は、アル中にぴったりの仕事だった。何年もの間、私は二日酔いのまま仕事に出かけた。最初のうちは、それも愛嬌のうちだと自分でも思っていた。会社を退出するとき私は出退簿にサインしないことにしていたが、その理由の一つは、昨晩のアルコールの後始末をするためだった。早めのランチを取るために失敬して、近くのサロンによって迎え酒をあおり、その日は戻らないこともたやすくできた。一九八三年の中ごろになると、毎朝起きるときまって二日酔いだった。仕事から抜け出す時間はますます早くなった。もし顧客が私に経営をゆだねるのをもう少し渋っていたら、私もそう頻繁に抜け出すことも出来なかっただろう。しかし、組合をやっつけたいという経営者の貪欲さのおかげで、私が仕事をする限りどんなものであれそれを大目に見るといった状態だった。依頼主は殺し屋と殺しの手口について議論をしないように、たとえ私が姿をくらましても私に問い合せしたりするようなことは殆どしなかった。実際、私は勝っていたので、何も問題はなかった。

だが、アリスにとっては問題だった。そして私自身にとっても。飲んでいる間はその事実から逃れることは出来ても、朝になるといつも意識させられた。私は病気だった。過去に何度か酒を断った時期があったので、そのときの気分をもう一度味わいたいと決心を固めた。初夏の頃だったが、息子たちは終日家に居て、私が飲んだくれているのを見つめていた。私がアリスを怒鳴りつけているのを聞いていた。しかも私が意識を失うそのときもそこに居たのだった。私は酒を断たなければならないと悟った。

私はオハイオ州東部の片田舎にあるグレンボー病院という名のアルコール治療センターに電話をし

て、二八日間コースの予約をした。四度目であった。もう一度断酒を試みる時期にきていることは自分でも分かっていたが、私には仕事というお定まりの言い逃れがあった。私は自営業で一匹狼だったので、私が入院している間の仕事の面倒を見てくれる人は誰もいなかった。誰一人として、私のために閉まるドアに足をかけて待っていてはくれなかった。町を離れることは職を手放すことだったし、金を放棄することだった。金は私にとってなにより考慮すべきものだった。同僚はいなかった。いたのは商売仇だけだった。その商売仇どもは飢えていた。どうして仕事から離れることが出来ようか。この難問のため私は何カ月も身動きが出来なかったが、いったんグレンボーを予約したとたん、ある計略を思いついた。スリーエムのトム・クロスビーとその仲間たちとよりを戻すのにちょうどいい機会だった。私たちはシェリダンとの時のようにひどい別れ方をした訳ではなかったし、今の私は成功していたので一九七〇年代初頭の友情を懐かしんでもいた。私は受話器を取りシカゴを呼び出した。トム・クロスビーは私からの電話を心底から喜んでいたようだった。「ヘイ、マーティ、えらく儲けているそうじゃないか」と、いつになく熱のこもった調子でそう言った。「みんなが君を忙しくさせているって話だぜ」。

まあ、上手くいってるよ。私は認めざるを得ない。そしてコープランド・オークスの組合潰しのことやゲート・ミルズの屋敷のことやその他の戦果についての自慢話に耽った。「だけど上手く行きすぎて、一人では手が足りなくなってるんだ。もし我々が一緒に仕事をしたら、お互いにうまみがあるんじゃないかと思ってるんだけど」。それから私は本題に入った。「ちょっと聞いてよ、トム。近いうちに入院する予定だけど、クリーブランドのリムジン・バス会社の対抗的組織化の仕事をちょうど手をつけたばかりでね。もし君のところで引き受ける気があるなら、君に回すけど。取り分の二〇％を私に支払ってくれればそれでいいよ」。

トムは別の仕事で町を離れるところだったので断らざるをえなかったが、彼はその仕事が欲しかった。仲間の誰かがそのリムジン・バス会社の仕事を喜んで引き受けるだろうと、トムは言った。取り引き成立であった。

私はグレンボー病院から退院するとすぐに、スリーエムに電話を入れた。一九八三年八月のことだった。一カ月間を酒抜きで過ごした私は、今後しばらくは素面でいようと思った。休養十分な身体とすっきりした頭で、仕事に復帰して本気で金を稼ぐことを考えていた。治療を受けて私の肝臓と腎臓は快復したものの、私の心と精神は癒されなかった。私は謙虚さや良心の呵責の教訓を受け付けなかったし、それが分からなければ快復の努力は結局無駄骨に終わるしかなかった。私は以前と変わらない自惚れをもって家に帰って、すぐにクロスビーに電話を入れ、リムジン・バス会社の件はどうなったか聞いた。

クロスビーは私からの電話を喜んだ。彼はその仕事を同僚のケビン・スミスに回したが、スミスは簡単に片付けたと私に語った。クロスビーと私は二つの会社が長期的に提携すれば、大きな利益を手にすることができると仄めかし合った。この旧友はこの思いを胸にスリーエムまで来てみないかと私を誘った。

私は興奮した。私は独りでどこにも所属しないで仕事をするのが好きだったが、それと同じくらい仲間と一緒にバーで空威張りや冗談を交わした古き良き日々も懐かしかった。私は最高の組み合わせを摑んだのかもしれない。最近のスリーエムの業績を私は知らなかったが、彼らが儲けているという噂は私の耳にも入っていた。翌日、私は期待しながらシカゴ・オヘア空港行きのファーストクラスの便を取った。機内で私はアルコールを口にした。

一九七〇年代中期の黄金時代から、スリーエムはオヘア空港から三〇分ほどの所にあるシカゴ郊外のバノックバーンで、きらびやかな新しいオフィス・ビルから反組合作戦の指揮を取っていた。スリーエムは他では見ることも出来ないほどのけばけばしさだけが取り柄の会社だと思っていたが、オフィスの優雅さと豪華さには度肝を抜かれた。スリーエムはビルのほぼ全フロアーを占めていた。フロアーの中央には広い会議室があって、それを囲むようにコンサルタントの執務室が配置されるといった具合に、大手の法律事務所のように設えられていた。最近私が聞いた所では、スリーエムは一〇〇人ほどのコンサルタントを雇用しているとのことであった。私が訪ねていった日には、あまり人はいなかったが、私は何の不審も抱かなかった。会社が流行っているとしたら、コンサルタントたちは仕事に出かけていて、会社に残っていることなどありえないから。私はそう思いこんでいた。

ハーブ・メルニックはその日事務所に居合わせて、私を暖かく向かい入れてくれた。ハーブは共同経営者や同僚に、間もなくコンサルタント業から手を引くと宣言していた。連日に渡って仕事をするには年を取りすぎたし、あまりもくたびれたと彼は言っていた。対抗的組織化への興味も薄らいだし、これからは管理者訓練フィルムの製作会社を立ち上げることを企画していると言っていた。その商売なら、スリーエムと競合することもないだろう。

クロスビーとメルニックと私は業務提携について話し合うために席についた。数分もしないうちに、私たちは提携の条件で合意に達した。私からスリーエムに持ちこむ仕事は、私がそれにタッチしようがしまいが、請求金額の二〇%が私に支払われる。この二〇%は、コンサルタントの経費を除いた日当にも適用され、選挙後にかかわるその会社の仕事も対象となった。というのも、私たちの仲介がなければ彼らはその仕事に入り込むことが出来ないから。

トムもハーブも会議中はまったく協調的だった。彼らは私の言うこと全てにうなずき、相槌を打った。私はくすぐったかった。今までやった取り引きのうちで、最も素早くまとまった、最も簡単な取り引きだった。値切り合いも、我を通して傷付け合うこともなかった。全てが友好的だった。私の虚栄心は、トムとハーブが私に対する敬意から全面譲歩したのだと理解していた。うーん、彼らは心底私が好きなんだ。私が後ろ盾になっていることを喜んでいるに違いないという結論をだした。

確かに彼らが喜んだことに間違いはないが、私が思いこんだような理由からではなかった。そのとき私は知らなかったが、スリーエムの事業は後退局面にあったことだ。過去数年の間にスリーエムの事業は、一〇分の九も縮小してしまったとクロスビーから聞かされた。スリーエムには私の推定した一〇〇人どころか、たった一〇人ほどしか残っておらず、その一〇人でさえ十分に働くほどの仕事を見つけることができなかった。前から会社にいたコンサルタントたちの多くは、一九八〇年代の初めに船を見捨てて、退職後は競合する仕事には従事しないという誓約書に署名したにもかかわらず、親会社との直接的な商売敵になっていた。私がバノックバーンを訪問した数週間後、ハーブ自身が退職することになるのだが、彼の言ったフィルム製作会社をはじめるわけではなかった。シカゴで総合的な労務管理のユニオン・バスティング会社のHGM社を設立したのだった。

ある八月の暑い日にシカゴで、私がクロスビーとメルニックに会ったときのことだが、私はすでにクラバット炭鉱の組合申請書を見つけていて、マイク・プスカリッチに第一回目の電話を入れていた。私はクロスビーにこの炭鉱での仕事をすぐにでも一緒に始めたいと話した。本当に助けが必要だと私はにらんでいた。私はこの炭鉱で何人のコンサルタントが必要かをはじきだし、クロスビーは誰を送り込むか考えていた。難しい工作になると思われる仕事に即戦力のコンサルタントを調達できることは有り難かった。もちろん、私はクロスビーがケビン・スミス、デニス・フィッシャー、エド・ジョーディナスと一緒にオハイオ州カーディスに姿を見せたとき、それが事務所の半数を引き連れてきたとは分からなかった。スリーエムにとって、私からの電話はドンピシャのタイミングだった。あの時、私が元の雇い主に仕事を回していなかったら、スリーエムは潰れていたに違いない。このお陰でこの事務所は、事業規模は縮小したものの、一九九〇年代まで生き残った。

私が楽天的だとは言えないが、人間の性格を信頼することでは楽天的かもしれない。だが、身の毛もよだつ災難が時には人間を生まれ変わらすと、私は今でも思っている。スリーエムとの再会はそうした災難のひとつであり、私に悔い改めと目覚めの種子とを授けてくれた。スリーエムとの再度の提携があったからこそ、私はありのままの自分を直視することが出来たのだった。悲劇的なことにユニオン・バスターを辞めようとする私の決意は弱く、その決意を否認する力の方が強かったため、神の訪れる日は遅れ難産した。その後、四年間にわたって何百人という男女が、その子供たちが私の弱さのため苦しみ、私が金と力と華々しい絶頂を拒絶する勇気を手にするまで続くことになるのだった。そして最終的にはそれに到達することになる。

私の地獄のような苦しみへの旅は、スリーエムとの仕事への復帰のときから始まった。クラバット炭鉱に始まる四年の長い呵責の日々、私は仲間たちを鏡に見立て自分の姿を直視することになった。しばらくの間、私は自分の本当の姿を見ていなかった。自分が彼らの仲間の一人であることを認めようとはしなかった。エド・ジョーディナスがクラバット炭鉱の会議室の壁に貼った大きな紙に全ての従業員を数字の記号で表わしたとき、私は驚嘆した。しかし同時になんとなく遣り切れなかった。彼の人の扱いは非常に冷たく、露骨だった。確かに私も従業員を忠誠度によってプラスとマイナスの記号で表わしはした。だがレポート用紙に記入する私のやり方はそれとは違っていたと、自分に言い聞かせた。だからといって、私は本当にその人たちを知っていたのだろうか。ただ紙の上に記されたイエス・ノーの投票記号の集まりではなかったか。人にはそれぞれの物語りがあり、個性があり、不安や苦闘や困難に囲まれていた。だから私のやり方はもう少し人間的ではなかったか。私は自分自身にそう問い掛けてみた。私の使う言葉はもう少しスマートだったし、私の演技は人を引き付けるものだったし、同僚たちのやり方より自分のやり方の方がもっと知的だと自分で区別することができた。私の反組合工作が他のユニオン・バスターの工作とわずかばかりの違いでしかないのに、ともすれば私の行ないが他の人のやり方と違っていて、道義的に優っているはずだという救いようのない愚かな脇道へと私を引きずり込んだのだった。私はユニオン・バスターの血筋では血統が良いのだと自分に言い聞かせていたので、私は達人を自称していた。しかし、時間が経つに連れて、私と共同で仕事をしている共謀者とどんな違いがあるのか証明することがどんどん難しくなって行くのに気がついた。その違いはぼやけてきて、私は本当は野獣なのだという当たり前の事実だけが残った。クロスビーや彼の仲間が私に見せてくれたものは、剥ぎ取られて裸にされた私自身の魂だということを理解し始めていた。

一九八四年の新年が過ぎた直後、全国労働関係局に関係する仕事量をふやすため、破格の日当を払って法律補助学生を雇い入れたが、その女子学生が新しく組織化申請されたリストを電話で知らせてきた。リストの中にプラスティック・モルダー社と呼ばれる会社があり、申請は全米自動車労組だった。私はびっくりした。労働者たちが再び組織化を始めたのは、起こるべくして起こったことだったが、E・ティム・スコットが私に電話をよこさなかったからだ。なぜだろうか。疑問に思ったので、私は電話を入れてみた。

スコットは悩んでいた。それはそうだろう。一九八二年に私が会社を去るにあたって、再び組織化を止めさせようと望むなら、スコット自身のやり方を改めなくてはならないと警告しておいた。それから一年、彼は私の勧告を黙殺してきたことを認めざるをえなかった。彼は労働者たちがもう一度始めるとは思ってもいなかったのだ。明らかに彼の読み違いだった。彼が私にバツが悪くて電話をしなかったのだが、三度目となる真正面からの反組合工作について別の問題を抱えていた。アール・レイケンと私は、彼にとって六万ドル以上の出費となったが、今回はそんなに金をかけたくなかった。かといって従業員を代表する組合を認める覚悟も出来ないまま、もっと安上がりなコンサルタントを探そうとしていたのだが、確実なことを好む彼としては私が最適任者だった。そこで彼の提案となった。もし私が料金を値下げしてくれたら、この仕事を私に任せるというものだった。私の方ももう一度、あの疲労困憊させられたプラスティック・モルダー社の連中と会うのはとてもうんざりだし、料金の値引きはもっと気乗りがしなかった。しかし、私はこの仕事を手放す気などなかった。金は金だった。私はこの仕事をスリーエムに手渡そうと決心した。私たちの合意では、私が仕事をしようとしまいとプラスティック・モルダー社への請求額の二〇%は私の手元に入ってくることになっていたので、この事件を自分で扱わなければならない理由など何もなかった。この考えを伝える前に、私はスコットとの会談を翌日にセットした。

スコットと握手をする頃には、私はこの計画を頭に叩き込んでいた。私はおなじみのE・Tに「あなたの仕事をいたしましょう、ティム。実は私は今多くの仕事を抱えていて時間を取るのが難しいんです。それに、管理職たちが新しい人物と会ってみることも必要だと私は思うんですがね。前回で私は見飽きられていて、私一人で現われたら一目見るだけでうんざりだとうめき声をあげるでしょう。新しい人物を登場させたほうが、ずっと効果的です」と話した。私はスコットにスリーエムとの関係を話して、彼の方もスリーエムの評判を聞いていたので、そこで私は、今回の仕事にそこのコンサルタントを一人連れてくるという申し入れをした。

スコットは別の人間など必要としていない、君が必要なんだと主張した。しかし、私は穏やかに私の考えていることを彼に話した。私と同じ位経験豊富なプラスティック・モルダー社にうってつけのコンサルタントを知っているので、その人物ならきっと良い仕事をしてくれるはずだと、スコットに請け合った。あなたは彼をきっと好きになるはずですと、私は話した。その上で、この男は私を補佐するだけで、実質的な仕事は私が責任を持つと嘘をついた。スコットは了解した。

会談はすぐに終わって、私は以前使用していた事務室に飛び込み、クロスビーに電話をかけた。すぐに助っ人が必要だ。私はスコットを相手にした見事な駆け引きをクロスビーに話し、翌朝プラスティック・モルダー社で私が使えそうな人物を誰か欲しいと話した。その時までに、スリーエムは、クラバット炭鉱の工作の後で四人の同僚が会社を去り、六人まで減っていた。私が知っている連中は誰もいなくなっていた。私はクロスビーが誰かをよこすだろうと計算していた。

クロスビーはちょっと変わった名前だが、同僚にブリストル・マッギネスというこれに打ってつけの男がいると話した。後日分かったことだが、ブリストルはデューク大学の元人事部長というれっきとした経歴の持ち主だった。しかしクロスビーが強調したのはそんなことではなくて、人がブリストルに興味をもち印象づけられるのは、彼の姉のナンシーがヘンリー・キシンジャーと結婚しているということだった。私がこれからのパートナーについて聞こうとする前に、クロスビーは「彼はキシンジャーの義弟なんだよ」と強調した。もしそれが彼にとって十分なら、私にとっても十分だ。「結構でしょう、彼をよこしてください」とクロスビーに言った。

しばらくして親しみやすい南部訛りの太い声の男から電話をもらった。この声の持ち主がブリストルだった。翌朝、プラスティック・モルダー社ノーウォーク工場で私は彼と会うことになる。彼がプラスティック・モルダー社の事務所に現われたとき、あたかも旧知の間柄のように見せかけるための打ち合わせを済ませて、私は足取りも軽くスコットの事務室に戻り、幸運にも同僚で親友のブリストルが、この工作をバックアップしてくれることになったと伝えた。「彼には有名な義兄がいましてね、ヘンリー・キシンジャーのことはご存知ですよね」と付け加えたのには、我ながら呆れてしまった。

ブリストルは、大男で、太っちょで、禿げていたが、育ちがよく何事にもゆっくりしていて、気安さのある男だった。

彼は旅行が好きで、腰を落ち着けてのお喋りが好きで、飲むことも大好きだった。ブリストルの親しみやすい人柄は、プラスティック・モルダー社にぴったりで、スコットに大いに気に入られた。スコットはこの補佐人と一緒にいるのがうれしくて、仕舞いには私との時より上手くタイアップするようになっていった。スコットの熱の入った祝福もあってブリストルは四カ月にわたる工作の指揮を執るようになったので、私は自分の都合のいいように出たり入ったり出来るようになった。他の仕事の合間に週に一度プラスティック・モルダー社に立ち寄ったが、それはインタビューをしたり、手紙を書いたり、思いついたアイディアを出したりもしたが、友人のブリストルと飲みに行くために立ち寄ったのだった。

　ブリストルとはまたとない飲み友だちとなった。彼の飲みっぷりにはびっくりさせられた。ブリストルは私が朝飲み始めるよりも早く飲み始め、そのペースも速く、私が酔いつぶれた後も飲みつづけていた。翌朝はひどい二日酔いになったが、彼はそれを繰り返していた。プラスティック・モルダー社を通じてブリストルとの思いがけない出会いは、その後三年にわたる飲酒という共謀へと導くのであった。当時、ユニオン・バスターとしての私には大きな需要があったので、仕事を引き受けるときはいつもスリーエムに下請けに出して、ブリストルが空いていときは彼に頼んだ。私がブリストルと一緒に酒を飲むときは、ちょうど思春期の学生が敬愛する先生とお付き合いをしているような感じで、私はまだそれほど厄介な問題を抱えている訳ではないと自分を信じ込ませることができた。通常私は後ろめたいテクニックを駆使している間は、家族の団欒を楽しめるように家に近いところで仕事をするようにしていたが、ブリストルが一緒のときはホテルに泊まるようにした。彼と一緒だと酒が飲み易くなる。彼と仕事をするときは、ホテルのラウンジを私たちのセカンドルームにして午後も、夕刻も、夜中になるまで飲んだ。

　泥酔した翌朝、ホテルのレストランで顔を合わせる度に、ブリストルと私はお互いに鏡を見るように血の気の引いた顔と血走った目を見詰め合うことになった。何とも笑いたくなるような光景だが、吐き気と割れるような頭痛で泣きたいような気分の私たちにとってはそれどころではなかった。私の相棒はレストランのボックス席に身体を落ち着かせようと身じろぎしたり、唸ったりしては、真っ先にブラッディ・マリーを注文し、救いを求めるかのようにため息を吐き、そして禿げた頭の汗を拭き取ろうと無駄な努力をするのだった。この光景は苦痛にあえいでいる私がくすくす笑いに興じるもののひとつであった。ブリストルのピカピカ光った禿頭のてっぺんから、まるで何百という小さな間欠泉のように汗が噴出してきて、そしてこの大男が不器用に大量の汗を拭き取る仕種がおかしかった。ブリストルの頭上の泡立ちから、私は彼にかの有名な信頼にたるイエローストーン国立公園の間欠泉「オールド・フェイスフル」の名を進呈した。

そんなときにとても気持ち悪いと思うかもしれないが、私はいつも食べると二日酔いが治ることを期待して卵を注文した。痛んだ胃に無理やり卵を詰め込んだことが度々あったが、その度に部屋へ駆け込んで朝食を吐く羽目になり、もう二度と、絶対にこんな馬鹿げたことを自分にさせないと誓ったものだ。そしてその日の反組合工作はお休みとなる。

第13章　黙示録

アメリカ中西部の冬のひどく荒れたある日、トム・クロスビーと私は、名前を忘れてしまったがオハイオ州のホリディ・インの恐ろしく派手なラウンジで、暗い小さなテーブルに着いていた。私はウオッカをベースに、彼はジンをベースとしたマティーニを飲み続けていた。ある顧客の経費で二人は長いこと時間を費やしていたが、私は漠然とした苛立ちを感じていた。私たちの会話は何かに発展しそうだが、それが何なのか私の中で像を結ぶことができなかった。

トムと私はいつものように仕事の手柄話をしていたが、見事にやってのけたといったパターンの話にはならなかった。管理職の某をどうやっつけたかをただ単に自画自賛するよりも、なぜ自分がそうしたか、その理由や目的、仕事全体の意味について語り合っていた。その日の午後のお喋りは、大半が酒の上でのものだったが、永遠に意識に残ることもなく洗い流されてしまった。だが、その気恥ずかしい哲学者ぶった問答の精髄は鮮明に私の中に残った。どんよりと曇った午後、トムは私たちの行為のどれもがたったひとつの根源的な欲望、すなわち支配欲に根ざしているのだと、私に気づかせてくれた。

その結論に柄にもなく黙り込んだ私をトムは冷ややかに、そして作り笑いをして見ていた。私はむき出しの真実を聞かされて不快感を露わにしていたに違いない。トムはくすくす笑った。なぜそう苛つくのかと私をからかった。僕は冗談なんか言わないよ、支配、権力、抑圧、これが我々が仕事をする上で熱望していたことじゃないか。

その週末、私は著しく情緒不安になってゲート・ミルズに戻った。トムとの会話を考えないようにしようとしたが止められなかった。私はウオッカへと手を伸ばした。考えれば考えるほど杯を重ね、ついには厚い闇が私を覆い、すべての思いを消し去った。

一九八五年の秋のことだった。私は内側から自分が腐敗していくのを感じていた。仕事中は仕事のことを考えまいとして飲んだ。家では家庭のことを考えまいとして飲んでいた。アリスがもっとお金を頂戴といって、後ろからいつも追いかけているように見えた。彼女のやる家の改造は、さらに金のかかる別の改造を必要とし、永久に終わらず、これで十分ということはなかった。私はお伽噺にでてくる貧しい漁師よろしく、望みをかなえてくれる魔法の魚を捕まえる漁師になったような気がした。最初その漁師は何も望んでいないというが、漁師の妻は別の企みを抱いていた。そのうち妻は満足しなくなってきて、哀れな漁師を何度も何度も海に送りだし、その魚にもっと多くの財宝を要求するようになる。漁師はそれを拒むには弱すぎる。魚はしばらくの間は女の望みをかなえてくれる。やがて、魚を訪ねて海に行くたびに、不吉の前兆として海は暗くなり荒れるようになったが、漁師はそれに気づかなかった。最後に夫は無力さと現実を否認したため、妻はその貪欲さのためにこの夫婦は天罰を受けるのであった。彼らには何一つ残らなかった。

私には予知できなかったが、私たちに天罰が下るときがやってきた。それはアリスがジャガーが欲しいといった日に始まった。この高級なイギリスのスポーツカーは、当時三万五〇〇〇ドル以上もし、私はもう一台の車にそんな大金をかける気がしなかった。私たちはすでにリンカーンと一九五七年のメルセデスベンツ二二〇Sを持っていて、毎年ゲート・ミルズで行なわれる独立記念日のパレードに運転した。その頃、アリスと私は家の改築のことで、多くの業者や家具屋等に五万ドルの借金を持っていた。私は妻に完全に手元不如意だと話した。

アリスは信じなかった。彼女は怒り当惑した。漁師はこれまで上手くやってきたじゃないの。確かに文句を言ったり反対したりしたけれど、最後はいつもオーケーしたじゃないの。今回はなぜ急に慎重ぶるの。彼女はなじった。身につけもしない何千ドルもの宝石品を買い与えるくせに、彼女が本当に欲しいと思っている物を買わせてくれないの。お金があるじゃないの、なぜ私は彼女を幸せにしないのか。

私はウオッカの勢いを借りて彼女に言い返した。「君がこんなボロ屋に私たちを引っ張り込まなかったら、十分お金はあったと思うよ。君が毎朝通りの向かい側の二人組とぐるになって、正体なく酔いしれて、白紙の小切手を奴らに切っているんだから。どこまで馬鹿なんだ、君は。奴らは私たちがここに引っ越してきたその日から身ぐるみ剥ぎ取ってきたんだ。君の大事なジャガーを買えないわけが分かったね。お分かりかい」。

どうして、そんなことってあり、とアリスは言った。この漁師は焼きもち焼きだ。

アリスがどんなにジャガーを欲しがっていたか、私は分かっていた。というのは、彼女がジャガーに引きつけられたのは、美しさとだけではなくて社会的ステータスとしてのジャガーだということを私は分かっていたから。しかも彼女の望みにも一理はあった。クラシック・カーの幌付きベンツは日常的には役立たずで、彼女はこの展示会用の車が冬の間中、帆布で覆われたまま鍵のかかった車庫にしまわれていたのを知っていた。分かったよアリス、メルセデス・ベンツを売ったらすぐにジャガーを買えるよと、私は言った。

メルセデス・ベンツを購入したディーラーに私は電話して、この車を販売店の室内展示用に引き取ってもらえるかどうか尋ねた。彼はこの車が幌付きだから春になるまで待った方がいいと私を説得した。春になればいい値段で売れるというわけだ。それはいいことだわと、アリスは言った。彼女は待てるだろう。私は勝ったものと思った。漁師がノーと言ったのだ。しかしそれは遅すぎた。

何事もなくひっそりとした日々が続いたある日の午後、アリスは私の仕事先に難儀な電話をしてきた。車が二台とも盗まれたと。当然のことだが、二人とも仰天してしまった。だがアリスは抜け目がなかった。怒りの叫びと驚きを二人で分かち合った後で、落ち着き払ったわが妻は「保険はこんなことをカバーするためにあるのよ」と、私に請け合った。

その日のうちに、彼女はゲート・ミルズ警察に盗難届を提出し、保険会社に補償申請をした。その夜、私が帰宅するまで彼女は肝心なことを私に伏せておいた。妻の言うにはダニエルとジェフを通じて知り合った自動車整備工とある取り引きをしたというのだ。その計画というのは、整備工にメルセデスベンツとリンカーンを盗み出させることだった。アリスは保険金を手に入れて、その思いがけない授かり物を使ってお気に入りのジャガーをものにしようというものだった。全く馬鹿げた杜撰な計画は明らかにアルコールの靄で歪んでしまった陰謀だった。しかしことは実行されてしまったのだ。

私はアリスの行ないを知ってパニックに陥ってしまった。私は神経を麻痺させるためいつもより余計に飲んだ。殆ど眠れなかったし、眠ろうとしても妻のふざけた犯罪が露見して世間の嘲笑をあびる悪夢に苛まされた。数年前のことだが、私はスリーエムの誰かの仕業だとにらんでいたが、マリン・カウンティでの私の犯罪記録をＡＦＬ—ＣＩＯに送りつけ、ＡＦＬ—ＣＩＯはその情報をＲＵＢシート（ユニオン・バスター報告書）に喜んで掲載した。この全米への広報によって、私は一九八四年中ユニオン・バスターの仕事を奪われることになった。もう一度そうなることを私は恐れた。過去五年間にわたって築き上げてきた商売の優位さを失うまいと決意して、私はアリスの行ないを永遠に秘密にしておこうと誓った。私は恐怖におののきながら暮した。家にいるときはいつも、警官がドアをノックするのではないかと怯え、仕事中は顧客の重役秘書が電話の取り次ぎに来るたびに息を潜めた。

盗難から二週間ほど経って、警察は自動車泥棒を副業としていた地元業者が持っていたリンカーンを発見し、アリスを聴取するためにゲート・ミルズまで足を運んだ。その夜、家に帰った私はアリスが警察の尋問に泣き崩れて一部始終を告白したと聞かされた。アリスと私は保険金詐取で起訴された。この公判で妻のお恥ずかしい詐取の顚末が公になった。アール・レイケン弁護士の仲介で、私は二万ドルで弁護を引き受けてくれる刑事弁護士を見つけた。その弁護士との屈辱的な打ち合わせの席上で、アリスは怒りを爆発させ「なぜ私がこんなことをしたのかあなたは分かっているの、あなたを懲らしめてやりたかったのよ」と、私を責めた。

アリスは三つの罪状について有罪を認めた。私は犯罪を報告しなかったという軽犯罪について有罪を認めた。おかしなことだが、私はアリスがアル中になっていたことや、飲酒が彼女の人生の悲しむべき出来事と関係していたとは全く思っても見なかったのだった。だが、裁判官には明らかな事実だった。裁判官はアリスに三年間の執行猶予を言い渡すと共に、週一回アルコール中毒者更生会に参加するよう命じた。

アリスと私はカリブ海へと逃れた。優雅な遊覧船ビスタヒョルド号の甲板で酒とダンス、そして日光浴の二週間、お伽噺の本のぼろぼろになったページのような私たちの人生を、二人で再び貼り合わせるかのように振る舞った。だが、オハイオに戻ってみると、私たちは奈落の只中へ逆戻りとなってしまった。クリーブランドに帰ってすぐに、私たちは『クリーブランド・プレーン・ディーラー』紙に本当に癪に障るアリスのとっぴな行為に関する記事を見つけた。その記事は、当初私が思い描いていたよりも私にとって打撃となった。筆者は明らかにこの種の話を嬉々として暴露し、金持ちの秘密、堕落した生活を詳細に暴いて楽しんでいた。アリスをゲート・ミルズの上流社会に住む女性の典型として、わがまま一杯に育てられた子供のようだとして、アリスを揶揄していた。私にとってさらに悪いことに、記者はアリスを「マーティ・J・レビット夫人、ゲート・ミルズの労務コンサルタントの妻」と明記していた。一九八六年初頭、車泥棒詐取の詳細なレポートと私の一九七九年の犯罪がRUBシートに再掲載された。

私たちの世間的な恥辱は、私よりも妻にとってもっと痛手だったに違いない。ゲート・ミルズはアリスにとって全てだった。ゲート・ミルズに住所があることで、彼女は自分が重要人物と同等であると思い込むことが出来た。家や土地、車などで他の人より抜きんでていると見せかけることで、彼女自身の劣等感を抑えこむことが出来た。『プレーン・ディーラー』紙の記事がでてから、彼女は自分で作り上げてきた評判が崩れ去ったので、自分自身が信じられなくなってしまった。ゲート・ミルズの隣人たちが彼女を避けているとアリスは思いこんでいた。私たちのメイドは怒りを露わにして辞めていった。惨めだった。意地悪く彼女を見つめたり、彼女と会いたくなくて道を変えたりする人と出会うのを恐れて、彼女は屋敷から離れなくなった。まもなく、彼女はゲート・ミルズから出て行くと言い始めた。これ以上ここに住むのは耐えきれないことだった。

アリスの不始末がもたらした気持ちの大動揺は、私自身にも逃避せずに現実を直視することを迫った。私はこれまでの人生の中でやってきた組合潰しの事実を覆っているものを剥ぎ取ろうと思い立った。私は他の人たちの悪行を掘り返し始めた。その時、私は矛先を自分に向けない限り、私の道徳的巡礼の旅は終わらないのだということに気づかなかった。不幸なことに、私は同業者たちの悪行をみつけだすことで、私自身への審判を先延ばししてきた。スリーエムのわが同志たちの間には、不正が満ち溢れていることに私は気づいていたし、その不正の種類と数の多さにはびっくりさせられてしまった。わが同業者たちは顧客に対し、厚顔無恥にも私の通常料金より常に高めの請求をしているのに気づいていた。私が驚いたのは提携事業の仕事のやり方だけではなかった。トム・クロスビーはもっとも割の好い仕事を取るために、スリーエムを通さずに一匹狼のコンサルタントを使って仕事をさせて、どう自分のものにするかを私に話したことがあった。しかし私の顧客を掠め取るやり方は、私を怒らせた。顧客は私が開拓してきたのだから、どれだけ料金を膨らませて良いかは私の決めることだった。スリーエムの極端な金儲け行動は私の名声——それがあるとして——と私の将来を危機に晒していた。

トムの厚かましさとぞんざいさを巡って口論となった。彼は怯まなかった。今になって考えてみれば、彼は笑っていたに違いない。なぜなら、古くからの同僚の恥知らずな盗みを責めたてた私はもっと大きなトムの犯罪を気づかなかったのだから。私が全くの偶然から彼の秘密に気づくのに数カ月かかった。トム・クロスビーはまたもや私から盗んでいた。クロスビーと彼の事務所は私への支払い率を密かに誤魔化し続けていた。私との一仕事が終わると、スリーエムは顧客の会社から引き上げたようにみせかけて、後でとってかえして選挙後の工作も私の仕事の一部だと信じこませていた。スリーエムはそのことを一言も私に言わず、二〇%の支払いもしなかった。こうゆう事態が起こったことも驚きだったし、ことがわかるまでにそんなに長い時間がかかったことも私にとって驚きだった。スリーエムの企みは偶然にも、私がある顧客に選挙後の様子を電話で確かめたときに露見した。顧客は私の質問を提携者の仕事ぶりについてのことだと解釈して、スリーエムは選挙後のトレーニングもちゃんと引き受けてくれていると断言した。何だって。私は他の顧客へも電話を入れた。なんとそこにもスリーエムがいた。そしてもうひとつ、さらにもうひとつ、もうひとつ。

トム・クロスビーの裏切りは私を激怒へと追い込んだ。過去三年間に私が仕事をした全ての顧客に電話をかけて、クロスビーの裏切り行為の収集だけではなく、他の悪行の証拠についても釣り上げることにした。もっと他にもあることは分かっていた。私はいつも酔ったまま電話をしていた。相手と話して少しずつ証拠を集めては酒を飲み、また別の電話をかけた。私は自分に脅えていた。トムが私たちの友情を裏切ったことで、私は傷つき怒った。しかし、怒っているよりも私は脅えていた。トムの明らかな裏切りを見つけ出したことで、自分もまた別の姿が発覚するのではないかという脅えが避けがたく滲み出して私の傷口を開くのだった。自分もまた、詐欺師に違いないという脅えが。

私は渾身の力を振り絞って、その事実を認めまいと抵抗した。私はトムとは違う。自分にそう言い聞かせた。彼はワルだが、私はそうじゃない。私も確かにお客から盗んだが、ほんの僅かな盗みだ。私は目を閉じて自分を敬虔な父親で優しい夫であるように描こうとした。私が閉じた目の中にみたものは、何度とソファーに倒れこみ意識を失う私を黙って見ていた幼い子供たちのあの打ちのめされた顔だった。ベッドの上で丸くなって震えているやせ細った妻の姿も見た。すすり泣きの声も聞いた。長い間はっきりと区分けしておいた二つの自我が次第にぼやけ始めた。私は重役室からうすのろどもに吠えまくる自分の姿を思い描こうと苦闘したが、別の像がまず初めに浮かび上がってきてしまうのだった。太った中年男がモーテルのトイレで卵を吐いている姿だった。

家を売却することにアリスは同意した。私はアル中の治療に行くことを決意した。一九八七年五月、私は身の回り品をつめてミネアポリス行きに乗り込んだ。そして全米でも有数の居住型治療施設であるハーゼルデン財団にチェックインした。私が出発する前に、アリスと私は三二万五〇〇〇ドルで家を売却する打診を受けていた。これで私たちの結婚生活は恐らく終わりを告げることになると思うと悲しかった。それでもハーゼルデンまでの飛行中、少なくとも家族にはすぐにお金が手に入るだろうと思うとほっとしていた。まもなく私たちはゲート・ミルズを出て行くことになり、私もまもなく素面に戻ることになるだろう。一緒に居ようが分かれて暮そうが、悪夢からは解放されることになる。

ハーゼルデンはエルビス・プレスリーの治療ではツキはなかった。しかし、その治療のプログラムは多くの金持ちや有名人を絶望的なアルコール中毒から解放していることで世界的に名を知られていた。私は必ず治すという強い希望をもっていた。そして北行きの飛行機の中で酒を飲み心地よく酔いしれた。

かつてハーゼルデンで治療を受けたことのある人が空港で私を出迎えてくれ、ハーゼルデン財団のバンで三〇〇エーカーの森の中にある建物まで私を運んでくれた。そこはこれから二八日間、私の家庭となり教会となるところだった。その構内を見渡したとき、嬉しさがこみ上げてきた。この老けた気取り屋のマーティ・レビットに生気がよみがえってくるのが感じられた。この地に私を連れてくることになった自責の念も恐怖も霧散していた。恥辱も無念さも消え去っていた。安心して幸福感に浸れた。私はあたりを見渡して「これでうまく行くだろう、素晴らしい休暇になる」と息を吸いこんだ。

私が割り振られたのは、非常に興味深いグループだった。治療期間中私の家族となる三〇人のグループは、テレビのニュースキャスターに億万長者の石油商、芸術家や医者、ゲイのカソリック神父、歯医者に自動車工といった様々な経歴をもつ札付きのアルコール中毒患者からなっていた。最初の週は、私にはあたかもサマーキャンプにでも来ているように感じられた。決まった講習を受けて、グループ治療の間はしゃべりまくり、自分の身の回りの事をちょっとはしたが、その他のことは最低限のことしかしなかった。宿題とされた日課の読書には、ほんの僅かに目を通す程度で、深く考えはしなかった。他の人たちが自分の人生について長々と書き連ねているときも、私は気乗りがせず自分の人生についてほんの僅か書いただけだった。

第二週にはいってグループ全員の前で、自分の話をする番が回ってきた。全ての患者に発表の機会が与えられ、私は自分の番の来るのが待ち遠しかった。長い間、塞ぎこんでいたので、もう一度聴衆を魅了するそのチャンスが待ち遠しかった。

発表の時間になったとき、私は胸膨らませて、幼年時代から一〇代の頃の手柄話へ、シェリダンに雇われこき使われた日々から一九七〇年代の金欠だった頃のエピソード、心ない妻の卑しむべき不倫の数々、後にユニオン・バスターとして最高にして最悪の名声を博した数多くの勝利などの話題へと聴衆を引き込んで、一人語りを始めた。私はグループのメンバーを相手に、かつて反組合工作の売りこみや発会式で使ったやり方を自我回復集中プログラムに結びつけながら、ユニオン・バスターのあらゆる手口を提供した。話が終わりとなるまでには、私は自分の精巧に仕上げたユニオン・バスターのトリックの数々を惜しみなく披露していた。それから着席して、聴衆の畏敬と感謝を待ち受けた。

しばらくの間、誰も口を開かなかった。みんなは圧倒されていたので、言葉がでなかったのだ、と私は思った。やがてそれは始まった。ゆっくりと一言ひと言、やがて堰を切ったように話し出した。彼らは私を八つ裂きにした。二時間以上にわたって二人のカウンセラーと二九人のアル中仲間が私の

魂を丸裸にしてしまった。彼らは私を大袈裟でもったいぶった奴と呼んだ。ひけらかし屋だと非難し、
退屈な奴だと言った。怠け者だとも言った。うそつきで詐欺師だと呼んだ。粗野で冷淡で暖かさの欠
ける奴という言葉を使った。私が何でも人のせいにしていると非難した。私が蒙った苦悩など自業自
得というものだ、と彼らには思えたに相違ない。
その日も遅くなって、私のグループの男性二人が話にやってきた。彼らは工場労働者で組合に所属していた。彼らは怒りよりも傷ついたような表情で私を見て、どうしてそんなことをしてきたのかを知りたいと言った。その日の朝、私の話したことが彼らを悲しませていた。私が何千人もの人々を傷つけてきたことをどう正当化しようとしているのかを知りたがっていた。私は答えられなかった。二人は自分たちのこと、妻や子供たちのこと、生まれ故郷のこと、今抱えている厄介ごとや将来に向けての希望などについて話をした。自分たちが職についていることに、どんなに感謝しているかを語り、私のためにそのチャンスを奪われた人々のことを考えたことがあるのかと訝った。犠牲になった人たちの名前を私が覚えているか、彼らは知りたがった。その人たちの顔を直視できたか。いや、と私は言った。私は見なかったし、出来なかった。すまないことをした。個人に関することは何一つ覚えていなかった。

その夜はまんじりともしなかった。横になっても何時間も眠れず、汗をかき、寝返りを打ち、うつ伏せになっては呻き声を上げげた。犠牲になった人たちの顔を思い出そうとしたが駄目だった。私の半ば覚醒している意識の中で、私は身体のいろいろな部位、たとえば工場の汚れた作業衣や糊のきいた真っ白なユニホーム、そして身体に合わないスーツを着込んだ人たちの手足や胴体を思い浮かべることは出来た。しかしどれも顔がなかった。私は誰かの背中を見たが、大きな機械によりかかっている

人たちが誰かははっきりしなかった。二人の女性が腕を組んで廊下を遠くのほうへ去って行くのを見たが、これもやはり顔がなかった。

私は枕に頭を埋め、自分の過去を深く振り返ってみた。暗闇からあるイメージが浮かび上がってきた。巨大な群集のおぼろげな姿だった。群集はゆっくりと私のほうへ動いた。私は閉じた目を通して、私の苦悩を和らげてくれるように私を覚えている誰かがいないかと目を凝らした。一〇〇人ほどの灰色をした男たちが一斉にゆっくりと近づいてきた。私の緊張が解け始めた。その人たちがもっと近づいてくれれば、一人位知っている顔に会えるかもしれないと、私は思った。そうなれば私は安らげるはずだ。

息が苦しくなってきた。パニックに陥ってきた。名前。そうだ。落ち着け。名前からやってみよう。しかしそれも無駄だった。私は大勢のメアリーやホセたち、ジャックたちやアンたち、しかし苗字と顔がなかった。何の役にも立たなかった。顔無し、苗字無しだった。

一二段階の回復プログラム中の八番目の通過儀礼は、患者が自分の病気のために傷つけた全ての人たちのリストを心身をこめて作成することを呼びかけていた。その後で、自分の悪事の数々を告白して、その人のせいで被害を受けた人々との和解を試みるというものだった。しかし、私によって虐げられた人々は私には見えなかった。どこにでも大勢いるはずなのに、見ることが出来なかった。その人たちの名前さえ呼ぶこと出来ないのだ。私は誰と和解すればいいのだろうか。

ハーゼルデンのスタッフは私にもっと長期の治療が必要だと説得した。私は同意してそれに備えた。私は重症アルコール中毒患者のために財団が経営するジェレニック治療棟へ転院となり、最低でもそこに六カ月留まることで契約書に改めてサインした。そうすれば私は自由になれるのだと思った。

しかし、これまでも何度もあったことだが、私の決意は障害に直面して脆くも崩れてしまった。ジェレニック棟に入って一週間ほど過ぎた頃、私はアリスから電話をもらった。すぐにでも私と別れたいといった。さよならを言うために電話をしてきたのだ。子供たちを連れてカリフォルニアに戻るのだと言った。この電話は私の胃を蹴上げるように打ちつけた。こんな衝撃への備えがは全くなかった。突然私は捨てられて一人ぼっちになってしまった。ハーゼルデンで私が手に入れた目的と希望の意味は雲散霧消してしまった。先の見えない不安定さの中にいて、私はアリスが家の売却代金を一人占めして、私には何にも残さないのではないかと妄想していた。私は天涯孤独になってしまうだろう、職も無く、友人もいなくなり、文無しになって、家と家族も無くなってしまうだろう。

私は自分の持ち物を一切合財スーツケースに放り込んで、ジェレニックのカウンセラーにここを出て行くと通告した。彼らは必死にそして熱心に私がここを出て行くべきではないと引き止めた。ジェレニック棟に入所するにあたって誓約した条項のひとつに、本当に私が酒を断ち、退所するだけの強さがそなわったとスタッフが認定するまではここに留まることになっており、この約束を反古にすれば二度とここへは戻れないことになっていた。多分、そうなれば私が回復することはないだろう。あなたはこの闘いに勝てるのです、だが、まだその時期ではない、今ここを出て行くのは大きな取り返しのつかない間違いを冒すことになってしまいますと、私の守護者たちは語った。

だが、私は逃げ帰った。翌朝、私はクリーブランド行きの第一便をつかまえた。機内で私は飲んだ。

アリスは私の突然の出現を冷ややかに受け止めた。私が到着した直後に家の売却が失敗に終わり、彼女と息子たちは当初の計画通り夏と秋をこのゲート・ミルズで過ごすことになった。私がジェレニックを去ったことは無意味だったようだ。私は以前にもまして落ち込んで惨めだった。

数週間私はこの家をもてあまして、酒を食らい、自分を憎み、何をするべきなのか考えようとした。この年の七月の暑さは強烈で、私は落ち着かず苛立っていた。しかし、ある暑い静かな朝、安定した静けさが私に訪れた。するべきことが分かったのだ。ハーゼルデンは私の中毒を根治する所まで手助けをしてはくれなかったが、私の心を開き意識の覚醒をもたらしてくれたことは確かだった。私がハーゼルデンに滞在していたら、最後には勝ったに違いないということを教えてくれた。

ゲート・ミルズに戻った私は電話会社に連絡して営業用の電話回線を切断するようオペレーターに言った。それから郵便局に出かけてマーティ・レビットと人的資源研究所名義の私書箱を解約した。家に戻ってから、ワシントンのAFL—CIOに電話してRUBシートの編集者と話した。私は彼女にこれまでやってきた仕事から足を洗うと告げた。もう二度とユニオン・バスターになることはないだろう。

しかし、もうひとつ悪魔払いが残されていた。トム・クロスビーであった。私がもっと大物ならば何も報復などを考えずに、さっさと過去とおさらばできただろう。だが、私は大物じゃなかった。クロスビーが、私や他の仲間たちやそのほかの誰彼に対してやったと私が見聞きしていることについて、また彼の行なったことと、私たち全員が行なったことの罰を受けることを私は望んだ。

私はバノックバーンにあるスリーエムのトニー・マキューンに電話をして、つっけんどんに彼の事務所が私に支払うべき金を全額請求した。トニーはゆっくりとした口調で、たまたま二〜三日中にスリーエムの顧客で名門のクリーブランド・クリニックへ行くので、そのときに会うことにしたいと言った。彼の滞在の最終日に、私は車でホテルに迎えに行き空港まで送ることにした。そのとき、話をしよう。

私はこれまで出会った人の中でもっとも魅力的で、もっとも恐ろしい人物との再会を心待ちにしていた。少々老けたがそれでもいたずら小僧のように見える赤毛の男を見た瞬間、懐かしさがぐっとこみ上げてきた。年取ったギャングが再会を果したときのような感じに私には思えた。よー、俺たちゃよくやってきたよな。よー、分かってるよな。

トニーと私は私の灰色の新車のスポーツカーに乗りこみ、ボストンに借りている家に戻る彼を飛行機に乗せるために空港に向かった。私たちは昔の日々や古い友人のことを思い出しては自慢話に花を咲かせ、世の中が変わってしまったことを嘆いた。最後に私はクロスビーのことを持ち出した。私が疑っていること全てをぶちまけた。トムが顧客を騙しているのをなぜ私が知ってるか、彼が私を騙してきたのをどうやって私が摑んだか、そして最後に、事務所の相棒たちをも騙していること、などなど。

トニーは黙って私の話を聞いていた。落ち着いた様子で、私に礼をいい、事務所に戻り次第調査してみると言った。それ以上のことを私は期待していなかった。

クリーブランド空港の外れで車の中に座ったまま、私は彼にユニオン・バスターの仕事から足を洗うつもりだと打ち明けた。トニーもまた組合潰しにはうんざりしていると告白した。彼はもう少し魅力的で、多少とも楽な仕事を探していた。彼は頭を振り、舌打ちをした。何かひらめいたような顔つきをして、皮肉っぽい笑みを唇に浮かべた。

「なー、マーティ、俺たちが長年やってきたことをあれこれ思うと、畜生め、汚ねえ仕事だってことさ」、とこればかりは抜けないアイルランド訛りで言った。

終章

私が生涯背負ってゆくことになる悔恨の中でも、おそらくもっとも辛い思い出は、ユニオン・バスター批判を公表してからいくらも経たないうちに、またしても組合潰しの工作に手を染めたことである。トニー・マキューンとドライブしてからすでに二カ月経っていたが、私は全く働かず稼ぎはなかった。ゲート・ミルズの家は人手に渡っていた。土地・家屋を抵当にした借金一五万ドルを返済する金が無かったので、私は義父に肩代わりをたのんだ。彼はそれを支払ってくれて、この屋敷の法律上の所有者となった。アリスと子供たちは私を置き去りにしてカリフォルニアに戻る準備をしていた。改めて私は家族を失い、家もなく、銀行口座もなくなり、小切手も切れなくなった。私は金を稼ぐアイディアは確かにあった。しかし、新しくキャリアを積むにはしばらく時間が必要だった。その間は何をすればいいのだろうか。

この四年間長い時間を過ごした居間に一人で座りながら、酒を飲みながら考え事をしていた。そのとき電話が鳴った。仕事用の電話は既に一週間前に切ってあったし、家族用の電話は電話帳に登録していなかったので、受話器を取っても話を聞く準備が整っていなかった。

電話の主は取り乱していた。ドム・ストローロで、私の熱狂的なファンだった。彼とは数年前のことだが、彼のオハイオの工場で私は組合潰しをしたときに出会っていた。そのとき、いつも親しい経営者にはするように、彼に自宅の番号を渡していたことを思い出した。ドムはカリフォルニアで組合問題を抱えているようだった。助けを求めて私を追って来たのだった。チームスター労組が南部カリフォルニア地区のポモナにある彼の会社、合成建材工業の工場で紛争を起こしているのだとドムは言った。私の昔の顧客は、工場に組合ができるかもしれないと恐れていた。現地にいる人たちは実にかわいそうなことになると、彼は報告を受けていた。

私はドムの話を遮った。「前もってお知らせしておくべきことだったのですが、私はこの仕事を辞めたんです」と私は言った。「きっぱりとね」。AFL―CIOに電話して私の廃業を記録に載せるようにしたことまで伝えて、くすくす笑った。

ドムもくすくす笑った。しかし諦めなかった。「君が必要なんだ、組合ができれば会社は潰れてしまう」と彼は言った。私は助け舟をだしてみた。「どうしてスリーエムか他のユニオン・バスターの事務所に電話をしないのですか」と勧めてみた。きょうび、その気なら腹を空かせたユニオン・バスターは数多くいた。しかし、ドム・ストローロは強引な男で、自分がしたい通りにする男だった。彼のための仕事ができるのはひとりしかいない――マーティ・レビット。ドムは拝み倒し、嘆願した。私の自惚れは膨らんでいった。彼は支払い金額を口にした。私の良心は脆くも崩れ去った。この仕事をすれば四万ドルとカリフォルニア行きの航空券が手に入る。私にはお金が必要だった。金を手にするのは簡単なことだが、醜いことだった。結局、私はその仕事を引き受けた。

合成建材工業の仕事を引き受けたことを、私は深く恥じ入っている。そのときは自分で決めたことを正当化するため、あらゆる嘘を自分についた。「あと一回だけだ」。私は他の選択など考えもしなかった。「今回はこれまでとは違った模範的な反組合工作をやるのだ。会社を実際に様変わりさせてみせるぞ」などなど。全部嘘だ。暴虐無惨な人生と縁を切る決心を、数週間で撤回した事実を覆い隠すことが可能だったら、恐らく私はそうしたに違いない。今になっても最後にした仕事のことを思い出すたびに、恥ずかしい思いがする。私の話の聞き手は、決まってこの事実に失望した顔をして黙りこくった。私がなぜそんなことをしたか説明などできようか。私はできなかった。できない以上、私はその視線と向き合って生きて行かなければならない。さらに悪いことに、最後の二〇〇人の犠牲者たちは、今までの犠牲者たちよりも執拗に私に付きまとった。彼らの顔が私に見えるし、何人かは名前も覚えている。神様、私はあの時「ノー」と言ったのではなかったでしょうか。でも、言わなかった。私は「イエス」と言ったのだ。私はその事実をあえて告白する。それはひとつは個人的な理由からであり、ひまひとつは実際的な理由からである。

個人的な理由とは、アルコール依存症から立ち直るためにも、自分が行なった全ての悪行と対決して、二〇年間酒に溺れながら誤魔化してきたのを止めなくてはならなかった。黒白をはっきりしなければならなかった。

しかし、実際的な理由の方は、実際はもっと重要なことだった。私を締め出したいと思っている何千人ものコンサルタントや弁護士や経営者たちがいた。一九八八年三月、私はこの本を書くきっかけとなった全米大工指物師組合の大会で、公けにユニオン・バスターについて講演してから、何百、何千という組合員や大学生それに一般大衆に、組合との戦争が、どんなに悪賢く狡賢いかについて語ってきた。私の口から発せられる言葉は、「組合回避」の美名の陰で、経営コンサルタントや経営者そして労働弁護士たちが従業員たちに何をしてきたかを暴露したので、この仕組みの中で金儲けをしていた連中の神経は苛立っていた。私の話は事実に基づいていたので敵は反論できずに、その人たちが唯ひとつ望んだことは、誰も私を信じないだろうということである。ついに彼らは私のあら捜しをはじめ、酔っ払い、偏執狂、詐欺師、精神異常者、または単なる投機分子として描き出すことに狂奔した。残念なことにそう描写することは簡単だった。私にはそのすべてがある程度あたっていたし、私のこれまでの人生で、私に敵対する人たちの人格抹殺の工作材料を、私自身が大量に提供してきたのだから。私の口を塞ごうとした人たちは、私の性格に疑いを抱かせて私の言うこと全てに不信感を持たせるために、私が寝返ったことや悪行を探し出し、でっち上げもやった。「もしマーティがやったことが分かったら、誰も彼の言うこと聞きはしない」と、その人たちは笑った。彼らは私の犯罪記録を引っ張り出し、破産したことについてひそひそ話し、アル中について言いふらし、もちろん七〇年代の調理師組合で任務を遂行できなかったことで、私が「敵方へも身を売る恥知らず」と言いふらした。ことほど次第で、私はどんなに不快だろうが自分のことを洗いざらい話すことが、実際的なのだ。あなたがたは私がかつてしてきたことの全てを、この本の中から手にとれる。そしてあなたは何が分かったろうか。私は事実を歪曲したりはしない。私と一緒に共謀を企んだ人たちが、私の罪がもっと重ければ自分たちの罪がそれだけ軽くなるとでも思っているのだろうか。そうゆうわけにはいかない。

私のユニオン・バスターとしての日々は、合成建材工業と共に終わりを告げた。この会社の反組合工作が終了する前に、RUBシートは私のユニオン・バスター廃業の記事を掲載し、そこでは私がユニオン・バスター業界を「ダーティ・ビジネス」と呼んでいると紹介した。もう後へは退けない。決定的な一言だった。ポモナのチームスター労組を痛めつけるや否や、私はAFL―CIOの幹部職員と会うためにワシントンに向かった。AFL―CIOは私に「ユニオン・バスター潰し」の手引書を書いて欲しい、そして組合オルグ用の訓練映画を作ってほしいと頼んだ。その要請は実現しなかった。私が一〇年前に調理師組合を裏切ったことを覚えていた調理師組合の幹部たちが、その取り引きにストップをかけたからだった。それは了解した。しかし今の私の話を聞いてもらおうと心に決めた。私にとって幸運なことに多くの人たちが私の話を聞きたがっていた。数カ月後に、私は全米大工指物師組合に私の魂を赤裸々に晒すことになるのだが、そのためにサンディエゴ行きの飛行機に搭乗していた。公衆の前での初めての告白を皮切りに、私はその後数年間に渡って、組合員や大学生を相手に何十回も講演することになった。組合員相手の講演は、原則として無料、あるいは小額の謝礼にとどめた。

ときにはローカルユニオンが私を雇ったが、それは長期にわたるワークショップや組合づくり、それに団体交渉でユニオン・バスターと闘うためだった。

これまで何ものかが明らかになったとすれば、私が聖人君子ではないということだ。賞賛を得るために人々の前に身を晒しているわけではない。だが、私には本当に勝ち取りたいと願うことがある。それは何百万人というアメリカ労働者を空虚で屈辱的な人生へと追いこんでいる、そのものの見方を壊すことである。

あとがき——解題を兼ねて

渡辺　勉

私の手元にRUBシート〔ユニオン・バスター報告書〕の創刊号から約八年分の綴りがある。一九九九年、AFL—CIOの全国組織化調整会議〔National Organizing Coordinating Committee〕から送って頂いたものである。RUBシートについては、本文中でも数カ所で簡単に触れられているが〔序章と黙示録〕、一九七九年二月に第一号が発行され、ほぼ隔月刊で発行されてきた。全米各地で労働組合の組織化工作が取り組まれる傍らで、本書のマーティン・レビットのようなユニオン・バスターが組合の組織化をあらゆるダーティな手段を使って妨害し破壊する手口を、RUBシートは追跡調査して公開してきた〔RUBシートは、現在は発行を休止している〕。

まずRUBシートが毎号どのような点に焦点を当ててきたかを紹介しておこう。RUBシートを編集してきた組織化調整会議は、毎号、各地で暗躍しているユニオン・バスターを追跡してその得意とする組合攻撃の実態を分析することに大きなスペースを割いている。ユニオン・バスターには大きく分けて二つのタイプが存在する。第一のタイプは、本書の著者のマーティン・レビットのように、代表認証選挙に至る前に組合回避工作——組合潰しに全力を傾注するユニオン・バスターと、第二のタイプは認証選挙で企業側が敗北した後に、組合を押さえ込むことに全力を傾注するユニオン・バスターである。ＲＵＢシートでは、ユニオン・バスターの手口を具体的に紹介しながら、組織化に関わっている組合がその手口を分析して対抗策を講じるよう訴えている。

二つのタイプのユニオン・バスターの双方が、もっとも力を注ぐのは下級職制の訓練である。従業員と日常的に接している職制が、組合支持に回るか、あるいは組合と対決するかによってその勝敗の帰趨が決する。ＲＵＢシートではユニオン・バスターがどのようにして下級職制を組合と対決させるかを、一問一答式の訓練マニュアル〔内部資料〕を暴露して警告をしている。本書の全編でマーティン・レビットが下級職制の訓練に全力をあげているのを読者は知るであろう。この点に関しては、日本でも同じで、下級職制が組合支持に傾くか、あるいは中立を保つかした場合は組合結成の成功率は高まるが、下級職制が真っ向から組合に敵対した場合は、その組織化は直ちに困難に直面する。ユニオン・バスターが下級職制訓練で話している内容は、実に日本と似かよっている。組合の行なう争議行為、組合財政、組合費、組合スキャンダルと腐敗などに焦点を当てて組合攻撃を開始する。

アメリカでユニオン・バスターが組織化の妨害工作をいつ頃から開発してきたのか、その歴史は本書の第二章ならびに第三章の詳述するところである。ユニオン・バスターがアメリカではびこるようになったのは、一九三五年の「全国労働関係法〔通称ワグナー法〕」の成立を契機としている。その後一九四七年の「労使関係法〔通称タフト・ハートレイ法〕」と、一九五九年の「労使報告・公開法〔通称ランドラム・グリフィン法〕」の成立によって、そのユニオン・バスターの活動の裾野が広げられてきた。著者レビットが喝破しているように「法律はユニオン・バスターの足枷にはならない。むしろ商売の裾野を広げてくれた」のであった。今では労使関係に関わる弁護士とユニオン・バスターの総数は、全米で一万人を超えており、一〇億ドル産業にまで成長を遂げてきているという。

日本ではユニオン・バスターの実態はどうだろうか。私は一九六一年から一九九二年まで中小企業を対象とした労働組合運動に携わってきた。総評全国一般労組という総評加盟の単産だった。三一年間の組合活動の間に、私は三〇〇件を越える組合作りを手がけた。その内で今も生き長らえている組合の数はわずかに五〇前後である。六分の一に過ぎない。結成はしたものの資本の側からの攻撃で旬日も生き長らえることなく消え去ったもの、中小企業ゆえ労働組合の指導者のなり手がなく、またリーダーが管理職に登用された結果、執行部の組閣ができすに自然に消滅したもの、争議になって激しい闘いの後に少数組合となりその存在基盤を失ったもの、企業倒産や破産で工場占拠の中で切り詰めた生活を続けながらかろうじて生きながらえて来たものの往時の勢いを失って消滅へと向かったもの、企業合併や親会社の組合からの勧誘で脱退していったものなど、実に多様な生き方と消滅が繰り返されてきた。その二百数十の消滅した組合の歴史は、労働運動の現役を退いた今日でも私にひとつひとつリアルに往時の姿で語りかけて来る。

私が組織化に関わった中で、いわゆるユニオン・バスターが介入した争議はどのくらいあったであろうか。正確な数を上げることはできないが、少なく見積もっても三〇強、一割を越える組織化にユニオン・バスターが関わっていたといっても過言ではあるまい。この数を多いと見るか、思ったより少ないと見るか、識者の意見をお聞かせ頂きたい所である。

さて、日本ではユニオン・バスターをどう呼んでいたのであろうか。またユニオン・バスターはどのような職歴を持っている人がなったのだろうか。私たちはユニオン・バスターを「労務屋」、「労担」、「争議ゴロ」と呼んでいた。もちろん、アメリカでもユニオン・バスターという呼称を使っているのは労働組合やジャーナリズムで、経営側や本人たちは自分をユニオン・バスターとは呼んでいない。

「労務・人事のスペシャリスト」と自己紹介している点では日米に変わりはない。私たちの経験でも、経営側が団体交渉などで彼らを私たちに紹介する場合には「労務・人事の専門家」、「会社の顧問」といった肩書きを急遽取ってつけたように紹介していた。背後で暴力団などを介在させるような争議には、ユニオン・バスターは裏に回り私たちの目の前に直接姿を現わすことは少なかったが、そのような場合は会社側の面々はユニオン・バスターのことを決まって「先生」と呼んでいた。争議の現場で「先生」と呼ばれる人たちは、黒ずくめの高価なダブルの背広に、馬鹿でかい金無垢の指輪をはめ、メッシュの革靴を履き、蟹股で闊歩し、高級外車を乗り回し、社内の人間をあごで使い、風体からして先生と呼ばれるには相応しくない面々だったが〔アメリカのユニオン・バスターも同じような風体の連中が多いとアメリカの友人たちが教えてくれたが〕、会社は下にも置かない扱いをしていた。

次にユニオン・バスターのタイプ分けだが、三つのタイプに分類できるのではなかろうか。圧倒的に多いのは経営側弁護士の下働きをするタイプで、組織化の過程や団体交渉に介入して、経営の主張を代弁して組合と交渉する、いわゆる「労務屋」である。このタイプは経営側に雇われた弁護士の質により大きくばらつきが生ずる。弁護士が直接手を下しにくいようなダーティなことをやるユニオン・バスターから「良心的な」労務担当まで含まれる。第二のタイプは、長年企業の中で人事・労務を担ってきた人が、退職し、あるいは独立して店を構えるケースである。ここには労働委員会の事務局などで長いこと労使紛争の斡旋を仕事としてきた人たちや社会保険労務士、中には組合出身者でちゃっかり労務担当になりすまし団体交渉に顔を出す「先輩」なども含まれていた。このタイプの人たちは、ある程度専門的な知識を持ってはいるものの、弁護士のように訴訟を司るほどの力量はないし、また企業の生え抜きでないこともあって企業内のバックアップの度合いが弱く、組合を嫌悪する経営者に引きずられるケースも多く、無力な「労務屋」として労使双方から相手にされなくなることも多かった。第三のケースは、世の中を騒がしている争議の大半がそうだったが、「暴力団」や「右翼」などが争議に介入してくる場合である。いわゆる「先生」と呼ばれる手合いである。一九五〇年代の主婦と生活社や田原製作所、六〇年代から七〇年代前半にかけて報知新聞社、本山製作所、光文社、書泉や那珂湊市役所などの争議に介入したのは、右翼・暴力団〔特殊防衛保障「特防」など〕で、ガードマン会社を偽装して争議に全面的に介入して組合潰しを行なっていた。新手のガードマン会社の争議介入に対して、総評や全国金属などが国会に働きかけて「警備業法〔通称・ガードマン規制法〕〔一九七二年〕」を成立させている。「労務屋」が労使関係に介入する場合、彼らの大半は組合にこわもてで暴力を振るいながら介入したので、その結果、紛争がより拡大することがしばしばあった。中にはあまりの会社の理不尽な対応にあきれ果てて、組合の主張に同調して会社から解任される「労務屋」もいるにはいたが。

アメリカのユニオン・バスターと日本の「労務屋」とどこが違うのだろうか。アメリカにも私が分類したような三タイプのユニオン・バスターは確かに存在する。日米のユニオン・バスターの違いをもたらしているのは、背景となる労使関係と法制度の根本的な相違から来るものであろう。日本の労働組合法は、ワグナー法をモデルに立法されたことは知られているところだが、アメリカでは交渉単位制（Bargaining Unit）と管轄権〔Jurisdiction〕を基礎に労使関係が成立しているが、戦後、日本でワーグナー法をモデルとした労働組合法〔一九四五年一二月〕が導入された際にも、交渉単位制はなぜか移植されなかった。日本では最低三人集まれば組合を結成することが可能だが〔合同労組の組合員ならば、たった一人でも団体交渉自体は可能となる〕、アメリカでは該当する職場、事業所で従業員の過半数を組織しなければ交渉をすることが出来ない。日本でよく見受けられる少数派労組は、アメリカでは存在しない。アメリカでも職場内の特定の業種を対象とした少数従業員による職能別労組は存在するが、その場合でも交渉単位内ではその組合が対象従業員の多数を組織していることが前提となる。労働組合結成とは何よりも交渉権獲得に向けて、設定された交渉単位内で過半数を確保することから始まる。組合側は組合支持の従業員が固まっている職場を中心とした狭い範囲に交渉単位—管轄権を限定して組合結成を図りたいが、会社側は、事業所全体、企業全体、関連企業を含んだ資本圏全体を対象として、従業員投票を実施するよう求めることが多い。交渉単位は労使間の自主的交渉で決められる場合〔労使の合意によって組合が従業員の勧誘を行なうことを企業側が妨害しないという中立協定（Neutrality Agreement）を締結する場合〕もあるが、大半は労使のいずれかが全国労働関係局に申し立てて、全国労働関係局の裁定による交渉単位と管轄権が確定してから、はじめて従業員による投票へと移行する。ユニオン・バスターが組合結成の際に介入するのは、この管轄権の範囲をどこまでにするかをめぐって争われる場合が多い。本書の筆者のマーティン・レビットが得意とした組合回避工作は、この管轄権を巡る争いであった。

私が本書をはじめて手にしたのは、出版直後の一九九三年暮れであった。当時、私はアメリカのデトロイトに滞在していた。ミシガン州のウエーン・ステート大学の労働研究センターに招待され、自動車産業に働く労働者に日本の労使関係、労働者の状態などを話していた。大学での週一回の授業の合間に、「レーバー・ノーツ」という労働教育・調査センターの非常勤スタッフとしてほぼ連日事務所に出入りしていた。「レーバー・ノーツ」は、どちらかといえば左派的な色彩の濃い団体だったが、機関誌を通じて全米各地に私を派遣する旨の案内を出したところ、ＡＦＬ—ＣＩＯ傘下の地方労働組合協議会〔central labor council〕や多くのローカル・ユニオンからお呼びがかかり、二年半の滞在中に全米二五州に出かけて現地で闘っている労働者や争議団と交流する機会に恵まれた。私が訪れた地域での争議団のいくつか〔ホーメル・P—9やステイリー社など〕はユニオン・バスターによって酷く痛めつけられていた。

この本との出会いは、大学の同僚の自宅で開催されたクリスマスのパーティーの席だった。みんなが興味深そうにこの本のことを話題にしているのを聞いて、翌朝直ぐに本屋で購入した。自分自身が日本で中小企業を相手に組織化をして、その過程で多くのユニオン・バスターと手合わせをしてきた経験を持っていただけに、この書物の展開するユニオン・バスターの実態には身につまされた。組合潰しの手口や法制度の違いなど、日米のユニオン・バスターを分かつ諸点も多かったが、読み進めるに従って相違点よりも類似点の方が実に多いのに吃驚させられた。一九九五年九月に帰国してから、この本のことを回りにいた友人に紹介はしたが、翻訳を自分でしようとは考えていなかった。しかも一九九六年の秋頃だったろうか、私の尊敬する研究者にこの本の翻訳をしてみたいと口を滑らしたところ、「中小企業の組織化と争議に長い年月を費やしてきた君の晩節を、このようなダーティーな書物の翻訳で汚すのはいかがなものか」と忠告を受けたこともあって翻訳するのを止めにしていた。一九九八年の暮れだったろうか、今回、共訳者になってくれた横山好夫君にこの本の話をしたところ、彼は直ぐに一読してくれて面白いから一緒に翻訳してもいいと引き受けてくれたこともあって作業を開始した。口幅ったい言い方になるが、アメリカの労使・労働関係を扱った本は数多く出版されているが、労使関係の舞台裏を描いた本は意外に少なく、ダーティーな読み物の嫌いはあるが、類書が日本にないということで、翻訳の価値がないということでもあるまいと自分を慰めたりもしていた。それに、ＡＦＬ―ＣＩＯの資料センターで労働者教育機関でもあるジョージ・ミーニー記録・資料センター〔George Meany Archives〕の書籍販売所で、この本が販売されているのを目撃し自信を得たことにもよる。

私がこの本を翻訳しようと決断した背景には、もうひとつアメリカ労働運動が大きな変革期を迎えていたことも、その理由であった。アメリカから帰ってきてから、私は国際労働研究センターを中心にアメリカ労働運動の抱える諸問題に焦点を絞り調査・研究してきたが、一九九五年に行なわれたＡＦＬ―ＣＩＯの会長選挙が醸し出した新しい胎動は、私にアメリカ労働運動を勉強しなおす意欲を与えてくれた。ＡＦＬ―ＣＩＯ一二〇年の歴史の中で、はじめて実施された会長選挙は全米サービス従業員労働組合〔ＳＥＩＵ〕の委員長・ジョン・スウィーニーをＡＦＬ―ＣＩＯの会長へと押し上げた。この選挙を闘ったグループは、アメリカ労働運動の再生を目指す動きを『ニューボイス〔新しい主張〕』と自己規定した。そこに結集したのは、狭いジョン・スウィーニー支持者に限定されなかった。研究者から現場活動家まで、フェミニストやコミュニティのリーダーまで、マイノリティー・グループの活動家から環境保護運動家まで、学生から退職者まで、実に広範な人々が結集した。『ニューボイス』を支持した人たちは、この三十数年の組織率の低下の主たる原因を、アメリカ産業の構造的変化の中で捉えかえすことに主眼を置き、資本の組合回避策に対抗しうる労組の構造と体質の転換に努力を傾注していた。『ニューボイス』は、幹部中心の従来の運動から、組合員の参加を全面的に保障する参加型の運動の必要性を訴え、組合の根本的な作り変えを主張していた。私には目を見張るような主張だった。

アメリカの労働組合が一九五五年をピークに組織率を低下させてきたのは、マーティン・ハルペルン教授〔アーカンソー州立ヘンダーソン大学・歴史学〕によれば、①製造業と鉱山での高い組織率が米国の産業分野での雇用を減少させてきたこと、②より保守的な南部諸州に向けて雇用の移動が起こったことと、③サービス産業での非正規労働者の大量な雇用増が、組織率を大きく低下させてきた要因だと指摘している。またそれに加えて、より根本的な要因としては、グローバル経済の進展の中で、使用者による組合政策の導入が容易になったこと、労働運動の政治的力量が弱まっていること、そして労働法を取りまく環境が労働組合に不利になってきた所にあると述べている。[1]

さて、ジョン・スウィーニーがＡＦＬ－ＣＩＯ会長に就任して以降、労働運動を人々の関心事となるように、また組織率の低下をどう挽回するか、いくつかの積極的方策を導入してきた。その具体策を列挙してみたい。

〔１〕一九九六年、ＡＦＬ－ＣＩＯはユニオン・サマー〔Union Summer〕とシニア・サマー〔Senior Summer〕を開始した。全米の五〇以上の大学の労働研究センター〔Labor Studies Center〕がＡＦＬ－ＣＩＯとタイアップして、学生を対象とした組合オルグの養成講座・講習会を開催した。学生たちは夏休みを利用して、宿舎と食事の提供を受けて組合活動を学ぶ機会を手にした。一方、大学はこのコースを取得した学生に通常の授業と同じに単位を与えた。

ユニオン・サマーの訓練で学生が直ちにオルグとして活動できるほど状況は甘くはない。だが、大学生が労働組合の社会的役割について認識を新たにする機会をもったこと、社会に渦巻く不平等と不正義を目の当たりにする機会を手にしたことで、将来の労働力、あるいは将来の企業管理者の中に親組合の芽吹きを作り出す役割をＡＦＬ－ＣＩＯが提供したことだけは高く評価できるのではなかろうか。

シニア・サマーは長年組合で活動した組合の活動家をもう一度組合活動に呼び戻し、個々人が培ってきた経験を死蔵させずに、生かすために考案された。ＡＦＬ−ＣＩＯは退職者が自宅にこもっていないで、再び生き生きと地域社会のオルグとして、労働運動に復帰する道を提供した。

このユニオン・サマーとシニア・サマーは労働運動の活動家の間にも激しい論議を引き起こした。確かにこれらの取り組みで労働運動がすぐに変わるほど事態は容易ではないことは誰の目にも明らかだったが、この運動と論争それ自体が、多くの活動家と研究者を労働運動に引きつけ、「百花斉放・百家争鳴」の活況をもたらしたことは事実だった。一九九九年一〇月にアメリカを訪れＡＦＬ−ＣＩＯの大会を傍聴し、また多くの労組幹部と組織化について議論する機会に恵まれたが、当初、楽観的に語られていた組織化プロジェクトがそう容易なものではなく、実に困難に見舞われたものであることを実感してきた。だが、これらの新しい試みを全否定する組合幹部・活動家は見当たらなかった。〔2〕

〔2〕一九九四年に争議へ突入したブリヂストン・ファイヤストンは、一九八一年から一九九〇年代初頭まで猛威を振るった恒久的代替制度〔Permanent Replacement〕を跳ね退けて勝利を獲得した。この恒久的代替策はレーガンが大統領に就任した直後に、ストライキに入った全米航空管制官労組〔ＰＡＴＣＯ〕の全員を解雇したことを契機に、一挙に多くの企業が組合潰しの戦術として導入した。一九八三年コンチネンタル航空、一九八九年イースタン航空、一九九〇年グレイハウンド・バス、一九九二年キャタピラー、ステイリーと次々に恒久的代替策が導入され、夥しい数の労働者が一方的に解雇されてきた。だが、一九九六年暮れのブリヂストン・ファイヤストンの勝利は、労組が国際産業別組織〔International Trade Secretariats〕の支援を背景に国際連帯活動を組織することで、恒久的代替策に対しても効果的に反撃できることを全世界に告知した。〔3〕

〔3〕一九九七年にはユナイテッド・パーセル・サービス〔UPS=世界最大の小荷物集配会社〕が、わずか一一日のストライキで協約闘争に勝利した。この争議は世界的に広まりつつある不安定雇用労働者=資本によるパート労働者の使い捨てにストップをかける闘いとして、全米のみならず世界中から注目を集めた。チームスター労組は世界中の関連労組の支援を背景にわずか一一日のストライキでUPS社を屈服させて勝利した。〔4〕

ジョン・スウィーニーが執行部に就いてから、アメリカ労働運動は確かに変化しはじめた。多くのアメリカ人が期待を持ってその一挙手一投足に注目しはじめた。組織化に持てる力量の多くを注ぎこむことと並行して、国際活動の枠組みにも大きな変更をくわえた。冷戦時代からAFL―CIOの国際活動を担ってきたAAFLI〔Asian American Free Labor Institute〕やAIFLD〔American Institute for Free Labor Development〕を解体して、ソリダリティ・センター〔Solidarity Center〕を発足させ、冷戦志向の国際外交からの脱却を図った。このような大掛かりの組織的再編は数十年来のことだった。

さて、最近のユニオン・バスターの活動実態と労組側の反撃について簡単に触れておきたい。一九七九年にRUBシートが発行され、詳細にユニオン・バスターの実態を暴露したことで、労組活動家の多くはその実態を知るところとなった。そこから労組による反撃が開始されたことは事実であろう。RUBシートが発行された時期に注目してみたい。この時期はアメリカ労働運動がアメリカ経済の停滞の中で苦闘していた時期でもあった。日米貿易摩擦が深刻になり、日本製品のボイコットが労組を含めて展開されていた時期である。八〇年代末だったと記憶しているが、デトロイトの全米自動車労組〔UAW〕本部を訪ねた時に、「トヨタ・ホンダ・パールハーバー」と書かれたステッカーがUAWの門扉に貼られているのを目撃したことがあった。レイオフが一時的休職ではなく、完全な失業状態を出現させていた。クライスラーが倒産の危機に陥り、ＵＡＷは「譲歩交渉」を余儀なくされていた。ＵＡＷだけではない、製造業の大半は日本や第三世界との競争に追い上げられて、アメリカを脱出してメキシコや中南米に生産拠点を移動しつつあった。組合の多くは萎縮して大胆な組織化攻勢に取り組む余裕さえなかったといっても過言ではないだろう。

また、この時期は、生産システムでもＣＡＤ〔Computer Aided Design〕システム等が導入され、従来の熟練に変わって職場が音を立てて変ってゆく時期にあたっていたし、八〇年代後半には、不安定雇用労働者〔contingent workers〕が大量に労働市場に流入しはじめたこともあって、労務管理のあり方そのものが従来のものと大きく変ってきていた。ユニオン・バスターの活躍は、ワグナー法下で保護されていた労組を相手としてはじめて成り立っていた商売でもあったので、この時期に大きく後退を余儀なくされ、店を畳むユニオン・バスターが続出したのも偶然ではなかった〔第十二章、十三章〕。

日本でも、一九六〇年代から七〇年代前半にかけて大手を振って跋扈していた日本の「争議ゴロ」も一九八〇年代には、国鉄の民営化や労戦統一などで労働運動が萎縮する中、一時的に影を潜めることになった。アメリカと同様に労働市場の新しい変化もユニオン・バスターの活動の余地を大きく狭めることになったようである。労働委員会などでたまに顔をあわせる企業側の弁護士たちも、「最近は商売も上がったりですよ。組合がもう少し争議を起こしてくれないと」などと本音とも冗談ともつかないぼやきを言っていた。「争議ゴロ」の仕事も大幅に減っていたに違いない。

私がアメリカ滞在中に知り合いとなった多くの労組幹部や活動家たちは、ユニオン・バスターの暗躍は確かに組織率を低下させはしたが、低下の主たる要因は労組組織の官僚化と硬直性にあるという立場に立っていた。一九三〇年代後半から六〇年代初頭にかけてのアメリカ労働運動の快進撃は、同時にその後の官僚化を内実化させる過程でもあった。ユニオン・バスターはたまたまその官僚化を恰好の材料として稼ぎまくったに過ぎない、と友人たちは一様に主張していた。組合の体質が官僚化し、幹部が高給を食み特権を享受している現状が続く限り、組合がユニオン・バスターに攻撃材料を提供している限り、そして多くの労働者がユニオン・バスターが行なう組合暴露にも一理があると思っている間は、組織化はうまくゆかないと主張していた。組合の作り変えと組織化は一体のものだと語っていた。

私が多くのローカル・ユニオンを回って調べて分かったことだが〔同時にランドラム・グリフィン法の手続きにしたがって、チームスター労組とSEIUの悪名高いローカル・ユニオンの幹部の所得一覧表を取り寄せて検討をした結果も含めて〕、アメリカの労組幹部の所得格差は想像を超えた大きさで、それが腐敗の温床となっていることがよく分かった。また、ローカル・ユニオンの中で組織化担当オルグの地位の低さも組織化の意欲を低めていた。ローカル・ユニオンの中で、委員長、財政書記、ビジネス・エージェントのポストはほぼ終身雇用に近いが、オルグの地位はパート労働者に近いというのが多くのローカル・ユニオンを回った私の感想である。チームスター労組〔ロン・ケリー時代の〕やSEIUなどでは、オルグの地位を高めるよう努力していたが、他の労組ではオルグの腰がすわらず入れ替わりが激しくてまともに長期プランを立てて組織化に取り組むような体制にはなっていなかった。オルグはたえず上のポストの空きがないかどうか覗っていたし、もっとまともな仕事が見つかれば直ぐに職替えをするといった席の暖まらないポストだった。

ジョン・スウィーニー執行部になってから、AFL—CIOの組織化研修所〔Organizing Institute〕を再生させ、長期的にオルグ養成に取り組みはじめた。また、AFL—CIOの記録・資料センター

〔George Meany Archives〕に併設されているジョージ・ミーニー・センター〔George Meany Center〕などが行なっている労働者教育の質の高さを見ると、明らかにアメリカ労働運動は大きな変化を迎えているという実感を強くもった。組織化をめぐりそこかしこで口角泡を飛ばし行なわれている論議には、多くの困難が山積みされてはいるものの、異なった立場の人たちを巻き込んだ議論をし始めていることを、多くの民衆に見せてくれたことである。ともあれその成果を期待したい。

翻訳は、序章から第六章までを渡辺勉が、第七章以降を横山好夫が翻訳した。野田健太郎、山崎精一の両氏は私たちの未熟な翻訳を手助けしてくれた。心からお礼申し上げる。もし翻訳の上で問題点があるとしたら、それは全体を通して訳文・訳語を統一し監修した渡辺勉の責任であることを申し添える。また各章末に付記した脚注は、労働組合と労使関係、労働法に限って渡辺が作製したものである。最後に、この本の出版を快諾された緑風出版の高須次郎氏にお礼を申し上げたい。

二〇〇〇年二月

〔註〕

〔1〕The Crisis of the Labor Movement in the U.S. and the Search for a New Vision in Domestic and Foreign Affairs by Martin Halpern, The Center for Transnational Labor Studies, *Bulletin* No.5 December, 1999

〔2〕『21世紀に向けた新しい労働運動』グレゴリー・マンツイオス編、渡辺勉・山崎精一監訳、連合組織局発行「組織化教材」〔*A New Labor Movement for the New Century* by Gregory Mantsios, Monthly Review Press, 1999 March〕

〔3〕「国際連帯から労働運動の変革を考察する——来日したBSFとHEREのケーススタディからその可能性を探る」渡辺勉・山崎精一著『労働法律旬報』一四四二号—一四四五号、一九九八年
〔4〕「UPSの闘いとチームスター労組の改革」渡辺勉著『労働法律旬報』一四一八号—一四二〇号、一一九七年。「UPS包囲網はどう準備されたか」ジョン・ルッソー・アンディ・バンクス著、渡辺勉訳『労働法律旬報』一四五六号—一四五七号、一九九九年

〔参考文献〕

翻訳の過程で、次の文献を参考させて頂いた。

Roberts Dictionary of Labor Relations: Fourth Edition by Harold Roberts, The Bureau of National Affairs, Inc. Washington D.C., 1996
『アメリカの労使関係—組織化と交渉の法的規制』中窪裕也著、日本労働協会、一九八八年
『アメリカ労働法』中窪裕也著、弘文堂、一九九六年
『英米法辞典』田中英夫編、東京大学出版会、一九九五年
Power on the Job: The Legal Rights of Working People by Michael Yates, South End Press, 1994
Why Unions Matter by Michael Yates, Monthly Review Press, 1999
Report on Union Buster Sheet (RUB Sheet) by National Organizing Coordinating Committee AFL-CIO 1979/February No.1 1987/May No.56
A Troublemaker's Handbook: How to Fight Back Where You Work and Win by Dan La Botz, Labor Notes Book, 1991
Upheaval in Quiet Zone: A History of Hospital Workers Union, Local 1199 by Leon Fink and Brian Greenberg, University of Illinois Press, 1989

[著者紹介]

マーティン・ジェイ・レビット

1944年、オハイオ州クリーブランド出身。20年以上にわたり、経営コンサルタントとして組合の組織化に対抗する組合回避工作に従事してきた。1988年、いわゆるユニオン・バスター業から手をひき、以後、テレビのトークショーや新聞のコラムにたびたび登場して、ユニオン・バスターの行なってきた悪行の数々を暴露して脚光を浴びた。

テリー・コンロウ

フリー・ジャーナリスト。本書を取材・構成。

[訳者紹介]

渡辺　勉（わたなべ　べん）

1939年福島県生まれ。元全国一般労組東京南部役員。現国際労働研究センター顧問。訳書にヒュー・ウイリアムソン『日本の労働組合——国際化時代の国際連帯活動』（緑風出版、共訳)、グレゴリー・マンツィオス編『21世紀に向けた新しい労働運動』（連合組織局、監訳)。国際労働研究センター監修論文多数。

横山　好夫（よこやま　よしお）

1940年東京都生まれ。ゼネラル石油勤務。元「労働情報」編集長。訳書に『21世紀に向けた新しい労働運動』〔共訳〕。著書に『公害発生源からの告発』〔三一新書〕。

ユニオン・バスター
──米国《べいこく》労務《ろうむ》コンサルタントの告白《こくはく》

定価2500＋税

2000年4月10日初版第1刷発行

著　者　マーティン・ジェイ・レビット／テリー・コンロウ
訳　者　渡辺勉／横山好夫
発行者　高須次郎
発行所　株式会社 緑風出版
〒113-0033 東京都文京区本郷2-17-5ツイン壱岐坂102
☎03-3812-9420　FAX03-3812-7262　振替00100-9-30776
E-mail：RXV11533@nifty.ne.jp
http://www.netlaputa.ne.jp/~ryokufu/
装　幀　堀内朝彦
組　版　S企画
印　刷　長野印刷商工／巣鴨美術印刷
用　紙　木邨紙業
製　本　トキワ製本所

E2500

Printed in Japan ISBN4－8461－0002－2　C0034